U0922400

山东水利年鉴

SHANDONG SHUILI YEARBOOK

2023

山东省水利厅　编

图书在版编目（CIP）数据

山东水利年鉴. 2023 / 山东省水利厅编. -- 北京 :
方志出版社, 2023.12
ISBN 978-7-5144-6113-8

Ⅰ. ①山… Ⅱ. ①山… Ⅲ. ①水利建设－山东－
2023－年鉴 Ⅳ. ①F426.9-54

中国国家版本馆CIP数据核字（2023）第251496号

责任编辑：李志瑜
责任校对：张玉霞
责任印制：梅中英
出 版 者：方志出版社
地　　址：北京市朝阳区潘家园东里9号（国家方志馆4层）
邮　　编：100021
网　　址：http://www.zgfzcb.cn
发　　行：方志出版社图书营销中心（010-67110500）
印　　刷：山东麦德森文化传媒有限公司
开　　本：889毫米×1194毫米　1/16
印　　张：21.25
字　　数：588千字
版　　次：2023年12月第1版
印　　次：2023年12月第1次印刷
定　　价：198.00元

《山东水利年鉴 2023》编纂委员会

柴均章	省水利厅机关党委
朱文胜	省水利厅离退休干部处
杜贞栋	省海河淮河小清河流域水利管理服务中心
马玉扩	省调水工程运行维护中心
王　维	山东水利职业学院
傅维香	省水文中心
于福春	山东水利技师学院
王明森	省水利科学研究院
赵玉庆	省防汛抗旱物资储备中心
张衍福	省水利综合事业服务中心
刘　帅	省水利工程建设质量与安全中心
于　静	省水旱灾害防御中心
姜延国	南水北调东线山东干线有限责任公司
刘志国	水发集团有限公司
李贵清	省水利勘测设计院有限公司
修　诚	山东水务投资有限公司
李季孝	济南市城乡水务局
张旭东	青岛市水务管理局
于亦恩	淄博市水利局
张德忠	枣庄市城乡水务局
盖举波	东营市水务局
张祖玲	烟台市水利局
徐　莹	潍坊市水利局
刘继慧	济宁市城乡水务局
王冠祥	泰安市水利局
毕兴全	威海市水务局
刘　峰	日照市水利局
唐音波	临沂市水利局
李守学	德州市水利局
贾相云	聊城市水利局
潘清军	滨州市水利局
张庆国	菏泽市水务局

《山东水利年鉴2023》编纂人员

主　　编： 张衍福

执行主编： 赵　新

副 主 编： 朱汉明　崔　婷

统　　编： 朱汉明　王丽娟　张颜秋　张广振

美　　编： 车向芝

特约编辑：

潘　栋　　省水利厅办公室
牛晓东　　省水利厅人事处
董刚刚　　省水利厅发展规划处
葛　爽　　省水利厅财务管理处
王　强　　省水利厅农村水利处
崔　梅　　省水利厅政策法规处
张　斌　　省水利厅行政许可处
周广科　　省水利厅水利工程建设处
成　侠　　省水利厅科技与对外合作处
颜　恒　　省水利厅水资源管理处
郑龙跃　　省节约用水办公室
孟凡荣　　省水利厅水土保持处
刘雅芬　　省水利厅监督处
万少军　　省水利厅河湖管理处
王　清　　省水利厅运行管理处
王剑南　　省水利厅水库移民处
王　毅　　省水利厅水旱灾害防御处
肖帅鹏　　省水利厅南水北调工程管理处
张立同　　省水利厅调水管理处

丁如科　　省水利厅机关党委
刘文伟　　省水利厅离退休干部处
刘　鹏　　省海河淮河小清河流域水利管理服务中心
王　蕾　　省调水工程运行维护中心
孔　锋　　山东水利职业学院
邢先双　　省水文中心
王修心　　山东水利技师学院
郭　磊　　省水利科学研究院
杨治军　　省防汛抗旱物资储备中心
易莎白　　省水利综合事业服务中心
王冬梅　　省水利工程建设质量与安全中心
邓　妍　　南水北调东线山东干线有限责任公司
李　振　　水发集团有限公司
武　建　　省水利勘测设计院有限公司
韩作才　　山东水务投资有限公司
尹　涛　　济南市城乡水务局
魏长健　　青岛市水务管理局
陈　晨　　淄博市水利局
蒋保洋　　枣庄市城乡水务局
唐　伟　　东营市水务局
王崧阳　　烟台市水利局
程学刚　　潍坊市水利局
胡　峰　　济宁市城乡水务局
赵春明　　泰安市水利局
林煦波　　威海市水利局
王　晓　　日照市水利局
朱瑞锋　　临沂市水利局
孙占泉　　德州市水利局
丁　昆　　聊城市水利局
王兆坤　　滨州市水利局
刘福旺　　菏泽市水务局

2022 年 12 月 5 日，厅党组书记黄红光在全厅干部会议上作讲话

2022 年 1 月 13 日，全省水利工作会议在济南召开

2022 年 3 月 7 日，全省水利系统全面从严治党暨党风廉政建设工作会议召开

2022 年 3 月 22 日，省水利厅启动"节水山东 你我同行"节水主题宣传活动

2022 年 [illegible] 月 15 日，省水利厅举办"青春心向党建功新时代"喜迎党的二十大文艺汇演

2022 年 5 月 12 日，省政府新闻办举办新闻发布会，介绍《山东省胶东调水条例》修订情况

2022 年 5 月 11 日，省水利厅水利工程建设党支部与机关党委支部委员会、中共致公党山东省委直属九支部联合开展“同心抗疫兴水利，风雨同舟保民生”主题党日活动

2022 年 9 月 8 日，省市区水利部门开展三级联动主题党日活动

2022 年 5 月 31 日，省水利厅赴东平县杨村开展调研第一书记工作。图为省水利厅调研派驻第一书记工作暨“温暖童心　情系未来”活动现场

2022 年 6 月 13 日，全省水利系统网络安全攻防演练启动会议在济南召开

2022 年 6 月 20 日，山东省开展“同心防溺水 共筑安全网”行动

枣庄市西城区水系水环境治理

淄博市孝妇河文化休闲生态观光带

4月28日，德州四女寺枢纽开闸引水，标志着断流一个世纪的京杭大运河首次实现全线通水

省级美丽示范河湖——东营市广利河

编 辑 说 明

一、《山东水利年鉴》是反映山东省水利事业发展状况的资料性工具书，是全面、真实、系统记载山东省水利事业进程的重要载体，具有权威性、史料性、指导性和实用性。自 1993 年开始，每年编纂一卷。2023 年卷为总第 31 卷，主要记述 2022 年 1 月 1 日—12 月 31 日全省水利工作内容。

二、《山东水利年鉴》采用“栏目”“分目”“条目”三级结构。“栏目”主要按照行政或业务工作综合归类，“分目”为“栏目”的主要构成部分。“条目”为“分目”的具体内容，是年鉴的基本单元。本卷设置 24 个栏目：特载、水文、水资源、工程建设、规划计划与勘测设计、水旱灾害防御、河湖管理、农村水利、流域水利、调水运行管理、生态治理、政策法规、水利监督、工程管理、移民扶持、科技外事、水利教育、人事工作、财务管理、水利企业、综合服务、党建与精神文明建设、地方水利、大事记。与 2022 年卷相比，增加了“水利企业”栏目。

三、《山东水利年鉴》为大 16 开本，除表格外，一般分两栏编排，设置书眉；“栏目”设通栏标题、居中，并加底纹；“分目”为一栏标题，居中，并加底纹；“条目”标题加【】。表格均附在相应内容之后。

四、《山东水利年鉴》的内容由山东省水利系统各单位特约编辑负责提供。本年鉴和承编单位所提供资料的统纂、审查、校对等工作，执行《〈山东水利年鉴〉行文暂行规定》《〈山东水利年鉴〉编纂管理工作暂行办法》。

五、数字用法、标点符号用法分别采用国家标准《出版物上数字用法》（GB/T 15835—2011）、《标点符号用法》（GB/T 15834—2011），计量单位采用国家技术监督局 1993 年 12 月发布的《量和单位》系列国家标准。

《山东水利年鉴》

2023 年 12 月

目　录

特　载

水　文

水　资　源

工 程 建 设

规划计划与勘测设计

水旱灾害防御

河湖管理

农村水利

流域水利

调水运行管理

生态治理

政策法规

水利监督

工程管理

移民扶持

科技外事

水利教育

人事工作

财务管理

水利企业

综合服务

党建与精神文明建设

地 方 水 利

大　事　记

特载

在 2022 年省总河长会议上的讲话

中共山东省委书记　李干杰

（2022 年 4 月 1 日 根据录音整理）

刚才，中会同志代表河长办作了汇报，包括整个工作，还包括文件的编制背景和内容，大家也讲了意见，会后抓紧修改完善。我再提两个方面的修改建议。

一、有关地下水的超采治理、水土流失的防治，这两个方面的内容可以在工作要点里体现一下，这是跟河湖密切相关的。我们现在所谓的河湖长只是叫河湖长，实际上整个的水资源、水环境、水生态、水灾害，这“四水”是一并放到要点里统筹的，相关的内容要尽可能的涵盖进来。

二、工作要点第七大部分，强化水旱灾害防御能力提升、做好相关的工作方面。有些东西要写的再具体一点。第一，加强河道治理，防御超标准洪水和极端天气预案制定、应急演练这方面的内容应该写清楚；第二，从去年、前年情况看，有些河道明显在防汛抗洪方面存在一些薄弱环节和风险，对这些薄弱环节和风险要写明确，比如，漳卫河、黄河干流的风险排查整治，去年尽管是有惊无险，但藏在“惊”后面的这个“险”不消除掉的话，今年搞不好就有惊有险。不能老是期望跟去年一样，那么随心所愿，老天爷哪能这么配合，所以这方面要做的工作要写清楚，不能大而化之。第三，病险小型水库除险加固，汛前要全部完成，如果个别确实完成不了，要在汛前清空库容，确保不出问题。要按规范推进 151 座水库安全鉴定，对虽然不经鉴定但存在病险的，也要高度重视，尤其是鉴定已经过去 4、5 年的水库，有可能已经存在风险。另外，鉴定的时间今后要合理安排，一定要在汛期之前完成。

去年 10 月，习近平总书记到山东视察，在济南主持召开了深入推动黄河流域生态保护和高质量发展的座谈会，对加强黄河的治理保护、推动黄河流域的高质量发展提出要求、作出部署。总书记的这些讲话不仅仅对黄河流域，对其他河湖及流域也很有针对性、指导性，我们要全面遵循，抓好落实。今年的工作以及未来的一段时间的工作中，重点要抓好这几个方面：

一要全面开展现代水网建设。要抓好重点项目的组织实施，逐项做好前期工作，狠抓要素保障，尽快形成实物工作量，确保今明两年完成不低于 1100 亿元的水利建设的投资。省委、省政府已经将其作为一项重点工作，作为扩内需的“十大行动”之一、“七网”建设的行动之一，这项工作已经作了部署，要全力抓好落实。前期我和乃翔省长专门到水利部见国英部长作汇报，请求支持山东打造现代水网的先行区或示范区，国英部长也有明确的意见，表示全力支持我们，这件事要尽快地把它办下来。

二要加大水生态治理力度。要组织实施好国家地下水超采综合治理项目，抓好水土流失综合防治，纵深推进河湖“清四乱”常态化规范化，全力维护河湖良好的环境。

三要抓好美丽幸福河湖建设。要以滩区面源污染治理、全流域入河排污口整治、支流入干流处“一河口一湿地”建设为重点，加强黄河干支流水质保障，持续改善水环境。这两年全省水质、水环境质量改善情况不错，改善的幅度也比较大，要继续保持。现在大家一般关注大气环境质量，大气环境质量确实不错，但水环境质量改善也是比较好的，历史性消除了劣五类、五类，要充分肯定，继续把这件事做好，并且要完全有信心、完全能够做好，黑臭水体，雨污分流，污水处理的提标、提质，只要去做，水环境质量就一定会体现出来。

四要切实做好水旱灾害防御准备。落实“四预”措施（预报、预警、预演、预案）、“四情”防御（雨情、水情、险情、灾情），全力补短板，堵漏洞、强弱项。特别是近两年尤其是去年，发现的薄弱环节、风险所在，务必争分夺秒、抓紧抓好，不要已经意识到风险和短板，还补不齐或没补上，最后酿成大的事故、大的损失，到时候不好交账，工作一定要做到前头。要把现在的技术手段用好，加强水库预警监测。技防方面投入要上去，只要不出事，就是值当和性价比最高的。

五要压实各级河湖长责任。各级河长办要切实抓好、做好河长湖长的参谋助手，充分发挥组织协调、调度督导作用，各责任部门要协调联动，狠抓落实，形成工作合力。

凝心聚力推进新阶段水利高质量发展 以优异成绩迎接党的二十大胜利召开

——在2022年全省水利工作会议上的讲话

山东省水利厅党组书记、厅长 刘中会

（2022年1月13日）

同志们：

这次会议的主要任务是，回顾总结2021年工作成效，分析当前面临的形势与任务，对2022年工作进行安排部署。

一、2021年水利工作实现“十四五”良好开局

近年来，党中央、国务院高度重视治水管水工作。习近平总书记亲自擘画黄河流域生态保护和高质量发展、南水北调后续工程高质量发展，亲自谋划部署河湖长制、防汛抗旱、农村饮水安全、现代水网建设等大事要事，先后作出一系列重要指示批示，为治水管水工作提供了根本遵循。特别是去年，习近平总书记亲临黄河入海口视察，并在济南主持召开深入推动黄河流域生态保护和高质量发展座谈会。李克强总理多次主持召开会议，对防汛救灾、水库除险加固、重大水利工程建设等进行安排部署。

按照省委、省政府决策部署，全省水利系统坚持以习近平新时代中国特色社会主义思想为指导，积极践行“节水优先、空间均衡、系统治理、两手发力”的治水思路，扛牢管党治党政治责任，强化治水兴水使命担当，持续大干大兴水利，统筹推进水资源、水生态、水环境、水灾害一体化治理，实现了治水格局加快重塑、工程体系全面升级、治理机制不断优化、行业形象稳步提升、工作作风持续改进，为“十四五”良好开局奠定了坚实基础。概括起来，主要有五方面特点。一是省委、省政府对治水兴水工作高度重视。省委、省政府将水问题作为制约高质量发展的“瓶颈”问题来抓，不折不扣落实党中央和国务院治水兴水部署要求，营造了“上下同心、齐抓治水”的良好氛围，解决了许多长期想解决而没有解决的难题，办成了许多过去想办而没有办成的大事。二是水旱灾害防御考验历史罕见。成功应战了“摩羯”“温比亚”“利奇马”“烟花”等多轮台风，以及弥河、沂河、南四湖、东平湖、漳卫河、黄河干流等多场洪水，尽最大努力实现了防洪减灾效益最大，积累了连年作战、多线作战、协同作战的宝贵经验。三是水利建设投资强度保持高位。2017年以来，五年累计完成水利建设投资2139亿元，是“十二五”的1.8倍。其中，去年完成投资超过400亿元，今明两

年还将完成不低于500亿、600亿元的水利投资，这为推动新阶段水利高质量发展提供了坚实保障、提出了更高要求。四是行业治理能力全面提升。水利行业监管措施不断强化，“1+N”监督制度体系建立健全，“四不两直”暗访督查常态化开展，水利改革创新实现多点突破，“重建轻管”的现象明显好转，水利工程面貌焕然一新。五是全面从严治党纵深发力。切实担负起管党治党政治责任，高标准组织“不忘初心、牢记使命”主题教育、党史学习教育，全面落实中央八项规定及实施细则精神，治标和治本统筹兼顾、自律和他律双管齐下，党风政风行风持续好转。

2021年，全省水利系统认真总结近年来的好经验、好做法，接续奋斗、砥砺奋进，实现了“十四五”良好开局，多项工作在全国争先进位：“十三五”时期实行最严格水资源管理制度受到国务院通报表扬，河湖长制工作再次受到国务院督查激励，全国水土保持规划实施情况评估、中央水库移民扶持基金和中央水利发展资金绩效评价均蝉联优秀等次，水利建设质量工作考核继续保持A级。我厅先后在全国水利系统会议上就相关工作作典型交流发言10余次。

（一）统筹治水管水格局加快构建。省委、省政府将治水兴水作为大事要事来抓，主要领导同志对现代水网谋划论证、重点水利工程建设、水旱灾害防御、“四水四定”原则贯彻、河湖长制推动落实等重点工作，亲抓谋划部署、靠前指挥调度，为水利工作注入了强大动能；分管省领导同志具体安排部署、靠上协调推进，各位省级河湖长定期巡河巡湖，各级党政负责同志主动研究治水举措、谋划重大项目、推动落地见效，广大一线水利干部职工不负重托、苦干实干，在全省形成了“党政齐抓共管、上下同心同向、部门协作配合”的统筹治水管水新格局。尤其是，每到关键节点、遇到突出问题、面临重大决策，省领导同志都在第一时间组织专题研究、把定工作方向、谋划工作措施。

（二）重点水利工程建设扎实推进。全年累计完成水利建设投资405.72亿元，投资计划完成率101%。在落地项目推进实施方面，小清河防洪综合治理主体工程顺利完工，老岚水库、平原洼地治理、蓄滞洪区建设、水系连通及水美乡村建设等项目加快推进；对超期未鉴定的766座水库、2804座水闸完成安全鉴定并实现存量动态清零，完成99座大中型水库大坝安全监测设施提升改造、383座小型病险水库除险加固；庄里水库、引黄济青改扩建等国家重大水利工程通过竣工验收，南水北调山东干线工程完成完工验收。在重大项目前期论证方面，组织编制《山东省“十四五”水利发展规划》《山东现代水网建设规划》及行动计划；完成南水北调工程总体规划实施情况评估，南水北调东线二期工程省内输水干线方案已经省委、省政府决策，胶东输水干线、南四湖退圩还湖和水资源利用北调、东平湖生态蓄滞洪区建设等项目的谋划论证取得新进展，官路、长会口、太平、双堠、黄山水库前期工作有序推进。

（三）水旱灾害防御再夺重大胜利。去年，我省防汛形势复杂严峻，降水总量多、洪水量级大、持续时间长，降水量为1916年有降水统计资料以来历史同期第2位；特别是9月下旬发生了多年罕见秋汛，黄河干流、金堤河、漳卫河、东平湖等多线告急。面对严峻汛情，全省各级水利部门把防汛作为重大政治责任和头等大事来抓，成功应对了台风“烟花”和多次暴雨洪水过程，夺取了水旱灾害防御的重大胜利，实现了“人员不伤亡、水库不垮坝、重要堤防不决口、重大基础设施不受冲击”的工作目标。尤其是，全面落实“四预”措施，严格落实病险水库汛期空库运行要求，科学组织各类水利工程预泄、预排、拦洪、分洪，累计预泄水量1.72亿立方米、拦洪21.81亿立方米，东平湖首次实现向南四湖分洪，水利工程防洪减灾效益显著且总体运行平稳。

（四）乡村振兴水利支撑持续稳固。全力推进农村供水提质工程，年内完成投资78亿元，有效改善5900多个村的饮水条件，对全省9万多个自然村排查整改风险隐患6523项，顺利通过国务院第八次大督查；全面推广县级供水公司一体化管理，成立农村供水公司222家，服务人口占农村人口的85%；建立农村饮水安全网格化动态监管机制，落实村级网格员7.2万人，实现群众反映问题快速处置、限时解决。全面完成引黄灌区农业节水工程，累计完成投资213亿元，整治渠系1.34万千米，配套完善建筑物1.61万座、计量设施2.59万座，基本实现灌溉计量到用水单元，新增高效节水灌溉面积390万亩。此外，继续实施4处大型和10处中型灌区续建配套与节水改造，持续深化农业水价综合改革，新增改革面积919万亩，总体改革进度达到91%。有效落实水库移民后期扶持政策，实施农村饮水、环境整治、道路交通等扶持项目1954个，建设"美丽移民村"100个，移民生产生活条件得到持续改善。

（五）水资源管控水平不断提升。聚焦"精打细算用好水资源"，完成20条跨市河流的水量分配、14个市的跨县河库水量分配；胶东调水工程完成水利部典型调水工程后评价试点；在调引黄河水65.42亿立方米、长江水6.74亿立方米的基础上，调引黄河生态补水量10.92亿立方米，另外向黄河三角洲生态补水1.81亿立方米，首次实现黄河口生态保护区13个取水口全部过水；完成8河1湖的生态流量目标确定，印发实施沂河、大汶河、大沽河、小清河等河道生态流量保障方案和调度方案；创新实施汛期弃水资源化利用，向胶东调引峡山水库弃水1.2亿立方米；向胶东和鲁北调引东平湖弃水1.6亿立方米。聚焦"从严从细管好水资源"，全面加强取用水管理，完成现有取水口问题认定，核查登记取水口85万个；落实水利部推进黄河流域水资源超载治理要求，四市引黄水量较前年同期下降28%；完成压采地下水量5411万立方米、封停机井723眼，平原区地下水位较前年同期上升1.57米，8处主要漏斗区面积减少3077平方千米；深入落实国家节水行动，建立了重点监控用水单位名录，对964个规划和建设项目实施节水评价，新增27个县达到县域节水型社会标准，培育遴选节水标杆单位68个，新评定节水型高校27所。

（六）水生态环境保护治理发力见效。河湖长制深入落实，持续强化各级河湖长履职能力、履职意识和履职行动，确保河湖长制"有名有实、有能有效"；集中开展河湖水安全水污染水生态水环境隐患排查整治、省级骨干河湖"四乱"问题排查、黄河岸线利用项目专项整治、碍洪隐患排查清理等专项行动，累计排查河湖岸线14万千米、整改问题9000余处，形成了"排查、整改、再排查、再整改"的闭环链条；全面开展河湖健康评价，修编"一河（湖）一策"，对河湖划界成果开展复核，管理范围全部实现数字化；突出抓好农村河湖治理管护，创建省级美丽幸福示范河湖216条。水土流失综合治理持续加强，全面推进信息化监管，完成水土保持专项整治行动，查处"未批先建""未批先变"等问题项目1.3万个；新增水土流失治理面积1272平方千米，全省水土保持率达到85%以上；完成河道绿化1102千米，省管15条大型河道、流域面积50平方千米以上河道的河段绿化达标率分别达到75%和50%。

（七）水利行业治理能力稳步提高。依法行政能力有效提升，《山东省节约用水条例》颁布实施，行业监督"1+N"制度体系不断完善，市县水利部门行业监督和行政执法监督体制机制日趋健全，普法宣传和平安水利建设扎实推进，水利领域扫黑除恶常态化开展。质量安全监管不断加强，全面推广"互联网+监督"、驻点监督和第三方监督，扎实开展质量提升专项行动、水利安全生产大排查大整治行动、安全生产专项整治三年行动，安全生产形势平稳有序。重点领域改革扎实推进，与省农发行、省农行建立项目联合推荐机制，投放水利建设贷款195.7亿元；制发取水许可电子证照3.1万份，数量居全国前列；建立省级调水工程水费收缴平台，完成水权交易3615万立方米；区域综合水价改革试点取得积极成效，出台全国首个综合性节水激励政策；完成5200余项水利工程标准化管理创建，开展水利工程运行管理岗位创新，4个县被确定为第二批国家级深化小型水库管理体制改革样板县。智慧水利建设成效显著，数字整合、融合、共享水平大幅提升，小清河数字孪生流域建设经验被水利部高度肯定，电子招标投标监管试点顺利通过国家总结评估。水利科研攻关成果丰硕，3项成果被授予省科技进步奖，其中1项被授予一等奖，制修订水利地方标准15项、用水定额10项。

*（八）全面从严治党向纵深推进。*狠抓党史学习教育，按照学史明理、学史增信、学史崇德、学史力行的要求，精心组织实施、有力有序推进水利系统党史学习教育，积极开展“我为群众办实事”实践活动，累计为群众办实事1622件、出台政策制度134个。狠抓政治机关建设，压紧压实管党治党责任，严格落实“第一议题”制度，深入推进模范机关建设；严格落实意识形态工作责任制，行业舆情总体平稳；实施党支部建设高质量发展三年行动，全厅所有党支部达到三星级以上。狠抓作风和纪律建设，严格落实中央八项规定及其实施细则精神，驰而不息纠正“四风”；全面提升巡察质量，组织开展问题整改“回头看”；加强警示教育和廉政风险防控，扎实开展内部审计。狠抓党建与业务融合，强化省市联动，扎实推进青年理论学习提升工程，深入开展党建进工地、保护大运河全线联动志愿服务等活动，开展全省水利行业金点子和技术创新、水文勘测等涵盖技术技能、创新创意、重点工程、工作推进类型的比武竞赛，形成创先争优干事创业浓厚氛围，新增4个全国水利文明单位。

此外，水利人才队伍结构不断优化，两所水利院校蓬勃发展，疫情防控、流域管理、水文支撑、综合政务、信访维稳、新闻宣传、综合服务保障、离退休老干部等工作都取得明显成效，值得充分肯定。成绩的取得，得益于习近平新时代中国特色社会主义思想的科学指引，得益于省委、省政府对水利工作的高度重视，得益于各有关部门、地方各级党委政府的大力支持，也得益于各级水利部门的真抓实干和全省水利系统广大干部职工的辛勤付出。在此，谨代表厅党组，向关心支持水利工作的各有关部门，向长年奋战在水利战线的广大干部职工致以诚挚问候！

二、科学分析当前面临的形势任务

今年将召开党的二十大，这是党和国家政治生活中的一件大事。全省水利系统要深刻认识、准确把握当前水利改革发展面临的形势，完整、准确、全面贯彻新发展理念，加快构建新发展格局，统筹发展和安全，一体推进水安全、水资源、水生态、水环境系统治理，推动新阶段水利高质量发展。

*（一）从发展的要求看。*推动新阶段水利高质量发展，概括起来就是一句话：以前注重解决的是“有没有”的问题，现在则是实现从“有没有”到“好不好”的发展，这涉及的是水资源、水生态、水环境，水生态和水环境又依托于水资源，水资源即是关键。目前看，我省资源性缺水和工程性缺水并存，局部地区水资源供需矛盾突出，胶东半岛对外调水依赖程度越来越高，沿黄部分地区也出现了水资源超载问题，导致新增取水许可受限；此外，水资源跨流域跨区域联合调配能力也满足不了需求。过去经常讲，我省的流域和区域水资源都处于一种“紧平衡”状态，而且随着经济社会发展对水资源需求的增长，这一矛盾还会更加严重，加之黄河“八七”分水方案调整在即，我省引黄水量指标也会越来越紧张。省委经济工作会议明确提出，要突出集约节约用水，严格落实“四水四定”，推进深度节水控水，加严高耗水行业用水定额管理，注重用水强度与效率；既要坚持节约优先，又要争取保障城乡居民生产生活的合理用水量，还要保生态补偿用水不降低。这都对推进水资源集约节约利用提出了更高的要求。

*（二）从安全的角度看。*当前水旱灾害

的突发性、异常性、不确定性更为明确，局地突发强降雨、超强台风、区域性严重干旱等极端事件明显增多。比如，去年郑州“7·20”暴雨突破了我国大陆小时降雨量的历史极值，黄河流域出现多年罕见的秋汛，塔克拉玛干沙漠也发生洪水；与此同时，往年降水充沛的珠三角地区却遭遇严重旱情。去年我省洪涝灾害虽然没出现大的险情和灾情，但由于我省水利工程建设历史欠账大，工程短板的补齐仍任重道远，远不能高枕无忧。对照标准内洪水防御要求，全省流域面积200平方千米以上河道还有近三成的河道长度未达到规划防洪除涝标准，流域面积200平方千米以下河道更是缺少系统整治；小型水库信息化建设严重滞后，自动雨水情测报设施不足，等等。对照超标准洪水防御要求，如果遇到极端天气带来的超标准载荷，水利工程的隐患更易集中暴发，一旦失守成灾还将出现灾害链放大效应。对此，大家务必保持头脑清醒，决不能因为一年两年的防汛工作胜利就盲目乐观。要切实增强风险意识，树牢底线思维，把困难估计得更充分一些，把风险查找得更深入一些，把隐患消除得更彻底一些，切实守住水旱灾害防御底线。

*（三）从面临的机遇看。*扩大内需战略为大规模开展水利设施建设提供了可靠的政策基础。中央经济工作会议明确提出，要保证财政支出强度，加快支出进度；适度超前开展基础设施投资。今年的地方政府专项债已经启动发行，发行时间较去年大幅提前了两个月，体现了中央经济工作会议提出的政策发力适当靠前的要求。省委经济工作会议也明确提出，今年国家将增加中央预算内投资，加快地方政府专项债发行和使用进度，重点用于适度超前布局基础设施建设，基础设施“七网”行动是重点领域。与此同时，省委、省政府将现代水网建设作为“七网”行动的重要组成，推动编制了《山东现代水网建设规划》及行动计划，谋划了一大批重大水利项目，在“七网”行动中先行一步、先出规划，这为更好地争取各方面政策资金支持提供了难得机遇。要按照建设一批、开工一批、论证一批、储备一批的安排，规划项目抓前期、前期完成抓开工、开工项目抓进度，分类施策、压茬推动，强力推进水利工程建设，为“十四五”规划落地奠定坚实基础。

三、准确把握2022年工作重点

今年的水利工作，要以推进水利高质量发展为主题，以推进山东现代水网建设为主线，突出重点，把握关键，扎实推进，确保“十四五”水利发展规划尽快落地见效。

*（一）加快推进山东现代水网建设，提升水资源优化配置和水旱灾害防御能力。*以建好水资源调配体系、水灾害防御体系、水生态保护体系、智慧化水网体系“四个体系”为重点，加快建立互联互通的现代水网。

抓重点项目组织实施。以完成水利建设投资500亿元为目标，加快推进重点水利工程建设。要积极配合国家实施漳卫河防洪综合治理，加快徒骇河、马颊河等骨干河道重点河段治理，继续实施一批中小河流治理，完成778千米年度治理任务。完成南四湖湖东滞洪区、恩县洼滞洪区等重大区域防洪排涝工程建设。

抓项目前期工作推进。对于今年确定要干的项目，经各市水利、财政部门确认，项目清单已印发，并明确了建设任务和目标节点。要按程序尽快完成前期工作，根据目标节点算好时间账，倒排工期，挂图作战。尤其是今年面临换届，加之春节前后各类会议多，第一季度过得很快，在资金落实、债券发行、占地手续办理等方面要提前谋划。此外，对于胶东输水干线、东平湖生态蓄滞洪区建设等工程要深化论证，官路、双堠等水库建设要加快推进前期工作。同时，各地也要积极谋划实施区域水网建设，推进省市县三级水网建设有效衔接。

抓工作推进机制落实。及时发现协调解决工作推进中的重大问题，确保年底前中央水利投资计划完成率达到90%以上。实施双周会商和月通报制度，对进度滞后的项目约谈项目法人和主管部门，约谈之后仍无明显改观的现场与市领导会商，通报之后仍无明显改观的挂黄牌、红牌督办；建立“下巡”“上询”相结合制度，派出工作组每月一次督促指导项目前期工作，或邀请项目法人每月一次到水利厅对接工作情况；同时，将前期工作推进情况纳入河湖长制考核体系，确保压力传导到位。各地要加强对项目法人落实要素保障的指导力度，特别是使用债券资金、占地手续办理等事项，确保项目前期工作一旦完成，尽可能短的时间内具备建设条件。

（二）大力实施深度节水控水行动，提升水资源集约节约利用水平。按照“精打细算用好水资源，从严从细管好水资源”的要求，坚定不移走水资源高效利用的集约节约发展之路，落实好“四水四定”原则。

加强取用水管理。严守用水总量红线，逐级分解下达区域用水总量及地表水、地下水和外调水控制指标，对达到或者超过年度用水总量控制目标的区域严格取水许可限批。继续抓好黄河流域水资源超载区综合治理，争取年底前向水利部申请解除暂停新增取水许可审批的限制。推进取用水管理专项整治行动。制定《水资源调度管理办法》实施细则，科学实施黄河水、长江水水量调度。

强化地下水超采治理。推进地下水水量水位双控管理，划定并严守水位、取用水计量率、监测井灌溉机井密度等管控指标。完成新一轮地下水超采区评价，从严划定一般超采区、严重超采区和临界超采区。全年压采地下水3500万立方米以上，封停机井330眼以上。

推动水资源监控能力建设。联合财政、税务部门推进水资源税远程在线监控管理改革，加强取用水量在线监测与水利监管、税务征收的无缝衔接，基本实现非农取水纳税户的远程在线监测计税计量。

深入实施国家节水行动。抓好《山东省节约用水条例》宣传贯彻。发挥节约用水工作联席会议作用，促进农业、工业、城乡生活等重点领域深度节水任务落实。高质量推动节水载体建设，力争75%以上的县级行政区达到节水型社会标准，节水型高校建成率达到40%，加快推动火电、钢铁等高耗水行业节水型企业建设，县级以上水利行业单位全面建成节水型单位。组织开展典型地区再生水利用配置试点，推动落实节水激励政策，推广合同节水管理，深化节水宣传教育。

打好深度节水控水攻坚战。全面加强计划用水管理，力争对年用水量1万立方米及以上的工业和服务业用水单位的计划用水管理全覆盖。严控高耗水项目用水，强化用水定额管理，严把规划和建设项目节水评价关。以国家、省、市三级重点监控用水单位为重点，强化节水监督检查，督促提升用水效率。

（三）扎实做好水旱灾害防御准备，确保人民群众生命财产安全。把防汛抗旱作为重大政治责任扛起扛实，锚定人员不死亡、水库不垮坝、重要堤防不决口、重要基础设施不受冲击的“四不”目标，落实预报、预警、预演、预案“四预”措施，贯通雨情、水情、险情、灾情“四情”防御，抓紧补短板、堵漏洞、强弱项，做好水旱灾害防御的各项准备。

提升监测预报预警水平。加强监测预报预警体系建设，提高精准度、延长预见期，将预警信息直达一线。推进大汶河“数字孪生流域”建设试点，打造流域防洪决策支持系统。加快实施小型水库雨水工情监测设施建设，提升水库自动监测能力水平。优化水旱灾害防御应急响应机制，完善工作规程，强化应急响应执行。

提升水利工程安全度汛水平。修订完善骨干河道、大中型水库的防洪预案，继续开展重点流域水库、河道闸坝联合调度机制研究。针对水库闸坝、河道堤防、险工险段等重点工程和关键部位，各地要在汛前全面排查薄弱环节并限期整改。每一座水库都必须落实安全运行管理责任；在汛期尤其是主汛期，病险水库原则上一律空库运行。水利部和省里将继续采取“四不两直”形式暗访抽查。

提高山洪灾害防御能力。各地要在汛前做好山洪灾害风险隐患排查，建立危险区动态管理清单，优化山洪灾害监测站网布局，规范山洪灾害预警信息发布。进一步督促落实山洪灾害防御责任，强化预警执行和反馈，确保山洪灾害防御“测得准、方向对、跑得快”。此外，对于今年实施的6条重点山洪沟防洪治理项目，要加快进度、按期完成。

提高技术支撑保障能力。充实完善水旱灾害防御技术专家库，优化专家管理办法和首席专家制度。根据近几年遇到的问题，充分做好抢险物资队伍准备，加强队伍物资标准化管理，完善全省物资储备体系，增强防汛抢险技术支撑的针对性。

（四）持续巩固农村水利基础，助力打造乡村振兴齐鲁样板。大力弘扬脱贫攻坚精神，全方位提高农村水利支撑保障水平，为巩固拓展脱贫攻坚成果、全面推进乡村振兴作出水利贡献。

推动农村供水保障提档升级。以“同源、同网、同质、同服务、同监管”为目标，按照“城乡一体、县级统管”发展思路，加大村内供水工程改造提质力度，力争全年完成投资48亿元以上、改善5000个村供水条件；尤其是鲁中、鲁南和胶东山丘区，要重点扩大规模化供水工程覆盖范围。深化农村供水建管机制改革，稳步扩大县级公司一体化管理工程的覆盖范围，加强农村供水水管员队伍建设。各地要畅通问题受理渠道，及时发现、真诚服务，将群众用水问题解决在家门口，提升群众满意度。

提高灌区供水保障能力。重点完成4处大型灌区和10处中型灌区续建配套与节水改造任务，开展灌区标准化规范化管理创建，农田灌溉水有效利用系数达到0.648。深入推进农业水价综合改革，建立健全农业水价形成机制，完善精准补贴和节水奖励机制落地途径，提前完成7047万亩改革任务，并推动在用水计量管理、终端水价核定、奖补资金落实上有新进展。

扎实做好水库移民后期扶持。深入开展移民精准扶持，发挥“美丽移民村”示范带动作用，扎实开展美丽家园建设，完善村庄基础设施和基本公共服务，改善移民生活条件，推动三类村逐步销号、一类村明显增加。积极发展移民受益大、辐射带动强的特色产业，以点带面推动全省移民村产业升级，加快移民增收致富步伐。

（五）有效强化水生态治理修复，构建人水和谐绿色发展格局。深入贯彻习近平生态文明思想，树牢尊重自然、顺应自然、保护自然理念，坚持山水林田湖草沙综合治理、系统治理、源头治理，持续改善河湖面貌，实现人水和谐共生。

加强河湖治理保护。立足于打造河湖长制升级版，健全以“河湖长＋河长办＋部门＋基层河湖管护队伍”为主体的责任体系，确保河湖有人管、协同管、管得好。要将“一河（湖）一策”作为关键抓手，突出抓好河湖综合整治、水污染治理等重点任务落实，继续加大河湖空间管控力度。强化河湖立体化多维监管，开展碍洪整治、采砂监管、拦河工程整治3大行动，将清理整治重点向中小河流、农村河湖延伸，持续巩固清违清障成果。分级分批推进美丽幸福河湖达标建设，再创建一批省级美丽幸福示范河湖。加大河湖管理基础数据的信息化管理力度，开展“数字河湖”建设试点。

保障河湖生态流量。按照生态流量保障河湖名录，分级分批确定管控目标，落实好生态流量管控方案，科学实施沂河、沭河、大汶河等水量调度。加快完成水量分配工作，配合流域机构做好南四湖、卫河水量分配，年底前全面完成跨县重要河流水库水量分配。开展生态流量工作年度评估，组织编制潍河、泗河、孝妇河生态流量保障方案和水量调度方案。

推进水土流失综合防治。优化水土保持监测站点布局，加快智慧水土保持应用体系建设，精准发现、依法严格查处水土保持违法行为。结合水土保持重点工程实施，推动生态清洁小流域建设，年度治理水土流失面积1150平方千米。积极推进水系绿化，省管大型河道、流域面积50平方千米以上河道，要确保河段水系绿化达标率分别达到

100%、60%。

（六）突出抓好行业能力提升，推动治理体系和治理能力现代化。更加注重依法依规治水管水，持续深化水利重点领域和关键环节改革创新，加快破解体制机制瓶颈制约。

提高行业管理的法治水平。加快推动农村供水、小清河管理等方面立法，推进《山东省胶东调水条例》等法规规章修改，积极配合做好黄河立法。全面推进严格执法，加大对河道非法采砂、非法取用水、水土保持违法违规项目的打击力度。认真落实“八五”普法规划，加强普法宣传教育。

把牢重点改革的市场方向。深化水利“放管服”改革，在现有基础上，探索将部分省级水行政许可权限下放市县实施，加强专家评审和技术服务单位管理。持续推进水权市场化交易，深化水价形成机制改革，建立健全“准许成本＋合理收益”的水利工程定价机制，推动实现主客水多水源同域同价。深化投融资机制改革，鼓励社会资本采取股权合作、特许经营等方式参与工程建设运营。积极培育水利工程管护市场，鼓励发展专业化管护企业。持续开展小型水库管理体制改革样板县和“乡村小型样板水库”创建，探索建立小型水库“巡库员”机制。加快水利工程建管模式创新，推行总承包、全过程咨询等模式，逐步实现招标投标交易监管全省“一张网”。

守好行业发展的安全底线。加强工程建设质量全链条监管，组织开展质量提升专项行动。加强水利建设市场监管，强化信用应用及约束，确保工程建设质量稳步提升。持续推进安全生产“五体系”建设，组织开展“四位一体”安全生产专项整治三年行动，扎实做好重大项目稽察和复查工作。继续完善行业监督体制机制和制度措施，对重点领域开展常态化暗访监督检查。

提升行业治理的科技水平。加快数字水利建设，完善天空地一体化的水利智能感知网，推动数字孪生流域建设顶层设计，支持有条件的市和流域开展建设试点。加快治水前沿领域科技成果转化应用，持续做好水利科研，完善全省水利标准体系。

（七）坚决扛牢扛实主体责任，把全面从严治党不断引向深入。始终坚持党要管党、全面从严治党，把政治建设摆在首位，把管党治党责任传导到位，把基层组织建设基础夯实，把纪律规矩挺在前面，切实提高政治判断力、政治领悟力、政治执行力，以高质量党的建设引领新阶段水利高质量发展。

强化政治引领。牢固树立政治机关意识，深入学习贯彻习近平新时代中国特色社会主义思想、习近平总书记“十六字”治水思路和关于治水重要讲话指示批示精神，把讲政治的要求贯穿始终，确保水利工作始终沿着习近平总书记指引的方向前进。巩固拓展党史学习教育成果，建立常态化、长效化制度机制，进一步增强“四个意识”、坚定“四个自信”、做到“两个维护”。严格落实意识形态工作责任制，确保态势平稳。

强化组织建设。深入实施党支部建设高质量发展三年行动，推动党支部工作由打基础向强功能转变，不断增强党支部政治领导力、思想引领力、群众组织力、社会号召力。坚持围绕中心抓党建、抓好党建促业务，把推进新阶段山东水利高质量发展作为党建工作的切入点、着力点，推动党建与业务深度融合，实现同频共振、互促共进。强化省市县三级联动，深入推进模范机关建设，打造全省水利系统党务干部技能比武、水利工程运行管理岗位创新竞赛项目，深入推进党建进工地活动。

强化正风肃纪。坚持把党的纪律挺在前面，严格落实中央八项规定及其实施细则精神，坚定不移纠“四风”、树新风，深化整治形式主义官僚主义，切实为基层松绑减负。深入开展廉政教育、警示教育、纪律教育，抓好“关键少数”，做实做好“一把手”和领导班子监督。加强对重点领域和关键岗位监督管理，综合运用监督执纪“四种形态”，严肃查处违纪违规问题。

同志们，推动新阶段水利高质量发展，任务艰巨，责任重大，使命光荣。让我们共加紧密地团结在以习近平同志为核心的党中央周围，全面贯彻习近平新时代中国特色社会主义思想，大力弘扬伟大建党精神，时刻牢记“国之大者”，坚定捍卫“两个确立”，坚决做到“两个维护”，埋头苦干、勇毅前行，积极推进山东新阶段水利高质量发展，以优异成绩迎接党的二十大胜利召开！

在全省水利系统全面从严治党暨党风廉政建设工作会议上的讲话

厅党组书记、厅长　刘中会

（2022 年 3 月 7 日）

同志们：

今天召开这次会议，主要任务是传达学习省纪委十一届七次全会、水利部党风廉政建设工作会议精神，部署安排 2022 年全省水利系统全面从严治党、党风廉政建设和反腐败工作。

2021 年以来，在省委、省政府的正确领导下，在省纪委监委的监督、指导、支持下，全省水利系统坚持以习近平新时代中国特色社会主义思想为指导，以党的政治建设为统领，高质量推进党的建设，全面从严治党取得新成效，为实现“十四五”良好开局提供了坚强保证。主要有以下四方面特点：一是“两个维护”更加坚定自觉。常态化开展政治机关意识教育，严肃党内政治生活，严明政治纪律和政治规矩，水利系统党员干部“四个意识”不断增强，“四个自信”日益坚定，“两个维护”更加自觉。二是理论武装更加走深走实。聚焦凝心铸魂，深学细悟习近平新时代中国特色社会主义思想，扎实开展党史学习教育，实施青年理论学习提升工程，引导广大党员干部学史明理、学史增信、学史崇德、学史力行。三是基层基础更加夯实牢固。扎实开展模范机关建设，实施党支部建设高质量发展三年行动，在重点水利工程建设、水旱灾害防御、农村饮水安全保障等急难险重任务中，党支部战斗堡垒作用有效发挥。四是党风政风持续改善向好。一以贯之正风肃纪，加强廉政风险防控，严格落实中央八项规定及其实施细则精神，持续纠治形式主义、官僚主义问题，全系统政治生态进一步优化。在看到成绩的同时，也要清醒地认识到，在落实管党治党责任、整治“四风”顽疾等方面还存在不少薄弱环节；对照党中央和省委要求，还有一定差距。全省水利系统各级党组织要坚持用习近平总书记关于党的自我革命战略思想武装头脑，坚守自我革命根本政治方向，锤炼自我革命锐利思想武器，丰富自我革命有效途径，发扬彻底的自我革命精神，坚持全面从严治党战略方针，坚定不移将党风廉政建设和反腐败斗争进行到底。下面，我讲三方面意见。

一、深刻领会党中央和省委安排部署，准确把握新形势下全面从严治党新特点新要求

习近平总书记在十九届中央纪委六次全会上发表的重要讲话，立意高远、思想深邃、内涵丰富，具有很强的政治性、指导性、针对性，是推进新时代党的建设新的伟大工程的根本遵循和行动指南。当前和今后一个时期，全省水利系统各级党组织和广大党员干部职工，要把学习贯彻十九届中央纪委六次全会精神作为重要政治任务，按照省纪委十一届七次全会、水利部党风廉政建设会议安排部署，深刻领会把握习近平总书记关于党的自我革命战略思想，切实增强贯彻落实的思想自觉、政治自觉、行动自觉。

*（一）深刻领会党中央关于全面从严治党的战略判断。*在这次中央纪委全会上，习近平总书记深刻指出当前腐败与反腐败呈现出“四个任重道远”的新特征，即：防范形形色色的利益集团成伙作势、“围猎”腐蚀还任重道远，有效应对腐败手段隐形变异、翻新升级还任重道远，彻底铲除腐败滋生土壤、实现海晏河清还任重道远，清理系统性腐败、化解风险隐患还任重道远。这是党中央对新阶段党风廉政建设和反腐败斗争形势

的战略判断。全省水利系统各级党组织要深刻领会、准确把握，把严的主基调长期坚持下去，以更加科学、更加严密、更加有效的思路举措，一以贯之推动思想从严、监督从严、执纪从严、作风从严、反腐从严，推动全面从严治党向纵深发展，不断取得更大成效。

（二）高度重视水利行业党风廉政建设存在的突出问题。从全国水利系统看，2021年全国纪检监察机关对涉及水利的问题线索，共立案4742件，给予党纪政务处分5060人。这里面既有违反中央八项规定精神问题，又有群众身边的腐败和作风问题，充分地反映出，党风廉政建设永远在路上。全省水利系统各级党组织特别是主要负责同志，必须切实担负起管党治党政治责任，始终保持“赶考”的清醒，保持对“腐蚀”“围猎”的警觉，有效应对腐败手段隐形变异和翻新升级，坚决铲除涉水领域腐败问题滋生的土壤，在更深层次、更大范围巩固反腐败成果，确保水利事业发展行稳致远。

（三）准确把握全面从严治党面临的新形势新任务。“十四五”时期，全省将大力推进现代水网建设，一大批重大项目上马在即，对管党治党能力、廉政风险防控能力提出巨大考验。如果超前防控、靠前监督不到位，不能全面从严、一严到底，就很容易发生问题。此外，黄河流域生态保护和高质量发展等重大战略实施，疫情防控、意识形态、舆情处置、安全生产等防范化解重大风险任务，也对我们的工作提出了更高标准和要求，落实不力也要被追责问责。全省水利系统各级党组织要认清大局大势，倍加珍惜当前水利发展的大好局面，毫不松懈抓牢党风廉政建设和反腐败工作，为新阶段水利高质量发展提供坚强保障。

二、坚持严的主基调不动摇，坚决打好党风廉政建设和反腐败斗争攻坚战、持久战

习近平总书记强调，全面从严治党是新时代党的自我革命的伟大实践，开辟了百年大党自我革命的新境界，必须长期坚持、不断前进。全省水利系统各级党组织要认真贯彻党中央和省委部署安排，突出问题导向，强化工作措施，扎实做好今年全面从严治党、党风廉政建设和反腐败各项工作。重点要抓好四个方面。

（一）持之以恒加强政治思想建设，以实际行动捍卫“两个确立”、做到“两个维护”。全省水利系统各级党组织要把加强政治建设作为做好各项工作的根本统领，做深做实政治监督，以高质量监督确保党中央治水决策落实落地。一要始终牢记“国之大者”。习近平总书记关心关注的重点工作，党中央部署的重点任务，就是“国之大者”。比如，总书记和党中央高度关注的全面提升水安全保障能力、黄河流域生态保护和高质量发展、南水北调后续工程高质量发展等大事要事。大家要真正悟透，做到牢记在心、了然于胸，并经常对标对表，及时校准偏差。二要突出政治监督重点。以迎接党的二十大胜利召开、学习宣传贯彻党的二十大精神为主线，围绕“三新一高”等党中央重大决策部署，加强政治监督，确保执行不偏向、不变通、不走样。要聚焦“十六字”治水思路、黄河流域生态保护和高质量发展、防灾减灾、河湖长制、“四水四定”等重大部署要求，健全完善“台账式管理、清单化推进”的工作机制，强化监督检查，定期督查督办，确保不折不扣落地落实。三要形成监督合力。以党内监督为主导，加强专项监督和基层监督，做好纪律监督、监察监督、巡视巡察监督的统筹衔接。要更好发挥审计监督、群众监督、舆论监督等各种有效监督方式的作用，促进党内监督与其他监督贯通协同，建立健全全面覆盖、常态长效的监督体系，不断提升全省水利系统监督治理整体效能。

（二）持之以恒强化权力制约监督，坚定不移将反腐败斗争进行到底。十九届中央纪委六次全会明确指出，基础设施建设、公共资源交易将是下一步反腐败重点领域。全省水利系统各级党组织要保持反对和惩治腐败的强大力量常在，以系统施治、标本兼治理念，一体推进不敢腐、不能腐、不想腐，

不断清除滋生腐败的土壤和条件。一要持续加强廉政风险防控。针对水利工程建设、水利资金使用管理、水行政执法等重点领域，加强违规违纪问题监督检查，有针对性地完善风险防控体系，确保防控作用有效发挥。各级党员领导干部要以身作则、廉洁自律，决不允许插手具体项目、具体资金，以及为个别企业站台等违规行为。二要持续保持高压态势。紧盯政策支持力度大、投资密集、资源集中的水利重点领域和关键环节，坚决查处水利工程建设领域腐败问题。要聚焦农村供水保障等民生水利，坚决惩治群众身边的吃拿卡要、优亲厚友等“微腐败”问题。要深化运用“四种形态”，做到宽严相济、治病救人，特别要用好“第一种形态”，抓早抓小，防微杜渐。三要持续加强廉洁文化建设。通过举办廉政讲座、开展廉政谈话、参观廉政教育基地等方式，加强廉政宣传教育，引导水利党员干部提高党性觉悟，筑牢拒腐防变思想防线。要不断深化警示教育，加强以案促改，保持警钟长鸣，使铁的纪律转化为党员干部的日常习惯和自觉遵循。党员领导干部要带头加强家教家风建设，廉洁修身，廉洁齐家，严格要求家人本分做人、干净做事，坚决反对特权思想和特权现象。

（三）持之以恒落实中央八项规定及其实施细则精神，不断巩固拓展水利行风建设成果。习近平总书记强调，中央八项规定不是只管5年、10年，而是要长期坚持。全省水利系统各级党组织要拿出恒心和韧劲，以钉钉子精神管出习惯、抓出成效、化风成俗。一要持续巩固中央八项规定堤坝。春节前后，厅党组聚焦纪律作风建设，印发了《关于进一步加强干部队伍作风建设的实施方案》《关于加强机关纪委建设的若干措施》《关于进一步加强厅属单位党风廉政建设的实施意见》，要切实抓好落实。对违规吃喝、违规收受礼品礼金、违规发放津贴补贴、公务接待“吃公函”等损害党的形象、损害水利形象的问题，要紧盯不放、露头就打，坚决防止反弹回潮。二要持续纠治形式主义、官僚主义。对影响党中央部署贯彻落实、漠视侵害群众利益、加重基层负担等问题，要全面检视、靶向纠治，及时发现并坚决查处。今年是推进现代水网建设规划落实第一年，完成水利建设投资500亿元以上，是必须完成的硬任务、硬指标，各级要大力倡树“严、真、细、实、快”工作作风，为持续大干大兴水利提供作风保障。三要用心用情用力办好为民实事。持续巩固党史学习教育成果，常态化开展“我为群众办实事”实践活动，解决好群众的“急难愁盼”问题。对群众通过各种渠道反映的问题，不管问题是什么，都不能态度蛮横、简单粗暴，也不能敷衍了事、推诿搪塞、“踢皮球”，要严肃认真对待，及时研究解决，确保件件有着落、事事有回音，以实实在在的行动赢得群众的信任和支持。

（四）持之以恒加强干部管理监督，打造高素质水利干部队伍。推进实现新阶段水利高质量发展，关键在人。全省水利系统各级党组织要把选人用人作为关键性、根本性问题来抓，着力加强教育管理监督，打造一支政治过硬、责任过硬、本领过硬、作风过硬的高素质水利干部队伍。一要坚持正确选人用人导向。按照“信念坚定、为民服务、勤政务实、敢于担当、清正廉洁”的要求，加大干部培养选拔力度，把政治上信得过、作风上靠得住、工作上能放心的干部选出来、用起来，做到知人善任、人尽其才，为水利事业可持续发展提供人才支撑。二要做实做细日常监督管理。认真落实中共中央关于加强对“一把手”和领导班子监督的意见，落实好谈心谈话、领导干部插手干预重大事项记录报告、述职述廉等制度，在提高执行力上狠下功夫。发挥好各级党支部的“第一道关口”作用，坚持“严管就是厚爱、约束就是保护”，定期开展谈心谈话，组织党内生活锻炼。广大党员干部要牢记“清廉是福、贪欲是祸”的道理，牢记初心使命，严守党纪党规，看清什么事情能做、什么事情不能做，守牢守住廉洁底线。三要着力抓好干部实践锻炼。把素质好、潜力大的干部放到扛重活、打硬仗的岗位上锻炼，在急难险重任务、应对重大考验中锤炼党性、提升能力。落实好激励干部担当为、干事创业相关政策措施，把基层水利党员干部的积极性、主动性、创造性充分激发出来，推动形成“争先创优”的浓厚氛围和生动局面。

三、切实履行管党治党政治责任，确保全面从严治党各项任务落地见效

全面从严治党能否见实效，关键是能不能抓好主体责任这个“牛鼻子”。全省水利系统各级党组织和党员领导干部要守土有责、守土负责、守土尽责，不折不扣将管党治党政治责任落到实处。

（一）盯紧关键少数推动责任落实。各级党组织要认清形势任务，明确职责所在，把扛牢主体责任作为根本之责，以真抓实干的务实行动，把全面从严治党不断引向深入；要构建完善清单管理、实时调度、跟进督导、成效评估等工作闭环，推动党建任务落地见效。各级党组织书记要增强第一责任人意识，管好班子、带好队伍，以身作则、身体力行，亲力亲为把党风廉政建设抓实抓牢，决不能当“甩手掌柜”。班子成员要认真落实“一岗双责”，坚持真抓真管，不当“老好人”，统筹推进分管领域党建、党风廉政建设、疫情防控、意识形态、安全生产、法治建设等各项工作，确保不出问题。

（二）上下联动拧紧责任落实链条。全面从严治党是系统工程，要一级做给一级看、一级带着一级干，巩固完善上下联动、齐抓共管的工作格局。各级党组织要加强对所辖地区和部门党组织履职尽责情况的监督检查，着力解决好压力传导层层递减等情况，把全面从严治党延伸到基层、落实到基层。要注重省市县三级联动，切实抓好模范机关建设、青年理论学习提升工程、党的二十大精神学习宣传贯彻、党支部建设高质量发展三年行动等重点工作。厅直机关党委、厅直属有关单位党委要形成工作合力，拿出过硬举措，抓好相关工作的推动落实和督促指导。[illegible]题，严查“钱袋子”“账本子”等方面存在的问题线索，坚决遏制住违规违纪现象抬头趋势。新一届省委第一轮巡视即将开始，这次专项巡视以黄河流域生态保护和高质量发展为主题，省纪委监委已作出部署安排，预计5月份将进驻我厅；前期，厅里梳理了党中央、国务院和省委、省政府、水利部印发的相关政策文件，制定了《黄河流域生态保护和高质量发展水利落实台账》，厅直系统各级党组织要对照台账，提前自查自纠，及时查缺补漏，做好整改提升，确保各项任务落到实处、取得实效。要发挥好考核的“指挥棒”作用，优化党建考核指标体系，做实列席指导、监督检查、述职评议等有关工作，用好诫勉谈话、通报批评等手段，倒逼主体责任落实落地。对抓党风廉政建设和反腐败工作不力、失职渎职的，要严肃追责问责。

（三）发挥好纪检监察部门监督作用。各级水利纪检监察部门要聚焦主业主责，找准定位，主动作为，履行好协助职责和监督责任。对党组（党委）作出的全面从严治党安排，要及时跟进监督检查；突出加强对党中央和省委、省政府重要决策部署，以及厅党组工作安排落实情况的监督，保障水利改革发展任务落实。要带头加强自身建设，以更高标准、更严纪律要求自己，坚持党性，敢于碰硬，管好关键人、管到关键处、管住关键事，让监督与被监督成为党员干部的习惯自觉。全省水利系统各级党组织要提供坚实保障，配齐配强纪检干部队伍，加强业务能力培训，提高监督执纪问责能力，努力打造忠诚坚定、担当尽责、遵纪守法、清正廉洁的纪检监察铁军。

同志们，让我们更加紧密地团结在以习近平同志为核心的党中央周围，大力弘扬伟大建党精神和自我革命精神，忠诚履职、担当作为，坚持不懈推进全省水利系统全面从严治党、党风廉政建设和反腐败工作向纵深发展，为推动全省水利新阶段高质量发展提供坚强保障，以优异成绩迎接党的二十大胜利召开！

在全省现代水网暨2022年重点水利项目建设推进视频会议上的发言

省水利厅

实施国家水网重大工程，是以习近平同志为核心的党中央安排部署的一项重大任务。对山东现代水网建设，省委省政府高度重视、高点谋划、高位推动，李干杰书记、周乃翔省长、李猛副省长多次组织召开专题会议研究部署，要求在落实党中央要求上先行一步，研究确定了总体思路、发展方向和重大事项。目前，《山东现代水网建设规划》已由省政府印发，《山东现代水网建设行动计划》也将于近期印发。今年是规划落地的第一年，全省水利系统将按照省委省政府决策部署，以及周省长讲话要求，扛牢责任、强化担当，以“严真细实快”的作风，集全系统之智、举全系统之力，确保规划尽快落地见效。项目推进着重抓好五方面。

一是实行清单管理。对“十四五”时期的水网建设工作，按照“工作任务化、任务项目化、项目清单化”的思路，谋划了供水保障、防洪提升、水生态保护与修复、数字水利等5大类工程项目1088个，总投资3855亿元，“十四五”期间计划完成投资2143亿元，并全部分解落实到具体项目。其中，对今年实施以及明年拟实施大中型项目，在和各市充分沟通确认的基础上，按照“急用先建、分步实施”的原则，列出了项目清单，规定了节点期限，明晰了相关责任，目前已经以“一市一单”形式印发各市执行。

二是紧扣节点推进。把今年完成水利建设投资不低于500亿元作为硬任务。对新建项目前期工作，明确了可研报告评审及批复、初设报告评审及批复、计划开工等5个时间控制节点，并将已开工项目工作量细分至每个月、每个周，倒排工期、留足余量、挂图作战、以月保季，确保按期完成年度建设任务。建立起双周调度会商、月视频通报制度，针对推进过程中存在的问题，及时采取“红黄牌”警示、会议约谈、发函告知等形式做好提醒督促。

三是狠抓建设管理。落实好项目法人责任制、招标投标制、建设监理制、合同管理制等一系列制度，健全勘测设计、建设施工、竣工验收等全链条的监管机制，保障工程质量、进度和安全。特别是将质量和安全作为水利工程建设的“生命线”，综合运用巡查监督、驻点监管、稽察等手段，实现全覆盖、全过程、全链条监管，努力提高工程建设质量；组织开展“四位一体”安全生产专项整治三年行动，坚决避免重特大安全生产事故发生。

四是压实各方责任。认真落实“省级统筹、市负总责、县抓落实”的工作要求，实行现代水网建设分级负责制。在项目推进过程中，督促指导各市县水行政主管部门，按照建设程序，压紧压实规划编制、勘察设计、施工组织、质量安全、资金落实、竣工验收等各环节责任，明确到岗到人，确保纵向到底、横向到边、覆盖全程、不留死角。同时，坚决履行好重点水利工程建设联席会议办公室的职责，发挥好牵头抓总、协调各方、督促推进的作用。

五是做好服务保障。实行“上巡”与“下询”相结合工作法，积极做好督促指导和服务。定期视频会商调度和研判的同时，建立问题反映“直通车”，协调解决关键问题；定期或不定期实地督导，第一时间发现并解决工程项目推进过程中遇到的难题和堵点。组织成立专家组，指导各市县做好水网规划编制、重点项目谋划、工程规模论证、设计方案优化等工作，分片包保帮助解决实际问题。继续做好与发改、财政、自然资源、生态环境等部门的协调配合，强化项目与资金、土地、环境等关键要素的科学统筹及精准对接；加快水网运行管理方面体制机制法制建设，深化水利工程运行管理改革，通过建章立制管长远、求长效。

水　文

2022 年，山东省水文中心站网部（省水土保持监测站）被水利部表彰为全国水土保持工作先进集体，《绿水青山扮齐鲁　文明花开映水文》文明创建典型案例获水利部通报表扬。一是水文现代化建设顶层设计实现新突破。在完成站网、信息化、水质水生态、人才科技 4 个专项子规划的基础上，编制完成《山东省水文现代化建设规划》。二是水文基础设施建设加快提档升级。372 处水文（位）站及雨量站得到改造提升，雨量水位全部实现自动监测，国家基本水文站流量自动监测覆盖率达到 50%。山东省国家基本水文测站提档升级建设工程（一期）可行性研究报告获省发改委批复。三是防汛水文测报战胜超标准暴雨洪水考验。全年共测流 11516 次，测沙 2787 次，洪水预报 1561 站次，发布水文简报 100 余期、预测预报 205 期、水情预警 18 次、雨水情短信 281 万余条、雨水情信息 1741 万余条，圆满完成水文测报任务。周乃翔、范波等省领导给予批示肯定。四是水资源水生态监测工作亮点纷呈。启动全省 8 条河流 37 处控制断面、29 处生态流量保障断面监测预警，发布预警 3 次。积极参与河长制暗访核查，全年共完成 105 条河流暗访。扎实开展京杭大运河全线贯通补水监测工作，获取监测数据 1.8 万余条，被李国英部长批示肯定。在水利部水资源监测专题视频会、地下水超采区水位变化技术研讨会议上作典型发言。五是数字水文建设取得重要成果。启动水文信息化整合提升专项行动，明确“四个一”总体思路。省市县三级互联互通网络与视频会议系统投入使用。雨水情信息服务系统、全省骨干河道与大中型水库洪水预报系统两大系统投入试运行并发挥重要作用，得到省水利厅和省应急厅领导高度评价。六是人才科技激活发展新动能。印发加强人才与科技工作的“十条”措施，实施“5125+1+N 水文人才工程”，推进“1+1”新进人员跟踪培养计划，评选 7 支创新团队。获省部级科技进步奖 2 项，市级科技进步奖 2 项，齐鲁水利科技进步奖 6 项，发明及实用新型专利 142 项，成功申报 3 个市级重点实验室。七是水文依法管理创造山东经验。省水利厅出台 4 个文件，完成 107 处国家基本水文站、225 处专用水文站的保护范围划定工作，依法查处多起违法案件。经验做法被水利部《水利简报》向全国推广。八是水文计量机构实现成功转型。省委编办批复省水文计量检定中心为独立法人，为副处级公益二类事业单位。九是作风建设年行动取得扎实效果。大力倡树“严真细实快”工作作风，通过系列活动，推进作风建设取得实效。十是高质量党建引领水文发展新征程。深入学习宣传贯彻中共二十大精神，举办首届党建优秀成果展暨品牌创新竞赛和青年论坛，开展省市县中心三级联动，推动党建向基层延伸。

（鲁素芬）

水文基础设施建设

【水文站网】 2022 年，山东省水文站 487 处，水位站 210 处，雨量站 2027 处；有观测泥沙项目的站点 45 处，有观测蒸发项目的站点 49 处，地下水站 2281 处，水质站（地表水）89 处，墒情站 155 处。

水文站 2022年全省共有水文站487处。其中，基本水文站157处，中小河流水文站330处。黄河流域有47处，淮河流域160处，海河流域94处，半岛地区186处。与2021年相比无变化。

水位站 2022年全省共有水位站210处。其中，基本水位站17处，中小河流水位站193处。黄河流域有17处，淮河流域85处，海河流域36处，半岛地区72处。与2021年相比无变化。

雨量站 2022年全省共有雨量站2027处（含有基本水文站、基本水位站中的雨量观测项目140处）。其中，基本雨量站803处，中小河流水文站1224处。黄河流域有218处，淮河流域611处，海河流域344处，半岛地区854处。与2021年相比无变化。

泥沙站 山东省无专门泥沙站点，2022年全省有泥沙观测项目的站点共45处，泥沙颗粒分析站3处。黄河流域有泥沙站5处，淮河流域18处，海河流域11处，半岛地区14处。与2021年相比无变化。

蒸发站 山东省无专门蒸发站点，2022年全省有水面蒸发观测项目的站点共49处，全部为国家基本站。按照山区、丘陵、平原三类区域分别布设代表站，控制全省水面蒸发要素的变化。黄河流域有蒸发项目6处，淮河流域14处，海河流域7处，半岛地区22处。与2021年相比无变化。

地下水站 2022年全省共有2281处地下水站，与2021年相比无变化。

水质站 2022年全省共有89处地表水水质站，与2021年相比无变化。

墒情站 2022年全省共有155个墒情站，全部为国家基本站。黄河流域共有墒情站13处，淮河流域50处，海河流域35处，半岛地区57处。与2021年相比无变化。

（刘强）

【国家地下水监测工程】 2022年，国家地下水监测工程已建设完成，建设1个省级监测中心，17个地市级分中心。共建设国家级地下水监测站802个站（803个监测点）。其中，水位站797个（新建691个、改建站106个），泉流量站5个，监测数据全部实现自动采集与传输，每日监测6次。2022年度完成的主要工作有：完成了802个监测站运行维护，完成了每站两次自动监测仪器的现场校测，每季度对监测站巡查一次，完成了每站一次井深测量和69处洗井清淤，完成了监测站的看护，及时缴纳通信费；监测系统运行正常，数据月均到报率、完整率、交换率均超过95%；完成了2021年度资料整编、入库和年鉴刊印工作。年度运行维护工作通过水利部信息中心组织的专家验收。

（付强）

【重点工程建设】 2022年，全省水文设施建设主要包括山东省水文设施建设工程、烟台市老岚水库水文设施工程、小清河复航水文设施工程。

山东省水文设施建设工程建设内容包括新建水文站61处、水位站69处、雨量站81处；改建水文站185处、水位站9处、雨量站149处。完善19座边界水闸建设工情监测设施；完善16个市水文中心应急监测设施；建设完善水情服务系统、洪水预报系统、水情会商系统并部署于省、市、县中心。建设省及16市水文中心视频监控管理平台；省及15处市中心、69处县级中心应用服务支撑软硬件环境及机房建设。工程总投资56452.52万元，分两年实施，2022年安排投资计划13187万元，完成投资13187万元。

烟台市老岚水库水文设施工程建设内容为老岚水库水文设施和水情自动测报系统，主要包括测验河段基础设施、水位观测设施、流量观测设施、辅助设施等，配置水位观测设备、流量测验设备、水文图像监控设备等设备。工程总投资895.85万元，2022年安排投资计划88万元，完成投资88万元。

小清河复航水文设施工程建设内容涉及建设济南、滨州、淄博、东营4市8处水文站，包括测验河段基础设施、水位观测设施、流量观测设施、辅助设施等，配置水位计、水文缆道及绞车、声学多普勒剖面测流系统、水文图像监控设备等设备。工程总投资 1602 万元，2022 年安排投资计划 480 万元，完成投资 480 万元。

（张佳宁）

测验与监测

【测验项目】 2022 年，全省水文测验项目有水位（包括河道、水库、湖泊、渠道等）、流量（包括河道、水库溢洪道、放水洞、电站、灌渠、堰闸等）、悬移质泥沙（包括含沙量、输沙率）、泥沙颗粒分析、水温、水质、冰情、水面比降、水面蒸发、水文调查、墒情等项目。

全省流量观测项目合计 721 处，较 2021 年增加 14 处；水位观测项目合计 965 处，较 2021 年增加 49 处；雨量观测项目合计 2614 处，较 2021 年增加 17 处。全省测验项目数量情况，具体见“2022 年山东省测验项目一览表”。

表 2.1　2022 年山东省测验项目一览表

单位：处

指标名称	数量
一、流量	721
二、水位	965
三、泥沙	48
其中：1. 悬移质	
2. 推移质	
3. 河床质	
4. 颗粒分析	
四、降水量	2614
五、蒸发	49
六、比降	19
七、冰情	99
八、水温	7
九、地下水	
其中：1. 地下水水位	2281
2. 地下水水质	926
3. 地下水水量	
十、地表水水质	89
十一、水生态	5
十二、墒情	155

续表

指标名称	数量
十三、水文调查	147
十四、辅助气象	

（刘强）

【测验设备与测验方法】 2022年，全省共有测流缆道（车）97座，较2021年增加8座。共有流速仪1767台，较2021年增加8台。其中，转子流速仪1326台，较2021年没有变化；电波流速仪235台，较2021年增加4台；声学多普勒流速仪202台，较2021年增加4台。全省共有浮标投放器4架，较2021年无变化；超声波测深仪60台，较2021年增加2台。全省测绘设备情况：水准仪378台，较2021年减少2台；经纬仪25台；全站仪130台，较2021年无变化；GPS44台，较2021年增加2台。测验设备数量情况，具体见“2022年山东省测验设备一览表”。

表2.2　2022年山东省测验设备一览表

指标名称	数量
一、测流缆道（车）（座）	97
其中：自动	58
二、测沙缆道	
三、水文测船合计	5
其中：1. 机动	4
其中：65千瓦以上	1
2. 非机动	1
四、趸船	
五、吊船过河索	
六、浮标投放器	4
七、水文测桥	50
八、测流堰槽	1
九、在线测流系统	121
十、视频监控系统	705
十一、无人机	30
十二、流速仪合计	1767
其中：1. 转子流速仪	1326
2. 电波流速仪	239
3. 声学多普勒流速仪	202

续表

指标名称	数量
十三、激光粒度分析仪（台）	0
十四、超声波测深仪	60
十五、检定槽	1
十六、测绘设备	
其中：1. 水准仪	378
其中：数字水准仪	76
2. 经纬仪	25
3. 全站仪	130
4. GPS	44
5. 多波束测深仪	16
6. 双频回声仪	

（刘强）

【典型洪水测验】

精准测报保小清河两次安全通过最大洪水　受7月11—12日降雨影响，小清河干支流同时涨水，水情部门提前做出小清河岔河水文站将出现700立方米每秒左右的洪峰流量的预报分析，水利部门充分采纳并及时调度上游水牛韩闸控泄，有效压减了洪峰流量。岔河站7月13日5时实测洪峰流量623立方米每秒，列1967年有实测记录以来首位。国庆假期，小清河流域再迎同期最强降水，水情部门预报小清河干流将再次发生超警洪水。中游岔河水文站10月4日4时实测最大流量665立方米每秒（保证流量500立方米每秒），超警1.85米，同一河段3个月内再次刷新洪峰流量最大记录。两次洪水预报均提前6—7小时作出，精准度超90%，及时精准的洪水预报为防洪决策提供技术支撑，避免了分洪道的启用，保护了分洪道内人民财产安全。

迎战“梅花”，防洪减灾成效显著　12号台风“梅花”期间，青岛、烟台、威海普降暴雨到大暴雨、局部特大暴雨。大沽河发生自2004年以来最大洪水，干流控制站南村水文站洪峰流量1180立方米每秒。多条中小河流发生有水文资料以来最大洪水。崂山水库最大泄洪流量482立方米每秒，位列该站年最大下泄流量第2位；张村河东韩水文站实测洪峰流量153立方米每秒，位列该站历年流量序列第1位；清洋河臧格庄水文站测得有水文资料记载以来最大洪峰流量1270立方米每秒；大沽夹河福山水文站测得洪峰流量1870立方米每秒，在历史水文资料中位列第2位；黄水河诸由观水文站实测洪峰流量2420立方米每秒，辛安河辛安水文站实测洪峰流量715立方米每秒，均为有实测资料以来最大值。及时准确的测报信息，为地方政府科学开展防洪调度，最大限度减少灾害损失提供了重要保障。受台风“梅花”特大暴雨、前期高水位运行和下游天文大潮顶托三重影响，崂山水库防洪形势严峻。水文部门三天两夜驻守防汛一线，准确预报，及时监测，测得上游入库控制站乌衣巷水文站完整洪水过程和崂山水库溢洪过程，指导有关方面调度崂山水库提前泄、及时泄、科学泄，最大限度地保障流域防洪安全、保留宝贵水资源。崂山水库管理单位青岛海润自来水集团向省水利厅发来感谢信，对青岛城区水文中心优质服务表示感谢。

（刘强）

【**用水总量监测**】 监测站网 2022年，全省水文部门共有雨量站1350处、地表水蓄水量监测站855处、地下水水位观测井2160眼、出入境水量监测站470处、径流站123处、蒸发站76处、大中小型水库供水量监测站826处；联合设立近86处地表水大中型引提水工程供水量监测站、83座引黄涵闸及其他调水量监测站、173处地下水集中供水水源地和17850眼企事业单位自备井开采量监测站。同时，为统计分散的无计量的农业灌溉、生活及牲畜用水量，全省共布设典型监测797处。其中，农业灌溉典型510处、生活用水典型137处、牲畜用水典型139处。各水文要素监测符合《降水量观测规范》《河流流量测验规范》《水工建筑物测流规范》《水位观测标准》《地下水监测规范》《地下水动态监测规程》《城市地下水动态观测规范》《水文巡测规范》《水面蒸发观测规范》等规范要求，基本满足以县域为单元的区域用水量监测要求。

主要监测成果 2022年，对控制区地表水各类供水工程、地下水集中供水水源地、企事业单位自备井取用水量进行全面监测，对未控区农业、工业、生活及牲畜用水进行典型监测，对区域降水、地表水蓄变量、地下水位、出入境水量、蒸发、径流等各水平衡要素进行全面监测，获得海量监测数据。2022年共获得1350站年降水量资料、855站年大中小型水库蓄水动态资料、76站年蒸发量资料，获得2160站年地下水水位监测资料、123站年流量监测资料，以及826座水库供水量监测成果；获得典型区监测成果797组，包括：510处农业灌溉典型区的灌溉次数、历次灌溉用水量、灌溉面积及典型区灌溉定额成果，137处生活典型用水定额，139处牲畜用水典型用水定额。另外，获得全省近86处地表水大中型引提水工程供水量计量数据、83座引黄涵闸及其他调水量监测数据、173处地下水集中供水水源地和17850眼企事业自备井开采量计量数据。

区域用水总量统计成果 2022年，全省用水总量199.62亿立方米（不含非常规水源）。其中，地表水取用水量72.67亿立方米，地下水取用水量69.27亿立方米，跨流域调水利用水量57.68亿立方米（其中，黄河水53.16亿立方米、长江水4.52亿立方米）。

从流域分区来讲，海河流域用水总量50.38亿立方米，其中，地表水取用水量6.83亿立方米，地下水取用水量14.01亿立方米，跨流域调水利用水量29.55亿立方米（黄河水28.60亿立方米、长江水0.95亿立方米）；黄河流域用水总量12.83立方米，其中，地表水取用水量5.67亿立方米，地下水取用水量7.16亿立方米；淮河流域（不含山东半岛沿海诸河）用水总量67.57亿立方米，其中，地表水取用水量32.20亿立方米，地下水取用水量26.04亿立方米，跨流域调水利用水量9.33亿立方米（黄河水9.07亿立方米、长江水0.26亿立方米）；山东半岛沿海诸河用水总量68.84亿立方米，其中，地表水取用水量27.98亿立方米，地下水取用水量22.06亿立方米，跨流域调水利用水量18.80亿立方米（黄河水15.49亿立方米、长江水3.31亿立方米）。

（刘广鲁）

【**水质监测**】 2022年，山东省评价评价河长1709.6千米，水质优良（Ⅰ—Ⅲ类）断面比例全年期、汛期、非汛期分别为83.1%、77.1%、80.0%；Ⅳ—Ⅴ类断面比例全年期、汛期、非汛期分别为16.9%、22.9%、20.0%；没有劣Ⅴ类断面河长。污染项目有化学需氧量、五日生化需氧量、高锰酸盐指数和氟化物。

淮河流域 2022年，山东省淮河区评价了山东半岛沿海诸河流域和沂沭泗河流域。山东省淮河区全年期评价河流总河长1204.9千米，没有达Ⅰ类标准的河段，Ⅱ类水质河长495.4千米，占41.1%；Ⅲ类水质河长580.1千米，占48.1%；Ⅳ类河长129.4千米，占10.7%；没有Ⅴ类和劣Ⅴ类河段。污染项目有化学需氧量、高锰酸盐指数、五日生化需氧量和氟化物。

沂沭泗河流域　全年期评价河流长599.8千米，没有达Ⅰ类标准的河段，Ⅱ类水质河长141.6千米，占23.6%；Ⅲ类水质河长368.2千米，占61.4%；Ⅳ类河长90.0千米，占15.0%；没有Ⅴ类和劣Ⅴ类河段。大部分河流水质状况较好，优于Ⅲ类。劣于Ⅲ类水质的河流有洙赵新河和东鱼河，污染项目有化学需氧量、高锰酸盐指数和氟化物。

山东半岛沿海诸河流域　全年期评价河流总河长605.1千米，没有达Ⅰ类标准的河段，Ⅱ类水质河长353.8千米，占58.5%；Ⅲ类水质河长211.9千米，占35.0%；Ⅳ类河长39.4km，占6.5%；没有Ⅴ类和劣Ⅴ类河段。大部分河流水质状况较好，优于Ⅲ类。劣于Ⅲ类水质的河流只有小清河，污染项目是化学需氧量。

黄河流域　2022年，山东省黄河区只评价了花园口以下流域，有玉符河、平阳河、光明河、瀛汶河、大汶河、石汶河和黄河。山东省花园口以下流域全年期评价河流总河长207.7千米，没有达Ⅰ类标准的河段，Ⅱ类水质河长186.8千米，占89.9%；Ⅲ类水质河长20.9千米，占10.1%；没有Ⅳ类、Ⅴ类和劣Ⅴ类河段。

海河流域　2022年，山东省徒骇马颊河流域全年期评价河流总河长297.0千米，没有达Ⅰ～Ⅱ类标准的河段，Ⅲ类水质河长137.3千米，占46.2%；Ⅳ类水质河长80.0千米，占26.9%；Ⅴ类水质河长79.7千米，占26.8%；没有劣Ⅴ类水质河流。劣于Ⅲ类水质的河流有徒骇河、马颊河和德惠新河，污染项目有五日生化需氧量、化学需氧量和高锰酸盐指数。

（矫桂丽）

【墒情监测】　2022年，全省共设土壤墒情观测站155处，3月1日至11月1日每月1、11、21日进行土壤墒情监测。2022年受汛前降水持续偏少影响，全省土壤缺墒情况持续发展，6月下旬降水增多，土壤缺墒情况迅速改善，汛期部分地区出现土壤过湿，10月初受强降水影响，全省墒情明显改善，此后降水减少，缺墒情况有所发展。

（田鑫丽）

【水土保持监测】　2022年，全省水土保持监测网络稳定运行，省级水土流失动态监测有序开展，为全省水土保持工作提供了强有力的技术支撑，取得显著成效。

水土保持监测网络　2022年，全省正常运行的水土保持监测站点31处，其中，国家级站点26处，省级站点5处。站点类型包括5类，其中，小流域综合观测站4处、小流域控制站2处、坡面径流观测场17处、利用水文站点7处、风蚀观测场1处。分布于济南、青岛、淄博、枣庄、烟台、潍坊、济宁、泰安、威海、日照、莱芜、临沂、聊城、滨州、菏泽15个市25个县（市、区），涉及黄河、淮河、海河三大流域，其中，黄河流域监测点7处、淮河流域22处、海河流域2处。2022年3月，省水文中心组织各市水文中心及相关单位对上年度监测成果进行全面审查和统一汇编，确保监测成果的规范性、科学性和准确性;5月，完成《2021年山东省水土保持监测点资料年鉴》刊印工作，全省水土保持监测资料已连续11年完成整编，为长系列水保监测资料的积累提供坚实基础。2022年，完成青岛崂山、淄博市郝峪、威海市鲍村、聊城市冠县等4处站点的升级改造工作。省水土保持监测设施设备计量管理工作在全国水土保持监测会议上作典型发言，介绍经验做法。

水土流失动态监测　水土流失动态监测基于优于2米高分遥感影像，采用资料收集处理、卫星遥感解译和野外验证等手段，获取气象、土壤、地形、土地利用、植被、水土保持措施、人为扰动等要素，通过CSLE模型计算，掌握以县级行政区为单元的水土流失类型、面积、强度和分布。2022年全省水土流失动态监测工作继续全覆盖开

展，监测任务涉及 136 个县（市、区），共 15.82 万平方千米，其中，水利部负责组织实施黄泛平原风沙国家级水土流失重点预防区、沂蒙山泰山国家级水土流失重点治理区涉及的 37 个县级行政区共 5.11 万平方千米的监测工作；山东省水利厅负责组织实施省级水土流失重点预防区与重点治理区涉及的 99 个县级行政区共 10.71 万平方千米的监测工作。10 月 31 日，省级监测成果通过水利部海河水利委员会复核，按要求将完善后的监测成果报送水利部。2022 年，山东省水土流失面积 22623.67 平方千米，占全省面积的 14.30%。按侵蚀强度分，轻度、中度、强烈、极强烈、剧烈侵蚀面积分别为 21415.77 平方千米、915.06 平方千米、209.81 平方千米、65.98 平方千米、17.05 平方千米，占水土流失总面积的 94.66%、4.04%、0.93%、0.29%、0.08%。

（孟琳）

水文情报

【报汛站网】 2022 年，全省报汛站共 2807 处，其中，报汛水文站 459 处，报汛水位站 200 处，报汛雨量站 1997 处，报汛工程站 151 处，土壤墒情测报站 155 处，发布洪水预报的水文站 71 处。海河流域共有报汛站 485 处，其中，报汛水文站 91 处，报汛水位站 28 处，报汛雨量站 365 处，报汛工程站 1 处，墒情监测站 35 处，洪水预报站 12 处。黄河流域共有报汛站 287 处，其中，报汛水文站 42 处，报汛水位站 17 处，报汛雨量站 211 处，报汛工程站 17 处，墒情监测站 13 处，洪水预报站 6 处。淮河流域共有报汛站 2035 处，其中，报汛水文站 326 处，报汛水位站 155 处，报汛雨量站 1421 处，报汛工程站 133 处，墒情监测站 107 处，洪水预报站 53 处。

【水文情报】 2022 年山东省水文中心共采集雨水情信息 847.1 万条，向中央报送雨水情信息 244.68 万条，分别向黄委、淮委、海委转发雨水情信息 19.44 万条、158.50 万条、9.30 万条。

发布蓝色洪水预警 3 次，分别针对沭河、德惠新河、南四湖上级湖来水；滚动发布南四湖枯水预警信息 19 次。开展洪水预报 1622 站次，编写水文快报 8 期、月报 12 期、水文预测预报 23 期、水旱灾害防御值班信息 191 期，编发雨水情短信 82.53 万余条。

【降水与水情】 2022 年，全省年降水量 872.4 毫米，较常年偏多 30%，较上年偏少 11%。威海市年降水量最大，达 1096.2 毫米；菏泽市最小，为 622.2 毫米。最大县（市、区）年降水量为青岛市崂山区 1385.4 毫米；最小县（市、区）年降水量为菏泽市郓城县 488.4 毫米。

2022 年，黄河流域、沂沭泗和半岛沿海诸河水系发生明显洪水过程。受强降水影响，小清河发生 3 次超警洪水，岔河水文站 2 次刷新流量历史记录；大沽河发生 2004 年以来最大洪水；黄河支流北大沙河、小清河支流瓜漏河及半岛大沽夹河支流清洋河分别发生 1979 年、1977 年、1960 年有实测记录以来最大洪水；南四湖下级湖自死水位以下快速回升，上、下级湖分别累计超限 43 天、30 天；东平湖受大汶河来水影响，出现 5 次明显波动，累计超限运行 27 天。

降水特点　年降水总量大，分配相对集中。2022 年全省平均降水量 872.4 毫米，列 1916 年有降水统计资料以来第 6 位。全年发生大范围降水过程 27 次，集中在 6—11 月。汛期 6—9 月降水量 692.2 毫米，较常年同期偏多 42%，其中，6 月降水显著偏多 1.4 倍。10 月降水量较常年同期偏多 2 倍以上，居 1916 年有降水统计资料以来首位。汛前及枯季降水明显偏少，汛前 1—5 月全省平均降水量 52.9 毫米，较常年同期偏少 55%，12 月降水量偏少 8 成以上。

全省降水分布东多西少。2022 年全省降水量空间分布呈现“中东部多，西南部少”格局，且年降水量距平自东北向西南递减。鲁西南西部降水量不足 600 毫米，鲁中、鲁东南和半岛部分地区超过 1000 毫米。

影响全省台风数量多。7 月、9 月先后 4 次受台风影响发生降水过程，包括 3 号台风“暹芭”、5 号台风“桑达”、11 号台风“轩岚诺”及 12 号台风“梅花”。其中，7 月上旬，受 3 号台风“暹芭”残余环流和西风槽共同影响，中西部降暴雨到大暴雨；9 月中旬，1949 年以来登陆山东省最晚台风“梅花”过境半岛，强降水过程中累计最大点雨量青岛市崂山区蔚竹庵雨量站 518.5 毫米。

水情特点　部分河流发生有实测资料以来最大洪水。小清河中下游及北大沙河、瓜漏河、清洋河 3 条中小河流发生有实测记录以来最大洪水。多年未遇洪水的大沽河发生 3 次明显洪水过程，近 9 年罕见。受台风“梅花”影响，半岛多条中小河流洪水暴涨。

年末蓄水总体偏多，半岛水库汛期增蓄明显。2022 年年末，全省蓄水总量 80.00 亿立方米，较常年同期多 57%，较上年同期少 8%；全年减少 6.86 亿立方米。汛期大中型水库、南四湖、东平湖分别增蓄 13.93 亿立方米、1.63 亿立方米、1.75 亿立方米，分别增蓄 30%、12%、62%，其中，青岛、烟台 2 市大中型水库增蓄 5—8 成。半岛 4 市汛末总蓄水量 28.71 亿立方米，较常年同期多蓄 6 成至 1 倍。

南四湖水位短期陡涨，枯季接受补水。南四湖下级湖 6 月 22 日最低水位降至 31.20 米，低于死水位 0.30 米，受强降水影响，7 月 21 日涨至年内最高水位 32.93 米，涨幅 1.78 米。上级湖超限 43 天，最大超限水深 0.50 米；下级湖超限 30 天，最大超限水深 0.43 米。全年累计出湖水量 37.62 亿立方米，其中 7 月下泄水量 90% 以上。南水北调东线 5 月、11—12 月开机调水，全年向南四湖补水 0.87 亿立方米。

蓄水量　2022 年全省大中型水库（不含平原水库）、南四湖和东平湖蓄水总量全年减少 6.86 亿立方米。其中，汛初（6 月 1 日）蓄水总量 63.13 亿立方米，较常年同期多 72%，较上年同期少 3%，较年初减少 23.73 亿立方米；汛末（10 月 1 日）蓄水总量 80.45 亿立方米，较常年同期多 45%，较上年同期少 11%，较汛初增加 17.32 亿立方米；年末（2023 年 1 月 1 日）蓄水总量 80.00 亿立方米，较常年同期多 57%，较上年同期少 8%，较汛末减少 0.45 亿立方米。

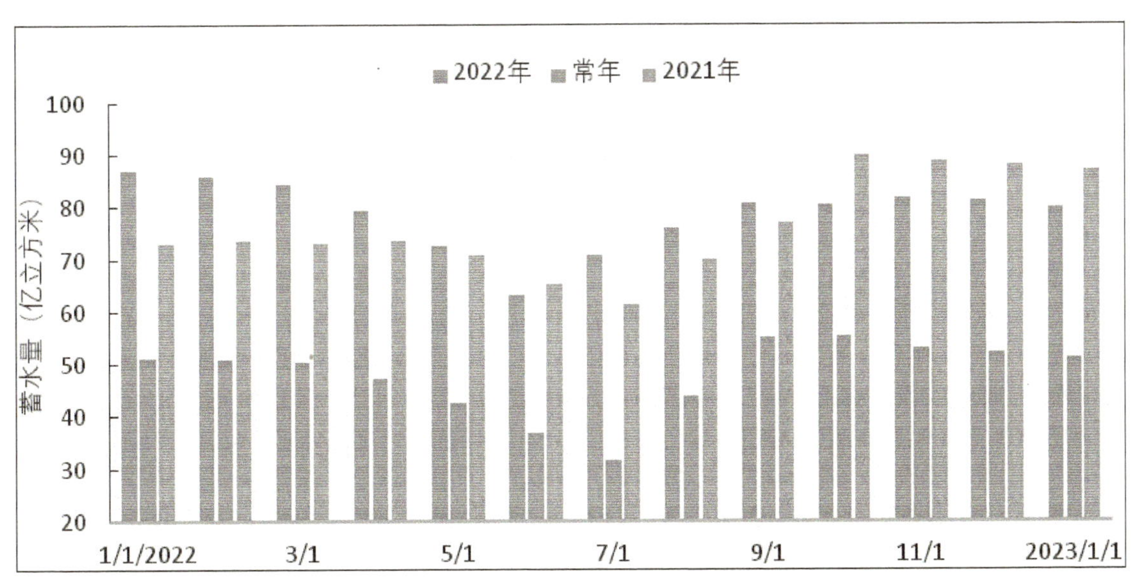

图 8.1　全省大中型水库、南四湖和东平湖 2022 年、常年及 2021 年同期蓄水量对比图

【水文预报】 2022年，洪水预报成果报送站点71处，制作并报送洪水预报信息的断面86处，共报送洪水预报信息1622条。其中，临沂、大官庄、临清、南陶、戴村坝、书院水文站6个断面承担汛期日常化洪水预报作业任务。2022年应发布日常作业预报210次，实际预报649次，完成率为310%。日常化预报总体合格率为96.5%，其中，水位合格率为97.5%，流量合格率为97.3%，洪量合格率为92.3%。小清河2次超历史最大洪水期间，滚动发布洪水预报，为小清河避免启用分洪道等关键调度决策提供了强有力的技术支撑。

（田鑫丽）

水文资料整编

【公报编制】《2022年水资源公报》综合性反映2022年度水资源情势，主要包括降水量、地表水资源量、地下水资源量、水资源总量、蓄水动态、供用水量、耗水量等。其中，水资源量及蓄水动态主要依据水文部门监测数据分析计算；供用耗水量采用“全国用水统计调查直报管理系统”填报成果，主要由各市水行政主管部门统计核算。编制《山东省重要饮用水水源地水质通报》12期，主要供水水源地水质状况、监测项目、水质评价标准及评价方法。

（刘广鲁）

【地表水资料整编】 2022年，山东省共整、汇编基本水文站资料151站年、水位站资料9站年、降水站资料810站年、蒸发站资料55站年，中小河流水文站资料340站年、水位站资料185站年、降水站资料1690站年，蒸发站资料57站年，区域用水总量监测水文站资料253站年、降水站资料135站年。具体见“各市水文中心2022年地表水基本站资料整编站年数统计表”“各市水文中心2022年中小河流站及区域用水总量监测站资料整编站年数统计表”。

表2.3　2022年各市水文中心地表水基本站资料整编站年数统计表

市水文中心	水位	水文	降水	蒸发
济南市水文中心		5	63	3
青岛市水文中心	2	13	62	4
淄博市水文中心		9	40	2
枣庄市水文中心		8	32	2
东营市水文中心		3	12	3
烟台市水文中心		12	81	4
潍坊市水文中心	1	17	95	7
济宁市水文中心	5	15	58	5
泰安市水文中心		10	49	4
威海市水文中心		4	43	3
日照市水文中心		4	25	1
临沂市水文中心	1	26	97	7
德州市水文中心		7	41	2
聊城市水文中心		6	38	3
滨州市水文中心		5	25	2
菏泽市水文中心		7	49	3
合计	9	151	810	55

表 2.4　2022 年各市水文中心中小河流站及区域用水总量监测站资料整编站年数统计表

市水文中心	中小河流水文站	中小河流水位站	中小河流降水站	中小河流蒸发站	区域用水总量监测水文站	区域用水总量监测降水站
济南市水文中心	39	7	220	5	20	35
青岛市水文中心	19	6	113	5	23	
淄博市水文中心	13	9	104	1	4	3
枣庄市水文中心	11	12	44	4	9	
东营市水文中心	22	7	54		7	
烟台市水文中心	23	10	149	6	26	8
潍坊市水文中心	33	23	164		27	
济宁市水文中心	23	13	63	1	12	
泰安市水文中心	18	15	120	2	8	16
威海市水文中心	13	10	26	4	13	30
日照市水文中心	9	7	52	3	5	37
临沂市水文中心	34	26	150	7	41	1
德州市水文中心	21	10	101	5	15	5
聊城市水文中心	22	10	124	2	32	
滨州市水文中心	20	6	72	6	3	
菏泽市水文中心	20	14	134	6	8	
合计	340	185	1690	57	253	135

根据全国水文年鉴卷册划分，山东省地表水资料主要分为淮河流域、黄河流域及海河流域三部分。其中，淮河流域资料共 3 个卷册，分别是 5 卷 5 册（沂河、沭河水系及滨海诸小河）、5 卷 6 册（运河、泗河水系及南四湖区）、5 卷 7 册（山东沿海诸小河）；黄河流域资料共 1 个卷册，即 4 卷 5 册（黄河下游）；海河流域资料共 2 个卷册，分别是 3 卷 6 册（南运河水系）、3 卷 7 册（徒骇、马颊河水系）。通过对整编成果进行复审、验收和质量评定，本年度地表水水文资料成果质量符合现行的《水文资料整编规范》（SL/T 247—2020）和《水文年鉴汇编刊印规范》（SL/T 460—2020）要求。

表 2.5　2022 年山东省参加各卷册地表水资料整编站年数统计表

流域	水位	水文	降雨	蒸发
淮河 5 卷 5 册	1	34	126	8
淮河 5 卷 6 册	5	31	151	10
淮河 5 卷 7 册	3	57	346	23
黄河 4 卷 5 册		12	79	6
海河 3 卷 6 册		4	12	2
海河 3 卷 7 册		13	96	6
合计	9	151	810	55

【地下水资料整编】 2022年，山东省完成省级地下水资料整编和国家地下水监测工程资料整编工作。省级地下水资料整编共完成监测井1482站的资料整编。其中，自动监测431站，人工监测1051站。国家地下水监测工程资料整编共完成了802个监测站（803个监测点）的资料整编（含6个泉流量监测），国家地下水监测工程站全部为自动监测，每日监测6次，采用每日算术平均数据进行整编。

表2.6 2022年山东省省级地下水资料整编情况汇总表

单位：米

地市	水位	自动监测	人工监测
济南	99	71	28
青岛	70		70
淄博	107	27	80
枣庄	102		102
东营	16		16
烟台	64	57	7
潍坊	79	79	
济宁	173	4	169
泰安	64		64
威海	79	79	
日照	8	8	
临沂	33	25	8
德州	147	24	123
聊城	258	213	45
滨州	63	12	51
菏泽	120		120
合计	1482	431	1051

表2.7 2022年山东省国家地下水监测工程资料整编情况汇总表

地市	水位（米）	水温（℃）	泉流量监测
济南	51	51	
青岛	46	46	
淄博	47	47	
枣庄	32	32	
东营	26	26	
烟台	63	63	
潍坊	62	63	1
济宁	58	61	3
泰安	49	49	
威海	27	27	
日照	30	30	
临沂	36	38	2
德州	76	76	
聊城	72	72	
滨州	47	47	
菏泽	75	75	
合计	797	803	6

表2.8 2022年山东省省级地下水资料整编情况汇总表

（按流域分） 单位：个

流域分区	资料整编个数
淮河流域	929
海河流域	450
黄河流域	103
合计	1482

表 2.9　2022 年山东省国家地下水监测工程资料整编情况汇总表

（按流域分）　　单位：个

流域分区	资料整编个数
淮河流域	551
海河流域	195
黄河流域	57
合计	803

（付强）

【水质资料整编】 完成 2022 年度全省地表水水质资料的原始资料审查、成果资料审查以及资料打印与装订。经审查评定，全省各水环境监测中心的取样、样品输送、水质分析及资料整编全部达标，共整编水质监测数据 45932 个。其中，山东省黄河流域共整编水质监测数据 6324 个，淮河沂沭泗流域共整编水质监测数据 12744 个，海河流域共整编水质监测数据 14760 个，山东半岛沿海诸河流域共整编水质监测数据 12104 个。

（矫桂丽）

水文行业能力建设

【基层水文服务体系建设】 根据《山东省水文局关于全面推进县级水文中心标准化建设的指导意见》和《山东省县级水文中心标准化建设指标体系》，2022 年省水文中心组织完成县级水文中心标准化建设达标考核工作。

（吕绍娟）

【职工培训教育】 根据全系统各单位培训需求，研究制订培训计划，指导全年教育培训工作。通过“请进来，走出去”的方式，组织 278 人次参加上级选调培训，以线上线下、集体组织和个人自学相结合的形式组织举办 12 期水文大讲堂、10 期培训班、5 次网络答题，累计培训职工 1540 人次。其中，高标准组织了全系统干部综合能力提升培训班，培训班参与人员多、专家水平高，授课效果好，得到全系统干部职工的好评。同时加强管理，建立年度继续教育台账，记录干部职工参加培训基本情况。通过继续教育，干部职工工作能力和水平得到了进一步提升，有力地保障了年度各项工作任务圆满完成。

（孙婧）

【水文科技】 2022 年，山东省水文中心获省部级科技进步奖 1 项、市级科技进步奖 2 项、齐鲁水利科技进步奖 5 项、软科学奖 18 项、优秀论文奖 17 项；发表 SCI 论文 3 篇，其中，第一执笔 2 篇；以第一作者发表论文 148 篇，其中，核心期刊论文 18 篇；以第一主编出版学术专著 9 部；获发明专利 6 项、实用新型专利 136 项；主持编制地方标准、团体标准各 1 项；引进重点技术示范项目 2 项。

（董笑）

水　资　源

2022年，山东省平均年降水量878.0毫米，比上年979.9毫米偏少11.6%，比多年平均673.0毫米偏多30.5%，属丰水年份。2022年全省水资源总量为508.94亿立方米，其中，地表水资源量为391.08亿立方米、地下水资源量为225.38亿立方米、地下水资源与地表水资源不重复量为117.86亿立方米。当地降水形成的入海、出境水量为292.91亿立方米。

水资源量

【降水量】 2022年，全省平均年降水量878.0毫米（折合水量1376亿立方米），属丰水年份。从水资源三级区看，除湖西区、中运河区降水量分别较多年平均值偏少1.7%、0.8%，其余水资源三级区降水量都较多年平均值偏多。其中，胶东半岛区、小清河、胶莱大沽区较多年平均值分别偏多58.1%、53.2%、51.1%；潍弥白浪区、徒骇马颊河、大汶河、花园口以下干流区间、独流入海区分别较多年平均值偏多49.6%、39.0%、24.4%、24.3%、23.0%；湖东区、日赣区、沂沭河区分别较多年平均值偏多14.8%、10.0%、3.6%。从行政分区看，除菏泽、临沂2市降水量分别较多年平均值偏少6.0%、0.02%，其余市降水量都较多年平均值偏多。其中，烟台、潍坊、淄博3市较多年平均值分别偏多64.3%、57.0%、51.1%；威海、滨州、青岛、聊城4市较多年平均值分别偏多46.1%、43.8%、43.0%、41.6%；德州、济南、东营3市较多年平均值分别偏多38.3%、38.1%、36.1%；泰安、济宁、日照、枣庄4市较多年平均值分别偏多17.4%、14.4%、12.2%、9.7%。

【地表水资源量】 地表水资源量指河流、湖泊等地表水体的动态水量，即天然河川径流量。2022年全省地表水资源量为391.08亿立方米，折合年径流深249.6毫米，比上年偏多2.4%，比多年平均值偏多97.4%。从水资源三级区看，全省各水资源三级区地表水资源量都较多年平均值偏多。其中，潍弥白浪区、小清河、胶莱大沽区、徒骇马颊河较多年平均值分别偏多175.3%、172.2%、164.4%、155.2%；胶东半岛区、花园口以下干流区间、独流入海区较多年平均值分别偏多145.1%、120.7%、120.0%；湖东区、日赣区较多年平均值分别偏多83.1%、50.5%；大汶河、中运河区、沂沭河区、湖西区较多年平均值分别偏多47.7%、47.0%、28.5%、19.0%。从行政分区看，各地级行政分区地表水资源量都较多年平均值偏多。其中，潍坊、聊城、滨州、烟台、青岛5市较多年平均值分别偏多219.4%、212.1%、166.3%、156.3%、156.2%；淄博、德州、东营、威海4市较多年平均值分别偏多149.5%、136.5%、117.1%、114.4%；济宁、枣庄、济南、泰安4市较多年平均值分别偏多74.3%、71.7%、70.5%、57.5%；日照、临沂、菏泽3市较多年平均值分别偏多32.9%、30.1%、8.3%。

【地下水资源量】 地下水资源量指与降水、地表水体有直接补排关系的动态水量，主要指矿化度≤2克/升的淡水资源量。2022年，全省平原区地下水资源量为120.09亿立方米，其中，降水入渗补给量为98.89亿立方米，占平原区地下水资源量的82.3%。全省山丘区地下水资源量为111.34亿立方米，其中，河川基流量为89.09亿立方米，占山丘区地下水资源量的80.0%。扣除平原区与山丘区之间重复计算量6.05亿立方米，全省地下水资源量为225.38亿立方米，比上年偏少5.2%，比多年平均值偏多31.3%。从水资源三级区看，除湖西区地下水资源量较多年平均值偏少3.8%，其余水资源三级区地下水资源量都较多年平均值偏多。其中，胶东半岛区、潍弥白浪区、胶莱大沽区较多年平均值分别偏多93.1%、53.5%、51.0%；独流入海区、小清河、中运河区、沂沭河区、徒骇马颊河较多年平均值分别偏多48.4%、43.7%、37.9%、24.3%、22.2%；花园口以下干流区间、大汶河、日赣区、湖东区较多年平均值分别偏多19.9%、13.3%、11.1%、5.3%。从行政分区看，除菏泽、德州、东营、济宁4市地下水资源量分别较多年平均偏少9.1%、5.8%、0.5%、0.3%，其余地市地下水资源量都较多年平均值偏多。其中，威海、烟台、潍坊、滨州4市较多年平均值分别偏多108.1%、95.7%、61.9%、57.2%；青岛、淄博2市较多年平均值分别偏多46.0%、42.9%；聊城、临沂、济南、枣庄、泰安、日照6市较多年平均值分别偏多28.1%、27.9%、27.6%、23.3%、20.3%、5.1%。

【水资源总量】 水资源总量指评价区内当地降水形成的地表和地下的产水量，即地表径流量与降水入渗补给量之和。2022年全省水资源总量为508.94亿立方米，其中，地表水资源量为391.08亿立方米、地下水资源与地表水资源不重复量为117.86亿立方米。比上年水资源总量偏少3.1%，比多年平均值偏多68.1%。从水资源三级区看，全省各水资源三级区水资源总量都较多年平均值偏多。其中，胶东半岛区、潍弥白浪区、胶莱大沽区、小清河较多年平均值分别偏多123.4%、117.0%、115.7%、103.0%；独流入海区、徒骇马颊河、花园口以下干流区间较多年平均值分别偏多93.9%、85.6%、78.2%；日赣区、湖东区、中运河区、大汶河、沂沭河区、湖西区较多年平均值分别偏多45.3%、44.3%、35.3%、30.3%、21.7%、7.6%。从行政分区看，各地级行政分区水资源总量都较多年平均值偏多。其中，潍坊、烟台、滨州、青岛、威海5市较多年平均值分别偏多132.6%、130.7%、128.0%、123.1%、101.8%；东营、淄博、聊城、枣庄、德州、济南6市较多年平均值分别偏多99.3%、97.3%、83.1%、51.9%、51.7%、51.0%；泰安、济宁、日照、临沂、菏泽5市较多年平均值分别偏多38.9%、32.6%、26.5%、23.6%、2.4%。

表3.1　2022年山东省地级行政分区水资源总量表

单位：亿立方米

行政区名称	年降水量	地表水资源量	地下水资源量	地下水资源与地表水资源不重复量	水资源总量
济南市	95.66	23.24	18.71	10.78	34.02
青岛市	104.71	34.09	12.28	5.37	39.46
淄博市	59.08	19.08	14.53	8.70	27.78
枣庄市	39.69	17.55	9.33	4.37	21.93
东营市	59.05	9.16	0.89	0.81	9.97
烟台市	152.37	63.86	25.02	4.43	68.28
潍坊市	160.73	47.06	[illegible]	[illegible]	[illegible]

续表

行政区名称	年降水量	地表水资源量	地下水资源量	地下水资源与地表水资源不重复量	水资源总量
济宁市	89.74	15.91	16.71	12.77	28.68
泰安市	63.35	17.07	10.66	5.17	22.25
威海市	60.62	28.95	13.52	2.62	31.57
日照市	48.22	16.55	5.37	1.86	18.40
临沂市	140.17	57.99	24.87	7.56	65.55
德州市	80.24	10.11	11.98	10.08	20.18
聊城市	68.19	8.54	14.29	12.47	21.01
滨州市	77.91	14.76	10.18	8.51	23.28
菏泽市	75.81	6.87	15.04	12.61	19.48
全省	1375.54	391.08	225.38	117.85	508.94

【出入境及入海水量】 2022年，全省实际入海、出境水量为555.94亿立方米，其中，入海水量461.90亿立方米（含黄河入海水量260.90亿立方米），出境水量94.04亿立方米。入境水量315.47亿立方米，其中，花园口以下入境水量296.40亿立方米、徒骇马颊河入境水量14.03亿立方米、沂沭泗河入境水量5.04亿立方米（含通过南水北调工程入境水量3.22亿立方米）。当地降水形成的入海、出境水量为292.91亿立方米。

【蓄水动态】 2022年末，全省大中型水库蓄水总量58.77亿立方米，比年初蓄水总量59.80亿立方米减少1.03亿立方米。其中，34座大型水库年末蓄水总量为38.11亿立方米，比年初蓄水总量37.03亿立方米增加1.08亿立方米；159座中型水库年末蓄水总量20.66亿立方米，比年初蓄水总量22.77亿立方米减少2.11亿立方米。

2022年末，全省平原区地下水位平均埋深为5.11米，较年初上升0.02米。与上年同期相比，全省8市地下水位上升，8市下降，其中，潍坊、淄博、青岛、烟台4市上升较多，分别上升1.56米、1.22米、0.94米、0.93米；菏泽、枣庄、临沂、济宁4市下降较多，分别下降1.05米、0.95米、0.40米、0.37米。年末与年初相比，全省平原区地下水位上升区（水位升幅＞0.5米）面积为13040平方千米，占平原面积的22.0%；下降区（水位降幅＞0.5米）面积为21126平方千米，占平原面积的35.7%；相对稳定区（水位变幅在±0.5米以内）面积为25084平方千米，占平原面积的42.3%。

2022年，全省平原区浅层地下水开采量为54.25亿立方米，较上年增加7.13亿立方米。年末与年初相比，全省平原区浅层地下水蓄水量增加0.97亿立方米。其中，上升区地下水蓄水量增加12.07亿立方米；下降区地下水蓄水量减少10.44亿立方米；相对稳定区地下水蓄水量减少0.66亿立方米。与1980年比较，全省平原区浅层地下水蓄水量累计减少21.21亿立方米。

2022年末，全省平原区地下水位漏斗区（地下水埋深大于6米）面积为8286平方千米，较年初减少300平方千米。其中，莘县—夏津、淄博—潍坊、济宁—汶上、宁津四大漏斗区面积分别为2937平方千米、2782平方千米、1640平方千米、472平方千米，占全省漏斗区总面积的94.5%。与年初相比，济宁—汶上、莘县—夏津漏斗区面积分别增加238平方千米、97平方千米；淄博—潍坊、宁津漏斗区面积分别减少358平方千米、28平方千米。

（郑从奇）

水资源开发利用

2022年，山东省总供水量为216.96亿立方米。其中，当地地表水供水量占33.5%，跨流域调水量（引黄、引江）占26.6%，地下水供水量占31.9%，其他水源供水量占8.0%。海水直接利用量为62.44亿立方米。2022年全省总用水量为216.96亿立方米。其中，农业用水占56.5%、工业用水占15.3%、生活用水占19.0%、人工生态环境补水占9.2%。

【供水量】 2022年，全省总供水量为216.96亿立方米。其中，地表水源供水量130.35亿立方米，地下水源供水量69.27亿立方米，其他水源供水量17.33亿立方米。全省海水直接利用量62.44亿立方米。全年全省跨流域调水57.68亿立方米，占地表水供水量的44.3%，其中，黄河水53.16亿立方米、南水北调水4.52亿立方米。

表3.2 2022年山东省地级行政分区分水源供水量统计表

单位：亿立方米

行政区名称	地表水水源供水量				地下水源供水量	其他水源供水量	总供水量
	当地地表水	跨流域调水	其中：黄河水	其中：南水北调水			
济南市	4.20	5.75	5.45	0.31	6.57	2.26	18.78
青岛市	4.74	3.44	1.96	1.48	2.22	1.59	11.99
淄博市	1.29	3.43	3.03	0.41	4.90	0.91	10.53
枣庄市	1.96				3.26	0.56	5.78
东营市	2.17	8.85	8.41	0.44	0.65	0.28	11.94
烟台市	6.15	0.41	0.33	0.07	3.55	0.72	10.82
潍坊市	7.76	0.69	0.51	0.18	6.28	1.20	15.93
济宁市	9.90	1.47	1.21	0.26	7.54	1.90	20.82
泰安市	3.77				5.07	1.42	10.26
威海市	3.51				0.83	0.21	4.54
日照市	4.73				0.78	0.53	6.04
临沂市	12.84				3.63	0.67	17.15
德州市	2.02	9.06	8.71	0.34	5.23	1.21	17.51
聊城市	1.77	7.53	6.92	0.61	7.69	0.87	17.85
滨州市	3.29	9.20	8.77	0.42	1.16	0.99	14.64
菏泽市	2.58	7.86	7.86		9.91	2.01	22.37
全省	72.67	57.68	53.16	4.52	69.27	17.33	216.96

【用水量】 2022年，全省总用水量为216.96亿立方米，农业用水量122.68亿立方米，工业用水量33.10亿立方米，生活用水量41.28亿立方米，人工生态环境补水量19.89亿立方米。

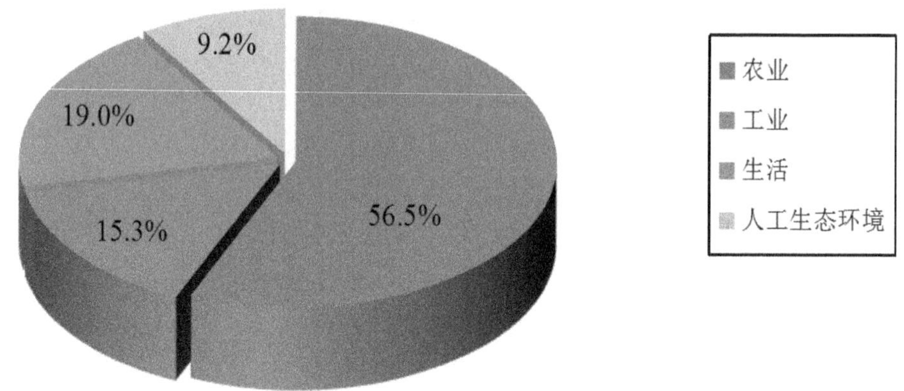

图3.1　2022年山东省不同行业用水量所占比例饼状图

表3.3　2022年山东省地级行政分区分行业用水量统计表

单位：亿立方米

行政区名称	农业	工业	生活	人工生态环境	总用水量
济南市	7.97	2.80	5.44	2.58	18.78
青岛市	2.73	2.14	5.40	1.71	11.99
淄博市	4.41	3.31	1.99	0.82	10.53
枣庄市	2.35	1.32	1.42	0.69	5.78
东营市	5.85	2.62	1.42	2.06	11.94
烟台市	6.21	1.47	2.60	0.54	10.82
潍坊市	7.91	2.71	3.72	1.59	15.93
济宁市	14.19	2.58	3.00	1.04	20.82
泰安市	6.31	1.08	1.88	0.99	10.26
威海市	2.09	0.86	1.20	0.39	4.54
日照市	2.34	1.53	1.41	0.76	6.04
临沂市	9.81	2.20	3.94	1.19	17.15
德州市	13.20	1.76	1.83	0.71	17.51
聊城市	12.62	1.81	1.66	1.77	17.85
滨州市	8.03	3.38	1.54	1.69	14.64
菏泽市	16.67	1.53	2.82	1.35	22.37
全省	122.68	33.10	41.28	19.89	216.96

【耗水量】 2022年，全省总耗水量为135.10亿立方米，综合耗水率为62.3%。其中，农业耗水量87.27亿立方米，工业耗水量14.86亿立方米，生活耗水量18.84亿立方米，人工生态环境耗水量14.14亿立方米。

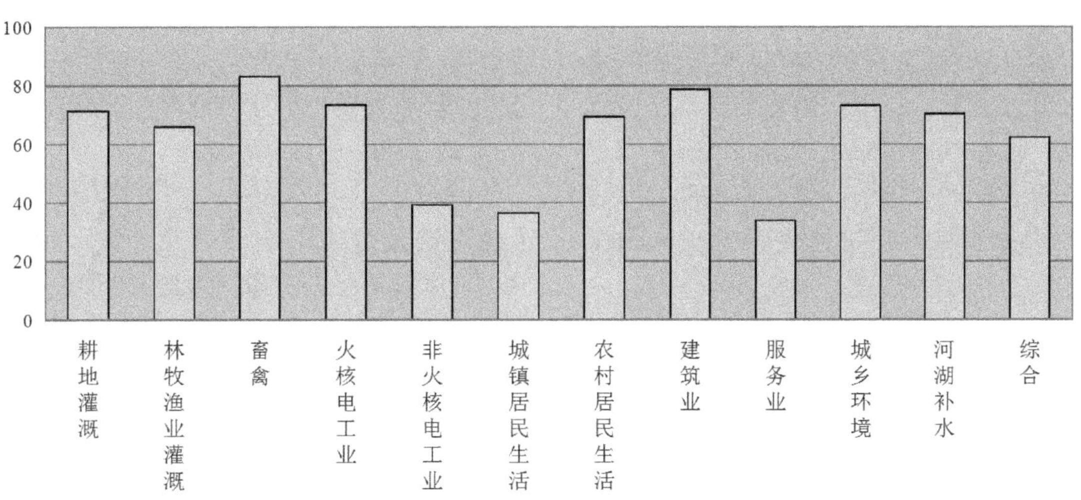

图3.2 2022年山东省不同行业耗水率柱状图

表3.4 2022年山东省不同行业耗水率和耗水量统计表

行业名称		耗水率（%）	耗水量（亿立方米）
农业	耕地灌溉	71.3	72.28
	林牧渔业灌溉（补水）	65.9	10.60
	畜禽	83.2	4.39
工业	火（核）电工业	73.4	4.02
	非火（核）电工业	39.2	10.84
生活	城镇居民生活	36.5	7.55
	农村居民生活	69.3	7.31
	建筑业	78.7	1.00
	服务业	33.9	2.97
人工生态环境	城乡环境	73.1	4.05
	河湖补水	70.3	10.09
全省综合		62.3	135.10

（郑从奇）

水资源管理

2022年，山东省水资源管理工作深入落实习近平总书记“十六字”治水思路和关于治水管水重要讲话指示批示精神，坚持问题导向、目标导向和底线思维，加快完善区域水资源管控指标体系，全力推进建立水资源刚性约束制度，促进水资源管理高质量发展。

【最严格水资源管理制度】 继续推动将水资源管理指标纳入省委对各市开展的高质量发展综合绩效考核，优化考核指标和内容，压实地方党委政府最严格管理水资源主体责任。根据《山东省2022年督查检查考核计划》安排，为推动全省最严格水资源管理制度和山东现代水网建设重点工作落实，省水利厅将督查和迎接国家考核两项工作有机结合，组织开展了“最严格水资源管理制度及山东现代水网重点任务落实情况督查”。根据省水利厅2022年业务性监督检查计划安排和《山东省水资源管理监督检查办法（试行）》，对部分市县开展了年度水资源管理监督检查，主要检查市县水行政主管部门年度重点任务开展情况，以及取用水单位取水合规性、取水计量与用水统计制度执行、水资源税缴纳情况等内容。同时创新性制定了监督检查工作手册，明确了各检查事项的检查标准、检查方式、佐证材料和主要依据，进一步规范了工作标准。通过“一网集成、统一平台、联合监管、信息共享”的方式，整合省市县水利系统和相关部门资源，深化水资源信息化管理应用，统筹利用水资源监控能力建设、水资源税征收、用水统计调查、取水许可电子证照管理以及取水口取水监测计量体系建设等工作成果，加快完善全省水资源管理信息系统“一张图”，服务了全省2.6万多个取用水户和700多个水行政主管部门用户，为精打细算用好水资源、从严从细管好水资源提供坚实的信息化支撑。

【江河流域水量分配】 省水利厅先后配合淮委、海委开展南四湖、卫河跨省水量分配工作。按照应分尽分原则，印发《山东省跨县（市、区）河流（水库）水量分配工作方案》，16市全部实现“分水到县”，江河流域水量分配取得阶段性成果。

【生态流量管控】 省水利厅印发了《泗河、潍河、孝妇河生态流量（水量）保障方案（试行）》，落实保障责任主体，明确保障责任和管理评价要求，为开展好潍河、泗河、孝妇河生态水量保障工作，提供了重要的依据。印发《山东省水利厅关于做好2022年度重点河湖生态流量管理工作的通知》，开展了生态流量年度评估工作，指导各市完成10条市级名录河流保障方案编制和6条河流生态流量研究工作。

【取用水管理】 省水利厅与省发展改革委联合下发“十四五”期末用水总量和效率控制目标，与省生态环境厅联合下发了年度用水总量和效率控制目标，全省用水总量严格控制在241.1亿立方米以内。省水利厅印发规范性文件《山东省用水统计调查制度实施细则（试行）》，规范了工作流程，发布《2021年山东省水资源公报》。全省用水统计调查名录数量超过2.9万个，统计数据质量不断提高。省水利厅印发《山东省取用水管理专项整治行动整改提升实施方案》《山东省取用水管理专项整治行动“回头看”工作方案》，共核查登记取水口85.8万个，建立取用水问题整改台账5.4万项，整体整改完成率接近100%。印发《关于加强工程建设疏干排水管理的通知》，首次明确疏干排水取用水管理要求。省水利厅印发《关于加强黄河流域水资源超载治理的通知》，组织超载市制定并实施水资源超载治理方案，4个超载市年内引黄（含支流）水量均未超年度引水计划。

【地下水管控】 省水利厅持续推进地下水管控指标划定工作，地下水管控指标成果通过水利部淮委5轮审核。2022年，编制了4期山东省平原区地下水通报、12期山东省平原区地下水月报。同时编制9期山东省平原区县级行政区地下水变化情况月报，16期半月报。

【水资源监控能力】 省水利厅会同省财政厅、国家税务总局山东省税务局推进全省水资源税远程在线监控管理改革，推进建设水资源税远程在线监控设施，每月一调度、一通报，2.4万余处计量设施上线运行，总上线率达93.4%，水资源监控能力建设取得新成效。

（许鹏婧　刘波　常雅雯）

水资源保护

【全国重要饮用水水源地保护】 2022年，山东省扎实做好饮用水水源保护有关工作。省水利厅印发《关于加强饮用水水源保护有关工作的通知》，提出了严格的饮用水水源地名录退出条件和流程。对55处全国重要饮用水水源地开展年度安全保障达标评估，完成山东省重要饮用水水源地名录管理调研。积极配合省生态环境厅制定《山东省饮用水水源保护区管理规定（试行）》，并由省政府印发，进一步规范饮用水水源保护区划定、调整、撤销等工作程序。开展重要饮用水水源地水质监测与通报。组织省水文中心每月对55处全国重要饮用水水源地开展水质监测、评价，全年印发《山东省重要饮用水水源地水质通报》12期。

【地下水超采治理】 2022年，省水利厅健全取水许可审核机制，加强地下水超采综合治理。持续推进新一轮地下水超采区划定工作，相关成果已报水规总院复核。共实施16个国家地下水超采综合治理项目。全省年度压采地下水量4470万立方米、封停机井525眼，超额完成压采任务近30%。2022年平原区地下水漏斗区面积较2015年减少6164平方千米。

（郑从奇　陶青松）

节约用水

2022年，山东省节约用水工作以落实国家节水行动为引领，以完善节水激励约束机制为突破，聚焦打好深度节水控水攻坚战，全省节水工作取得新突破、新进展、新成效。全年全省用水总量202.61亿立方米（扣除河湖生态补水量），比2021年210.13减少3.58%；按2020年可比价计算，全省万元GDP用水量24.76立方米、万元工业增加值用水量12.84立方米，分别比2020年下降14.61%、7.52%。在2022年全国水利系统节约用水工作会议上，省水利厅作典型发言。

（郭旭维　郑龙跃）

【法规政策】 2022年1月1日起正式施行《山东省节约用水条例》，同时开展了立法后评估工作。配合省发展改革委制定印发《全面推进水资源节约集约利用实施方案》，对统筹推进国家节水行动和非常规水源利用做出安排部署。配合山东省工业和信息化厅制定《关于组织实施工业废水循环利用的通知》。

（郭旭维　郑龙跃）

【计划用水】 根据国家下达山东省“十四五”用水指标，完成各市“十四五”用水总量和强度双控目标分解下达。督促指导各市将年用水量1万立方米及以上工业和服务业单位全部纳入计划用水管理，经调度统计，全省涉及用水户3.01万个，结合节水监督检查，督促指导各市规范计划用水申报、核定、调整等管理行为，督促用水户认真执行用水计划，推动落实超计划用水累进加价征收水资源税（水费）制度。

（郭旭维）

【定额管理】 印发《山东省水利厅关于进一步加强用水定额管理的通知》。组织制修订部分服务业用水定额，开展了工业用水定额应用评估。按照水利部部署，组织开展黄河流域火电行业水效对标达标行动，经黄委复核，纳入对标范围的28家火电企业水效全部达到水利部发布的火力发电机组用水定额要求。将用水定额执行应用情况作为省节水监督检查的重点，促进了用水定额在计划用水管理、水资源论证、节水评价等工作中的应用。

（刘昭）

【节水评价】 印发《山东省水利厅关于进一步规范节水评价工作的通知》，督促指导各地认真落实节水评价制度，定期报送节水评价登记台账。据各市报送台账统计，2022年，全省有365个规划和建设项目实施节水评价。

（刘昭）

【节水型社会建设】 山东省节约用水工作联席会议办公室通报了《山东省落实国家节水行动实施方案》落实情况，印发了联席会议2022年工作要点和深度节水控水工作任务清单，协调各相关部门，大力推动农业节水增效、工业节水减排、城镇节水降损。据调度情况，2022年全省新建高标准农田665万亩，其中，发展高效节水灌溉298.6万亩，新增水肥一体化面积123万亩。提前3年完成农业水价综合改革7047万亩规划改革实施面积，全省农田灌溉水有效利用系数达到0.6482。全省规模以上工业用水重复利用率达到93.9%。城镇公共供水管网漏损率降至7.93%。水利部复核并公布山东节水型社会建设达标县（区）25个，累计119个，覆盖率87.5%，总数全国第一，新增15个县（区）通过省级审核。全面完成水利行业节水型单位建设，累计建成126家，其中，2022年通过验收58家。持续推进高校节水工作，2022年评估认定“山东省节水型高校”32所，累计76所，占全省高校数量48%，其中，5所高校入选全国节水型高校典型案例。会同山东省机关事务管理局组织完成第三批18家省级公共机构节水型单位复核。配合山东省住房和建设厅评价公布2022年节水型企业（单位）、居民小区360家。山东2个型号的洗碗机被水利部、国家发改委公布为2022年度用水产品水效领跑者。印发《山东省水利厅关于加快推进合同节水管理工作的通知》，2022年全省实施合同节水管理项目22个，吸引社会资本5.28亿元。

（袁峰　郑龙跃）

【节水激励政策】 2022年，山东省水利厅会同人民银行济南分行印发《关于在全省开展“节水贷”融资服务工作的通知》，为节水项目建设、节水企业发展搭建信贷服务平台，为26个节水项目授信额度18.6亿元，到2022年底贷款余额3.6亿元。2022年8月，中共山东省委办公厅、山东省人民政府办公厅印发《关于对真抓实干成效明显地方加强督查激励的通知》，确定“对水资源集约节约利用工作推进力度大、成效明显的设区的市，在安排水利资金时予以奖励支持。”山东省水利厅印发《山东省水资源集约节约利用工作成效督查激励实施办法》，经综合评价，将济南、青岛、潍坊、威海、聊城等5个市纳入督查激励名单，每个市安排200万元省财政节水补助资金予以奖励。2022年7月，山东省节约用水工作联席会议在全省通报表扬一批落实国家节水行动表现突出集体和个人。

（郑龙跃）

【非常规水利用】 在“十四五”各市用水总量控制目标中首次明确非常规水最低利用量目标，推动各市将再生水、淡化海水等纳入水资源统一配置。初步统计，2022年全省非常规水利用量17.33亿立方米，较2021年增长2.93亿立方米，超额完成12.75亿立方米的年度目标。济南市、威海市、邹城市、日照市岚山区等4个城市纳入国家典型地区再生水利用配置试点。截至2022年底，全省已建城市污水处理厂337座，形成污水处理能力1871万立方米/日，城市生活污水处理厂再生水利用率达到49%，较2020年增长6个百分点。全省已建成海水淡化工程44处，日产规模达到60.32万吨、居全国第二位。

（郭旭维）

【监督管理】 中共山东省委持续将“水资源集约节约利用”指标纳入对16市高质量发展综合绩效考核。配合完成国家最严格水资源管理制度考核、水利部节约用水工作监督检查。山东省水利厅对全省16市开展了节水工作业务性监督检查，共抽查工业企业、高校等重点用水单位70家，对检查发现问题“一市一单”进行反馈整改。建立重点监控用水单位动态调整机制，公布调整省级重点监控用水单位名录97家，纳入国家、省、市三级监控名录单位共1001家。

（郭旭维　郑龙跃　刘萍）

【节水科技】 2022年，山东省布局实施污水处理系统构建及高端装备开发、水污染应急处置装备研发与应用示范等一批重大科技创新工程项目。面向全省公开征集并发布《山东省绿色低碳技术成果目录（2022年）》，覆盖节约用水、污染防治等多个领域，一批计量监控技术被列入《国家成熟适用节水技术推广目录（2021年）》，推动了节水技术成果推广应用。

（郑龙跃）

【宣传教育】 联合省委宣传部、团省委等部门，广泛组织开展“节水山东　你我同行”主题宣传活动，利用“世界水日”、“中国水周”、全国城市节水宣传周、全国科普日等重要节点，深入宣传《公民节约用水行为规范》《山东省节约用水条例》，在主流媒体播放节水公益广告，举办节水知识竞赛，开展节水进企业、进社区、节水云课堂等一系列宣传活动。编印出版《全民节水在行动——山东节水典型案例集萃》，组织节水型社会达标县开展“县委书记谈节水”活动。持续组织开展节水教育基地建设，其中，2022年公布8处省级节水教育实践基地，成为面向全社会开展节水宣传教育的重要载体。

（袁峰　刘萍）

工　程　建　设

重点工程建设

【国家重大节水供水工程】 老岚水库工程批复总投资83.19亿元，累计完成投资69.68亿元，完成率83.8%，超额完成年度投资计划；淮河流域重点平原洼地沿运片邳苍郯新片区治理工程批复总投资29.12亿元，累计完成投资27.5亿元，完成率94.4%，全部完成年度建设任务；小清河防洪综合治理工程除复航影响内容外已全部完成；南四湖湖东滞洪区建设基本完成；德州恩县洼滞洪区建设工程完成竣工验收，成为2020年国务院确定的150项重大水利工程中全国第一个通过竣工验收的工程。

【重点工程项目进展】 根据《2022年全省水利建设项目清单》确定的任务目标，强化调度督促，采取日常研判、一线调研、通报督办等方式，全力推进重点工程建设。2022年全省水利建设项目计划完成投资507.25亿元。截至年底，实际完成投资550.33亿元，实际完成投资占全年计划完成投资的108.5%。全面推进国家重大水利工程建设，老岚水库工程累计完成投资69.68亿元，完成率83.8%，超额完成年度投资计划；淮河流域重点平原洼地沿运片邳苍郯新片区治理工程累计完成投资27.5亿元，完成率94.5%，全部完成年度建设任务；小清河防洪综合治理工程除复航影响内容外已全部完成；南四湖湖东滞洪区建设基本完成。应急度汛工程圆满完成，采取有效措施，加强协调推进，对涉及度汛安全的漳卫新河河口应急清淤工程、东平湖洪水外排河道应急疏通工程主汛期前提前完成，获省委主要领导批示肯定。

河流治理

【重点河流工程治理】 2022年，全省有中央资金的中小河流治理项目共76个，计划治理河长778千米，截至2022年底，已完成治理河长806.84千米，超额完成治理任务。

表4.1　2022年山东省中央投资计划中小河流治理情况一览表

序号	市级行政区	县级行政区	项目名称	批复概算投资（万元）	累计完成投资（万元）
1	济南	长清区	济南市长清区南大沙河（小屯水库至沙河入黄口段）综合治理工程	7986.2	3497.0
2	济南	济南新旧动能转换起步区	济南新旧动能转换先行区齐济河治理工程	5989.8	5141.0
3	济南	济南新旧动能转换起步区	济南新旧动能转换先行区牧马河治理工程	7452.2	6036.0
4	济南	莱芜区	莱芜区嬴汶河上王庄至埠口段河道治理工程	6447.2	6447.0

续表

序号	市级行政区	县级行政区	项目名称	批复概算投资（万元）	累计完成投资（万元）
5	济南	莱芜区	莱芜区嬴汶河雪野水库至山口段治理工程	7769.7	7770.0
6	济南	平阴县	山东省济南市平阴县汇河治理工程	11205.0	5300.0
7	济南	商河县	商河县沙河故道综合治理工程	11199.4	6040.0
8	济南	章丘市	章丘区东巨野河综合治理工程	33438.0	23500.0
9	淄博	临淄区	临淄区乌河综合治理工程	13600.0	13600.0
10	枣庄	山亭区	山亭区十字河中支新声村至岩头村段治理工程	2612.1	1662.0
11	枣庄	山亭区	山亭区西伽河综合治理工程	2218.1	919.0
12	枣庄	山亭区	山亭区十字河南支河口至西河岔段治理工程	2452.4	1540.0
13	枣庄	山亭区	山亭区峄城大沙河综合治理工程	1735.4	830.0
14	枣庄	市中区	枣庄市市中区峄城大沙河上游段治理工程	5354.7	3667.0
15	枣庄	滕州市	滕州市北沙河上游段治理工程	5162.2	5000.0
16	东营	东营区	东营市广利河河道治理工程	8245.8	7200.0
17	东营	东营区	东营区水源水系连通供水工程——打渔张河东营区段治理工程	5974.8	5975.0
18	东营	利津县	利津县褚官河河道治理工程	4151.5	4228.0
19	烟台	海阳市	海阳市大沽夹河古现河段综合治理工程	2975.0	2975.0
20	烟台	莱州市	莱州市王河综合治理工程	26725.0	5950.0
21	烟台	莱州市	莱州市小沽河综合治理工程	22271.9	1500.0
22	烟台	蓬莱市	蓬莱区平畅河上游治理工程	3750.0	3750.0
23	烟台	栖霞市	栖霞市清水河干流治理项目	26706.5	19000.0
24	烟台	栖霞市	栖霞市蚬河治理工程	10591.7	7500.0
25	潍坊	安丘市	安丘市渠河巩固提升工程(一期)	3016.2	3016.2
26	潍坊	滨海区	潍坊市滨海区潍河防洪治理工程	4225.0	3801.0
27	潍坊	昌乐县	圩河综合治理工程	3308.7	2897.0
28	潍坊	昌乐县	潍河综合治理工程	2905.8	2850.0
29	潍坊	高密市	高密市胶河（城区段）综合治理工程（一期工程）	19667.6	15642.0
30	济宁	嘉祥县	嘉祥县赵王河治理工程	2442.8	2442.8
31	济宁	金乡县	济宁市新万福河(金乡段)治理工程	29999.2	9850.0
32	济宁	任城区	济宁市新万福河(任城段)治理工程	8070.9	2781.4
33	济宁	微山县	微山县北沙河治理工程	1867.4	1050.1

续表

序号	市级行政区	县级行政区	项目名称	批复概算投资（万元）	累计完成投资（万元）
34	济宁	微山县	微山县薛城大沙河治理工程	3299.0	3345.9
35	济宁	鱼台县	济宁市新万福河（鱼台段）治理工程	13742.4	9016.5
36	济宁	邹城市	邹城市小沂河上游段治理工程	3485.0	3485.0
37	济宁	邹城市	邹城市小沂河下游段治理工程	6472.0	6472.0
38	济宁	汶上县	湖东排水河（汶上段）治理工程	8549.0	8549.0
39	泰安	东平县	小汶河东平段治理工程	4583.4	3350.0
40	泰安	东平县	跃进河东柿子园至东梯门和南李庄至王台段	4509.4	3340.0
41	泰安	肥城市	肥城市漕浊河三岔口至辛庄段防洪治理工程	5991.7	836.0
42	泰安	宁阳县	宁阳县洸府河伏山段治理工程	2386.8	2386.8
43	泰安	新泰市	新泰市柴汶河防洪提升治理工程	45964.0	15450.0
44	泰安	新泰市	新泰市羊流河治理提升工程	8023.0	6721.0
45	泰安	岱岳区	岱岳区石汶河上游段治理工程	6697.4	3260.0
46	泰安	岱岳区	泰安市岱岳区瀛汶河上游段治理工程	2897.8	2898.0
47	泰安	徂汶景区	泰安市柴汶河天宝段防洪治理工程	24088.3	6300.0
48	威海	环翠区	威海市环翠区石家河埠上村段治理工程	1201.3	1200.0
49	威海	环翠区	威海市环翠区石家河桥头段治理工程	1761.8	1760.0
50	威海	临港区	临港区东母猪河治理工程	4300.0	3850.0
51	威海	南海新区	南海新区母猪河裴赵线村至观海路段治理工程	3516.8	3500.0
52	威海	荣成市	荣成市小落河治理工程	5000.0	5000.0
53	威海	荣成市	荣成市沽河治理工程	2999.0	2999.0
54	威海	乳山市	乳山河乳山险工段一期治理工程	4208.0	3980.0
55	威海	威海市	威海市黄垒河（市管段）综合治理工程	24476.0	20437.0
56	威海	文登市	东母猪河文登段（一期）治理工程	4608.8	4608.8
57	威海	文登市	东母猪河文登段（二期）治理工程	5507.4	5507.4
58	临沂	费县	临沂市费县温凉河费城段治理工程	6891.4	6891.0
59	临沂	高新区	临沂市高新区南涑河综合整治工程	16782.0	16782.0
60	临沂	高新区	临沂市高新区燕子河综合整治工程	11992.0	6772.0
61	临沂	河东区	临沂市河东区汤河八湖段治理工程	21056.0	21056.0
62	临沂	河东区	临沂市河东区汤河上游治理工程	21386.0	19000.0

续表

序号	市级行政区	县级行政区	项目名称	批复概算投资（万元）	累计完成投资（万元）
63	临沂	平邑县	临沂市平邑县西皋河综合治理工程	6680.0	6680.0
64	临沂	沂南县	沂南县蒙河三期治理工程	8111.2	8111.2
65	临沂	郯城县	郯城县白马河综合治理工程	8960.7	8960.0
66	临沂	莒南县	莒南县鸡龙河二期治理工程	2852.2	1407.0
67	德州	宁津县	宁津县宁北河治理工程	2165.0	2165.0
68	德州	平原县	平原县笃马河生态综合治理工程	6517.6	6517.6
69	德州	齐河县	齐河县老赵牛河引调水工程	4037.8	4037.8
70	聊城	度假区	度假区四新河治理工程	2000.0	1267.0
71	滨州	惠民县	沙河石庙段治理工程	2055.5	2395.0
72	菏泽	单县	单县太行堤河上游段治理工程	4140.9	4141.0
73	菏泽	巨野县	巨野县赵王河治理工程	3318.0	3318.0
74	菏泽	牡丹区	菏泽市牡丹区安兴河上游段	2954.7	2272.9
75	菏泽	郓城县	菏泽市鄄郓河（郓城段）治理工程	21998.4	19470.0
76	菏泽	鄄城县	菏泽市鄄郓河（鄄城段）治理工程	9768.5	773.0

库闸工程治理

【大中型病险水库除险加固】 崮头水库除险加固工程于2022年12月23日完成竣工验收；鹊山水库除险加固工程于2022年3月22日开工，截至年底，累计完成投资10000万元，占总投资的50.2%，超额完成年度建设任务。地方自筹资金实施的宋化泉水库除险加固工程于2022年8月1日开工，批复概算总投资54806.76万元，截至年底，累计完成投资 22300万元，占总投资的40.69%；留驾水库初步设计已批复，计划于2023年1月底开工。

【病险水闸加固】 2022年列入全省重点水利建设项目清单的40个水闸除险加固项目，批复总投资13.5亿元，累计完成投资10.1亿元，占总投资的74.8%。

表4.2 2022年山东省重点水利建设40个水闸除险加固项目

序号	市	县	项目名称	总投资（万元）	累计完成投资（万元）	投资完成率
1	淄博	桓台县	桓台县病险水闸拆除改建项目	8000.0	2500.0	31.3%
2	烟台	蓬莱区	蓬莱区黄水河拦河闸除险加固工程	1237.5	1200.0	97.0%
3	潍坊	诸城市	诸城市潍河引调水项目拙村拦河闸除险加固工程	2646.7	1200.0	45.3%
4	潍坊	诸城市	诸城市潍河引调水项目道明橡胶坝闸除险加固工程	1306.5	710.0	54.3%

续表

序号	市	县	项目名称	总投资（万元）	累计完成投资（万元）	投资完成率
5	潍坊	高密市	高密市胶河堤东、姚哥庄、王党拦河闸改建工程	10840.4	7000.0	64.6%
6	潍坊	寿光市	寿光市弥河分流挡潮闸扩建工程	17857.9	17857.9	100.0%
7	济宁	泗水县	泗水县泗河星四拦河闸除险加固工程	1307.8	1308.0	100.0%
8	济宁	泗水县	泗水县北顶河贺庄拦河闸除险加固	1958.9	1958.9	100.0%
9	济宁	泗水县	泗水县高峪河高峪拦河闸除险加固	2371.0	2371.0	100.0%
10	济宁	汶上县	汶上县琵琶山溢流坝除险加固	2651.5	2651.5	100.0%
11	济宁	汶上县	汶上县泉河毕桥闸维修改造工程	255.1	255.1	100.0%
12	济宁	汶上县	汶上县泉河大屯闸维修改造工程	404.4	404.4	100.0%
13	济宁	汶上县	汶上县泉河曹营北闸除险加固工程	475.4	150.0	31.6%
14	临沂	兰陵县	兰陵县吴坦河向阳闸除险加固工程	1699.6	1010.0	59.4%
15	临沂	兰陵县	兰陵县横沟崖闸除险加固工程	1571.4	1160.0	73.8%
16	临沂	兰陵县	兰陵县孟渊闸除险加固工程	2184.1	1220.0	55.9%
17	临沂	费县	费县北新庄村拦河闸除险加固工程	2862.0	2870.0	100.3%
18	临沂	蒙阴县	蒙阴县第一橡胶坝除险加固工程	5451.0	3100.0	56.9%
19	临沂	蒙阴县	蒙阴县第二橡胶坝除险加固工程	5544.0	2930.0	52.8%
20	临沂	蒙阴县	蒙阴县第三橡胶坝除险加固工程	4008.0	1610.0	40.2%
21	临沂	临沭县	临沭县沭河华山橡胶坝除险加固工程	1289.6	690.0	53.5%
22	临沂	临沭县	临沭县于科橡胶坝除险加固工程	338.6	170.0	50.2%
23	临沂	临沭县	临沭县中型水闸除险加固（三座）	6142.0	3400.0	55.4%
24	德州	乐陵市	乐陵市病险水闸除险加固工程	3021.4	3000.0	99.3%
25	聊城	聊城市级	聊城市徒骇河陶桥节制闸除险加固工程	2934.9	2935.0	100.0%
26	聊城	聊城市级	聊城市马颊河薛王刘节制闸除险加固工程	2126.0	2126.0	100.0%
27	聊城	莘县	莘县马颊河甘寨节制闸除险加固工程	1736.0	1736.0	100.0%
28	聊城	莘县	莘县马颊河马村节制闸除险加固工程	1932.0	1932.0	100.0%
29	聊城	莘县	莘县徒骇河杨庄闸节制除险加固工程	1868.0	1868.0	100.0%
30	聊城	莘县	莘县徒骇河滑营节制闸除险加固工程	1484.0	1484.0	100.0%
31	滨州	无棣县	无棣县马颊河黄瓜岭橡胶坝除险加固工程	13104.0	11000.0	83.9%
32	菏泽	菏泽市级	菏泽市东鱼河杨湖节制闸除险加固工程	2916.4	2916.4	100.0%
33	菏泽	菏泽市级	菏泽市东鱼河张湾节制闸除险加固工程	2831.3	1020.0	36.0%
34	菏泽	菏泽市级	菏泽市洙赵新河史庄闸除险加固工程	1787.0	1010.0	56.5%
35	菏泽	巨野县	巨野县巨龙河董官屯闸除险加固项目	1400.0	440.0	31.4%
36	菏泽	郓城县	郓城县丰收河红门厂闸除险加固工程	1800.0	1300.0	72.2%

续表

序号	市	县	项目名称	总投资（万元）	累计完成投资（万元）	投资完成率
37	菏泽	郓城县	郓城县老赵王河大尹庄闸除险加固工程	2100.0	1265.0	60.2%
38	菏泽	郓城县	郓城县郓城新河侯庄闸除险加固工程	1300.0	810.0	62.3%
39	青岛	即墨区	桃源河拦河闸除险加固工程	1130.3	1130.3	100.0%
40	青岛	即墨区	皋虞河、社生河档潮闸拆除重建工程	8962.9	7200.0	80.3%

建设项目监督

【质量考核评估】 积极做好2021—2022年度水利建设质量考核工作，制定迎考方案，明确职责分工、重点任务及时间节点，分工做好质量考核各项准备工作。开展质量培优工作，督促指导各市对培优项目加大监督检查和调研指导，推进项目规范、优质、高效建设。连续三年在水利部建设质量考核中被评为A级。

【监管信息化建设】 加快推进省招标投标监管“一张网”建设。积极推进水利工程建设项目电子招标投标监管试点工作，加快推进市级水利项目电子交易系统建设，济南、淄博、聊城、菏泽等9市完成系统对接工作，全省水利项目招标投标监管“一张网”雏形显现。在调研浙江、广东、上海、湖南等省份先进经验的基础上，制定省级水利工程建设信息化方案，按照“整体规划设计、分步建设实施”的原则，开展水利工程建设项目监管系统改造提升。

建设市场监管

【监管办法】 加强招标投标制度建设，修订印发《山东省水利工程建设项目招标投标行政监督管理办法》，强化招标投标活动全链条监管和重点环节监管。印发《山东省水利工程建设项目施工、监理、质量检测招标评标标准》，强化招标人主体责任，引入动态浮动系数，优化招标投标流程，强化信用结果在招标投标活动中的应用，有效减少市场主体围标、串标行为。印发《山东省水利工程建设项目设计施工总承包指导意见》，推广设计施工总承包（EPC）模式，有效解决工程设计和施工之间衔接不紧密的问题，大幅节省了招标时间，工程推进速度显著提高，缩短了工程建设周期。加快推进社会信用体系建设，依法依规运用信用激励和约束手段，建立跨领域的守信联合激励机制，加大对信用好、履约能力强的投标企业鼓励支持力度，出台《关于创新水利工程建设招标投标流程持续优化水利建设市场营商环境的通知》，鼓励支持招标人对信用好履约能力强的企业减免履约保证金，进一步降低企业交易成本。

【监管平台】 强化信用应用及约束，对207家市场主体监督检查发现问题进行信用扣分3105分，强化震慑和警示作用，进一步规范市场秩序。根据问题整改情况，及时对13家单位进行了信用修复。按照水利部统一安排部署，对98家市场主体、788个项目进行市场主体履约行为评价。加强事中事后监管，加强对招标投标活动涉嫌违法违规行为的监测分析预警，对24家市场主体相关行为和线索，及时转有关市调查核实处理。对全省水利工程质量检测单位进行“双随机、一公开”抽查，随机抽查19家单位并就发现问题进行督导整改；随机抽查10个重点水利项目进行市场主体履约行为的监督检查，严厉打击转包、违法分包、人员脱岗失职等行为。深入开展公共资源交易整合共享自查工作，持续优化水利建设市场环境。提升服务保障能力，及时督办查处农民工工资欠薪案件，实维护农民工合法权益。

（周广科）

【施工企业管理】

表 4.3 2020 年山东省一级水利施工企业统计表

序号	企业名称	水利水电总承包资质
1	中铁十四局集团有限公司	一级
2	山东水总有限公司	一级
3	中铁十局集团有限公司	一级
4	山东省水利工程局有限公司	一级
5	山东大禹水务建设集团有限公司	一级
6	青岛瑞源工程集团有限公司	一级
7	山东齐鸿工程建设有限公司	一级
8	山东乾元工程集团有限公司	一级
9	中石化胜利建设工程有限公司	一级
10	山东半岛水务发展有限公司	一级
11	山东浩博水利建设有限公司	一级
12	山东天成水利建设有限公司	一级
13	青州水建工程建设有限公司	一级
14	山东水利建设集团有限公司	一级
15	山东公用水利发展集团有限公司	一级
16	山东洪通集团有限公司	一级
17	山东润泰水利工程有限公司	一级
18	威海水利工程集团有限公司	一级
19	山东临沂水利工程总公司	一级
20	德州市水利局水利施工处	一级
21	德州黄河建业工程有限责任公司	一级
22	平原涵宇工程有限公司	一级
23	山东安澜工程建设有限公司	一级
24	山东恒泰工程集团有限公司	一级
25	山东菏泽黄河工程有限公司	一级
26	山东菏泽黄河工程有限公司	一级
27	山东昌利建设集团有限公司	一级

水利建设管理

【建设质量监督】理顺机制，奠定规范开展监督工作的基础。理顺省级监督机制。组织开展质量与安全监督机构设置与职责调研，积极推动省水利工程建设质量与安全监督中心站改设到建安中心，使得省级监督职责和机构设置更加匹配。压实省市监督责任。全面梳理中心站监督项目，明确省市质量与安全监督模式和责任分工，破解市级监督机构在质量与安全监督工作中缺位的难题，使得监管责任和工程建设实际更加匹配。建立监督工作流程。组织对照法律法规、部门规章及技术标准要求，梳理质量与安全监督工作事项内容，编制完成《山东省水利工程建设质量与安全监督工作指南》，建立起全过程、高效率、可操作的监督工作流程，为依法依规开展监督工作打下坚实基础。

【重点项目监督】立足职责任务，扎实做好全省重点水利工程建设质量与安全监督工作。强化监督工作过程管控。对监督项目建设情况进行全面摸底，建立质量与安全监督事项办理情况汇总表，实现“一项目一表单”，督促提醒监督事项办理，找准质量安全薄弱环节开展精准督查，提高监督工作的有效性和针对性。加强质量安全监督检查和质量监督检测。对小清河防洪综合治理工程等重点水利工程开展监督检查77次，开展质量监督检测15次，发现并督促整改问题400余个。督促指导工程验收。参加湖东滞洪区建设工程等重点水利工程45个单位工程验收，提出质量监督评价意见，把好质量监督关。提升监督工作信息化水平。优化提升水利工程建设质量与安全监督管理系统，将黄水东调应急工程、小清河防洪综合治理等27个重点水利工程项目质量与安全监督档案数字化，并完成形式审查、质量核备等工作。

【建设质量提升】做强技术支撑，推动水利建设质量提升。协助完成市级质量工作评议、建设工程优质结构评价和QC小组成果评审工作。完成2021、2022年度7项质量措施印证材料赋分和16市48个项目的质量管理效果现场评议；完成2020年和2021年项目推选、材料审查和现场复核评价；完成全省申报的115项水利工程QC小组成果评审。做好水利工程建设质量与安全管理各项技术支撑工作。对省直单位驻点监督项目开展驻点巡回督导3项目次；派出全省水利工程建设“特派员”督导检查临沂市重点水利工程建设项目41个；参与统筹全厅水利工程建设督促检查计划安排，汇总调度40周51份检查计划。

【监管信息化建设】升级改造水利工程建设质量与安全监督系统，规划全面覆盖各监督事项手续办理、各类监督检查、质量监督检测等监督工作需求。坚持“边开发、边应用、边迭代”，已经上线了包括项目划分、质量结论核备等全部质量监督工作事项手续办理模块；安全备案模块功能已开发完成，开展数据采集；监督检查App已上线可实现移动端开展各类监督检查；开发统计分析、质量监督检测模块功能。

【指导与培训】创新开展监督业务培训。为克服疫情影响，保证覆盖率，采用线上培训的方式，邀请水利部监督司、淮委领导授课，策划制作教学片、录制授课视频，确保培训师资权威、内容优质，同时做好培训报名、建群管理、在线直播等各项组织协调工作。全省共800余人参加培训，收获良好反响。开展水利工程建设质量与安全管理技术指导。参与水利工程建设重点领域巡查监督，对烟台等7市的重点水利工程开展调研；参加水利部对齐河县中央水利资金使用管理专项检查问题反馈会，与专家座谈交流并解释答疑；3名技术骨干加入水旱灾害防御技术支撑专家库，参与防汛演练观摩会，参加省防汛抗旱指挥部昼夜值班与汛情会商，带队指导台风“梅花”防御工作；暗访检查漳卫新河河口应急清淤工程和东平湖洪水外排河道应急疏通工程，为工程实施提供技术指导。

【规章制度制定】做好全省水利工程建设质量与安全有关规范、标准、办法制定修编工作。一是在全国率先编制完成《山东省建设工程优质结构评价标准（水利篇）》。标准在2021年优质结构（水利）工程项目评选工作中予以应用，主要编制人员参加水利部组织的《水利工程优良工程评价规程》编制调研会议并做典型发言。二是完成多项地方标准的起草编制工作。组织起草《水利工程建设项目法人风险分级管控和隐患排查治理双重预防体系实施指南》，制定并实施《水利工程输水管道施工质量验收评定规程》。

（建安中心）

规划计划与勘测设计

水利规划

【重大战略水利规划编制】 2022年度，按照省委、省政府决策部署，山东省开展山东现代水网建设研究，编制完成《山东现代水网建设规划》《山东现代水网建设行动计划》，经省委常委会会议、省政府常务会议审议通过，由省政府印发实施；积极争创国家省级水网先导区，编制完成《山东省级水网先导区建设实施方案》，2022年8月被水利部确定为全国第一批省级水网先导区；为切实做好省级水网先导区建设工作，打造特色鲜明的省级水网示范样板，12月31日，省政府印发实施《省级水网先导区建设方案（2022—2025年）》。2023年6月4日，省委办公厅、省政府办公厅印发了《关于加快国家省级水网先导区建设全面提升现代水网综合效益的意见》，把先导区建设与黄河重大国家战略、绿色低碳高质量发展先行区建设相统筹，提出实施“水网+”行动，积极支持发展水经济。

【重点专项规划编制】 深入贯彻落实习近平总书记“十六字”治水思路，聚焦新阶段水利高质量发展，坚持系统观念，以流域为单元，统筹干支流、上下游、左右岸，有序推进中小河流治理总体方案编制。2022年度，编制完成山东省流域面积200～3000平方千米中小河流名录，提出有防洪任务的中小河流及治理河段清单；调查全省中小河流现状治理情况，总结分析存在问题、治理成效和治理需求，编制完成《山东省中小河流治理情况调查评估报告》，调查评估成果，填报全国中小河流治理信息综合管理系统；拟定2023年实施中小河流治理及项目清单，安排治理中小河流33条，治理河长615.4千米，治理项目39个，完成治理项目初步设计报告批复，完成治理河流治理方案编制。

【流域防洪规划修编】 贯彻新发展理念，以推动高质量发展为主题，统筹发展和安全，遵循“节水优先、空间均衡、系统治理、两手发力”的治水思路和“两个坚持、三个转变”的防灾减灾救灾新理念，以流域为单元，优化完善流域防洪减灾总体布局，开展流域防洪规划修编。2022年度流域防洪规划修编主要完成上一轮流域防洪规划实施情况总结评价，梳理2023—2025年实施项目清单台账，收集整理气象、水文、土地利用和洪涝灾害等基础资料，复核设计洪水、防洪区划与防洪标准，制定防洪减灾建设总目标，优化防洪减灾体系总体，明确洪水出路安排，提出河道达标、堤防、大中型水库、水闸、中小河流治理、蓄滞洪区等实施安排及重大项目清单。配合流域委完成相关成果汇总工作。

项目前期工作

【国家重点项目前期工作】 开展南水北调东线二期工程山东境内输水干线布局方案研究论证，配合开展《南水北调总体工程规划》修编工作。按照省政府要求，山东省水利厅委托中水淮河规划设计研究有限公司、中水北方勘测设计研究有限责任公司，与山东省水利勘测设计院有限公司成立联合体，在前期方案比选论证工作基础上，对胶东半岛地区输水线路和黄河南北干线开展深化比选论证工作，编制《南水北调东线二期工程山东境内输水干线布局方案论证报告》，配合相关部门做好《南水北调工程总体规划》修编和《南水北调东线二期工程可行性研究报告》修订工作，配合水利部做好南水北调东线一期工程水利消纳方案编制工作。

【山东省重点项目前期工作】 2022 年全省新建水利建设项目 319 个，全部完成项目前期工作。完成潘庄、位山、李家岸等列入国家“十四五”重大农业节水供水工程实施方案的 11 处大型灌区续建配套与现代化改造项目可性研究报告审查，并配合省发展改革委完成批复。青岛官路水库、临沂双堠水库前期工作全部完成，已开工建设；编制完成南四湖水资源利用北调工程可研报告；临沂黄山水库、济南太平水库开展可研报告编制等前期工作；会同省发展改革委印发《东平湖洪水外排河道应急疏通实施方案》，协调水利部海河水利委员会印发《漳卫新河河口应急清淤实施方案》。

投资计划

【国家投资计划】 2022 年，国家分三批下达山东省 7 个项目中央预算内投资计划，下达项目年度总投资 1172579 万元，其中，中央预算内投资 217091 万元，地方预算内投资 911650 万元，银行贷款 43838 万元。山东省发展和改革委员会、山东省水利厅分别以鲁发改投资〔2022〕329 号、417 号、678 号文转发下达了投资计划和分解的绩效目标。完成投资 1172579 万元，投资完成率 100%，总体绩效目标全部完成，项目年度投资计划执行良好，建设质量和效益良好，投资概算控制有效，2022 年完工项目可初步发挥效益。申报 2023 年中央预算内项目建议计划，申请中央预算内资金 18.28 亿元。

【山东年度投资计划】 印发《山东省水利厅关于印发〈2022 年全省水利建设项目清单〉〈2023 年全省前期工作大中型水利项目清单〉的通知》。深入贯彻落实关于稳住经济大盘的决策部署，加快推进水利投资计划执行，实行双周会商月通报机制，对滞后项目精准调度、专人跟进、重点推动，截至年底，全省完成水利建设投资 550.33 亿元，占全年计划完成投资的 108.5%。提前谋划 2023 年度水利项目，印发《山东省水利厅关于印发 2023 年全省水利建设项目清单的通知》。下达 2 批省级水利项目投资计划，累计下达水利资金 110.15 亿元，其中，省级资金 27.26 亿元，市县资金 82.89 亿元。

规划项目

【山东现代水网建设规划】 按照山东省委、省政府部署要求，山东省水利厅会同有关部门对山东现代水网建设进行了深入研究，多次与水利部及流域机构、地方政府等协调沟通，对重点事项组织专家咨询论证，形成研究报告。研究报告先后经省政府专题会议和省委专题会议研究通过，根据专题会议要求，在研究报告基础上编制完成《山东现代水网建设规划》（以下简称《规划》）。

1.《规划》框架和主要内容

《规划》分四个板块，共九章，约 1.8 万字。

第一板块为总论部分，第一、第二章。全面分析了山东现代水网建设的发展基础和建设必要性，明确了指导思想、基本原则、规划目标。

第二板块为总体布局，第三章。根据全

省自然河湖分布、水资源禀赋、国民经济布局、现状水利工程等情况，以全面提升水安全保障能力为目标，以优化水资源配置体系、健全流域防洪减灾体系为主线，以骨干河道和重大引调水工程为骨架，以重要湖库为节点，以河湖水系连通和灌区渠系为脉络，以数字化、网络化、智能化调控为手段，统筹水资源配置、水灾害防治、水生态保护，兼顾通水通航，构建系统完备、安全可靠、集约高效、绿色智能、循环通畅、调控有序的现代水网，形成“一轴三环、七纵九横、两湖多库”省级水网总体布局。

第三板块为建设任务，第四至七章。按照互联互通、融合共享、层级衔接的原则，根据工程主导功能，按项目化提出山东现代水网建设主要任务，包括水资源配置、防洪减灾、水生态保护与修复、数字水利建设等四个方面。

水资源配置方面。推进一批重点水源和重大引调水工程建设，加强雨洪资源利用，优化水资源配置格局，构建、完善多源互补、丰枯调剂、大中小微协调配套的供水保障体系。按国家部署推进南水北调东线二期工程规划建设，山东省多年平均新增需调长江水量 23.88 亿立方米，山东境内线路布局采用位德线及胶东输水干线黄河北新辟明渠方案。实施南四湖退圩还湖工程，对南四湖上级湖 19 万亩已退养鱼塘圩埂进行清理整治。争取与南水北调东线二期工程结合实施南四湖水资源利用北调工程，将上级湖水资源北调入东平湖统筹利用。根据自然保护区管理要求，论证实施东平湖清淤增容工程。与新建黄山水库结合实施沂沭河雨洪资源利用东调工程，远期打通韩庄运河至黄山水库输水通道，具备相机调引长江水的条件。规划建设烟台老岚、青岛官路、临沂双堠、济南太平、威海长会口、临沂黄山等 6 座大型水库及济南白云、菏泽魏楼等 23 座中型水库。

防洪减灾方面。聚焦防汛薄弱环节，加强中小河流治理，实施病险水库水闸除险加固，推进重要堤防和蓄滞洪区建设，构建以河道、水库、堤防、湖泊和蓄滞洪区为架构的水旱灾害防御工程体系，提高水旱灾害防御能力。以金山坝为隔堤对东平湖老湖区实施分区运用，按二级湖堤标准加高加固金山坝、新建分洪闸和金山坝以西退水工程。尊重群众意愿，将东平湖老湖区金山坝以西 2.78 万名居民稳妥有序外迁。打通东平湖洪水南排通道，利用南水北调输水渠道南排东平湖洪水。积极配合水利部海河水利委员会实施漳卫河（山东段）防洪综合治理工程。尽快实施小型水库雨水工情自动测报设施建设工程。

水生态保护与修复方面。坚持山水林田湖草沙综合治理、系统治理、源头治理，加强水土流失综合治理、地下水超采区综合治理、重点河湖生态保护与修复、水系连通及水美乡村建设等，打造人民满意的美丽幸福河湖。

数字水利建设方面。坚持全省“一盘棋、一体化”推进，建设数字水利新型基础设施、重点水利工程示范化运行管理平台、全省统一的水利业务支撑平台及一体化业务应用平台等，着力构建数字化、网络化、智能化融合发展的智慧水网。

第四板块为高质量发展要求和保障措施，第八、第九章。为实现山东现代水网高质量发展，提出推进安全发展、推动绿色发展、统筹融合发展、完善体制机制等要求。为确保规划项目落地实施，提出加强组织领导、突出规划引领、强化要素保障、加强科技支撑等保障措施，充分利用专项债、政策性资金和鼓励实力强的央企等参与水网建设。

2.“十四五”及 2022 年项目安排

“十四五”期间，全省规划实施水利建设项目 1088 项，总投资 3855 亿元，规划完成项目投资 2143 亿元。

2022 年全省水利建设计划完成投资 500 亿元以上（具体项目清单另行印发）。实施新建水库、引调水及水系连通、河道拦蓄、水库增容、大中型灌区续建配套与现代化改造等供水保障工程。实施河道治理、病险水库水闸除险加固、排涝工程、山洪沟治理等防洪提升工程，完成南四湖湖东、恩县洼滞洪区建设，治理中小河流778千米。实施河湖生态保护与修复、地下水超采治理、农村水系综合整治等水生态保护与修复工程。实施水文设施建设等数字水利及其他项目。加快推进官路水库等重大水利工程前期工作。

【小清河岸线保护与利用规划】 小清河流域位于鲁北平原南部，东邻弥河，西靠玉符河，南依泰沂山脉，北以黄河、支脉河为界，流域面积10433平方千米，约占全省总面积的1/15。小清河干流发源于济南市南部山区，从玉符河睦里庄闸起，自西向东流经济南、滨州、淄博、东营、潍坊5市的12个县（市、区），于寿光市羊口镇东注入渤海莱州湾，全长229千米。它是鲁中地区一条重要的排水河道，兼顾两岸农田灌溉、内河航运，且具有海、河联运等多种功能，是山东省唯一一条直管河道。2018年2月，山东省水利厅组织编制完成了《小清河岸线利用管理规划》，12月，山东省人民政府以《关于省级重要河湖岸线利用管理规划的批复》批复了小清河等14个省级重要河湖岸线利用管理规划。2019年12月底，小清河防洪综合治理工程和小清河复航工程同时开工建设。截至2022年年底，小清河防洪综合治理工程已实施完成，小清河复航航道及桥梁等部分建筑物工程基本完成，船闸等部分建筑物工程正在实施；小清河沿线港口工程加快实施。工程实施后，小清河的防洪调度、水域岸线、控制性建筑物工程等均发生较大变化，岸线功能区也需要进行相应调整。2019年3月，水利部发布了《河湖岸线保护与利用规划编制指南（试行）》，对岸线及功能区的定义、功能区的划定要求、规划报告编制格式等进行了修订。

根据岸线功能区定义、划分原则、方法，综合考虑上一轮规划功能区，本次修编岸线功能区共划分为4类功能区：岸线保护区、岸线保留区、岸线控制利用区、岸线开发利用区。

规划范围内共划分了90个功能区，岸线总长度456.92千米。其中保护区13个，岸线长度18.33千米，占比4.01%；岸线保留区10个，岸线长度70.0千米，占比15.32%；控制利用区38个，岸线长度180.15千米，占比39.43%；岸线开发利用区29个，岸线长度188.44千米，占比41.24%。

【济南市济阳区现代水网建设规划】 济南市济阳区现代水网是国家骨干、省市级水网的延伸，以提升水资源节约集约循环利用、完善流域防洪减灾体系、复苏河湖生态环境为核心，以提升城乡水利基本公共服务能力为重点，打通水资源调配、防洪排涝、农田灌溉、农村水系生态“最后一千米”，完善城乡一体化供水体系，构建水网基础通道和“毛细血管”，实现河湖功能永续利用，满足人民日益增长的美好生活需要，实现人与水和谐共生。

济南市济阳区现代水网总体布局以“一环两点”的城区水系综合整治为中心，建设“三库四区”的城乡供水水源中心和农业灌溉供水配置区，连通“五横多纵”的市域水系，统筹全域防洪减灾能力提升、水资源优化配置、河湖生态系统修复、智慧水网建设多目标任务，构建济阳区现代水网建设体系，为“善美济阳”及高质量北部中心城区建设提供水支撑。

全区现代水网建设规划实施重点项目98项，匡算总投资74.37亿元，其中，近期投资45.89亿元，远期投资28.48亿元。

【潍坊市现代水网建设规划】 2022年5月，潍坊市水利局组建了工作专班，启动《潍坊市现代水网建设规划》编制前期工作。采用政府购买服务确定了《潍坊市现代水网建设规划》编制工作的技术承担单位为山东省水利勘测设计院有限公司（以下简称“山东水设”）。规划经过思路汇报、报告和项目库编制、规划衔接、征求意见、专家评审、市政府常务会议等，2022 年 10 月 11 日由潍坊市人民政府印发。

规划范围：潍坊市行政所辖 4 区（潍城区、寒亭区、坊子区、奎文区），2 县（临朐县、昌乐县），6 市（青州市、诸城市、寿光市、安丘市、高密市、昌邑市）。

现状水平年：2020 年。

规划期：2021—2035 年，远景展望至本世纪中叶。

总体布局："一轴一带、四纵七湖、百河千库"。"一轴一带"，指胶东调水、黄水东调、南水北调二期形成的胶东调水轴和海堤构建的风暴潮防护带，是潍坊水网的两条主轴线。"四纵七湖"，指以潍河、弥河、白浪河、北胶莱河等四条纵向河道构建的防洪骨干工程，以及峡山水库、墙夼水库、高崖水库、牟山水库、白浪河水库、冶源水库、双王城水库等 7 座担负主要供水任务的水库，是潍坊水网的骨架和主要节点。"百河千库"，指潍坊市流域面积 50 平方千米以上河流 102 条，全市注册登记水库 532 座、塘坝 1151 座（1 万立方米以上），打通水资源调配、防洪排涝、农田灌溉、农村水系生态"最后一千米"，完善城乡一体化供水体系，构建水网基础通道和"毛细血管"。

近期规划目标：到 2025 年，市县级水网进一步完善，水利基础设施空间布局更加合理，水资源节约集约安全利用水平不断提高，以高耗水、高污染为代价的经济发展方式明显转变，水资源优化配置能力明显提升，重点防洪薄弱环节基本消除，水旱灾害防御能力显著增强，全域建成美丽幸福河湖，水利治理体系和治理能力现代化水平明显提升，为建设"生态、开放、活力、精致"的现代化高品质城市提供坚实水利保障。

远期规划目标：到 2035 年，潍坊市现代水网基本建成，水资源优化配置格局基本完善，防洪保安工程基本达标，水生态环境优美宜居，水网调度智能高效，水安全保障有序有力。到本世纪中叶，形成绿色生产生活方式，全面建成洪旱无虞、生态良好的高质量、智能化的潍坊市现代水网，与国家、省级水网互联互通、协同高效，基本满足人民群众对美好生活向往相应的水利需求，实现人水和谐共处。

【威海市现代水网建设规划】 威海市是山东半岛蓝色经济区、胶东半岛高端产业聚集区的重要组成城市，北、东、南三面濒临黄海。近年来，威海市始终把习近平总书记提出的"威海要向精致城市方向发展"作为总目标、总方向、总遵循，牢牢把握争当全省走在前列排头兵的目标定位。加快威海市现代水网建设，加强与国家和省骨干网互联互通，市域水资源跨流域、跨区域科学配置，统筹解决外调水与当地水统筹不足、时空配置能力偏弱、水资源在国土空间开发利用指导约束上作用不强等问题，是支撑保障区域经济社会高质量发展、促进生态环境健康稳定的必然要求。

该规划初稿于 2022 年 9 月编制完成，为增强规划的前瞻性、科学性、可操作性，一是高点定位多方衔接，把握重要战略机遇，加强与《山东省国民经济和社会发展第十四个五年规划和 2035 年远景目标纲要》《威海市国民经济和社会发展第十四个五年规划和 2035 年远景目标纲要》《威海市"十四五"水利水务发展规划》《威海市水安全保障总体规划（2016—2050 年）》等的衔接；二是强化重点项目筛选，按国家规范规程分类制定重点项目筛选原则，按原则筛选确定省级重点项目清单，并 3 次征求各市（区）意见；三是多渠道集思广益，在政府网站征集公众意见，调研座谈听取各行业和各市（区）意见。通过威海市政府常务会议和威海市委常委会会议审议后，12 月 23 日，威海市人民政府以〔2022〕72 号文正式批复。

《威海市现代水网建设规划》以习近平新时代中国特色社会主义思想为指导，深入分析威海现代水网发展基础和面临形势，依托国家和省级骨干网，统筹水资源配置、水灾害防治、水生态保护等，充分与省级水网和县级水网融合，构建“一轴两翼、九河多库、一带四区、六水五化”的市级水网总体布局。从安全发展、绿色发展、融合发展等方面，科学谋划了一批重大引调水工程、重点水源工程、区域水系连通工程等水资源配置工程，河道治理、山洪灾害防治、海堤建设等防洪减灾工程，水土流失治理、河湖生态保护修复等生态修复工程，数字水网建设工程和高质量发展工程；对重点工程分析工程规模、建设内容、估算投资等。威海市现代水网规划实施重点项目 230 项，“十四五”期间规划实施重点项目 194 项。

【临沂市平邑县现代水网建设规划】

起草背景：水网是以自然河湖为基础、引调排水工程为通道、调蓄工程为节点、智慧调控为手段，集水资源优化配置、防洪减灾、水生态系统保护等功能于一体的综合体系。现代水网是在现有水利工程架构的基础上，以现代治水理念为指导，采用当代先进的工程技术和管理手段，进行整合与提升，使之形成集防洪、供水、生态等功能于一体的复合型水利工程网络体系。

文件起草过程及依据：根据《平邑县县城总体规划》，平邑县县域整体布局将形成中心引领、轴带串联、三片支撑、全域旅游统筹的整体空间结构格局，水网建设规划考虑省、市级水网规划中涉及平邑县的工程规划，并对平邑县县城总体规划及相关专项规划充分衔接。结合平邑县经济社会发展需求、自然河湖分布、水资源禀赋、地形地貌条件、现状水利工程等，以全面提升水安全保障能力为目标，以优化水资源配置体系、健全流域防洪减灾体系为主线，以骨干河道为骨架，以河湖水系连通和灌排渠系为脉络，以重点湖泊水库为节点，以数字化、网络化、智能化调控为手段，统筹水资源配置、水灾害防治、水生态保护，构建区域水网布局。

制定的意义和总体考虑：以习近平新时代中国特色社会主义思想为指导，全面贯彻中共二十大精神，深入贯彻习近平总书记对山东工作的重要指示要求，立足新发展阶段，完整、准确、全面贯彻新发展理念，加快融入和服务构建新发展格局，以推动高质量发展为主题，坚持“节水优先、空间均衡、系统治理、两手发力”的治水思路，锚定“走在前列、全面开创”“三个走在前”总遵循、总定位、总航标，统筹发展和安全，坚持“以水定城、以水定地、以水定人、以水定产”，以全面提升水安全保障能力为目标，以完善水资源优化配置体系、防洪减灾体系、水生态保护修复体系为重点，统筹存量和增量，加强互联互通，加快构建“中心引领、轴带串联、三片支撑、全域旅游统筹”的平邑县整体空间格局，强调以水为脉，塑造城市魅力，为新时代社会主义现代化强县建设提供可靠的水安全保障。

工作目标：到 2025 年，与市级水网、省级水网做好衔接的同时，县级水网建设取得初步成效，水利基础设施日趋完善，水资源优化配置能力明显提升，水旱灾害防御能力显著增强，水生态环境持续改善，水运及沿河路网初具雏形，水网智慧化水平有效提升，水资源节约集约安全利用水平不断增强，水安全保障能力明显提升。到 2035 年，系统完备、安全可靠、集约高效、绿色智能、循环通畅、调控有序的平邑现代水网基本建成，水资源优化配置格局基本完善，防洪保安工程基本达标，水生态环境美丽健康，水网智能化调控全面实现，水安全保障能力全面提升。

【临沂市沂水县现代水网建设规划】

县域水网总体布局　沂水县从保障区域水安全的目标要求出发，立足流域整体和水资源空间均衡，根据供水、防洪、灌溉、生态等需求，结合江河湖泊水系特点和水利基础设施布局，统筹存量和增量，加强与国家骨干水网、省级水网、市级水网之间的衔接，推进互联互通、联调联供、协同防控，构建“一城三连，两廊九脉，三库多星，四网融合”的沂水县水网建设总体布局，支撑经济社会

高质量发展。

“一城三连”。“一城”是指沂水县城区水系；“三连”是指沂河西岸水系连通工程、跋山东干渠连通沿线河流向城区补水工程及沙沟南干渠与小沂河连通工程，是全县水资源优化配置的主骨架。

“两廊九脉”。“两廊”是指沂河、沭河为两条骨干水系廊道，“九脉”是指马莲河、崔家峪河、姚店子河、顺天河、小沂河、朱龙河、马站河、秀珍河、浯河等9条支流水系，是全县防洪排涝的主脉络。

“三库多星”。“三库”是指跋山水库、沙沟水库、寨子山水库三座大中型水库；“多星”是指全县140座小型水库和1136座塘坝，是全县防洪调度、水资源配置、水生态保护的主要节点。

“四网融合”。构建水资源配置网、防洪减灾网、河湖生态网、数字水利网等四大网络。

中心城区水网总体布局 以沂河城区段为主轴，其他河道（小沂河、崔家峪河、朱陈河、港埠口河、西朱家庄河、羊圈河、雪山河、沙岭子河）等呈枝状延伸的水系结构，规划构建“一带、两环、四地、多川”的水网，与周边的山体相结合，形成“龙腾翔云”之势。

“一带”，指南北贯穿沂水城市的母亲河——沂河。沂河兼具生态景观、历史人文、城市发展功能，湿地、岸堤、堤坝等自然人工景观多元融合，滨河景区把沂水装扮成一条流光溢彩的彩带。

“两环”，指新挖城市西部的龟形水系，即龙湾新区的西环河，以及拓宽改造城区北部友兰河、跋山东干渠、小沂河形成的北环河，形成双环状滨河绿地，使整个沂水由内而外被水环绕，因水而润。

“四地”，为了改善城市生态环境，规划结合沂河、小沂河两岸的沙地资源，进行绿化、美化，形成四片生态湿地，即金澜湾湿地、月澜湾湿地、小沂河湿地和七里湿地公园，湿地景观资源与休闲娱乐功能相结合，体现沂水的水主题文化。

“多川”，指的是沂水中心城区内的多条景观河流和水塘。

沂水县水网总投资276.99亿元，其中，水资源配置项目总投资207.74亿元，防洪减灾项目总投资31.12亿元，河湖生态保护总投资36.03亿元，数字水利建设总投资2.10亿元。

【德州市齐河县现代水网规划】 齐河县从保障区域水安全的目标要求出发，立足流域整体和水资源空间均衡，根据供水、防洪、灌溉、生态等需求，结合江河湖泊水系特点和水利基础设施布局，统筹存量和增量，加强与国家骨干水网、省级水网、市级水网之间的衔接，推进互联互通、联调联供、协同防控，加速形成“一环两干、三湖四区、五横六纵”、纵横交错、点线面结合的齐河水网建设总体布局，支撑经济社会高质量发展。

“一环”指环城水系，实施城市各排涝分区与排涝河道的连通工程，利用新倪伦河、晏黄沟下泄城区涝水。

“二干”指规划建设的南水北调东线二期工程位德线、南水北调东线二期工程胶东输水干线西段工程两大引江输水干线。

“三湖”指安德湖、玉带湖和玉秀湖3座湖泊。

“四区”指李家岸灌区、潘庄灌区、韩刘灌区、豆腐窝灌区（含黄河湿地）4处引黄灌区。

“五横”指徒骇河、牛角河、大蒋沟、老齐刘路沟、红齐河（309公路沟）5条横向骨干排水河道。

“六纵”指老赵牛河、赵牛新河、邓金河、温聪河、新倪伦河、六六河6条纵向骨干排水河道。

齐河县水网总投资59.83亿元，其中，水资源配置项目总投资18.63亿元，防洪减灾项目总投资34.09亿元，水生态修复工程2.70亿元，数字水利建设4.41亿元。

【德州市齐河县黄河流域水资源高效利用试验区专项规划】

规划背景，黄河是中华民族的母亲河，

党中央高度重视黄河流域生态保护和高质量发展，印发了《黄河流域生态保护和高质量发展规划纲要》；为积极对接国家战略，山东省组织编制了《山东省黄河流域生态保护和高质量发展规划》，为落实《黄河流域生态保护和高质量发展规划纲要》《黄河流域生态保护和高质量发展水安全保障规划》《山东省黄河流域生态保护和高质量发展规划》，发挥水利在山东黄河流域生态保护和高质量发展中的水安全保障作用，山东省水利厅组织编制《山东省黄河流域生态保护和高质量发展水利专项规划》，并以鲁水发规字〔2021〕12号文联合印发。国家和山东省实施黄河流域生态保护和高质量发展战略，为齐河县贯彻新发展理念、融入新发展格局、推动高质量发展、打造发展增长极，提供了前所未有的历史机遇。

文件起草过程及依据：依据《黄河流域生态保护和高质量发展规划纲要》、《山东省黄河流域生态保护和高质量发展规划》、国家发展改革委等5部门《关于印发黄河流域水资源节约集约利用实施方案的通知》总体要求，全方位贯彻“四水四定”，全面优化水资源配置，结合齐河水资源情况及水利规划，编制《齐河县黄河流域水资源高效利用试验区专项规划》（以下简称《专项规划》）。

制定的意义和总体考虑：齐河县作为德州市唯一的沿黄县，是济南周边最近的卫星城，具备推动高质量发展、打造发展增长极的得天独厚的条件。开展《专项规划》，以齐河县为蓝图，全方位贯彻“四水四定”，全面优化水资源配置，为全面建设“富强、活力、幸福、美丽”的新时代现代化文明新齐河，提供支撑保障，对保障齐河县水资源高效利用，具有十分重要的作用。

工作目标：《专项规划》在充分调研齐河水资源现状的基础上，结合现有的《齐河县现代水网建设规划》《齐河县水安全保障规划》，提出了齐河县水资源配置工程的规划布局，通过重点领域节水、非常规水源利用等重大举措，提升齐河县水资源高效利用水平，规划年水资源消耗总量和强度双控体系基本建立，流域水资源配置进一步优化，重点领域节水取得明显成效，非常规水源利用全面推进。

【菏泽市成武县现代水网建设规划】 菏泽市成武县现代水网是国家骨干、省、市级水网的延伸，以提升水资源节约集约循环利用、完善流域防洪减灾体系、复苏河湖生态环境为核心，以提升城乡水利基本公共服务能力为重点，打通水资源调配、防洪排涝、农田灌溉、农村水系生态“最后一千米”，完善城乡一体化供水体系，构建水网基础通道和“毛细血管”，实现河湖功能永续利用，满足人民日益增长的美好生活需要，实现人与水和谐共生。

成武县结合区域经济社会发展需求、自然河湖分布、水资源禀赋、地形地貌条件、现状水利工程等，以全面提升水安全保障能力为目标，以优化水资源配置体系、健全流域防洪减灾体系为主线，以骨干河道和重大引调水工程为骨架，以河湖水系连通和灌排渠系为脉络，以重点湖泊水库为节点，以数字化、网络化、智能化调控为手段，统筹水资源配置、水灾害防治、水生态保护，构建成武县“一湖两库、三横多支、四网融合、五水统筹”的现代水网总体布局。

全县规划重点水利项目76项，总投资52.53亿元。

规划编制

【山东省小清河流域山丘区中小河流洪水淹没图编制】

起草背景：洪水灾害是中国频繁发生和严重威胁国民安全及制约经济社会发展的自然灾害之一，受全球气候变化和人类活动影响，气候形势愈发复杂多变，洪涝灾害的突发性、异常性、不确定性更为突出。为防御洪水和减轻洪水灾害，国家实施一系列防洪减灾工程措施和非工程措施，并明确非工程措施在防洪减灾中的重要地位。其中洪水风险图是非工程措施的重要手段之一，在布置防洪工程、管理洪泛区、指导防汛抢险等工作中可以发挥重要的作用，同时在规范土地利用、提高国民的防洪减灾意识等方面也具有积极意义。

中共十八大以来，习近平总书记高度重视防灾减灾救灾工作，多次作出系列重要讲话和重大决策部署，在 2018 年 10 月中央财经委员会第三次会议上，提出自然灾害防治关系国计民生，要建立高效科学的自然灾害防治体系，提高全社会自然灾害防治能力，为保护人民群众生命财产安全和国家安全提供有力保障。

文件起草过程及依据：山东省水利厅高度重视水旱灾害风险普查工作，落实“两个坚持、三个转变”防灾减灾救灾理念，补好防灾基础短板，全面构建抵御水旱灾害防线，积极推进省本级中小河流洪水淹没图编制工作，按照《第一次全国自然灾害综合风险普查总体方案》以及《山东省第一次全国自然灾害综合风险普查（水旱灾害部分）实施方案》要求，本次计划针对山东省内山丘区流域面积在 200 ～ 3000 平方千米范围内 128 条中小河流开展洪水淹没图编制工作。本项目是山东省水旱灾害风险普查省本级项目第二批 21 个项目，河道编制范围为小清河流域内巨野河、绣江河、杏花河、孝妇河、范阳河、淄河和织女河等 7 条中小河流。

制定的意义和总体考虑：小清河流域位于鲁北平原南部，东邻弥河，西靠玉符河，南依泰沂山脉，北以黄河、支脉河为界，流域面积 10433 平方千米，它是鲁中地区一条重要的排水河道，兼顾两岸农田灌溉、内河航运，且具有海、河联运等多种功能，同时又是全国 5 条重要的国防战备河道之一。小清河流域水系复杂，支流众多，除源头玉符河外一级支流共有 47 条，几乎全部由南岸汇入干流，呈典型的单侧梳齿状分布，而又多系山洪河道，比降上陡下缓，暴雨期仅一条支流的洪水流量就给干流造成较大的洪水压力。因此，编制《小清河流域山丘区中小河流洪水淹没图》，对于提高地区防洪减灾能力、减轻生命财产损失具有重要意义。

工作目标：根据小清河流域山丘区中小河流的区域特征，通过资料收集整编和现场调查，结合河道历史洪水情况、水利工程情况及相关规划，识别容易遭受洪水灾害的沿河村落、集镇、城镇等对象。根据流域水文特性、下垫面特征和资料条件，采用《山东省中小河流治理工程初步设计设计洪水计算指导意见》和分布式水文模型方法进行设计洪水计算。基于评估与修正后的河道地形资料，构建水动力模型，分析典型频率暴雨洪水淹没情况，得到洪水可能的影响范围、淹没水深、流速等特征数据，编制《小清河流域山丘区中小河流洪水淹没图》，为规划编制、灾害防治、监测预警、应急响应、灾后评估等防灾减灾工作提供信息支撑。

【潍坊市青州市黑虎山水库 2022 年度防御洪水方案】

为实现“由控制洪水向洪水管理转变”，防御和减轻洪涝灾害，提高水库突发事件应对能力，切实做好水库遭遇突发事件时的防洪抢险调度和险情抢护工作，青州市黑虎山水库运行维护中心于 2022 年 5 月委托山东水设编制《青州市黑虎山水库防御洪水方案》，经现场调查、资料整编、报告编制与修改，方案于 2022 年 7 月通过了专家评审。

黑虎山水库于 1966 年 10 月动工兴建，1972 年 12 月建成发挥效益。水库流域面积 190 平方千米，总库容 5331 万立方米，是一座具有防洪、城市供水、农业灌溉、养殖等功能的中型水库。

方案按照《山东省大中型水库防御洪水方案编制大纲》《关于做好 2022 年水旱灾害防御工作的通知》的要求，在充分了解水库工程基本情况、大坝安全现状、水库上下游以及历史险情等资料基础上，首先从前期雨水情监测及洪水预警明确了洪水信息的监测内容、责任人、信息发布等内容；根据水库控制运用指标，划分洪水等级，进行风险分析，从而在因突发事件导致水库面临中小洪水、标准内较大洪水、超标准洪水威胁而影响水库防汛安全时，分别提出洪水处置措施，力保水库工程安全，最大限度保障人民群众生命安全。

方案贯彻“以人为本、预防为主、协调一致、动态管理”原则，做到有准备、有计划、有措施地防御水库可能发生的各种紧急情况和灾害，是防汛领导小组指挥决策和防洪调度、抢险救灾的重要依据。

【小清河水牛韩节制闸控制运用计划 2022 年修编】

为保障小清河水牛韩节制闸运行安全，充分发挥工程综合效益，指导调度运行工作，保证调度工作高效、有序地进行，根据小清河水牛韩节制闸的运行工况，结合设计情况，编制本运行调度计划；明确该闸控制运用指标，提出汛期防洪排涝调度及冲淤调度计划等。

运行工况：水牛韩节制闸始建于 1968 年 11 月，于 1997 年 1 月重建，1998 年 10 月交付使用；水牛韩节制闸于 2022 年进行安全鉴定，鉴定结论为三类闸；小清河复航工程正在施工，水牛韩节制闸作为河道施工导流的一部分，不具备落闸运行调度的条件；小清河复航工程中的水牛韩南侧船闸和上游提灌站正在施工。

控制运用指标：水牛韩节制闸全开度开启，确保河道行洪通畅；航运最低水位为 13.7 米。当水位高于 13.7 米时，该闸全开度开启调控；水位低于 13.7 米时，该闸落闸控制上游水位不低于 13.7 米；结合灌溉需求，非汛期相机落闸蓄水；复航工程完工后，提灌站设计最低水位为 13.7 米，结合航运需求闸门进行调度运行。水牛韩节制闸汛初、汛中、汛末限制水位均为 13.7 米。

防洪排涝调度计划：水牛韩节制闸隶属山东省海河淮河小清河流域水利管理服务中心（以下简称“省流域中心”），日常管理由水牛韩节制闸管所管理。汛期调度服从省流域中心的统一调度。

兴利调度计划：工程调度运用权限可分为航运运用和灌溉运用，航运运用权限根据航运部门的运行调度控制方案，由省流域中心统一调度；灌溉运用权限根据滨州市灌溉用水请示，由省流域中心统一调度。水牛韩节制闸航运和灌溉运用主要是全开度开闸时，当闸上水位低于最低通航水位时，通过控制闸门控泄，实现闸上水位不低于最低通航水位。

【南水北调东线二期工程山东省水资源配置与规模专题论证报告】

水资源是国民经济和社会发展的重要基础性、战略性资源，事关供水安全、粮食安全、经济安全、生态安全。南水北调工程是构建我国“四横三纵、南北调配、东西互济”水资源配置总体格局的重大战略性工程。

山东省是人口、农业、经济大省，受地理位置和气候条件影响，资源性缺水和工程性缺水并存，人均水资源占有量约 298 立方米，不足全国人均水资源占有量的 1/6，属于严重缺水地区。近年来，山东深入落实“以水定城、以水定地、以水定人、以水定产”，坚持把节水作为受水区的根本出路，最严格水资源管理、节约用水水平一直走在全国前列。立足新发展阶段，贯彻新发展理念，为推动经济社会高质量发展，保障城乡供水安全，提升生态文明建设水平，从山东情况看，仍需加快推进南水北调后续工程建设，进一步提高水资源供给保障能力。

2017 年 6 月 9 日，按照国家部署，山东省启动开展南水北调东线二期工程规划编制工作，省级、市县级协同推进，按照二期工程规划技术大纲要求进行水资源供需平衡分析，编制了《南水北调东线二期工程规划山东省水资源配置专题报告》。本报告分别对规划范围及南水北调供水范围进行了水资源供需平衡分析。其中规划范围为全省 16 个市的 136 个县（区）。

自项目启动以来，经过多次咨询审查。山东省分别于 2018 年 4 月、2020 年 4 月邀请国内知名专家对报告成果进行了咨询。2019 年 8 月，山东省政府办公厅以《关于确认南水北调东线二期工程规划干线口门需调水量的函》向水利部确认山东省规划年多年平均需调水量 23.23 亿立方米。水利部水规总院于 2019 年 9 月对淮委及海委编制的《南水北调东线二期工程规划报告》进行了审查，于 2020 年 10 月对《南水北调东线二期工程可行性研究报告》进行了审查，山东省东线二期工程多年平均需调水量 22.38 亿立方米。

2021 年 5 月 14 日以来，为贯彻落实习近平总书记在推进南水北调后续工程高质量发展座谈会的重要讲话精神，按照推进南水北调后续工程高质量发展领导小组办公室要求，山东省深入开展新形势下水资源供需平衡分析论证工作，形成本专题报告。2021 年 9 月，山东省再次征求设区市人民政府意见，根据水资源供需平衡成果，经复核确定山东省东线二期工程多年平均需调水量 24.29 亿立方米，省政府以正式文件上报推进南水北调后续工程高质量发展领导小组办公室。2021 年 11 月 3 日，山东省再次邀请国内权威专家对《山东省南水北调东线二期工程水资源供需平衡及配置专题报告》进行了咨询评估，专家认为成果合理，符合山东实际，后续根据咨询意见进行了修改完善。2022 年 1 月，山东省政府正式印发《山东现代水网建设规划》，明确指出东线二期工程山东多年平均需调水量 23.88 亿立方米。

2022 年 5 月 10 日推进南水北调后续工程高质量发展领导小组会议以来，按照南水北调后续工程高质量发展下一步工作思路有关安排，黄淮海流域尤其是海河流域和胶东地区缺水问题依然严峻，东线后续工程按照“一干多支扩面”的布局思路推进规划设计，增加调水规模和覆盖范围；准确把握南水北调东线工程功能定位新变化，在已有的成功经验和研究成果的基础上，按照“大稳定、小调整”的原则，深化研究调水规模、线路布局，加强生态环境保护。

【山东省水旱灾害风险普查省本级项目（第一批）：徒骇、马颊平原防洪保护区风险图编制】

洪水灾害是我国频繁发生和严重威胁国民安全及制约经济社会发展的自然灾害之一，为了防御洪水和减轻洪水灾害，需要采取一系列防洪措施。其中，洪水风险图是非工程措施的重要手段之一，在布置防洪工程、管理洪泛区、指导防汛抢险等工作中可以发挥重要的作用，同时在规范土地利用、提高国民的防洪减灾意识等方面也具有积极意义。

徒骇、马颊平原是山东省洪涝灾害比较严重的地区，洪涝、干旱以及风暴潮灾害发生极为频繁，给流域内人民群众的生命财产造成了极大威胁，严重制约了社会和国民经济的发展。本次编制范围包括徒骇河、马颊河、德惠新河防洪保护区，面积约 29700 平方千米，涉及聊城、德州、济南、滨州、东营 5 个市、30 个县区。主要任务包括基础资料收集与处理、洪水风险计算、洪灾损失评估及避险转移分析、风险图绘制及成果汇总等工作。通过资料收集整编和现场调查，结合区域水利工程现状及规划情况，识别保护区内可能的洪水来源；确定洪水类型和量级，利用相关软件建立水文和水力学模型，对特定降雨及洪水进行过程模拟；分析洪水可能的影响范围、淹没水深、历时、流速及到达时间等特征数据，进行洪灾评估；编制本保护区洪水风险基本图、避险转移图等。项目主要特点如下：

一是融合多种先进技术，应用 MIKE SHE 水文水动力模型耦合一维河网，第一次实现鲁北全区域暴雨产流、汇流到复杂水系河网演进的高精度动态模拟。模型添加流域面积 50 平方千米以上河流 399 条，总长度8580千米，创国内同类模型之最；分暴雨中心在上、中、下游进行了模拟，考虑不同频率（5年一遇、10年一遇、20年一遇、50年一遇、100年一遇、200年一遇）及2个典型年（1961年、1964年），暴雨内涝计算方案共20个。二是构建了一二维耦合水动力模型，进行了河道洪水溃决、漫溢演进模拟，建立了堤防漫溃、渐变溃等不同溃口溃决演变模型，完成了28个溃口、84个方案的洪水淹没分析。三是综合运用GIS及遥感影像绘制洪水风险标准图集，探索洪水演进三维可视化展示，为洪水管理提供技术支持。四是形成了1000余页的技术报告，1.1Tb的成果整编电子数据，成果扎实，荣获省水利厅项目组通报表扬。

可行性研究

【尼山世界文明论坛配套提升工程尼山水生态修复与治理工程可行性研究】

尼山世界文明论坛配套提升工程水生态修复与治理工程包括3个大项目，共计6个子项目。3个大项目为尼山水库增容工程、尼山水库调蓄水利用工程和尼山水库片区配套提升工程，其中尼山水库片区配套提升工程包括尼山水库灌区地下水源置换工程、尼山水库—城区段小沂河治理工程、提水上山工程及水库周边小流域治理工程4个子项目。

尼山世界文明论坛配套提升工程水生态修复与治理工程任务是通过工程措施将尼山水库正常蓄水位恢复至124.52米（1985年国家高程基准）的兴利水位，提高水库调蓄水能力；实施尼山水库调蓄水工程，自泗河经泵站加压后通过管道输水至尼山水库，连通泗河流域和小沂河流域，并在水库下游小沂河上新建河道拦蓄工程，层层拦蓄地表径流，提高流域雨洪资源利用率；在水库增容及调蓄水工程基础上，实施尼山水库灌区地下水源置换工程、尼山水库—市区段小沂河治理工程、提水上山工程、水库周边小流域治理工程等配套工程，全面提升尼山片区水生态环境。

尼山水生态修复与治理工程由尼山水库增容工程、尼山水库调蓄水工程和小沂河治理工程等共同组成，工程等别最高为尼山水库增容工程，即工程等别为Ⅱ等，工程规模为大（2）型。

本报告工程建设内容包括：尼山水库库区张马河回水段治理工程、尼山水库灌区地下水源置换工程、小沂河治理工程、提水上山工程及水库周边小流域治理工程。

1. 尼山水库库区张马河回水段治理工程

张马河回水段治理河道长1.35千米，设计桩号0+000（张马桥）至1+350（上游曲阜与邹城市界处）。工程主要内容包括：河道清淤工程共计1350米，新建挡水堰1座，涵管出口段维修4处。

2. 尼山水库灌区地下水源置换工程

项目区水源为尼山水库地表水，自水库输水洞下游尾水渠新建输水管道至项目区田间工程，灌溉模式为管道灌溉，灌溉面积2.81万亩。敷设总干管2.863千米，管径DN1400毫米，管材采用螺旋钢管和PCCPDE管；北干管9.443千米，管径DN1000DN300毫米，管材采用螺旋钢管和PCCP管；南干管6.268千米，管径DN1200～DN300毫米，管材采用螺旋钢管和PCCP管；支管65.47千米，管径DN560～DN160毫米，管材采用带钢丝网骨架PE管。

3. 小沂河治理工程

小沂河治理河道长20.90千米，鲁源桥（设计桩号35+800）至曲阜市弘道路（桩号21+300），主要建设内容包括河道疏浚整治工程、堤防工程、建筑物工程及生态景观工程。

（1）疏浚整治工程：为清除河槽淤积物，对河槽进行开挖。其中桩号30+200～27+200段，河底比降1∶350，桩号27+200～23+800段，河底比降1∶650，河槽底宽60米，边坡：1 ∶ 2.5；桩号23+800 ～ 17+200段，按河底比降1 ∶ 800，河槽底宽80米，边坡1 ∶ 2.5。

（2）堤防工程：按照20年一遇防洪标准对设计治理段内的右堤进行加高培厚，设计堤顶宽18.5米，临水坡及背水坡坡比为1 ∶ 3.0。

（3）建筑物工程：改建穿堤涵闸4座，新建尚家河交通桥1座。

（4）生态景观工程：沿河道布置生态景观节点2处，节点面积113.3平方千米；其中节点一“儒士田园”占地面积87.6平方千米，节点二“沐春园”占地面积25.7平方千米。

4. 提水上山工程

提水上山工程通过建设消防供水泵站，铺设消防用水管道和沿线消火栓、喷淋设施，在昌平山和胡家山发生火情时，使用附近消火栓灭火，通过山顶消防水池和消防供水泵站供水，尼山水库及山顶消防水池共同作为消防水源。主管沿线设支管，支管上设喷淋设施保证山体防火及绿化。

本项目将尼山水库地表水资源作为消防用水的水源，利用新建泵站，通过消防用水管道将消防用水输送至附近山顶消防水池内。主要建设内容包括消防供水泵站、消防用水管道及昌平山、胡家山山顶消防水池。

5. 水库周边小流域治理工程

本次实施水土流失综合治理面积327.69平方千米，其中昌平山308.73平方千米，胡家山18.96平方千米；主要建设内容包括坡改梯209.79平方千米，坡耕地营造水保林26.66平方千米，经果林110.92平方千米，封禁面积144.56平方千米；新建蓄水池12座（胡家山2座，昌平山10座）；修筑生产道路7.70千米。

本报告内建设内容工程静态总投资为61702.74万元，其中工程部分静态总投资为34879.42万元，建设移民征地补偿投资25268.18万元，环境保护投资564.10万元，水土保持投资791.04万元，铁路专项投资200万元。

【淄博市高青县大芦湖水库提升改造工程可行性研究】

1. 工程概况

大芦湖水库位于高青县东北部、芦湖街道办境内大芦湖湖区，距高青县城约10千米。大芦湖水库于1999年3月开始兴建，一期工程于1999年建设完成，库容1010万立方米。扩容工程于2001年9月基本完工，扩容后水库总库容为3028万立方米。由围坝、进水枢纽、出水枢纽、放水洞、管理设施等部分组成。是一座以农业灌溉为主，兼做淄博市引黄供水调蓄的中型水库，肩负着供水的任务。

大芦湖是高青县唯一引黄调蓄水库，对保障全县城乡居民生活用水、稳定粮食生产和经济社会可持续健康发展具有不可替代的作用。水库自2001年建成以来，在工业及生活供水、农业灌溉等方面发挥了重要作用，但水库存在渗漏、设备老化、供水能力不足等一系列问题，为充分发挥工程效益，在现有工程基础上进行提升改造是必要的。

2022年10月，编制完成可研报告。2022年10月13日，高青县发展和改革局以《关于高青县大芦湖水库提升改造工程可行性研究报告的批复》对可研报告进行了批复。

2. 工程任务

工程任务主要通过水库防渗、新建供水泵站、坝体设施维修重建、机电设备更新、环境提升改造及截渗沟治理等措施，确保运行安全，充分发挥水库效益，改善水库周边环境。

3. 建设内容

提升改造工程主要建设内容包括：

（1）水库防渗：采用全库铺膜方式防渗，其中库底防渗4.37平方千米，边坡防渗面积26.6万平方米，重建护坡面积26.6万平方米。

（2）新建供水泵站：供水能力27.0万立方米/天，其中向[illegible]方向供水16万立方米／天，向常家工业园供水 5 万立方米／天，预留向老官庄净水厂供水机位。

（3）坝体设施维修、重建：主要包括重建 9.67 千米坝顶道路、更换现状防浪墙压顶、移植背水侧坝坡乔木并种植草皮护坡、恢复坝后排水沟、增设观测设施等。

（4）截渗沟治理：主要包括截渗沟清淤、水库侧边坡护砌及新建沿截渗沟管理路等。

（5）进、出水枢纽建筑物机电设备更换：主要内容包括引水渠边坡衬砌修复、更换进出水泵站机组、更换闸门、启闭机等。

（6）环境提升改造工程：主要包括东西侧坝外坡环境改造工程、管理区环境提升改造及水库东侧截渗沟周边环境改造工程。

（7）信息化工程：主要包括信息基础设施、数字孪生平台、应用支撑平台、信息资源共享、智能业务应用及系统集成等。

4. 投资估算

工程静态总投资为 59870.76 万元，其中工程部分静态总投资为 59539.14 万元，环境保护工程投资为 137.85 万元、水土保持工程投资为 193.77 万元。

【济宁市曲阜市险河治理工程可行性研究】 曲阜市险河治理工程治理范围包括险河干流、支流丁庄河、衡庙河及衡庙河支流衡庙东河。其中险河干流以韦家庄水库为界分为两段，韦家庄水库以下段下游自入泗河口起向上至韦家庄水库溢洪道，总长度 15.68 千米；韦家庄水库以上段下游自韦家庄水库起向上至孔家洼生产桥，总长度 2.10 千米。丁庄河下游自津浦铁路上游漫水桥起向上至大西庄塘坝，总长度 1.17 千米。衡庙河下游自入险河口起向上至 104 国道，总长度 7.70 千米。衡庙东河下游自入衡庙河口起向上至 104 国道，总长度 4.76 千米。

险河治理工程的主要任务是通过河道清淤疏浚，恢复河道自然形态，改善河道行洪条件；新建改建挡水堰，改善河道拦蓄能力；结合新建滨河道路建设，新筑和翻压堤防，新建和改建现有涵洞，提升河道管理水平，改善沿线居民交通条件，促进区域社会经济发展；改建跨河交通桥，消除原有桥梁阻水问题，增强两岸交通联系；对河道险工段及主要支流口进行护砌，同时利用清淤筑后弃置土方恢复两岸地面，较少河道冲刷对河道岸坡的破坏。通过治理，保障险河流域整体防洪排涝安全，促进城乡统筹发展。

工程等别及标准：险河干流防洪标准为 20 年一遇；衡庙河及衡庙东河防洪标准为 10 年一遇；丁庄河排涝标准为 5 年一遇。险河治理工程等别为Ⅳ等，工程规模为小（1）型。其中险河干流堤防级别为 4 级，涵洞级别为 4 级，临时建筑物为 5 级。工程抗震设计烈度为 7 度。

工程总体布置及主要建设内容：险河治理工程包括险河干流、支流丁庄河、衡庙河及衡庙河支流衡庙东河。工程内容包括河道清淤疏浚、堤防工程、险工段护砌工程、堤顶管理道路工程、桥梁工程、建筑物工程等。干流及支流共计清淤河道 31.41 千米；干流翻压堤防 4.33 千米、新筑堤防 6.85 千米；干流两岸新建堤顶管理道路 32.53 千米；干流及支流险工段护砌 8.50 千米，新建改建跨河生产桥 28 座、顺堤桥 2 座；新建挡水堰 1 座、改建挡水堰 10 座，新建涵洞 9 座、改建涵洞 11 座。

工程估算静态总投资 76034.25 万元，其中工程部分静态投资为 71757.03 万元，建设征地移民补偿投资 1406.94 万元，水土保持工程投资 1435.14 万元，环境保护工程投资 1435.14 万元。

【临沂市沂水县跋山水库增容工程可行性研究】 跋山水库位于淮河流域沂河干流中上游，沂水县城西北 15 千米大伴城村北，沂河与支流暖阳河的交汇处，控制流域面积 1782 平方千米，是一座以防洪为主，兼顾灌溉、发电、养殖等功能的大（2）型水库。

针对水库现状存在的移民工作不彻底，水库蓄水未达到设计蓄水位；泥沙大量淤积，水库有效库容逐年减少；存在水质污染风险点，影响水库供水水质；工程管理设施不健全，信息化水平有待提升等主要问题，在保证水库防洪安全的前提下，适当抬高水库兴利水位，扩大兴利库容，增强水库调蓄能力。

本次跋山水库增容工程采用兴利水位恢复至原设计176.27米的方案，水位抬高后，大坝、溢洪道（闸）、放水洞等主体工程无须进行改造。工程主要建设内容包括库区清淤工程、库岸抬田工程、环库路工程（含配套桥梁及排水涵洞）、电气工程和信息化工程，总投资17.92亿元。

【德州市齐河县中心河治理工程可行性研究】

中心河属海河流域徒骇河水系，为赵牛新河支流，原名旧东新河，因该河道位居赵牛河与巴公河之间改称中心河，全长39千米，控制流域面积285.9平方千米。中心河发源自聊城市东阿县朱旺山南，至齐河县潘店镇祁家河口村东北汇入赵牛新河，属跨地市河道。在齐河境内，中心河自仁里集镇田楼庄南流入，境内全长13.8千米，流域面积64.7平方千米，担负着沿岸防洪、排涝、灌溉等任务。

工程规模和标准：中心河工程等别为Ⅳ等，堤防、拦河闸、穿堤涵闸、生产桥等主要建筑物级别为4级，次要建筑物级别为5级。生产桥荷载标准为公路－Ⅱ级，堤防顶部道路设计标准参照四级公路。中心河河道、拦蓄建筑物、跨河建筑物以及穿堤涵闸设计防洪标准均为20年一遇，拦河建筑物校核洪水标准为30年一遇。排涝标准为5年一遇，涵闸排水标准为5年一遇。

工程总体布置：中心河引调水工程治理范围为齐河县境内13.8千米治理，南起东阿齐河界处（桩号0+000），北入赵牛新河河口处（桩号13+825）。主要建设内容包括河道工程、堤防工程、建筑物工程、管理道路工程、绿化工程等。

工程主要建设内容：河道清淤扩挖长度13.8千米；河道岸坡护砌总长度0.98千米；修筑堤防长度23.6千米；新建、改措建筑物共48座，其中新建拦河建筑物1座，位于中心河仁里集镇（桩号8+328）处，改造桥梁1座、穿堤涵管3座、穿堤涵闸21座，新建穿堤涵闸22座；新建管理道路长度16.3千米；5处节点绿化及信息化工程。

工程投资：静态总投资为17825.29万元，其中工程部分静态投资16106.64万元。

批复情况：齐河县发展和改革局于2022年10月20日以齐发改复字〔2022〕20号文批复了工程的可行性研究报告。

【德州市齐河县邓金河治理工程可行性研究】

邓金河南起晏北街道黄铺村西温聪、倪伦两河入口，北至大黄乡郝桥村南入老赵牛河，涉及晏北、大黄2个乡镇街道。邓金河为齐河县、禹城市边界河流。

工程规模和标准：邓金河防洪标准为50年一遇，排涝标准为10年一遇；穿堤建筑物设计洪水标准为50年一遇，排涝标准为5年一遇，24小时雨量12小时排出。邓金河堤防级别为2级，穿堤涵闸级别为2级，新建泵站级别为2级。地震设计烈度为7度。

工程总体布置：治理河道9.6千米，自邓金河起点（晏北街道黄铺村西北）至邓金河入老赵牛河口（大黄乡郝桥村南），主要包含堤顶管理道路工程、穿堤建筑物工程、绿化工程等。

工程主要建设内容：邓金河右岸全线新建堤顶管理道路9.6千米；改建穿堤涵闸为闸站一体泵站3座，新建穿堤涵闸1座，改造穿堤涵闸7座，引水涵管接长22处；绿化工程。

批复情况：齐河县发展和改革局于2022年10月11日以齐发改复字〔2022〕18号批复了本工程可行性研究。

工程投资：工程静态总投资为6633.35万元。

【德州市齐河县老赵牛河引调水工程（邓金河口至甘隅桥段）可行性研究报告】

项目建设地址：齐河县境内老赵牛河大

黄乡郝桥村西南至甘东村东南段。

项目建设内容及规模：河道治理长度12.73千米，河道清淤工程、堤防工程、防汛管理道路工程、建筑物工程（穿堤建筑物11座、泵站4座）以及绿化工程、信息化工程等。

项目总投资及资金来源：项目总投资约10791.64万元。

【滨州市无棣县郝家沟治理工程可行性研究】

郝家沟原名赫家沟，是秦口河主要支流河道之一，开挖于清代，上游起自德惠新河左岸白鹤观小闸，向东流经车王镇、柳堡镇、北海新区马山子镇，在马山子镇傅家台子村东10千米处入秦口河。河道全长40.5千米，流域面积332.75平方千米。郝家沟承担着无棣县车王镇、柳堡镇、北海新区马山子镇的排涝任务，为该区域工农业发展和防洪排涝发挥了重要作用。

郝家沟是海河流域一条重要的排涝河道，部分河段淤积严重，部分建筑物年久失修，水生态环境较差，通过本次郝家沟治理，提高河道的防洪减灾能力，增强防洪调度和雨洪资源利用能力，改善水生态环境是十分必要的。

本次工程规模为小（1）型，工程等别为Ⅳ等。

郝家沟治理范围自德惠新河右堤白鹤观小闸（桩号0+000）至小开河渡槽（桩号22+030），治理长度22.03千米。工程主要内容包括河道清淤疏浚、维修改建拦河闸、改建穿堤（路）涵闸、改建生产桥和绿化：

1. 河道清淤疏浚：河道清淤范围自上游白鹤观小闸（桩号0+000）至小开河渡槽（桩号22+030），清淤长度22.03千米。河道清淤中心线基本沿河道现状中心线进行，不新增占地。

2. 维修、改建拦河闸：在原址改建常家拦河闸（桩号21+108），闸底板高程按照本次治理后的河底高程确定，闸后仍设交通桥连接两岸道路。维修傅家台子拦河闸，主要是更换机电设备，主体结构维持不变。

3. 改建支流口涵闸：在有交通需求的和原穿堤（路）涵闸损坏的支流口，改建支流口涵闸。根据调查，共需改建支流口涵闸11座，分布于郝家沟坡庄至常家庄段两岸。

4. 改建生产桥：在原址改建坡庄生产桥（桩号5+360）和常西生产桥（桩号18+990），均为三跨桩柱基础混凝土简支桥。拆除小苟家生产桥。

5. 绿化工程：在郝家沟德惠新河至幸福河段（桩号0+200～2+955段）两岸布置绿化工程，主要包括在河道两岸常水位以上边坡种植草皮，在两岸河口处沿河种植白蜡树，在白蜡树之间种植月季。

工程静态总投资5815.66万元，其中工程部分静态投资5214.15万元、建设征地移民补偿投资343.82万元、环境保护工程投资86.67万元、水土保持工程投资171.02万元。

【滨州市无棣县朱龙河治理工程可行性研究】

朱龙河上游源自德惠新河引水闸，自西向东流经海丰街道办、信阳镇、水湾镇、西小王镇，于石桥拦河闸以东1.1千米注入秦口河（桩号44+200），总长44.2千米。本次治理长度为44.2千米，其中桩号0+000至10+000段清淤疏浚，10+000至入秦口河处44+200段岸坡整治；改建生产桥2座，分别为水湾生产桥、关庄生产桥，维修生产桥1座，为大庄东村生产桥；水工建筑物共建31座，其中朱龙河支流口涵闸改建9座、新建4座、重建1座，支流节制闸改建5座、新建4座，朱龙河支流口涵管改建4座、新建2座，支渠涵管新建2座；改建朱龙河关庄子水文站等。

工程静态总投资4506.03万元，其中工程部分投资4175.22万元、建设征地移民安置投资194.77万元、环境保护工程投资95.57万元、水土保持工程投资40.47万元。

（山东水设）

地质勘察

【临沂市蒙河双堠水库工程初步设计阶段工程地质勘察报告】

双堠水库位于临沂市沂南县双堠镇、淮河流域沂河支流蒙河上，是一座以防洪、城市供水为主，结合农业灌溉和改善生态环境，兼顾水力发电的综合利用水库。可行性研究阶段水库比选方案有上坝址、中坝址、下坝址三个方案，经过比选，最终确定中坝址方案为推荐方案。

水库推荐坝址以上流域面积 320 平方千米，总库容 1.378 亿立方米，正常蓄水位 133.50 米，死水位 120.00 米，兴利库容 7385 万立方米；工程规模为大（2）型，工程等别为Ⅱ等。

工程建设内容包括挡水建筑物（重力坝、土石坝）、泄水建筑物（泄洪闸、放空排沙底孔）、放水洞、发电站、管理设施等。坝址位于双堠镇果庄村处蒙河干流上，整体南北走向，大坝总长 2120 米，坝顶高程 139.00 米，坝顶宽 10 米。大坝采用混合坝型，重力坝段布置于主河槽，共 14 个坝段，长 231 米，该段最大坝高 34.5 米；土石坝段布置于重力坝两侧，长 1889 米，其中左岸坝段长 1310 米，右岸坝段长 579 米，土石坝段最大坝高 21 米。泄洪闸布置于重力坝段顶部，共 9 孔，单孔净宽 9.0 米。放水洞及放空排沙底孔布置在重力坝 11# 坝段。发电站布置于坝后右岸，由放水洞引水发电，电站尾水由供水管道接入临沂市第三水厂。水库管理区布置于右岸坝后。

完成主要工作量：该水库的地质勘察工作由山东水设负责完成，采用钻探、物探、地质测绘、水文地质调查、现场水文试验、载荷试验、室内土工试验等多种方法进行，勘察工作分可行性研究、初步设计两个阶段完成。其中，可行性研究阶段外业勘探分四次分别于 2020 年 10 月 25 日至 12 月 20 日、2021 年 12 月 6—18 日、2022 年 5 月 16—30 日、2022 年 6 月 14—22 日进行，并分别于 2020 年 11 月、2021 年 5 月进行了区域地下水位调查；初步设计阶段勘察工作在利用前期资料的基础上进行，外业勘探工作时间为 2022 年 9 月 30 日至 11 月 7 日。

表 5.1　2022 年临沂市蒙河双堠水库工程勘察工作量一览表

类别	工作项目	分项	单位	可研阶段工作量	初设阶段工作量
外业勘探	地质测绘	区域（1 ：50000）	平方千米	241	—
		库周道路（1 ：5000）	平方千米	—	11.06
		水库区（1 ：20000）	平方千米	96	—
		坝址区（1 ：2000）	平方千米	7.34	—
	钻探	钻孔	个	206	198
		进尺	米	3158.6	2635
	坑探	探坑	个	16	80
		方量	立方米	32	160
	取样	原状样	件	91	75
		环刀砂样	件	25	9
		扰动样	件	35	4

续表

类别	工作项目	分项	单位	可研阶段工作量	初设阶段工作量
外业勘探	取样	击实样	件	16	24
		方块样	件	—	6
		岩样	件	182	12
		简分析水样	件	14	5
		易溶盐样	件	16	—
	原位测试	标准贯入试验	次	80	18
	水文试验	注水试验	段	24	5
		压水试验	段	201	137
	物探	高密度电法	千米	6.4	0.9
		地质雷达	千米	0.25	—
		声波测井	孔／米	13/198.5	16/236.5
		孔内摄影	孔／米	13/535.7	16/729.5
	地质测量	高程	点	1994	4979
		断面	千米	53.9	73.74
室内试验	土工实验	含水率	项	86	121
		密度	项	86	121
		颗粒分析	项	117	125
		液限	项	50	106
		塑限	项	50	106
		三轴（UU）	项	87	35
		三轴（CU）	项	87	32
		压缩	项	90	124
		击实	项	16	24
	岩石试验	颗粒密度	项	9	6
		块体密度	项	18	12
		吸水率（自然／饱和）	项	18	6
		单轴抗压（饱和／干燥）	项	24	12
		饱和单轴压缩变形	项	6	6
		饱和抗剪	项	10	8
	水、土	水质简分析	项	14	—
		易溶盐分析	项	16	12
		有机质	项	16	12

【德州市新建杨庄水库及配套输水工程可行性研究阶段工程地质勘察报告】

水库位于德州市平原县三唐乡小唐村北，主要功能为引蓄马颊河来水，满足德州市中心城区用水，提高中心城区供水保证的民生工程。水库总库容926.00万立方米，死库容147.00万立方米，设计蓄水位26.40米，死水位17.90米。水库为平原型水库，工程规模小（1）型。

主要建设内容包括新建水库围坝、入库泵站、出库泵站、放水洞、交通桥及供水管道、改建马颊河截碱沟、新建截碱沟节制闸、平陵河改道。水库从马颊河引水，引水口为现状马颊河右岸的曲六店村涵闸，通过马颊河截碱沟、平陵河引水至水库。水库输水线路连接至正在实施的“德州市城区供水工程”管网，长度约3.80千米。

完成主要工作量：该水库地质勘察工作由山东水设负责完成，采用工程地质测绘、钻探、探坑及室内土工试验相结合的勘察方法进行，本次外业勘探工作于2022年5月16日开始，2022年6月15日结束，完成的主要勘察工作量见下表。

表5.2　2022年德州市新建杨庄水库及配套输水工程可行性研究阶段勘察工作量一览表

类别		工作项目	单位	工作量
外业勘探	地质测绘	比例尺1：10000	平方千米	38.13
		比例尺1：500	平方千米	4.22
	钻探	钻孔	个	63
		进尺	米	1830
	坑探	探坑	个	34
		方量	立方米	156.5
	取样	原状样	件	344
		扰动样	件	224
		击实样	件	24
		水样	件	8
		易溶盐样	件	12
	原位测试	标准贯入试验	次	613
	水文试验	注水试验	段	8
		抽水试验	段	44
	水文调查	现状水位	个	106
	钻孔剪切波速测试	测试试段	段	3
		测试长度	米	60
	地质测量	高程	点	203
		断面	千米	13.24

续表

<table>
<tr><th colspan="2">类别</th><th>工作项目</th><th>单位</th><th>工作量</th></tr>
<tr><td rowspan="13">室内试验</td><td rowspan="11">土工实验</td><td>含水率</td><td>项</td><td>224</td></tr>
<tr><td>密度</td><td>项</td><td>224</td></tr>
<tr><td>颗粒分析</td><td>项</td><td>122</td></tr>
<tr><td>液限</td><td>项</td><td>133</td></tr>
<tr><td>塑限</td><td>项</td><td>133</td></tr>
<tr><td>压缩</td><td>项</td><td>224</td></tr>
<tr><td>三轴（UU）</td><td>项</td><td>82</td></tr>
<tr><td>三轴（CU）</td><td>项</td><td>88</td></tr>
<tr><td>三轴（CD）</td><td>项</td><td>54</td></tr>
<tr><td>动三轴试验</td><td>项</td><td>12</td></tr>
<tr><td>击实及击实后</td><td>项</td><td>24</td></tr>
<tr><td>水样</td><td>水质分析</td><td>项</td><td>6</td></tr>
<tr><td>土样</td><td>易溶盐分析</td><td>项</td><td>12</td></tr>
</table>

【烟台市莱阳市南泗庄水库工程可行性研究阶段工程地质勘察报告】

水库位于五龙河支流富水河上，地处莱阳市东北部。富水河发源于栖霞市牙山，向南流经海阳市徐家店镇东夼村东北入莱阳境内，至万第镇儒林泊村东与源出海阳市之昌水河汇流，曲折南下入五龙河，河道全长100千米，总流域面积1061.2平方千米。

拟建水库位于莱阳市万第镇，主要工程任务为生活生产供水，供水对象为莱阳市南海新区。推荐方案水库设计总库容6517万立方米，校核水位68.37立方米；兴利库容3320万立方米，兴利水位63.50米；死库容130万立方米，死水位54.50米。工程规模为中型，工程等别为Ⅲ等，主要建筑物包括挡水建筑物、泄水建筑物、取水建筑物及管理区等。

可行性研究阶段库区方案共有2个，推荐方案为在南泗庄村下游附近建坝，库区主要为南泗庄村上游河段，回水至东院西夼村、东土堆头村、西土堆村；比选库区方案为在水口村上游约600米处建坝，库区为水口村上游河段，兴利水位回水至南泗庄村、小店村。

推荐库区方案比选坝址2个，分为上、下坝址：上坝址位于万第镇南泗庄村下游约1000米处的富水河干流上，下坝址位于上坝址下游约400米处。

完成主要工作量：该水库地质勘察工作由山东水设负责完成，采用工程地质测绘、钻探、现场水文地质试验和室内土工试验等相结合的方法进行，勘察工作分规划、可行性研究两个阶段完成。其中，规划阶段外业勘探于2021年5月2日开始，2021年5月8日结束；可行性研究阶段外业勘探于2022年10月4日开始，2022年10月22日结束。

表 5.3 2022 年烟台市莱阳市南泗庄水库工程勘察工作量一览表

类别		工作项目	单位	规划阶段工作量	可行性研究阶段工作量
地质测绘		区域（含库区）1 ∶ 50000	平方千米	256	37
		坝址区 1 ∶ 5000	平方千米	0.79	0.35
外业勘探	钻探	钻孔	个	4	108
		进尺	米	44.5	635.5
	坑探	探坑	个	3	12
		方量	立方米	3	12
	取样	原状样	件		21
		扰动样	件	6	19
		击实样	件		12
		水样	件	5	8
		易溶盐样	件		12
	原位测试	标贯	次		8
	水文试验	压水试验	段	5	14
		注水试验	段		5
	地质测量	高程	点	178	108
		断面	千米	0.799	13.268
		水位观测点	点	6	26
室内试验	土工	含水率	项		26
		密度	项		26
		颗粒分析	项	6	26
		液限	项		18
		塑限	项		24
		三轴（UU）	项		32
		三轴（CU）	项		32
		压缩	项		45
		击实及击实后	项		45
	水、土	水质分析	项	5	8
		易溶盐分析	项		12

【济宁市梁山县梁北水库工程初步设计阶段工程地质勘察报告】

水库位于济宁市梁山县北部，梁济运河的北端，为河道型水库，北起北宋金河下游的北宋金河拦河闸（设计桩号 87+292），南至宋铺村东北的宋铺节制闸（设计桩号 76+676），全长 10.62 千米。水库左岸为东平湖滞洪区大堤，右岸为梁济运河大堤，库区主要为梁济运河主河槽及滩地。水库主要用于解决区内中水、涝水和灌溉尾水存蓄、回用问题。

设计方案拟对河道右岸滩地开挖至距现状堤防 5 米处，对河道左岸滩地开挖至距左堤管理线外 100 米处，设计河底宽度为 28 ～ 93 米，设计河底高程为 32.00 米，设计边坡为 1:3，设计蓄水位 37.90 米，总库容 464 万立方米，工程规模为小（1）型，工程等别为Ⅵ等。

梁山县梁北水库工程涉及的内容主要为：河道扩挖及防护、堤防加固及堤顶道路硬化、新筑堤防、配套建筑物改造等。配套建筑物改造主要为新建提排泵站 1 座、新建灌溉泵站 2 座，改建生产桥 5 座，改建穿堤涵闸 9 座，新建跌水 2 座。

完成主要工作量：该水库地质勘察工作由山东水设负责完成，采用野外钻探、坑探、原位测试和室内土工试验等相结合的方法进行，勘察工作分可行性研究、初步设计两个阶段完成，可行性研究阶段还利用了南水北调东线第一期工程梁山县截污导流工程的部分勘察资料。可行性研究阶段外业勘探于 2022 年 8 月 4 日开始，2022 年 8 月 17 日结束；初步设计阶段外业勘探于 2022 年 11 月 10 日开始，于 2022 年 11 月 19 日结束。

表 5.4　2022 年济宁市梁山县梁北水库工程勘察工作量一览表

类别		工作项目	单位	可研利用前期工作量	可研阶段工作量	初设阶段工作量
外业勘探	钻探	钻孔	个	27	55	63
		进尺	米	607.5	1343.0	1405
	坑探	探坑	个		18	
		方量	立方米		18	
	取样	原状样	件	134	88	136
		扰动样	件	7	12	44
		击实样	件		18	
		水样	件		6	
		易溶盐样	件		12	
	原位测试	标准贯入试验	次		57	258
	水文试验	抽水试验	段		11	
		注水试验	段		10	
	地质测量	高程	点		401	
		断面	千米		6.1	
		水位观测点	点		44	

续表

类别		工作项目	单位	可研利用前期工作量	可研阶段工作量	初设阶段工作量
室内试验	土工	含水率	项	52	100	136
		密度	项	52	100	136
		颗粒分析	项	52	66	180
		液限	项	27	55	66
		塑限	项	27	55	66
		三轴（UU）	项	27	65	68
		三轴（CU）	项	28	65	68
		压缩	项	52	100	136
		击实及击实后	项		18	18
	水、土	水质分析	项		6	6
		易溶盐分析	项		12	12

【日照市五莲县宣王沟水库工程初步设计阶段工程地质勘察报告】

水库位于五莲县九仙山风景区宣王沟村南，水库主要功能为生活供水、森林防火、农业灌溉、生态补水，兼顾旅游开发提供水源。

大坝位于宣王沟水库现状坝址处，现状大坝总长约64米，坝高约15.0米，坝顶高程290.95米，坝顶宽3.30米。设计采用混凝土砌毛石重力坝，坝顶高程303.80米，最大坝高29.70米，坝顶轴线长104.80米，宽6.0米，坝顶兼作交通道路，坝顶交通路通过右岸连接路与现状交通路相连接。大坝平面布置整体呈直线。

水库总库容67.1万立方米，兴利库容51.51万立方米，兴利水位301.0米，死库容6.47万立方米。工程等别Ⅴ等，工程规模为小（2）型。

完成主要工作量：该水库地质勘察工作由山东水设负责完成，采用工程地质测绘、野外钻探、坑探、物探、水文地质试验和室内土工试验等相结合的方法进行，勘察工作分可行性研究、初步设计两个阶段完成。可行性研究阶段外业勘探始于2022年1月11日，2022年1月19日结束；初步设计阶段外业勘探于2022年4月22日开始，2022年4月25日结束。

表5.5　2022年日照市五莲县宣王沟水库工程勘察工作量一览表

类别		工作项目	单位	工作量
地质测绘		库区	平方千米	2.2
外业勘探	钻探	钻孔	个	8
		进尺	米	59
	坑探	探坑	个	6
		方量	立方米	12
	取样	水样	件	3
		细骨料样	件	2
	水文试验	压水试验	段	6
	地质测量	高程	点	11
		断面	米	450
	物探	高密度电法	千米	0.16
		地质雷达	千米	0.29
		孔内电视	孔/米	2/16
		声波测井	孔/米	3/23

【日照市五莲县潘家庄水库工程初步设计阶段工程地质勘察报告】

水库位于五莲县松柏镇小潘家庄村东南，傅疃河上游支流。设计大坝总长109.4米，坝顶高程220.5米，正常蓄水位218.0米，坝址以上流域面积0.82平方千米，总库容18.97万立方米，兴利库容14.70万立方米，校核洪水位219.17米，设计洪水位218.91米，兴利水位218.0米，死库容1.86万立方米，死水位205.7米，是一座集灌溉、农村生活供水、森林防火、生态补水于一体的小（2）型水库。主要建设内容包括挡水建筑物、泄水建筑物、放水洞、管理道路和管理房等工程。

完成主要工作量。该水库地质勘察工作由山东水设负责完成，采用工程地质测绘、野外钻探、坑探、物探、水文地质试验和室内土工试验等相结合的方法进行，勘察工作分可行性研究、初步设计两个阶段完成。可行性研究阶段外业勘探始于2022年1月11日，2022年1月19日结束；初步设计阶段外业勘探于2022年4月22日开始，2022年4月25日结束。

表5.6　2022年日照市五莲县潘家庄水库工程勘察工作量一览表

类别		工作项目	单位	工作量
地质测绘		库区 1：2000	平方千米	0.029
外业勘探	钻探	钻孔	个	4
		进尺	米	35.5
	坑探	探坑	个	6
		方量	立方米	8.0
	取样	水样	件	3
	水文试验	注水试验	段	3
		压水试验	段	4
	地质测量	高程	点	5
		断面	千米	0.8
	物探	高密度电法	千米	0.126
		地质雷达	千米	0.268
		孔内电视	孔／米	3/18.8
		声波测井	孔／米	3/23

【山东省位山灌区续建配套与现代化改造工程初步设计阶段工程地质勘察报告】

位山灌区续建配套与现代化改造工程依托于位山灌区骨干渠系，空间上比较分散，涉及东昌府区、茌平区、冠县、临清市、东阿县、阳谷县、高唐县、冠县、开发区、度假区等市、县（区）管工程。经过长时间运行，灌区存在建筑物配套不足、老化问题，工程配套差、带病运行等问题，已经影响了灌区的安全运行。因此，开展位山灌区续建配套与现代化改造，进一步完善灌区基础设施，是十分必要的。

本次工程建设内容主要以现有骨干渠道及渠系建筑物为主，市管工程建设内容如下：一干渠护底，建设长度21.4千米；二干渠（周公河倒虹—碱刘渡槽）护底，建设长度7.45千米。建筑物为门李节制闸、仇陶节制闸。

完成主要工作量：该灌区地质勘察工作由山东水设负责完成，本次勘察在充分利用前期地质勘察资料的基础上，采用钻探、现场原位测试和室内土工试验等相结合的方法进行。本次外业勘探始于2022年6月29日，2022年7月25日结束；可行性研究阶段外业勘探始于2021年12月19日，2021年12月29日结束。一期可行性研究阶段外业勘探始于2020年12月11日，2020年12月31日结束；一期初步设计阶段外业勘探始于2021年7月12日，2021年7月25日结束。

表 5.7　2022 年茌平区位山灌区续建配套与现代化改造工程初步设计阶段勘察工作量一览表

类别	工作项目	分项	单位	前期勘察工作量	本次勘察工作量
外业勘探	钻探	钻孔	个	596	160
		进尺	米	9780	1920
		测量水位	次	75	32
	坑探	开挖量	立方米	6	
	取样	原状样	件	747	78
		散状样	件	664	45
		击实样	件	36	
		易溶盐样	件	75	
		简分析水样	件	153	
	原位测试	标准贯入试验	次	2343	420
	地质测量	高程	点	2529	160
		断面	千米	9.8	11.58

【济宁市曲阜市尼山灌区白村坝除险加固工程可行性研究（代初设）工程地质勘察报告】

小沂河发源于邹城市城前镇凤凰山北麓，自东南部向西北，流经邹城市、泗水县、曲阜市，于兖州区金口坝处汇入泗河，是泗河的一级支流，属淮河流域南四湖水系。小沂河全长 58 千米，流域面积 647 平方千米，曲阜境内河段 39 千米，流域面积 365.6 平方千米，源短流急，属于较大的季节性山洪河道。

曲阜市小沂河白村坝位于尼山水库溢洪道下游约 3 千米处的小沂河上，桩号 2+573 处（桩号 0+000 设置于小沂河尼山中学桥处），因其临近白村而得名。工程主要由溢流坝、冲砂闸、引水闸等组成。溢流坝段总长 294.0 米，坝前设计挡水高度 1.60 米，坝顶高程 102.70 米。左右岸各设 2 孔冲砂闸，单孔净宽 2 米。左岸设 2 孔引水闸，右岸设 1 孔引水闸，单孔净宽 1.5 米。

白村坝工程始建于 1965 年，1980 年工程全部完工。2006 年 3—11 月，对白村坝进行了除险加固施工，主要建设内容为：加固主河槽部分坝体，改建一级消力池，增加二级消力池；重建南北干渠进水闸 2 座；重建冲砂闸 2 座；主河槽坝前清淤 30 米。2011 年 3 月至 4 月，作为曲阜市尼山水库灌区抗旱应急工程中的一部分，对白村坝南岸冲砂闸进行修复，增设第三级消力池。

2022 年 6—7 月，一级和二级消力池中部及溢流坝与左岸冲砂闸之间导流墙被冲毁，尼山水库管理中心对损毁部位进行了应急加固，并组织专家对白村坝进行了安全鉴定，鉴定结论为“四类闸”，建议尽快拆除重建。本次除险加固工程拟原址拆除重建白村坝，主要建设内容包括：拆除现有建筑物；新建溢流坝、冲砂调节闸、渠首引水闸、管理设施等。

完成主要工作量：该工程地质勘察工作由山东水设负责完成，采用野外地质测绘、钻探、原位测试、现场水文地质试验及室内试验相结合的勘察方法进行，外业勘探工作开始于 2022 年 7 月 25 日，2022 年 8 月 9 日结束。

表 5.8　2022 济宁市曲阜市尼山灌区白村坝除险加固工程可行性研究（代初设）阶段勘察工作量一览表

类别		工作项目	单位	工作量
外业勘探	陆上钻探	钻孔	个	12
		进尺	米	255
	水上钻探	钻孔	个	8
		进尺	米	174.5
	坑探	探坑	个	6
		方量	立方米	18
	取样	原状样	件	58
		扰动样	件	14
		击实样	件	6
		水样	件	4

续表

类别		工作项目	单位	工作量
外业勘探	原位测试	标准贯入试验	次	100
	水文试验	注水试验	段	3
	地质测量	高程	点	20
		断面	千米	0.2
		水文点	点	20
室内试验	土工实验	含水率	项	72
		密度	项	72
		颗粒分析	项	85
		液限	项	41
		塑限	项	41
		直剪	项	0
		三轴（UU）	项	70
		三轴（CU）	项	68
		压缩	项	72
		击实及击实后	项	6
		水质分析	项	4

【菏泽市南水北调调蓄及供水保障工程（郓城）初步设计阶段工程地质勘察报告】

菏泽市南水北调调蓄及供水保障工程（郓城），工程内容主要包括输水工程、调蓄水库工程、改建赵楼节制闸工程、配水工程等。根据工程进度安排，本次勘察工作的内容包括新建赵楼水库、引水闸、引水涵洞、隔坝连通涵洞、出库泵站、部分配水管道及管理区等，项目实施后，能够实现蓄引洙赵新河雨洪水资源自流进赵楼水库调蓄并配水。

赵楼水库工程位于郓城县南赵楼镇西南，东姚村东，洙赵新河南岸，水库中部设隔坝，隔坝西部拟利用郓城赵楼煤矿塌陷坑进行建设；隔坝东部利用现状取土坑进行建设。赵楼水库设计正常蓄水位 40.50 米，总库容 1033.3 万立方米，围坝全长约 5675 米，以隔坝分为西库和东库两部分，隔坝长约 1085.7 米。

建设内容和工程布置是在综合考虑工程任务、现状实际地形地质条件、地质灾害危险性评估等因素的基础上确定的，具体为：在洙赵新河右岸桩号 66+600 处建设引水闸，通过引水涵洞穿过洙赵新河堤防在围坝桩号 0+752.34 处入赵楼水库，将洙赵新河的雨洪资源自流引至赵楼水库，以调蓄洙赵新河雨洪资源，在赵楼水库东北角建设出库泵站及配水管道，将水输出水库。

完成主要工作量：该工程地质勘察工作由山东水设负责完成，采用野外工程地质测绘、钻探、坑探、现场测试及室内土工试验相结合的勘察方法进行，外业勘探工作始于 2022 年 8 月 10 日，2022 年 8 月 27 日结束，2022 年 10 月 17 日根据设计要求，对调整位置建筑物进行了补充勘察。

表 5.9　2022 年菏泽市南水北调调蓄及供水保障工程（郓城）初步设计阶段勘察工作量一览表

类别		工作项目		单位	本次工作量
外业勘探	地质测绘	区域	比例尺 1 ∶ 10000	平方千米	92.0
		库区	比例尺 1 ∶ 5000	平方千米	10.3
		建筑物	比例尺 1 ∶ 500	平方千米	4.0
	钻探	钻孔		个	160
		进尺		米	3946
	坑探	探坑		个	6
		方量		立方米	36
	取样	原状样		件	281
		扰动样		件	107
		击实样		件	6
		水样		件	14
		易溶盐样		件	10
	原位测试	标准贯入试验		次	691

续表

类别		工作项目	单位	本次工作量
外业勘探	水文试验	注水试验	段	10
		抽水试验	段	92
	水文调查	现状水位	个	218
	钻孔剪切波速测试	测试试段	段	3
		测试长度	米	60
	地质测量	高程	点	359
		断面	千米	21.0
室内试验	土工实验	含水率	项	281
		密度	项	281
		颗粒分析	项	272
		液限	项	165
		塑限	项	165
		压缩	项	281
		三轴（UU）	项	248
		三轴（CU）	项	248
		击实及击实后	项	6
	水样	水质分析	项	14
	土样	易溶盐分析	项	16

【德州市禹城市现代水网工程（2022、2023年度实施项目）初步设计阶段工程地质勘察报告】

禹城市现代水网工程以徒骇河为发展主轴，以中部连通水系为重点，优化提升北、中、南三环连通的市级骨干水网，构建“蓄泄兼筹、多源互补、丰枯调剂、生态良好”的水网工程体系。主要建设内容包括改（新）建涵闸、维修涵闸、新建泵站、改（新）建桥梁、疏浚扩挖河道、清淤治理河道、新建河道管理配套设施及绿化等。

本次现代水网工程的实施，提高禹城市雨洪水资源及再生水资源利用率，进一步加强禹城市级河道与省级骨干水网的连通，提高水旱灾害防御能力，完善供水保障体系，提升水资源优化配置能力，构建蓄泄兼筹、丰枯调剂、生态良好的局部水网工程体系，禹城市现代水网建设内容分为河道治理工程和建筑物工程等。本次要针对一期实施工程建设内容进行勘察。

完成主要工作量：该工程地质勘察工作由山东水设负责完成，采用工程地质测绘、钻探、坑探、原位测试及室内土工试验相结合的勘察方法进行，外业勘探工作始于2022年4月1日，2022年4月10日结束。

表5.10　德州市禹城市现代水网工程2022、2023年度实施项目初步设计阶段勘察工作量一览表

类别		工作项目	单位	工作量
外业勘探	地质测绘	场区 1 ∶ 2000	平方千米	13.5
	钻探	钻孔	个	119
		进尺	米	2470
	坑探	探坑	个	24
		方量	立方米	48
	取样	原状样	件	106
		扰动样	件	47
		击实样	件	24
		水样	件	20
		易溶盐样	件	1
	原位测试	标准贯入试验	次	396
	水文调查	现状水位	点	158
	地质测量	高程	点	119
		断面	千米	39.8

【德州市齐河县豆腐窝灌区2023—2025年度节水配套改造项目初步设计阶段工程地质勘察报告】

豆腐窝灌区位于山东省德州市齐河县，齐河县位于鲁北平原南部。灌区开发于1973年，1990年灌区引黄闸改建，由黄河引水至祝阿镇、晏城街道、华店镇、焦庙镇等4个乡镇部分地区，共计232个自然村，总面积40.57万亩，其中耕地面积20.87万亩，引水能力达 15 立方米/秒，设计灌溉面积 15 万亩，现状有效灌溉面积为 14.3 万亩。

本次项目主要工作内容为：南干渠渠道衬砌工程；沿南干渠右岸、沉砂池西南侧何庙村修筑渠道管理道路；拆除重建、新建生产桥 19 座；新建、接长涵闸 3 座，新建分水闸 1 座，拆除重建泄水闸 1 座；沉砂池、北干渠清淤工程。

完成主要工作量：该项目地质勘察工作由山东水设负责完成，采用钻探、原位测试及室内土工试验相结合的勘察方法进行，外业工作于 2022 年 11 月 18 日开始，2022 年 11 月 30 日结束。

表 5.11 德州市齐河县豆腐窝灌区 2023—2025 年度节水配套改造项目初步设计阶段勘察工作量一览表

类别		工作项目	单位	本次工作量
外业勘探	钻探	钻孔	个	91
		进尺	米	1827.5
	取样	原状样	件	171
		扰动样	件	59
		易溶盐样	件	5
		水样	件	12
	原位测试	标准贯入试验	次	298
	地质测量	高程	点	91
		断面	千米	33
		水文点	点	94
室内试验	土工实验	含水率	项	146
		密度	项	146
		颗粒分析	项	71
		液限	项	71
		塑限	项	71
		饱和快剪	项	74
		固结快剪	项	68
		易溶盐分析	项	6
		压缩	项	146
		水质分析	项	12

【聊城市彭楼灌区“十四五”续建配套与现代化改造项目初步设计阶段工程地质勘察报告】

彭楼引黄灌区位于山东省聊城市西部，由范县、莘县共同建设，为跨省工程。灌区自河南省范县彭楼引黄闸引水，经 17.52 千米输水渠道，穿北金堤涵闸进入山东省，在山东境内干渠长度 90 千米，灌溉面积 63 万亩，补源面积 137 万亩，涉及莘县、冠县 28 个乡（镇），1074 个自然村，农业人口 120 万人。

本次彭楼灌区续建配套与现代化改造项目包括渠道工程和渠系建筑物工程两部分内容。

完成主要工作量：该项目地质勘察工作由山东水设负责完成，采用工程地质测绘、钻探、原位测试及室内土工试验相结合的勘察方法进行，外业勘探工作始于 2022 年 8 月 18 日，于 2022 年 8 月 27 日结束。

表 5.12 2022 年聊城市彭楼灌区“十四五”续建配套与现代化改造项目初步设计阶段勘察工作量一览表

类别		工作项目	单位	工作量
外业勘探	地质测绘	比例尺 1:5000	平方千米	123.23
	钻探	钻孔	个	306
		进尺	米	3487

续表

类别		工作项目	单位	工作量
外业勘探	取样	原状样	件	133
		扰动样	件	98
		击实样	件	6
		水样	件	18
		易溶盐样	件	26
	原位测试	标准贯入试验	次	837
	地质测量	高程	点	306
		断面	千米	135.3
		水文点	点	306
室内试验	土工实验	含水率	项	116
		密度	项	116
		颗粒分析	项	138
		液限	项	53
		塑限	项	53
		饱和快剪	项	43
		固结快剪	项	73
		压缩	项	116
		击实及击实后	项	6
	水、土	水质分析	项	18
		易溶盐分析	项	26

重点工程设计

【山东省位山灌区续建配套与现代化改造工程初步设计报告】

1. 设计过程

2022 年 6 月 28 日—7 月 2 日，山东水设赴聊城开展初设前现场查勘，随后组织测量地勘人员进场对渠道、建筑物进行复测，内业同步开展项目初步设计工作。

2022 年 8 月 18 日，山东水设形成初设报告初稿，并向位山灌区管理服务中心主要领导及部分区县进行了阶段性汇报；2022 年 9 月 8 日，位山灌区管理服务中心组织灌区各有关县区、站所的技术负责人对报告初稿进行内部审查；在广泛征求业主意见后，山东水设于 2022 年 9 月 22 日，编制完成《山东省位山灌区续建配套与现代化改造工程初步设计报告（送审稿）》。

2022 年 10 月 13 日，聊城市水利局组织专家对初设报告进行了评审，山东水设根据专家意见，经修改完善形成初设报告报批稿。本初设报告在《聊城市位山灌区续建配套与现代化改造工程（一期）初步设计报告》的基础上，对未纳入一期实施的建设内容进行了详细设计，初设报告共分为上、中、下三册以及灌溉试验站和投资概算两个专题，初设报告附图分为两册，分别是渠道、道路，建筑物两册。

2022 年 10 月 13 日，聊城市水利局、市发展和改革委员会组织专家在聊城市召开评审会，对山东水设编制的《山东省位山灌区续建配套与现代化改造工程初步设计报告》进行了评审，形成专家意见。

2022 年 11 月 10 日，聊城市水利局与聊城市发展和改革委员会以聊水农字〔2022〕6 号对山东省位山灌区续建配套与现代化改造工程进行了批复，批复总投资 8.23 亿元。

2. 工程概况

位山灌区为 500 万亩以上特大型灌区，规划分 3 个“五年计划”完成续建配套与现代化改造任务，即在 2021—2035 年，通过引黄水源改造、灌排体系续建配套、渠系节水改造、沉沙池利用改造、计量设施建设、管理设施建设、水生态保护与水文化建设、智慧水管理体系建设等措施，全面打造节水高效、设施完善、管理科学、生态良好的现代化新型生态灌区。根据规划，先期重点是开展续建配套，解决引黄困难、工程配套不齐、设施老化破损、安全防护能力低等突出问题，后期逐步开展骨干工程信息化达标建设、水文化与水景观建设、管理体制改革等，逐步完成全灌区现代化改造。

“十四五”期间，位山灌区续建配套与现代化改造工程建设任务为：通过骨干渠系、渠系建筑物、管护设施等配套改造，进一步完善灌区基础设施，推进灌区标准化、规范化管理，提高灌区供水能力、管理能力和服务水平。至2025年规划改善灌溉面积135万亩。

3. 工程规模及标准

（1）工程等别

位山灌区设计灌溉面积508万亩，依据《水利水电工程等级划分与洪水标准》（SL252-2017），确定本工程规模为大（1）型，工程等别为Ⅰ等。

依据《水利水电工程等级划分与洪水标准》（SL252-2017）及《灌溉与排水工程设计标准》（GB50288-2018），结合工程实际情况，按照复核后渠道灌溉设计流量，确定渠道级别分为3、4、5级三类。

灌溉渠道上的水闸、渡槽、倒虹吸、涵洞等水工建筑物级别，应根据其设计灌溉流量确定；泵站建筑物级别应根据设计流量及装机功率确定。同时，渠系建筑物的级别不应低于其所在渠道的工程级别。根据以上原则综合确定本工程中各建筑物级别如下：

3级渠道上节制闸、倒虹吸、渡槽、分水闸等主要建筑物级别为3级，4级渠道上节制闸、倒虹吸、渡槽、分水闸等主要建筑物级别为4级，5级渠道上的渡槽、分水闸等主要建筑物级别为5级，施工等临时建筑物级别为5级。

（2）设计标准

灌溉标准：根据《灌溉与排水工程设计标准》（GB50288-2018），位山灌区属于水资源紧缺地区，作物以旱作为主，确定灌溉设计保证率为50%。

排水标准：河道排水标准按“64雨型”排涝、“61雨型”防洪设计。

道路等级：管理道路参照四级公路标准。

生产桥荷载标准：生产桥设计荷载为公路—Ⅱ级。

合理使用年限：3级以上渠道及渠系建筑物设计使用年限50年、4级渠道及渠系建筑物设计使用年限30年、5级渠道及渠系建筑物设计使用年限20年。沥青混凝土管理道路合理使用年限为8年。

坐标系与高程基准：本工程除特殊说明外均采用1985国家高程基准、CGCS2000国家大地坐标系。

4. 主要建设内容

（1）渠道工程。治理渠道（段）18条，衬砌总长203.14千米。

渠道护底：对一干渠、二干渠、广平分干渠（茌平段）、七级分干渠、八支渠、西程铺分干渠、任庄支渠北支、后夏支渠、博平分干渠、贾寨分干渠、张庙分干渠、清平分干渠进行护底，总长111.81千米。

渠坡衬砌：对张炉集分干渠、二干东线、三干渠、七级分干渠、八支渠、西程铺分干渠、任庄支渠北支、后夏支渠、博平分干渠、贾寨分干渠、张庙分干渠、清平分干渠进行衬坡，总长77.94千米。

全断面衬砌：对王铺分干渠、四李支渠、韩屯分干渠进行全断面衬砌，总长13.39千米。

（2）渠系建筑物工程。新建、改建、维修改造各类建筑物227座。

水闸：新建水闸8座、改建水闸6座、维修水闸20座。

泵站：新建南双泵站1座，改建倪屯泵站、东白扬水站2座，维修改造斗虎寨泵站1座。

倒虹：改维修改造裕民分干倒虹吸、四河头倒虹吸2座。

渡槽：改建牛王分干渡槽1一座，维修改造牛王分干渡槽2、十里渡槽、大姜渡槽3座。

桥梁：改建生产桥、涵桥共31座，其中桩柱式生产桥16座，涵桥15座；改造维修桥涵护栏149座（其中市管桥涵145座、非市管生产桥4座）。

东输沙渠分水口门改造3座。

（3）管理设施。完善灌溉试验站1处；新建防护栏杆2.67千米、防护网20.17千米、警示牌459套；改建管护道路2条（段），其中一干渠管护道路长7.31千米，三干渠管护道路长54.95千米，总长62.26千米。

5. 主要工程量及设计概算

（1）主要工程量：土方开挖（自然方）123.76万立方米，土方回填（实方）49.31万立方米，钢材1984吨，水泥7385吨，木材1092立方米，商品混凝土260515立方米，碎石88005立方米，砂17146立方米。

（2）设计概算：工程静态总投资82320.07万元，其中一期工程初设已批复投资27528.74万元。剩余工程（2022—2025年）静态总投资54791.33万元，其中：工程部分静态投资52348.00万元，建设征地移民补偿静态投资536.27万元，环境保护工程静态投资406.19万元，水土保持工程静态投资669.16万元，灌溉试验站静态投资831.71万元。

【彭楼灌区续建配套与现代化改造工程初步设计、施工图设计】

1. 设计过程

彭楼灌区涉及莘县、冠县的32个乡（镇），规划灌溉面积130万亩，是国家重要的粮棉基地，农业是整个灌区乃至聊城市的基础与支柱产业，在整个聊城市的国民经济发展中起着举足轻重的作用，自2007年起实施续建配套与节水改造工程以及改扩建工程以来，经过多年的建设，已逐步形成灌排工程体系，灌区严重病险、“卡脖子”工程基本得到改造，但仍存在工程设施配套不足、供水保障程度偏低、用水效率和效益不高、信息化水平有待提升等问题，影响了灌区的效益发挥。根据水利部、国家发展改革委《“十四五”重大农业节水供水工程实施方案》，为进一步完善灌区基础设施，推进灌区标准化、规范化管理，提高灌区供水能力、管理能力和服务水平，实施彭楼灌区续建配套与现代化改造，进一步完善灌区基础设施，是十分必要的。

2022年10月14日，聊城市水利局、市发展和改革委员会组织专家在聊城召开评审会，对山东水设编制的《山东省彭楼灌区续建配套与现代化改造工程初步设计报告（附概算）（送审稿）》进行了评审。

2022年11月10日，聊城市水利局以聊水农字〔2022〕7号《关于山东省彭楼灌区续建配套与现代化改造工程初步设计及概算的批复》对初步设计进行了批复。

2. 工程概况

彭楼引黄灌区位于聊城市西部的大（2）型灌区，始建于1959年，1962年因碱涝问题停灌，1964年行政区划调整，彭楼引黄灌区成为跨省工程，金堤北灌区因长期得不到引黄水源而无法正常灌溉。2001年复灌。水利部水规计〔2001〕514号文中核定彭楼金堤北灌区复灌范围为：南依金堤，北至冠县、临清市界，东邻陶城铺和位山灌区，西靠冀、鲁、豫省界和漳卫河。灌区总面积1930.50平方千米，设计灌溉面积200万亩，涉及莘县、冠县两县32个乡镇，1033个行政村。第三次全国土地普查后，彭楼灌区范围内土地总面积1374.22平方千米，其中灌溉面积130万亩。彭楼灌区自2007年以来，共实施了8期续建配套与节水改造工程，3期改扩建工程，彭楼灌区已建成引黄闸1座、输沙渠1条、沉沙池1处、输水渠1条、总干渠1条、分干（支）渠28条，形成了基础设施基本齐全的引黄灌溉网络体系。

3. 工程等级及标准

（1）工程等别及建筑物级别

彭楼灌区设计灌溉面积130万亩，本次续建配套工程衬砌改造渠道68.243千米；维修损毁护坡3.60万平方米；疏挖整治沟渠2.329千米；新建、改建及维修各类建筑物32座；修建管理道路0.97千米，设置安全防护网13.233千米。工程改造灌区面积为65万亩，根据《水利水电工程等级划分及洪水标准》(SL252-2017)，确定本工程规模为大(2)型，工程等别为Ⅱ等。

干渠、引金、引卫连接渠级别为3级，其他分干级别根据设计流量级别确定为4～5级。节制闸级别为3级，泵站级别为5级，分水闸级别分别为4.5级，泄水闸为2级。桥梁级别为小桥。

(2)设计标准

①灌溉标准

彭楼灌区属于水资源紧缺地区，作物以旱作为主，确定灌溉设计保证率为50%。

②排水标准

骨干排水工程按5年一遇标准除涝。

③防洪标准

徒骇河泄水闸设计洪水标准为50年一遇。

④道路标准

管理道路参照四级公路标准。

⑤桥梁荷载标准

生产桥设计荷载参照公路—Ⅱ级。

⑥地震烈度

根据《中国地震动参数区划图》(GB18306—2015)，莘县境内：白庄分水闸所在位置场区基本地震动峰值加速度为0.15克，相应地震基本烈度为Ⅶ度，抗震设防等级为7度。其余建筑物及渠道场区地震动峰值加速度为0.2克，相应地震基本烈度为Ⅷ度，抗震设计烈度为8度。

冠县境内：建筑物及渠道场地类别为Ⅲ类，基本地震动峰值加速度为0.1克，调整后地震动峰值加速度为0.125克，相应地震基本烈度为Ⅶ度，抗震设计烈度为7度。

4. 主要建设内容

(1)渠道工程

①全断面衬砌9.263千米：彭楼干渠0.643千米、引卫连接渠1.051千米、引金连接渠2.969千米、张寨分干4.60千米。

②渠坡衬砌46.08千米：彭楼干渠26.033千米、庄和分干3.333千米、程营分干7.037千米、苏村分干5.031千米、张寨分干4.646千米。

③干渠渠道护底12.90千米。

④衬砌改造干渠坍塌损毁的部分护坡及齿墙3.6万平方米，沙河沟疏挖整治2.329千米。

(2)渠系建筑物工程

新建、改建、维修改造渠系建筑物32座。其中：新建1座、改建1座、维修2座节制闸，新建1座、改建3座分水闸，改建1座泄水闸，新建3座、改建2座泵站，改建2座、维修16座生产桥。

(3)管护设施

修建管理道路0.97千米、设置安全防护网13.233千米。

(4)信息化工程

构建灌区立体感知体系、自动控制体系、智能应用体系、信息服务体系、支撑保障体系等。

5. 设计概算

按照2022年第3季度价格水平编制。基本预备费按照第一至五部分合计的5%计算。工程静态总投资为32514.58万元，其中工程部分静态投资为31293.42万元，移民征地补偿投资573.99万元，环境保护投资278万元，水土保持投资369.17万元。

【济南市玉清湖水库除险加固工程初步设计】

2022年9月山东水设编制完成了《济南市玉清湖水库除险加固工程可行性研究报告(代初步设计和概算)》。

1. 工程概况

玉清湖水库地处济南市槐荫区与长清区交界处的许寺洼地段，水库工程等别为Ⅱ等，是一座引黄向济南市区供水，减少济南市区地下水超采、实施引黄保泉、改善生态环境等功能的中型平原水库，总库容4850万立方米，死库容1220万立方米，调节库容为3630万立方米，年供水量1.46亿立方米。水库枢纽主要由围坝、1#取水泵站、2#入库泵站、3#出库泵站、泄水洞、沉沙池及输水管线等组成。

水库自2001年投入运行后，渗水严重，

为减少漏失水量，目前蓄水水位始终保持在35米以下。水库渗漏严重，存在渗流安全问题，没有发挥其最大效益，也给大坝安全及供水安全带来很大隐患。2009年、2018年水库两次均被鉴定为三类坝。

通过实施济南市玉清湖水库除险加固工程，可减少水库渗漏量、消除渗流安全隐患、提高管理水平，保证水库的正常运行和供水安全。

2. 工程设计标准

玉清湖水库工程等别为Ⅱ等，工程规模为中型；主要建筑物为2级，次要建筑物为3级，临时性水工建筑物为4级；坝顶道路主要技术指标参照四级公路；玉清湖水库设计洪水标准为50年一遇，校核洪水标准为300年一遇；水库供水规模为44万立方米/天，水库供水保证率为97%。

3. 主要工程建设内容

对围坝全坝段进行截渗，坝体采用多头搅拌桩防渗墙，坝基采用高压喷射灌浆防渗墙；改建大坝坝顶及隔坝坝顶路面；更换2#泵站水泵、电动葫芦及电气设备，维修清污机和工作闸门；改建管理区外侧防护网3.74千米，新建防护网1.30千米；新建10个渗流监测断面，增设坝顶照明设施。

4. 主要工程数量及投资

本工程主要工程量：水泥土搅拌桩防渗墙93408平方米；高喷灌浆钻孔420727米；高喷灌浆320574米；工程总工期2年。

工程静态总投资38637.78万元。其中工程部分投资38251.55万元，专项部分投资386.23万元。

【枣庄市滕州市马河水库增容工程施工图设计】

1. 工程概况

马河水库位于北沙河上游，坝址控制流域面积240平方千米，是一座具有防洪、灌溉、城乡供水等综合利用功能的大（2）型水库。水库设计洪水标准为100年一遇，校核标准为5000年一遇。

2022年8月31日，山东省水利厅、山东省发展和改革委员会以鲁水许可字〔2022〕147号，《关于滕州市马河水库增容工程初步设计及概算的批复》，对滕州市马河水库增容工程初步设计及概算进行了批复。2022年9月，山东水设完成施工图设计。初设批复的主要工程内容包括：库区开挖704万立方米，新建库区管理路17.60千米，新建生产桥3座，改建生产桥4座，新建穿路管涵47处，改建穿路管涵4处、箱涵1处，改建防汛仓库面积780平方米，电站管理房维修，安防工程等。

2. 工程设计标准

（1）工程等别及建筑物级别

马河水库总库容1.53亿立方米工程等别为Ⅱ等，大坝、溢洪道（闸）、放水洞等主要建筑物级别为2级，出水渠建筑物级别为3级，穿路管涵级别为4级，临时建筑物级别为5级。工程等别为Ⅱ等，工程规模为大（2）型；主要建筑物大坝、溢洪道（闸）、放水洞级别为2级，出水渠建筑物级别为3级，库区的抬田工程、开挖岸坡、管涵工程、防护墙、围堤工程的建筑物级别为4级，临时建筑物级别为4级，库区管理路参照四级公路，生产桥设计荷载标准参照公路—Ⅱ级。

（2）防洪标准

马河水库设计洪水标准为100年一遇，校核洪水标准为5000年一遇，消能防冲建筑物设计洪水标准为50年一遇。库区管理路防洪标准为20年一遇，中桥2座设计防洪标准50年一遇；小桥5座设计防洪标准为25年一遇。

（3）地震烈度

马河水库坝址所在地的地震动反应谱特征周期为0.40秒，地震动峰值加速度为0.10克，抗震设计烈度7度。

（4）消能防冲标准

依据《溢洪道设计规范》（SL253—2018），马河水库溢洪道消能防冲设计洪水标准为50年一遇。

3. 工程主要建设内容

（1）库区扩挖

挖库范围为马河水库滕州境内，库区范围内高程 108.35 ～ 103.10 米。开挖区域位于水位 110.85 米之下、水位 100.35 米之上。库区开挖设计岸坡坡比为 1 ∶ 3.5。开挖起始断面距上游坝脚 300 米，终止断面距滕州与邹城县界 350 米，并以 1 ∶ 10 坡与现状库底连接。

（2）库区管理路

在现状等高线 110.85 米两岸库区范围内布置库区管理路 21.203 千米（新建 17.596 千米、利用现状道路 3.607 千米），新建库区管理路面高程 111.15 米，路面宽 6 米，采用沥青混凝土路面，路面结构为面层为 3 厘米厚细粒式沥青混凝土 +4 厘米厚中粒式沥青混凝土，基层为 18 厘米厚水泥碎石、底基层为 18 厘米厚水泥风化砂石，两侧设混凝土路缘石。路基背水侧设梯形土边沟，管理路临水侧设混凝土防护墙。

（3）生产桥

管理路沿线修建生产桥 7 座，生产桥桥面净宽 6 米，桥跨分别为 10 米和 20 米。10 米跨径桥梁上部结构采用预制混凝土空心板，20 米跨径桥梁上部结构采用先张法预应力混凝土空心板；单孔桥下部结构采用用重力式桥台基础，多孔桥下部结构采用钻孔灌注桩基础。

（4）穿路管涵工程

管理路沿线新建穿路管涵 52 座，穿路管涵主要由上下游护底护坡、进出口挡墙、管道等组成。上下游均采用 30 厘米厚 M10 浆砌石护底护坡，下设 10 厘米厚碎石垫层。进出口挡墙采用 M10 浆砌石结构。管道采用钢筋混凝土 II 级管，管径采用 1500 毫米和 1000 毫米。

（5）防汛仓库

抬高仓库站址处地面高程，原址改建防汛仓库，建筑面积 780 平方米。

4. 投资

按照 2022 年第二季度价格水平编制。年度价格指数为零，基本预备费按照第一至五部分合计的 5% 计算。

工程静态总投资为 22815.00 万元，其中工程部分静态总投资为 20908.55 万元，水保费用投资 796.04 万元，环保费用投资 98.40 万元，移民费投资 1012.01 万元。

【枣庄市滕州市户主水库增容工程初步设计】

1. 设计过程

户主水库自建库以来在防洪减灾、农业灌溉、工业供水等诸方面发挥了重要作用，是滕州市重点水源工程，民生保障工程。户主水库现状兴利库容较小，对上游来水调蓄功能较弱，根据水库运行资料分析，水库自 1970 年至今有 20 年出现弃水，2000 年以后有 11 年出现正常弃水，多年平均汛期弃水量达到 848 万立方米。大量丰水年汛期径流得不到充分利用，浪费了当地有限地表水资源，为提高当地雨洪资源利用的程度，亟需进行增容。

2022 年 3 月 8 日，山东省水利厅委托专家对《滕州市户主水库增容工程初步设计》进行了评审，2022 年 3 月 29 日，山东省水利厅以鲁水许可字〔2022〕43 号《关于滕州市户主水库增容工程初步设计及概算的批复》对初步设计进行批复。

2. 工程概况

户主水库位于滕州市东郭镇境内，城河支流幸福河上游，距滕州市城区 17 千米，属淮河流域沂沭泗水系，控制流域面积 44 平方千米，是一座以防洪为主，兼顾农业灌溉、工业供水等综合利用的中型水库。

目前水库总库容 2019 万立方米，调洪库容 957 万立方米，兴利库容 998 万立方米。防洪标准为 100 年一遇洪水设计，2000 年一遇洪水校核。设计洪水位 124.56 米（1985 国家高程基准，下同），校核洪水位 125.83 米，兴利水位 122.78 米，死水位 115.78 米。枢纽工程属中型三等。

3. 工程等级及标准

（1）工程等别及建筑物级别

户主水库总库容 2019 万立方米，增容后总库容2339万立方米，工程规模为中型，工程等别为Ⅲ等；主坝、副坝、溢洪道（闸）、东西放水洞等主要建筑物级别为3级，临时建筑物级别为4级。本次库盆开挖范围内库岸边坡级别为5级。

（2）设计标准

①防洪标准

水库设计洪水标准为100年一遇，校核洪水标准为2000年一遇；丁庄河生产桥设计洪水标准为50年一遇。

②地震烈度

依据《中国地震动参数区划图》（GB18306—2015），户主水库场区地震动峰值加速度为0.10克，相对应地震基本烈度为Ⅶ度。工程地震设计烈度为7度。

③桥梁荷载等级

丁庄河生产桥设计荷载标准参照公路—Ⅱ级。

④工程合理使用年限

按照《公路桥涵设计通用规范》（JTG D60—2015），丁庄河生产桥主体结构设计使用年限为50年。

4. 主要建设内容

水库增容工程主要建设内容包括：库盆开挖，范围为距坝脚约900米上游库区，高程122.78米至116.50米，并对丁庄河和夏庄河支流口进行防护；重建丁庄河生产桥，共3孔、跨径为20米；增设库区安全防护隔离网、完善视频监视系统等。

5. 设计概算

按照2022年1—2月价格水平编制。基本预备费按照第一至五部分合计的5%计算。工程静态总投资为7971.02万元，其中工程部分静态投资为7646.22万元，移民征地补偿投资123.80万元，环境保护投资55.57万元，水土保持投资142.43万元。户主水库增容维持现状兴利水位122.78米，挖库395.10万立方米，可增加有效兴利库容395.10万立方米。每年新增工业供水量78万立方米，供水效益较为明显。

【泰安市肥城市大汶河砖舍拦河闸工程施工图设计】

2019年，受肥城市水利局委托，山东水设对砖舍坝进行了安全鉴定。2019年7月，山东省水利厅印发肥城市砖舍拦河坝安全鉴定报告书的通知，砖舍坝评定为四类闸，尽快报废重建，在未拆除重建之前，加强安全监测，降低运行标准，确保安全。2021年8月31日，山东省发展改革委员会以《关于肥城市大汶河砖舍拦河闸工程可行性研究报告的批复》对本工程可行性研究报告进行了批复。2021年11月8日，山东省水利厅、山东省发展改革委员会以《关于肥城市大汶河砖舍拦河闸工程初步设计及概算的批复》对本工程初步设计及概算进行了批复。

初步设计批复后，山东水设立即开展了施工图设计，根据签订供图，按时提供图纸。2022年2月9日，肥城城投河务开发有限公司在济南组织了第一批施工图设计图纸的技术审查会。2022年3月10日，肥城城投河务开发有限公司在济南组织了第二批施工图设计图纸的技术审查会。为更好地服务肥城市大汶河砖舍拦河闸工程，全面做好设计服务，2022年1月25日，山东水设以《关于组建肥城市大汶河砖舍拦河闸工程设代组的函》成立了设代组。自2022年5月起，开始常驻现场进行设代服务，配备各专业技术力量，根据现场施工情况，设计单位也不定期组织设计总工和专家进行现场指导和调研。

1. 工程概况

砖舍坝位于肥城市汶阳镇砖舍村东1千米大汶河上，肥城市、岱岳区、宁阳县三县交界处。砖舍坝工程始建于1967年，于1968年建成。现状砖舍坝长1250米，高1.2米，浆砌石重力坝，坝顶高程84.80米。近年来，由于长期洪水冲刷和采砂等因素的影响，大汶河河床下切，导致砖舍坝坝体、护坦、海漫连续出现水毁险情：1995年水毁段长60米，同年修复；2003年9月4日行洪期间，该坝再次被洪水冲毁，河床坝段冲决250米，至今没有修复，从此不但无法引水灌溉，而且沿河各乡镇地下水资源流失，水位下降甚大，造成水井干涸，缺水已成为制约当地经济发展的重要因素。

砖舍拦河闸建成后可有效缓解肥城市水资源紧缺的局面，充分挖掘雨洪资源潜力，有效拦蓄雨洪资源发展农业灌溉，回灌地下水源，改善当地交通条件和生态环境。因此，该工程的建设是十分必要的。

2. 工程设计标准

砖舍拦河闸工程规模为大（2）型，工程等别为Ⅱ等。拦河闸、连接堤为主要建筑物，级别为2级，泵站、引水闸为主要建筑物，级别为3级，水闸上下游护坡为次要建筑物，级别为3级。

拦河闸、连接堤设计洪水标准为50年一遇，校核洪水标准为100年一遇，拦河闸消能防冲设计洪水标准为50年一遇；泵站设计洪水标准为30年一遇，校核洪水标准为100年一遇；引水闸设计洪水标准为20年一遇，校核洪水标准为50年一遇；水闸上下游护坡设计洪水标准为20年一遇，校核洪水标准为50年一遇。

工程区场地类别为Ⅱ类，地震基本烈度为Ⅶ度，本工程抗震设计烈度7度。拦河闸抗震设防类别乙类，泵站及引水闸抗震设防类别丙类。

3. 主要工程建设内容

新建砖舍拦河闸位于大汶河中泓桩号70+025处，原坝下游约800米（按中泓线计算）。主要建设内容包括：拆除原砖舍坝、新建拦河闸；拦河闸上游引河疏浚整治；新建连接堤与两岸大汶河堤防相接；改建渠首引水设施；新建管理设施等。

拦河闸沿河槽中心对称布置。共42孔，两孔一联，单孔净宽12.0米，闸室总宽614.5米。闸室主体采用钢筋混凝土结构，闸室内设低堰，闸室顶部设附桥、排架、机架桥及启闭机房，闸室两端设桥头堡。拦河闸上游设铺盖及两岸连接翼墙，下游设消力池、海漫、防冲槽、两岸连接翼墙及护坡。

拦河闸两端通过连接堤及连接道路与大汶河左右岸衔接。连接堤顶高程86.00米，堤顶路面总宽10.00米。左、右岸连接道路总宽8.00米，均采用沥青混凝土路面。

为保障行洪畅通，对新闸址上游引河进行整治，整治底高程71.00米。

在原引水闸附近改建引水闸并新建提水泵站，位于引汶入漕渠首位置，采用闸站结合型式。引水闸共2孔，泵站机组3用1备。

新建管理设施位于拦河闸右岸连接堤上游侧，设置调度控制室、资料档案室及防汛仓库等管理用房和生产用房。

4. 主要工程数量及投资

主体工程主要工程量如下：土方开挖36.05万立方米，土方回填31.23万立方米，砌石1.47万立方米，混凝土及钢筋混凝土20.81万立方米，钢筋制作安全1.40万吨，混凝土防渗墙1.64万平方米。

主体工程主要材料用量如下：钢筋14855吨，木材225立方米，水泥98496吨，汽油184吨，柴油881吨，中砂135491立方米，碎石223092立方米，块石15792立方米。

主要工时数量640.30万工时；工程总工期24个月。

工程总投资为63825.00万元，其中工程部分静态投资为61490.95万元，移民环境部分静态投资为2334.05万元。

【济宁市曲阜市尼山灌区白村坝除险加固工程可行性研究报告（代初步设计）、施工图设计】

1. 设计过程

2022年7月，曲阜市尼山水库管理中心委托山东招标股份有限公司对小沂河白村坝安全鉴定及除险加固工程勘测设计进行国内公开招标，山东水设参与投标并中标，曲阜市尼山水库管理中心与山东水设签订勘察设计合同，委托其承担曲阜市尼山灌区白村坝除险加固工程勘测设计工作，工程地点为曲阜市，设计阶段为安全鉴定及除险加固工程可行性研究、初步设计、施工图设计及相应工程地质勘察、测量等工作，交付文件为可行性研究报告、初步设计、勘察报告、施工图设计成果。

根据签订的合同，结合山东省发展和改革委员会、山东省财政厅、山东省水利厅《关于做好水利项目管理工作的通知》（鲁发改农经〔2022〕648号）中提到的“病险水闸除险加固、中型病险水库除险加固项目，以及为应对自然灾害、事故灾害等突发事件需要紧急建设的项目，可以将项目建议书、可行性研究报告、初步设计合并为可行性研究报告（代初步设计）”及建设单位的要求，山东水设及时成立项目组，2022年9月编制完成了《曲阜市尼山灌区白村坝除险加固工程可行性研究报告（代初步设计）（送审稿）》。2022年9月23日，济宁市审批服务局在济宁市组织召开评审会，根据专家审查意见，山东水设修改完成了《曲阜市尼山灌区白村坝除险加固工程可行性研究报告（代初步设计）（报批稿）》。2022年10月6日济宁市行政审批服务局以《关于曲阜市尼山灌区白村坝除险加固工程可行性研究报告（代初步设计）的批复》（济审政投〔2022〕102号）对《曲阜市尼山灌区白村坝除险加固工程可行性研究报告（代初步设计）》进行了批复。根据批复，2022年11月，山东水设编制完成了《曲阜市尼山灌区白村坝除险加固工程施工图设计》。

2. 工程概况

尼山灌区白村坝工程位于曲阜市东南部尼山镇境内，距曲阜市22千米，距尼山水库下游3千米的小沂河上，控制灌溉面积6.75万亩。工程始建于1965年，直至1980年工程全部完工。工程由溢流坝、冲砂闸、引水闸等组成。溢流坝段总长294.0米，坝前设计挡水高度1.6米，坝顶高程102.10米。左右岸各设2孔冲砂闸，单孔净宽2米。左岸设2孔引水闸，右岸设4孔引水闸，单孔净宽1.5米。拦河坝全部坐落在砂基上，长期受洪水冲刷和采砂等人为因素影响，致使河床下沉，2006年3月至11月，对白村坝进行了除险加固施工，主要建设内容为：(1)加固主河槽部分坝体，改建一级消力池，增加二级消力池；(2)重建南北干渠进水闸2座；(3)重建冲砂闸2座；(4)主河槽坝前清淤30米。2011年3月至4月，作为曲阜市尼山水库灌区抗旱应急工程中的一部分，对白村坝南岸冲砂闸进行修复，增设第三级消力池。

2022年6月、7月，一级和二级消力池中部及溢流坝与左岸冲砂闸之间导流墙被冲毁，尼山水库管理中心对损毁部位进行了应急加固，并组织专家对曲阜市小沂河白村坝进行了安全鉴定。鉴定结论为四类闸，尽快拆除重建，拆除前落实应急防护措施。

曲阜市尼山灌区白村坝除险加固工程建成后可以消除安全隐患，确保工程运行安全，同时可有效缓解尼山灌区水资源紧缺的局面，发展农业灌溉，兼顾地下水补源，为尼山圣境二期工程——鲁源小镇项目提供景观用水，改善生态环境。因此，该工程的建设是十分必要的。

3. 工程设计标准

白村坝工程拦蓄水量240.55万立方米，控制灌溉面积6.75万亩，工程等级为Ⅲ等，溢流坝、冲砂调节闸、渠首引水闸、挡土墙等主要建筑物级别为3级。

白村坝设计洪水标准为20年一遇，相应洪水流量409.8立方米每秒，校核标准50年一遇，相应洪水流量635.6立方米每秒。

工程区场地类别为Ⅱ类，地震基本烈度为Ⅶ度，本工程抗震设计烈度7度。工程抗震设防类别丙类。

4. 主要工程建设内容

白村坝位于小沂河桩号约35+755处（工程采用桩号0+000位于小沂河入泗河河口处），原址改建，主要建设内容包括：拆除现有建筑物；改建溢流坝、冲砂调节闸、渠首引水闸及管理设施等。

改建白村坝工程沿原白村坝上游侧边线布置，总宽200米；两侧各设3孔6米开敞式冲砂调节闸，闸室底板高程 99.80 米，中间设裹头和导流墙分隔水流。改建南北干渠渠首引水闸，闸室均采用钢筋混凝土结构，单孔涵闸，孔口尺寸 3.0 米 ×2.1 米（宽 × 高），闸室底板高程 101.30 米，出口设 M10 浆砌块石八字墙与现状渠道连接。引水闸进口设钢筋混凝土悬臂挡墙与上游翼墙衔接。

管理区位于白村坝右岸，改建管理用房及生产业务用房共计建筑面积 750 平方米，配值班室、资料档案室及仓库等。

5. *主要工程数量及投资*

主体工程主要工程量如下：土方开挖 3.32 万立方米，土方回填 2.69 万立方米，混凝土及钢筋混凝土 2.42 万立方米，钢筋制安 0.16 万吨，塑性混凝土防渗墙 0.39 万平方米。

可行性研究报告（代初步设计）核定工程静态总投资为 9295.50 万元，其中工程部分静态总投资为 8951.30 万元，建设征地移民补偿投资为 228.14 万元，水土保持工程部分投资为 82.86 万元，环境保护工程投资为 33.20 万元。

【临沂市蒙河双堠水库工程初步设计】 2022 年 10 月，山东水设编制完成了《临沂市蒙河双堠水库工程可行性研究报告》。

2022 年 11 月，山东水设编制完成了《临沂市蒙河双堠水库工程初步设计报告》。

1. *工程概况*

双堠水库是沂河流域防洪体系的重要组成部分，工程建成后可消峰调蓄蒙河洪水，提高沂河干流防洪能力，同时可提升临沂市城镇生活工业及农业生产供水保障能力，改善蒙河下游水生态环境，对促进库区周边乡村振兴，完善山东省水资源配置格局具有重要作用。双堠水库工程任务是以防洪、供水为主，结合农业灌溉和改善下游生态环境，兼顾水力发电等。

拟建双堠水库控制流域面积 319.9 平方千米。总库容 13782 万立方米，校核洪水位 137.90 米；兴利库容 7385 万立方米，兴利水位 133.50 米；死库容 572 万立方米，死水位 120.00 米。防洪库容 3503 万立方米，多年平均供水量 4603 万立方米。

2. *工程设计标准*

双堠水库总库容 1.38 亿立方米，工程等别为Ⅱ等，工程规模为大（2）型。土石坝、重力坝、泄洪闸、放水洞、放空排沙底孔等主要建筑物级别为 2 级，发电站为次要建筑物，级别为 3 级。下游河道护坡建筑物级别为 4 级。泄洪闸交通桥汽车荷载等级为参照公路－Ⅱ级。工程设计洪水标准为 100 年一遇，校核洪水标准为 2000 年一遇。消能防冲建筑物级别为 2 级，设计洪水标准为 50 年一遇。

3. *主要工程建设内容*

双堠水库工程推荐坝址位于临沂市沂南县双堠镇果庄村蒙河干流。工程主要内容包括土石坝、重力坝、泄洪闸、放水洞、发电站、库盆开挖及管理设施等。坝顶总长 2120 米，整体南北走向，大坝采用混合坝型，重力坝段布置于主河槽，长 231 米，土石坝段布置于重力坝两侧，左岸长 1310 米，右岸长 579 米。重力坝共 14 个坝段，5# ～ 10# 坝段顶部布置泄洪闸，共 9 孔，单孔净宽 9.0 米。11# 坝段布置放水洞及放空排沙底孔。发电站布置坝后右岸，由放水洞引水发电。水库管理区布置于右岸坝后。

4. *主要工程数量及投资*

主体工程主要工程量如下：土石方开挖 4093.11 万立方米，土石方回填 229.59 万立方米，砌石 5.24 万立方米，混凝土 41.49 万立方米，钢筋制安 7754 吨，混凝土防渗墙 8891 平方米，帷幕灌浆 56057 米，固结灌浆 16063 米。

主体工程主要材料用量如下：钢筋 8350 吨，木材 1201 立方米，水泥 152640 吨，汽油 83 吨，柴油 10879 吨，砂 276994 立方米，碎石 444948 立方米，块乱石 98452 立方米。

主要人工数量为 189.65 万工日。

工程建设工期为 40 个月。

按照 2022 年第三季度价格水平编制，

年度价格指数为零，基本预备费按照第一至五部分投资合计值的 6% 计算。

工程总投资 1159277.00 万元（水库工程投资 1058152.67 万元，管道工程投资 85365.43 万元），其中工程部分静态投资为 212662.04 万元（水库工程 142224.05 万元，管道工程 70437.99 万元），专项部分静态投资为 930856.06 万元（水库工程 915928.62 万元，管道工程 14927.44 万元），建设期融资利息为 15758.90 万元。

工程测量

【山东省国家基本站提档升级项目工程测绘】 本项目是依照山东水设企业发展部下发的《山东省国家基本站提档升级项目工程测绘任务书》而进行的测绘项目，由山东省水利勘测设计院测绘院独立完成。山东省国家基本站提档升级项目工程测绘涉及改造 24 个水文站和 4 个水位站，分别位于德州市、菏泽市、济南市、济宁市、聊城市、临沂市、青岛市、泰安市、潍坊市、淄博市、烟台市等 11 个地市。本项目的工作深度为初步设计阶段，项目完成时间为 2022 年 6 月。项目完成的主要工作量有：

布设基本平面高程控制网 1 个，测设 GNSS 一级控制点 82 座；完成 1 ∶ 1000 地形图测绘 5.5 平方千米；完成横断面测量 10.0 千米。

【山东省沂河流域（中游）山丘区中小河流洪水淹没图编制工程测量】 本项目是按照山东水设企业发展部下发的《山东省沂河流域（中游）山丘区中小河流洪水淹没图编制工程测量》任务书进行的工程测量项目。

本项目的主要建设任务为通过资料收集整编和现场调查，基于暴雨时空特征数据、流域及其河道地形地势、沿河村落及城（集）镇、水库、堤防等基础资料，以及遥感影像、基础地理信息数据、山丘区设计暴雨洪水等成果，针对中小河流流域单元，获取中小河流水系及河道地形，分析典型频率暴雨洪水和工程超标准洪水淹没情况，绘制洪水淹没范围图。项目由山东水设测绘院独立完成，完成时间为 2022 年 5 月。

项目完成的主要工作量有：完成河道横断面测量 151.71 千米；完成河道纵断面测量 306.28 平方千米；完成堤防纵断面测量 570.85 千米；完成桥涵调查 516 座。

【海河流域主要河道地形测量】 本项目是依据山东水设企业发展部下发《海河流域主要河道地形测量任务书》而进行的测量项目。测量目的是为徒骇、马颊平原防洪规划提供必要的测绘资料，同时为海河水利委员会提交测绘数据。

本项目的主要任务是对徒骇马颊河系的徒骇河、马颊河、德惠新河等 3 条主干河道的部分河段进行横断面测量。本项目由山东省水利勘测设计院测绘中心独立完成，完成时间为 2022 年 12 月。

本项目完成的主要工作量有：完成校核控制点 8 座；完成控制点埋设 57 座；布设基本平面控制网 1 个，测设 GNSSE 级控制点 57 座；完成横断面测量 954.39 千米。

【黄河流域莱芜区大汶河水系河道综合治理及蓄供水工程可研阶段工程测量】 本项目是按照山东水设企业发展部下达的“黄河流域莱芜区大汶河水系河道综合治理及蓄供水工程可研阶段工程测量测量任务书”进行的工程测量项目，由山东水设测绘院独立完成。测量目的是为黄河流域莱芜区大汶河水系河道综合治理及蓄供水工程可研阶段工程测量提供必要的测绘资料，项目于 2022 年 8 月完成。

项目完成的主要工作量有：完成基本平面控制网 1 个，RTK 一级控制点 54 点；完成纵断面测量 113.96 千米；完成横断面测量 12.3 千米；完成建筑物调查 75 处。

【东营港海水淡化及综合利用项目取排水工程初设阶段工程测量】 本项目是根据山东水设企业发展部下达的《东营港海水淡化及综合利用项目取排水工程初设阶段工程测量任务书》和青岛分公司提供的《东营港海水淡化及综合利用项目取排水工程测量技术要求》而进行的测量项目，由山东水设测绘院独立完成，测量目的是为东营港海水淡化及综合利用项目取排水工程初设阶段提供必要的测绘资料。测绘成果提交山东水设青岛分公司。测绘院于 2022 年 2 月 28 日完成了该项目的全部测量内容。

项目完成的主要工作量有：完成基本平面控制点 5 点；完成基本高程控制网 1 个，测设四等水准线路 3.0 千米；完成 1 ∶ 1000 地形图测量 0.6 平方千米；完成 1 ∶ 500 地形图测量 0.03 平方千米；完成横断面测量 2.0 千米；完成纵断面测量 2.4 千米。

【尼山水库片区水系连通及综合整治工程可行性研究测量】 本项目是根据山东水设市场发展部下达的《尼山水库片区水系连通及综合整治工程可行性研究测量任务书》所进行的测绘项目。测量目的是为尼山水库片区水系连通及综合整治工程可行性研究阶段提供测绘资料。该项目位于山东省济宁市。由测绘院于 2022 年 4 月独立完成。

项目完成的主要工作量有：完成 1 ∶ 2000 地形图测绘 5.24 平方千米；完成 1 ∶ 500 地形图测绘 0.06 平方千米；完成横断面测量 46.74 千米；完成纵断面测量 3.69 千米；完成机井调查 391 座；完成桥涵调查 4 座。

【烟台市龙口市八里沙河治理工程测量】 本项目是按照山东水设企业发展部下发的《龙口市八里沙河治理工程测量任务书》进行的工程测量项目，由山东水设测绘院独立完成。测量目的是为龙口市八里沙河治理工程任务书提供必要的测绘资料，主要内容为基本平面控制测量、基本高程控制测量、地形图测量、断面测量等。项目完成时间为 2022 年 6 月。项目完成的主要工作量有：

完成基本平面 RTK 一级控制点 14 点；完成基本高程控制网 1 个，测设四等水准线路 31.7 千米；完成 1 ∶ 2000 地形图测量 2.54 平方千米；完成横断面测量 11.15 千米；完成建筑物调查 43 处。

【济宁市泗水县泗河岳陵拦河闸工程测量】 本项目是根据山东水设企业发展部下达的《济宁市泗水县泗河岳陵拦河闸工程测量任务书》和工程设计一院提供的《济宁市泗水县泗河岳陵拦河闸工程测量技术要求》而进行的测量项目，由山东水设测绘院独立完成，测量目的是为泗水县泗河岳陵拦河闸工程可行性研究设计阶段提供必要的测绘资料。测绘成果提交山东水设工程设计一院。

拟建济宁市泗水县泗河岳陵拦河闸工程位于泗河中泓桩号 107+630 附近。工程主要建设内容包括：岳陵拦河闸工程；河道清淤，局部扩挖，两岸管理道路硬化；河道护岸。测绘院于 2022 年 1 月 7 日完成了该项目的全部测量内容。

项目完成的主要工作量有：完成 1 ∶ 500 地形图测量 0.2 平方千米；完成 1 ∶ 2000 地形图测量 4.1 平方千米；完成横断面测量 55.4 千米；完成纵断面测量 11.0 千米；完成桥涵调查 14 处。

【济宁市金乡县 2022 年度地下水超采综合治理工程测量】 本项目是依据山东水设企业发展部下发的《金乡县 2022 年度地下水超采综合治理工程测量任务书》而进行的测量项目，测量技术要求由工程规划院提供，该项目由山东水设测绘院独立完成，测量目的是为金乡县 2022 年地下水超采综合治理提供必要的测绘资料，主要工程内容包括：五级河水系连通工程，大沙河、莱河提水灌溉工程。项目完成时间为 2022 年 2 月。项目完成的主要工作量有：

布设基本平面控制网 1 个，测设 RTK 一级点 20 个；布设基本高程控制网 1 个，完成国家四等水准 61.9 千米；完成 1 ∶ 1000 条带地形图 1.25 平方千米；完成 1 ∶ 500 局部地形图测量 0.42 平方千米；测量横断面 11.8 千米；建筑物调查 20 座，灌溉机井位置 337 眼。

【济宁市曲阜市险河治理工程实施方案测量】 本项目是依据山东水设企业发展部下发的《曲阜市险河治理工程实施方案测量任务书》而进行的测绘项目，由山东水设测绘院独立完成。测量目的是为曲阜市险河治理工程实施方案阶段提供测绘资料。该项目位于山东省济宁市，项目完成时间为 2022 年 8 月。项目完成的主要工作量有：

完成基本平面 RTK 一级控制点 26 点；完成四等水准路线 80.5 千米；完成 1 ∶ 500 地形图测量 1.46 平方千米；完成 1 ∶ 2000 地形图测量 14.5 平方千米；完成横断面测量 94.1 千米；完成纵断面测量 31.5 千米；完成建筑物调查 117 处。

【济宁市汶上县小汶河拦蓄工程初步设计测量】 本项目是按照山东水设企业发展部下发的《汶上县小汶河拦蓄工程初步设计测量任务书》进行的工程测量项目，由山东水设测绘院于 2022 年 10 月独立完成。测量目的是为汶上县小汶河拦蓄工程初步设计提供必要的测绘资料，主要内容为基本平面控制测量、基本高程控制测量、地形图测量、断面测量等。

项目完成的主要工作量有：完成基本平面控制点 16 点；完成基本高程控制网 1 个，测设四等水准线路 33.7 千米；完成 1 ∶ 500 地形图测量 2.33 平方千米；完成横断面测量 43.8 千米；完成纵断面测量 91.4 千米；完成建筑物调查 45 处。

【济宁市梁山县梁北水库工程可研阶段测量】 本项目是根据山东水设企业发展部下发的《梁山县梁北水库工程可研阶段测量任务书》而进行的测量项目，测量技术要求由公司发展规划院提供。测量目的是为梁山县梁北水库工程提供必要的测绘资料，主要内容为 1:2000 地形图测量、纵横断面测量、建筑物调查等。该项目位于山东省济宁市境内，由测绘院于 2022 年 8 月独立完成，项目完成的主要工作量有：

布设基本平面控制网 1 个，等级为 RTK 一级，完成基本平面控制点测量 12 座；布设基本高程控制网 1 个，等级为国家四等，完成四等水准 35.7 千米；完成像控点测量 27 点，等级为 RTK 一级；完成 1 ∶ 2000 地形测量图 6.4 平方千米；完成横断面测量 17.2 千米；完成纵断面测量 10.6 千米；完成建筑物调查 49 座。

【泰安市岱岳区石汶河治理工程勘察设计一期工程初步设计工程测量】 本项目是按照公山东水设企业发展部下发的《泰安市岱岳区石汶河治理工程勘察设计一期工程初步设计工程测量任务书》进行的工程测量项目，由山东水设测绘院于 2022 年 3 月独立完成。测量目的是为石汶河治理工程初步设计阶段提供测绘资料。该项目位于山东省泰安市。

项目完成的主要工作量有：完成基本平面控制网 1 个，测设 GNSS 一级控制点 20 个；完成基本高程控制网 1 测，测设四等水准 38.8 千米；完成 1 ∶ 2000 地形图 6.1 平方千米；完成 1 ∶ 500 地形图 0.165 平方千米；完成横断面测量 52.4 千米；完成纵断面测量 15.2 千米；建筑物调查 34 处。

【临沂市蒙阴县东汶河第六橡胶坝除险加固工程可行性研究测量】 本项目是根据山东水设企业发展部下发的〔C20222131〕号《蒙阴县东汶河第六橡胶坝除险加固工程可行性研究测量任务书》而进行的测量项目，测量技术要求由临沂分公司提供。测量目的是为蒙阴县东汶河第六橡胶坝除险加固工程提供必要的测绘资料。该项目位于山东省临沂市境内，由测绘院于 2022 年 12 月独立完成。

本项目完成的主要工作量有：布设基本

平面控制网1个，等级为RTK一级，完成基本平面控制点4座；布设基本高程控制网1个，等级为国家四等，完成四等水准40.2千米;完成像控点测量9点,等级为RTK一级;获得无人机航飞相片4158张;完成1：2000地形图测量1.02平方千米；完成1：500地形图测量0.2平方千米；完成横断面测量14.1千米；完成纵断面测量2.5千米；完成建筑物调查9座。

【临沂市郯城县马头灌区续建配套与节水改造项目实施方案初步设计阶段工程测绘】 本项目是按照山东水设企业发展部下发的《临沂市郯城县马头灌区续建配套与节水改造项目实施方案初步设计阶段工程测绘任务书》进行的工程测量项目，由山东水设测绘院独立完成。测量目的是临沂市郯城县马头灌区续建配套与节水改造项目实施方案初步设计阶段工程提供必要的测绘资料。马头灌区位于临沂市郯城县境内，项目于2012年12月份完成，项目完成的主要工作量有：

完成基本平面控制点38点；完成基本高程控制网1个,测设四等水准线路110千米;完成1：2000地形图测量15.9平方千米；完成1：500地形图测量0.1平方千米；完成横断面测量39.7千米；完成建筑物调查6处。

【临沂市平邑县唐村水库增容工程可行性研究测量】 本项目是根据山东水设市场发展部下达的《平邑县唐村水库增容工程可行性研究测量任务书》而进行的测量项目，由山东水设测绘院独立完成。测量目的是为平邑县唐村水库增容工程提供必要的测绘资料，主要内容为基本平面高程控制、航测综合法完成1：2000地形图测量、闭合曲线绘制、库容计算等。该项目位于山东省临沂市境内，项目完成时间是2022年10月。项目完成的工作量为：

布设基本平面控制网1个，等级为RTK一级，完成基本平面控制点26座；布设基本高程控制网1个，等级为国家四等，完成四等水准111.8千米；完成像控点测量100点，等级为RTK一级;处理航空影像1875幅，航带数56条，影像分辨率为0.05米；建立测区DEM1个，格网间距为2米，高程中误差为±0.053米；完成1：2000地形图测量32.43平方千米,其中水下9.35平方千米;编制质量检查报告，对1：2000地形图的地物点平面中误差、地形点高程中误差、水下地形点高程中误差进行了检查，布设了检查点，对像控点进行了检查；分析实测库容曲线，形成了1985国家高程基准的唐村水库水位、面积、库容关系成果表和水位、面积、库容关系曲线，编制了库容曲线复核报告。

【临沂市郯城县新白马河综合治理工程初步设计测量】 本项目是按照公山东水设企业发展部下发的《郯城县新白马河综合治理工程初步设计测量任务书》进行的工程测量项目，任务由山东水设测绘院于2022年10月独立完成。测量目的是为郯城县新白马河综合治理工程初步设计阶段提供测绘资料。该项目位于山东省临沂市。

项目完成的主要工作量有：完成基本平面高程控制点38点；完成四等水准路线69.2千米；完成1：2000地形图7.6平方千米；完成1：500地形图0.24平方千米；完成纵断面测量34.8千米；完成横断面测量69.2千米；完成建筑物调查131处。

【临沂市兰陵县会宝岭水库增容工程可研报告编制项可研阶段测量】 本项目是依照山东水设企业发展部下发的《兰陵县会宝岭水库增容工程可研报告编制项可研阶段测量任务书》而进行的测量项目，测量目的是为兰陵县会宝岭水库增容工程可研报告编制项可研阶段提供必要的测绘资料，主要内容为航测综合法1：2000地形图测量、库容计算、库容曲线复核报告编写等。该项目位于临沂市兰陵县境内，由山东水设测绘院于2022年7月独立完成，项目完成的主要工作量有：

布设基本平面控制网1个，等级为RTK

一级，完成基本平面控制点57座；布设基本高程控制网1个，等级为国家四等，完成四等水准68.4千米；完成像控点测量48点，等级为RTK一级；处理航空影像87张，航带数8条，影像分辨率为0.20米；建立测区DEM1个，格网间距为2米，高程中误差为±0.073米；完成1：2000地形图测量33.1平方千米，其中水下12.4平方千米；编制质量检查报告，对1：2000地形图的地物点平面中误差、地形点高程中误差、水下地形点高程中误差进行了检查，布设了检查点，对像控点进行了检查；分析实测库容曲线，形成1985国家高程基准的会宝岭水库水位、面积、库容关系成果表和水位、面积、库容关系曲线，编制了库容曲线复核报告。

【德州市中小河流治理老赵牛河等25条河流逐河流治理方案及总体方案测量】 本项目是依据山东水设企业发展部下达的《德州市中小河流治理老赵牛河等25条河流逐河流治理方案及总体方案测量任务书》而进行的测量任务，由山东水设测绘院独立完成。测量目的是为德州市中小河流治理工程规划阶段提供测绘资料。该项目位于山东省德州市，项目于2022年11月完成。

项目完成的主要工作量有：完成横断面测量320千米；完成纵断面测量670千米；建筑物调查1462处。

【德州市齐河县邓金河治理工程可行性研究测量】 本测量是根据山东水设企业发展部下发的〔C20222014〕号《齐河县邓金河治理工程可行性研究测量任务书》而进行的测量项目，测量要求由工程规划院提供，该项目由测绘院独立完成。测量目的是为齐河县邓金河治理工程可行性研究阶段提供必要的测绘资料，主要内容为1：2000地形图测量、纵横断面测量、建筑物调查等。该项目位于山东省德州市境内，项目完成时间为2022年3月。本项目完成的主要工作量有：

完成像控点测量95点，等级为RTK一级；完成1：2000地形图测量2.5平方千米；完成横断面测量27.4千米；完成纵断面测量9.6千米；完成建筑物调查79座。

【德州市齐河县赵牛新河治理工程可行性研究测量】 本测量是根据山东水设企业发展部下发的〔C20222015〕号《齐河县赵牛新河治理工程可行性研究测量任务书》而进行的测量项目，测量要求由工程规划院提供，该项目由测绘院于2022年3月间独立完成。测量目的是为齐河县赵牛新河治理工程可行性研究提供必要的测绘资料，主要内容为1：2000地形图测量、纵横断面测量、建筑物调查等。该项目位于山东省德州市境内，测量范围起点为赵牛新河入齐河界处，终点为新巴公河汇入赵牛新河处。上下游测量范围应至少超出河道治理范围200米。本工程主要完成以下工作量：

完成像控点95点，等级为RTK一级；完成1：2000地形图测量5.5平方千米；完成横断面测量63千米；完成纵断面测量23千米；完成建筑物调查62座。

【德州市齐河县中心河治理工程可行性研究测量】 本测量是根据山东水设企业发展部下发的〔C20222013〕号《齐河县中心河治理工程可行性研究测量任务书》而进行的测量项目，测量要求由工程规划院提供，该项目由测绘院于2022年3月份独立完成。测量目的是为齐河县中心河治理工程可行性研究提供必要的测绘资料，主要内容为基本平面高程控制、1：2000地形图测量、纵横断面测量、建筑物调查等。该项目位于山东省德州市境内，测量范围起点为中心河上游自平阴齐河界上100米（仁里集镇田楼庄南处），终点位于中心河与赵牛新河交汇处。

项目完成的主要工作量有：布设基本平面控制网1个，等级为RTK一级，完成基本平面控制点11座；布设基本高程控制网1个，等级为国家四等，完成四等水准70.36千米；完成像控测量点95点，等级为RTK

一级；完成1：2000地形图测量2.8平方千米；完成横断面测量25.3千米；完成纵断面测量7.3千米；完成建筑物调查49座。

【德州市禹城市现代水网工程初步设计测量】本测量是依据山东水设企业发展部下发的〔C20222027〕号《“山东省禹城市现代水网工程初步设计测量”任务书》及工程规划二院提出的《山东省禹城市现代水网工程初步设计测量技术要求》进行的工程测量项目。测量目的是为山东省禹城市现代水网工程提供必要的测绘资料，项目由山东水设测绘院于2022年4月独立完成。

禹城市现代水网设计工程以徒骇河为发展主轴，以中部连通水系为重点，优化提升北、中、南三环连通的市级骨干水网，构建“蓄泄兼筹、多源互补、丰枯调剂、生态良好”的水网工程体系。主要建设内容包括新建涵闸、改建涵闸、新建泵站、维修涵闸、改（新）建桥梁、疏浚扩挖河道、清淤治理河道、新建河道管理配套设施及绿化等。2022年度主要建设内容包括新建、改建涵闸、新建泵站、改（新）建桥梁、维修涵闸等。

本项目完成的主要工作量有：布设基本平面控制网1个，测设RTK一级点41个；布设基本高程控制网1个，完成国家四等水准110.8千米；完成1：1000地形图测量1.0平方千米；完成1：2000地形图测量6.0平方千米；完成横断面测量29.0千米；完成纵断面测量31.1千米；完成建筑物调查106座；完成像控点测量86个。

【德州市新建杨庄水库及配套输水工程测量】本测量是根据山东水设企业发展部下达的《德州市新建杨庄水库及配套输水工程测量任务书》和工程设计二院提供的《德州市新建三唐水库工程测量要求》而进行的测量项目，由山东水设测绘院独立完成，水库名称由三唐水库更名为杨庄水库。测量目的是为德州市新建杨庄水库及配套输水工程提供必要的测绘资料。测绘成果提交山东水设工程设计二院。项目测量完成时间为2022年6月。

新建德州市杨庄水库位于德州市三唐乡小唐村北，主要功能为引蓄马颊河来水，作为德城区第三水厂的专用水源，满足德州市中心城区的生产、生活用水，石提高中心城区供水保证的民生工程。

完成的主要工作量有：完成1：500地形图测绘0.32平方千米；完成1：2000地形图测绘5.68平方千米；完成横断面测量13.60千米。

【德州市德城区支流水系连通综合治理工程可行性研究测量】本测量是依据山东水设企业发展部下达的《德州市德城区支流水系连通综合治理工程可研阶段测量任务书》而进行的测量任务，由山东水设测绘院独立完成。测量目的是为德州市德城区支流水系连通综合治理工程可研阶段提供测绘资料。该项目位于山东省德州市。项目完成时间为2022年7月份。

项目完成的主要工作量有：完成1：2000地形图测量9.08平方千米；完成横断面43.95千米；纵断面64.86千米。

【德州市禹城市李三尖水库增容工程可行性研究测量】本测量是根据山东水设企业发展部下达的〔C20222124〕号《禹城市李三尖水库增容工程可行性研究测量任务书》而进行的测量项目，测量技术要求由工程设计二院提供。该项目由测绘院于2022年11月独立完成，测量目的是为禹城市李三尖水库增容工程设计提供必要的测绘资料，主要内容为基本平面控制测量、基本高程控制测量、1：2000地形图测量、纵横断面测量等。该项目位于山东省德州市境内，项目完成的主要工作量有：

布设基本平面控制网1个，等级为RTK一级，完成基本平面控制点19座；布设基本高程控制网1个，等级为国家四等，完成四等水准50.3千米；完成像控点测量55点，等级为RTK一级；完成1：2000地形图测量 4.98 平方千米；完成横断面 8.12 千米；完成纵断面 20.69 千米。

【德州市运河经济开发区支流水系连通综合治理工程可行性研究测量】 本测量是依据山东水设企业发展部下发的《德州市运河经济开发区支流水系连通综合治理工程可研阶段测量任务书》而进行的测绘项目，由山东水设测绘院独立完成。测量目的是为德州市运河经济开发区支流水系连通综合治理工程可研阶段提供测绘资料。该项目位于山东省德州市运河经济开发区，项目完成时间为 2022 年 8 月。项目完成的主要工作量有：

完成 1 ∶ 2000 地形图测量 20.79 平方千米；完成横断面测量 104.51 千米；完成纵断面测量 154.26 千米。

【聊城市金堤河徒骇河引调水工程测量】 本测量是根据山东水设企业发展部下发的《聊城市金堤河徒骇河引调水工程测量任务书》而进行的测量项目。测量目的是为金堤河徒骇河引调水工程测量任务提供必要的测绘资料，主要内容为基本平面高程控制、航测综合法完成 1 ∶ 2000、1 ∶ 500 地形图测量、纵横断面测量、建筑物调查等。该项目位于山东省聊城市境内，由山东水设测绘院于 2022 年 6 月独立完成。项目主要完成以下工作量：布设基本平面控制网 2 个，等级为 RTK 一级，完成基本平面控制点 68 座；布设基本高程控制网 2 个，等级为国家四等，完成四等水准 155.6 千米；完成像控点测量 149 点，等级为 RTK 一级；完成 1 ∶ 2000 地形图测量 10.37 平方千米；完成 1 ∶ 500 地形图测量 0.5 平方千米；完成横断面测量 85 千米；纵断面测量 29 千米；完成建筑物调查 141 座。

【聊城市位山灌区“十四五”续建配套与现代化改造工程初步设计测量】 本测量是根据山东水设企业发展部下发的《“聊城市位山灌区‘十四五’续建配套与现代化改造工程初步设计测量”任务书》进行的测量项目，由山东水设测绘院独立完成，完成时间为 2022 年 7 月。

位山灌区位于山东省西部聊城市境内，始建于 1958 年，1962 年停灌，1970 年复灌，设计灌溉面积 540 万亩，核定灌溉面积（水利部水规计〔2001〕514 号）508 万亩，居全国 6 个特大灌区第 5 位，是黄河中下游和山东省最大的引黄灌区。位山灌区主要承担着聊城市 10 个县（市、区）88 个镇（乡、街道）的灌溉、生态补水和部分生活及工业企业供水的任务，同时还肩负着引黄济津、引黄入卫、引黄济冀补淀的引黄供水任务，是雄安新区重要生态屏障——白洋淀近期生态用水的重要保障。

“十四五”期间位山灌区续建配套与现代化改造工程建设任务为：通过骨干渠系、渠系建筑物、管护设施等配套改造，解决东西输沙渠引水困难、渠道输水能力不足、建筑物老化失修、安全防护设施缺失、管理不便等问题，进一步提高灌区输水、节水、建筑物配套及安全防护水平，设计改善灌溉面积 135 万亩。

本次测量目的是为聊城市位山灌区“十四五”续建配套与现代化改造工程二期工程 2022 年至 2025 年共四年的建设内容设计提供底图。可研阶段已对多数工程内容进行了测量，可研审查过程中对建设内容进行了调整，本次测量需对调整内容进行补充测量。本工程建设内容包括渠道工程、渠系建筑物工程、管护道路等。

项目完成的主要工作量有：布设基本平面控制网一个，完成基本平面控制点测设 34 座，平面测量等级为 RTK 一级；布设基本高程控制网一个，测设四等水准路线 164.8 千米；完成 1 ∶ 500 局部地形图 0.23 平方千米；完成 1 ∶ 2000 地形图测量 2.17 平方千米；完成横断面测量 32.1 千米；完成纵断面测量 122.2 千米；完成桥涵调查 186 座。

【聊城市彭楼灌区十四五续建配套与现代化改造工程初步设计测量】 本测量是按照山

东水设企业发展部下发的《聊城市彭楼灌区十四五续建配套与现代化改造工程初步设计测量任务书》进行的工程测量项目，由山东水设测绘院于2022年9月独立完成。测量目的是为聊城市彭楼灌区十四五续建配套与现代化改造工程初步设计提供必要的测绘资料。

项目完成的主要工作量有：完成基本平面RTK一级控制点88点；完成基本高程控制测量235千米；完成1∶2000地形图测量6.6平方千米；完成1∶500地形图测量0.15平方千米；完成横断面测量25.8千米；完成桥涵调查244处。

【聊城市东昌府区西新河蓄排引调水工程初步设计测量】 本测量是按照山东水设企业发展部下发的《聊城市东昌府区西新河蓄排引调水工程初步设计测量任务书》进行的工程测量项目，由山东水设测绘院独立完成。测量目的是为聊城市东昌府区西新河蓄排引调水工程初步设计提供必要的测绘资料。项目完成时间为2022年8月。项目完成的主要工作量有：

完成基本平面控制测量RTK一级控制点15座；完成1∶2000地形图测量6.06平方千米；完成1∶500地形图测量0.391平方千米；完成横断面测量47.1千米；完成纵断面测量27.5千米。

【聊城市东阿县赵牛河引调水工程（EPC标）初步设计测量】 本测量是依照山东水设企业发展部下发的〔C20222115〕号《东阿县赵牛河引调水工程（EPC标）初步设计测量》任务书而进行的测绘项目，由山东水设测绘院独立完成，成果提交山东水设工程设计一院，任务书要求提交最后期限为2022年10月31日。测量目的是为东阿县赵牛河引调水项目提供必要的测绘资料，主要内容为地形图测量、纵断面测量、横断面测量、建筑物调查等。

本项目完成的主要工作量有：完成控制点校核4座；建立基本平面控制网1个，埋设RTK一级控制点标石66座；完成1∶500地形图测量1.18平方千米；完成1∶2000地形图测量6.62平方千米；完成桥涵调查209座；完成横断面测量51.17千米；完成纵断面测量37.97千米。

【滨州市无棣县朱龙河治理工程初步设计（代可研）测量】 本测量是根据山东水设企业发展部下达的《无棣县朱龙河治理工程初步设计（代可研）测量任务书》任务而进行的测量项目，由山东水设测绘院于2022年9月独立完成。测量目的是为无棣县朱龙河治理工程初步设计阶段提供测绘资料。该项目位于山东省滨州市。

项目完成的主要工作量有：完成基本平面高程控制点38点；完成1∶2000地形图测量9.19平方千米；完成1∶500地形图测量0.037平方千米；完成横断面测量78.2千米；完成纵断面测量44.3千米；完成建筑物调查84处。

【滨州市无棣县郝家沟治理工程初步设计（代可研）测量】 本测量是依据山东水设企业发展部下发《无棣县郝家沟治理工程初步设计（代可研）测量任务书》而进行的测量项目。任务由山东水设测绘院于2022年9月独立完成。测量目的是为无棣县郝家沟治理工程初步设计阶段提供测绘资料。该项目位于山东省滨州市。

本项目完成的主要工作量有：完成基本平面高程控制点28点；完成1∶2000地形图测量10.5平方千米；完成1∶500地形图测量0.034平方千米；完成横断面测量66.7千米；完成纵断面测量59.1千米；完成建筑物调查103处。

【滨州市惠民县2022年度地下水超采综合治理工程测量】 本项目是依照山东水设企业发展部下达的《惠民县2022年度地下水超采综合治理工程测量任务书》而进行的测

绘项目，由山东省水利勘测设计院测绘院独立完成，成果提交山东水设工程规划院。本项目的工作深度为施工图设计阶段，测量目的是为惠民县2022年度地下水超采综合治理工程提供必要的测绘资料，项目位于滨州市惠民县境内，完成时间为2022年2月。

完成的主要工作量有：布设基本平面控制网一个，测设RTK一级控制点63座；布设基本高程控制网一个，测设四等水准路线64.2千米；完成1∶500地形图测绘0.26平方千米；完成1∶2000地形图测绘2.65平方千米；完成横断面测量24.51千米；完成纵断面摘录62.76千米；完成穿堤桥涵调查49座。

【滨州市土马沙河（滨城区段）河道治理工程测量】 本项目是依照山东水设企业发展部下发的〔C20222111〕号《土马沙河（滨城区段）河道治理工程测量任务书》而进行的公司自揽测量项目，由山东水设测绘院独立完成，成果提交山东水设工程规划院，任务书要求提交最后期限为2022年10月30日。测量目的是为土马沙河（滨城区段）河道治理工程提供必要的测绘资料，主要内容为地形图测量、纵断面测量、横断面测量、建筑物调查等。测区位于山东省滨州市滨城区境内。

项目完成的主要工作量有：建立基本平面控制网1个，埋设控制点标石13座；建立基本高程控制网1个，完成四等水准测量28.2千米；完成1∶500地形图测量0.10平方千米；完成1∶2000地形图测量2.04平方千米；完成桥涵调查25座；完成横断面20.44千米；完成纵断面测量8.1千米。

【菏泽市南水北调调蓄及供水保障工程（郓城）初步设计测量】 本测量是根据山东水设企业发展部下发的〔C20222067〕号《山东省菏泽市南水北调调蓄及供水保障工程（郓城）初步设计测量任务书》而进行的测量项目，测量技术要求由工程设计[illegible]院提供，该项目由测绘院于2022年7月独立完成。测量目的是为山东省菏泽市南水北调调蓄及供水保障工程（郓城）项目提供必要的测绘资料，主要内容为1∶2000地形图测量、纵横断面测量等。该项目位于山东省菏泽市境内。

项目完成的主要工作量有：布设基本平面控制网1个，等级为RTK一级，完成基本平面控制点9座；布设基本高程控制网1个，等级为国家四等，完成四等水准41.5千米；完成像控点测量16点，等级为RTK一级；完成1∶2000地形图测量6.8平方千米；完成横断面测量4.2千米；完成纵断面6.4千米。

【菏泽市单县黄河故道生态修复综合治理项目可行性研究测量】 本测量是依据山东水设企业发展部下达的《单县黄河故道生态修复综合治理项目可行性研究测量任务书》而实施的测量项目，由山东水设测绘院独立于2022年11月间完成。测量目的是为单县黄河故道生态修复综合治理项目可行性研究阶段提供测绘资料。该项目位于山东省菏泽市。

项目完成的主要工作量有：完成基本平面高程控制点54点；完成四等水准路线103.4千米；完成1∶2000地形图10.81平方千米；完成横断面测量52.0千米；完成建筑物调查67处。

【西藏年楚河干流重点河段治理工程可行性研究测量】 本测量是根据山东水设企业发展部下达的《西藏年楚河干流重点河段治理工程可行性研究测量任务书》和发展规划院提供的《西藏年楚河干流重点河段治理工程可行性研究测量技术要求》而进行的测量项目，由山东水设测绘院独立完成，完成时间为2022年7月。

西藏年楚河干流重点河段治理工程主要建设内容为年楚河干流右岸7+304～80+129段堤防治理、重建涵洞、新建交通桥等，其中年楚河干流堤防治理全长66.106千米（和除联阿、解放、团巴、下觉仁钦岗、达重枢纽回水段总长6.719千米），确定年楚河重点河段的防洪标准桑珠孜区城区段（堤防桩号7+304～15+998）为30年一遇，其余段为20年一遇，堤防级别分别为3级、4级，堤防上的建筑物防洪标准同所在堤防防洪标准遇，主要建筑物级别为3级、4级，临时建筑物级别为5级。产生的测绘任务为1:2000地形图测量、1:500地形图测量、纵横断面测量、建筑物调查等。项目测量深度为初步设计和施工图设计深度。

项目完成的主要工作量有：布设基本平面高程控制网1个，测设RTK一级点80个，高程测量方式为RTK高程测量方式；完成1:2000条带地形图测量11.7平方千米；完成1:500地形图测量0.28平方千米；测量横断面184.5千米；完成像控点93点；建筑物调查68座。

【河北省邯郸市漳滏河灌区“十四五”续建配套与现代化改造项目勘察设计（2023—2025年度）初步设计测量】 本测量是根据山东水设企业发展部下发的任务书而进行的测量项目，测量技术要求由公司发展规划院提供。测量目的是为邯郸市漳滏河灌区“十四五”续建配套与现代化改造项目勘察设计（2023—2025年度）提供必要的测绘资料，主要内容为1:2000地形图测量、1:500地形图测量、纵横断面测量、建筑物调查等。该项目位于河北省邯郸市境内，由测绘院于2022年7月独立完成。本项目完成的主要工作量有：完成像控点测量174点，等级为RTK一级；完成1:2000地形图测量10.00平方千米；完成1:500地形图测量0.61平方千米；完成横断面测量278.01千米；纵断面测量132.16千米；完成建筑物调查354座；护坡调查129千米；完成道路调查258千米。

（山东水设）

水旱灾害防御

防　汛

【汛情】 2022年山东省降水较常年明显偏多，台风影响趋频趋大，汛情总体复杂严峻。全年全省平均降水量872.4毫米，较常年同期偏多30%，较上年同期偏少11%，为1916年有降水统计资料以来第6位；汛期（6—9月）全省降水量692.2毫米，较常年同期偏多42%，其中6月降水显著偏多1.4倍；10月降水量较常年同期偏多2倍以上，居1916年有降水统计资料以来首位。全年发生大范围降水过程27次，集中在6—11月。受强降水影响，小清河发生3次超警洪水，岔河水文站2次刷新流量历史记录，半岛大沽河发生2004年以来最大洪水，黄河支流北大沙河、小清河支流瓜漏河及半岛大沽夹河支流清洋河分别发生1979年、1977年、1960年有实测资料以来最大洪水；南四湖下级湖自死水位以下快速回升，上、下级湖分别累计超限43天、30天；东平湖受大汶河来水影响出现5次明显波动，累计超限运行27天。年末蓄水总体偏多，全省蓄水总量80.00亿立方米，较常年同期多57%；半岛水库汛期增蓄明显，半岛4市汛末总蓄水量28.71亿立方米，较常年同期多蓄6成至1倍。

【洪涝灾情】 2022年汛期，受台风和强降雨影响，全省1382处中小型水利工程设施受损，其中，堤防916处、水闸28座、小型水库70座、塘坝54座、水文设施186处、其他水利设施128处，直接经济损失4.44亿元。全省大中型水库、骨干河道、重要湖泊无一出险，无一人因洪涝灾害死亡，水利工程总体运行平稳。

【责任落实】 超前部署各项工作。组织收听收看水利部和流域委水旱灾害防御工作视频会议，会后深入贯彻落实会议精神，按照省委、省政府决策部署，先后印发《山东省水利厅水旱灾害防御重点工作任务台账》和《关于做好2022年水旱灾害防御工作的相关通知》等近20件，全面安排部署全省防御工作，明确各市水利（水务）局、厅有关处室、直属单位责任分工，强化监测预报、预警发布、会商研判、调度指挥、技术支撑全链条职责。多次召开专题会议、调度会议，督促各地从严从紧压实防御责任，落实落细各项备汛措施。汛期历次强降雨前，相继下发强降雨防范应对通知16件，有针对性地安排部署防御工作。夯实各项工作责任。落实大中型水库大坝安全责任人774人，小型水库“三个责任人”1.6万人次，县、乡、村三级山洪灾害预警信息发布及反馈人员1.1万名，确保各类水库安全责任到人、措施到位，山洪灾害预警“发得出、传到位、有反馈”。强化技术支撑体系。充实完善各级水旱灾害防御专家库，优化省级首席专家制度，调整建立2022年防御专家委员会，落实防御专家近4000人、省级专家180人，充实调整16支省级水旱灾害防御队伍，落实抢险队伍2万余人，指导地方组建各级水旱灾害防御队伍，定期组织省级队伍开展防汛抢险与技能演练，着力提升各省级队伍应对处置洪涝灾害实战能力。强降雨期间，组织首席专家24小时驻守省水利调度中心参与会商研判、提供决策支持，先后派出30余个专家组赶赴一线指导洪水防御和险情处置。

【防御检查】 持续开展风险隐患排查，结合水利行业风险隐患排查、妨碍河道行洪突出问题排查整治、河道堤防专项隐患排查整改、河道行洪能力复核等多项隐患排查整治行动，重点组织做好水旱灾害防御暗访检查。印发《山东省水利厅关于印发〈2022年水旱灾害防御汛前检查方案〉的通知》，依托省流域中心成立暗访组，主汛前组织2轮水旱灾害防御暗访检查，实现全省16市、152个县（市、区，含功能区）全覆盖，对河湖防御洪水方案和超标洪水防御预案、水库、拦河闸坝、河湖堤防沉降段、堤防险工险段、堤防路缺口、河湖穿堤建筑物、山洪防治项目、防洪工程水毁修复、蓄滞洪区、在建水利工程、穿（破）堤施工水利工程以及2021年汛前检查发现问题整改情况等各类别1436个项目进行现场检查，共发现问题1301个，均按时整改完成。据统计，各级水利部门累计派出检查人员1.4万人次，发现各类问题隐患1.5万个，并全部整改到位。

【防御预案修订】 汛前，修订完善《山东省大型河道防御洪水方案编制大纲（试行）》《山东省大中型水库防御洪水方案编制大纲（试行）》，印发《山东省水利厅关于做好2022年水利工程防御洪水方案及超标洪水防御预案修编工作的通知》，对省内河道、水库、蓄滞洪区等防御洪水方案和超标洪水防御预案修编工作作出部署，指导各级修编各类防御洪水方案1.2万件。经省政府同意，印发《山东省水利厅关于印发山东省2022年重点大型河道防御洪水方案的通知》，下发各有关市、县（市、区）人民政府及省防指有关成员单位，确保方案预案执行到位。组织各地编制完成重点骨干河道和重要防洪城市超标洪水防御预案，汇编《山东省大型河道及湖泊防御洪水方案（2022年简本）》。印发《山东省水利厅关于核定大中型水库汛限水位的通知》，对全省有防洪任务的197座大中型水库的汛限水位进行重新校核，汇编《山东省大中型水库2022年汛期调度运用指标表》。组织开展河南郑州“7·20”特大暴雨洪水模拟推演，计算分析该雨型对全省水利工程可能造成的影响，系统梳理模拟推演过程中防洪工程安全运行及工程调度、物资队伍保障等方面暴露出的问题和薄弱环节，研究制定切实管用的防范措施，有针对性地修订完善各类防洪预案，提升极端暴雨洪水应对能力。

【山洪灾害防御】 周密安排部署。积极落实水利部、省委省政府有关会议及文件精神，多次召开专题会议对山洪灾害防御工作进行部署，先后转发、下发多个通知，汛期及时发布山洪灾害预警，跟踪调度各市防御工作开展情况，抓好非工程措施提标升级、监测预警设施管理和群测群防体系建设。强化监测预警。汛前完成山洪灾害监测预警系统升级及设备的维修养护，对山洪灾害监测点及危险区实行24小时监测，及时发布山洪灾害监测预警信息。2022年汛期，共发布山洪灾害气象预警22期、山洪灾害预警短信200多万条，提请各市县组织提前转移受山洪灾害威胁群众13753人次，确保2022年度山洪灾害防御工作中未出现人员伤亡，发挥了良好的防灾减灾效益。做好监督检查。结合汛前暗访检查，部署山洪灾害防御隐患排查，细化检查内容、明确职责要求和完成时限，确保山洪灾害防御风险隐患及早消除。下发《关于开展2022年山洪灾害防御监督检查工作的通知》，完成对济南、淄博、潍坊、烟台、青岛、日照、临沂、枣庄、济宁、泰安、威海11个设区市山洪灾害防治实施的全覆盖检查，形成监督检查工作报告及“一市一单”，督促各地整改，完成工作闭环。

【防汛演练】

马颊河洪水防御调度演练　为深刻汲

取河南郑州“7·20”特大暴雨洪涝灾害教训，切实做好2022年全省水旱灾害防御工作，于6月14日组织开展马颊河洪水防御调度演练，省水利厅领导及省水旱灾害防御专家委员会有关专家在省演练指挥中心参加演练。聊城市水利局设置险情处置现场，德州市水利局设置洪水调度现场，省水文中心设置应急测报现场，省防储中心设置物资调运现场，并连线省演练指挥中心汇报相关情况，其他各市线上观摩。演练采取桌面推演和现场处置相结合的方式进行，全面模拟了河南郑州“7·20”特大暴雨洪水对马颊河流域造成的影响和各项应对措施。在场景设置上，结合历史洪水出险情况以及防洪薄弱环节，选取河南郑州“7·20”特大暴雨洪水条件下，马颊河各河段可能存在的风险区和隐患点，逐一预设险情，采取应对措施。在环节设计上，涵盖洪水预报、工程调度、物资调运、会商研判、决策指挥、信息宣传等各方面工作，使演练更加贴近实战、服务实战。通过此次推演，各参演单位综合指挥能力、快速反应能力、应急处置能力、协同作战能力得到有效锻炼和提高。

2022年度水旱灾害防御演练视频线上观摩会议　为提升各级水旱灾害防御队伍实战能力，综合考虑疫情影响，于6月24日召开2022年度水旱灾害防御演练视频线上观摩会议。省水利厅领导及省水旱灾害防御专家委员会有关专家、部分省水旱灾害防御队伍约30人参加现场观摩。各市、县设分会场，各市、县水利（水务）局、各级水旱灾害防御队伍在所在地分会场线上观摩。会议收看了水旱灾害防御演练剪辑视频，演练视频包括气象、水文预测预报及专家会商，山洪灾害预警、群众转移、巡堤查险、坝前水下查险、堵漏、坝后管涌抢护、放水洞闸门抢险（水下切割、焊接、打捞）、水文测流，泄洪闸应急提闸放水、物资调运、两栖车抢运，子堤抢筑，应急排水，被困群众水上转移、水上救生和医疗救护等14个科目，全过程展示水旱灾害防御全过程，为各级开展防汛抢险提供充分参考，对提高各级水旱灾害防御与应急处置能力具有指导意义。

【防汛预警响应】 修订完善《山东省水利厅水旱灾害防御应急响应工作规程》，科学设置响应条件，健全完善联动响应机制。2022年先后启动洪水防御Ⅳ级应急响应4次，包括6月26日10时启动响应，6月28日10时终止响应；7月12日13时30分启动响应，7月13日10时终止响应；8月7日13时启动响应，8月10日17时终止响应；9月14日10时启动响应，9月16日16时终止响应。暴雨洪水影响期间，加密水文测报频次，累计开展水情测报9000余站次，发送雨水情短信63万条，发布水文预测预报23期、洪水预警3期，准确预报出大汶河、小清河等洪水过程。

【抢险救灾纪实】

（一）小清河7月超警洪水

1. 雨水情

7月11日15时至13日8时，受副高压边缘暖湿气流和冷空气共同影响，鲁西北、鲁中和半岛大部降暴雨到大暴雨，全省平均降水量47.0毫米。全省有20个县（市、区）平均降水量超过100毫米，县（区）最大降水量为济南市长清区145.3毫米，最大点降水量为济南市章丘区官营雨量站293.0毫米。受强降水影响，小清河上游支流瓜漏河发生有实测记录以来最大洪水。小清河上游支流瓜漏河北凤水文站7月12日15时20分实测洪峰流量870立方米/秒，列1977年有观测记录以来首位（历史最大214立方米/秒，2003年9月）。小清河中游岔河水文站在上游水牛韩闸控泄情况下，7月13日5时洪峰流量623立方米/秒，7月13日8时30分最高水位8.30米，超警1.12米（警戒水位7.18米），低于保证水位2.83米（保证水位11.13米）；流量超过1967年有实测记录以来历史最大流量（542立方米/秒，2019年8月）。

2. 工作措施

此次降雨过程强度大、时段相对集中且与上次强降雨过程间隔时间短，落雨区重合度高，防御难度大。省水利厅超前谋划部署，落实落细各项措施，有力有序开展防范应对工作。及时贯彻落实省领导批示指示精神。省长周乃翔 11 日批示，要求加强会商研判，充分估计雨情及降水量，及时采取有效泄洪、分流措施，确保工程安全运行。12 日下午，副省长、省公安厅厅长范华平到省水利厅调度指挥防汛度汛工作，要求科学调度工程，及时有效泄洪，立即转移人员，确保人民群众生命安全。省水利厅及时下发通知，将省领导批示指示要求传达贯彻至各市水利部门，并督促按照要求统筹抓好洪水防御各项工作。全面安排部署防范工作。按照水利部、水利部海河水利委员会通知要求，省水利厅及早下发通知，督促指导各地扎实做好监测预报预警、山洪灾害防御、水库安全运行、巡堤查险、值班值守等各项工作。12 日 13 时 30 分，根据应急响应工作规程，省水利厅启动洪水防御Ⅳ级应急响应，加强值班力量，省水利厅不间断调度济南、泰安等强降雨区雨水情及工程运行情况，指导地方做好强降雨防范应对工作。组织水旱灾害防御专家及有关处室单位加强技术支撑保障，24 小时紧盯雨水情状况，及时调度传递有关信息。强化监测预警会商研判。与省气象局联合发布山洪灾害气象预警，指导济南、泰安、烟台等发生山洪灾害可能性较大的地区严密防范，及早落实转移避险措施。12 日 17 时，省水文中心发布德惠新河洪水蓝色预警，提醒德州、济南、滨州等地加强防范，及时避险。12 日 18 时，省水文中心发布大汶河洪水预报，21 时发布小清河洪水预报，预计 13 日 4 时前后岔河水文站洪峰流量 700 立方米 / 秒左右。省水利厅迅速下发通知，督促各地超前谋划，积极应对，指导济南、淄博两市提前疏散转移受威胁区人员 2700 余人。强化统筹科学调度。组织水文专家开展大中型水库纳雨能力分析，逐水库分析流域来水，形成“一库一策”调度意见，滚动监测强降雨区主要河道洪水，指导地方统筹做好水库预泄及河道拦河闸坝联合调度，指导各地预泄水量 1.97 亿立方米，留足防洪库容；督促病险水库空库运行。先后发出调度指令 12 条，有效管控市际边界拦河闸坝，确保行洪平稳顺利。连夜对强降雨区小型水库“三个责任人”及村级山洪灾害预警发布人员进行电话抽查，督促全部到岗到位，加密巡查频次，及时发布预警。在流域内垛庄、萌山等多座水库同时泄洪的情况下，紧盯实时雨情水情，督导省流域中心派员蹲守小清河干流建筑物、节制闸、主要支流入口、小清河复航跨汛施工点位等主要节点，每半小时调度相关信息，充分发挥水牛韩闸、金家堰闸等节制闸调控洪峰作用，确保上下联动，洪水平稳过境。强化防御支撑保障。紧急派出 3 个工作组赴济南、泰安等市进行现场盯防，指导开展强降雨防范和山洪灾害防御工作。同时组织开展小清河沿线堤防 24 小时不间断巡查，第一时间暂停所有涉河项目建设，迅速撤离相关人员、机械，安排省级水旱灾害防御队伍 24 小时待命，并提前准备移动泵站、编织袋、土工布等关键物资，确保一旦需要，及时奔赴一线提供支撑保障。

（二）小清河 10 月超警洪水

1. 雨水情

10 月 1 日至 3 日，受副高压和冷空气共同影响，鲁西北、鲁中、半岛连降 2 场大到暴雨，局部大暴雨，累计雨量超过 1916 年有资料以来 10 月全月降水量记录，小清河发生超警洪水。小清河中游岔河水文站 10 月 4 日 4 时最大流量 665 立方米 / 秒，为 1967 年有实测资料以来最大（历史最大流量 623 立方米 / 秒，2022 年 7 月 13 日），相应水位 9.03 米，超警 1.85 米；10 月 4 日 11 时最高水位 9.12 米，超警 1.94 米，低于保证水位 2.01 米，相应流量 642 立方米 / 秒；超警历时 4 天。下游博兴水文站 10 月 4 日 10 时洪峰流量 647 立方米 / 秒。下游石村水文站 10 月 4 日 13 时 47 分洪峰流量642立方米/秒，相应最高水位5.52米，超警0.42米；超警历时40小时。

2. 工作措施

面对罕见连续2次出现极值的洪水过程，省水利厅严阵以待、严密部署、严防死守，再次成功防御小清河超警洪水。领导高度重视，及早安排部署。根据水利部黄委、海委有关通知，及省气象局9月29日重要天气预报，省水利厅高度重视本次强降雨防范，9月30上午即召开专题会商会，组织专家及相关处室、单位负责同志，分析研判降雨预报、雨水工情及汛情趋势，并下发紧急通知，要求各市克服麻痹大意思想和侥幸心理，对强降雨防范工作进行安排部署。10月1日上午，周乃翔省长主持召开国庆节假期视频调度会，厅主要负责同志参加调度会并汇报国庆期间强降雨防范应对工作情况。会后，省水利厅随即召开会商会议，对有关工作再强调、再部署、再落实。强化值班值守，压实责任链条。全省水利系统继续按汛期标准加强值班值守，省水利厅领导及时分析研判雨水情发展变化和工程运行情况，指导相关地区做好强降雨防范应对工作。各级水旱灾害防御队伍、专家队伍全部在岗待命，提前准备好抢险物资和装备，确保一旦有需要，及时支援抢险救灾。同时，省水利厅组织人员对济南、淄博、烟台、潍坊、泰安、威海、临沂7市186座小型水库340名防汛“三个责任人”进行电话抽查，督促上岗到位，履职尽责。强化预警预报，精准发布信息。10月1日、2日根据天气预报和地方情况，与省气象局联合发布山洪灾害气象预警2期，提醒济南、青岛、泰安、烟台、威海等市做好实时监测、防汛预警和转移避险等防范工作，各地累计发布山洪灾害预警信息5.6万余条。省水文中心加密监测频次，跟踪预测预报，接收处理雨水情信息40万余条，开展水文测验工作719站次，发布洪水预报129站次，发送雨水情短信4.2万条；及时发布水文快报1期，提前7小时发布小清河洪水预报成果，并根据各控制站洪水涨势滚动修正。强化工程调度，全力应对洪水。省水利厅组织水文专家开展全省大中型水库纳雨能力分析，牢固树立流域一盘棋的思想，统筹上下游、左右岸、干支流，着力加强小清河全过程、各环节管控，指导做好小清河流域内水库、河道、闸坝统筹调度工作，努力发挥水利工程防洪减灾效益。强降雨期间，省水利厅强化统一调度和省市联动，会同济南、淄博两市在保证流域内大中型水库安全运行的前提下，调控上游杜张水库、垛庄水库、萌山水库、太河水库等大中型水库出库流量，构筑起小清河安全泄洪第一道防线；强化边界闸调度和技术支撑，督促省流域中心严格落实指令，精准调度水牛韩闸和金家堰闸2座省直管闸，将干流河道行洪流量和水位线控制在安全范围内，构筑起小清河安全泄洪第二道防线。强化督导检查，技术支持到位。9月30日，省水利厅紧急派出2个工作组赴烟台、威海等市协助指导地方开展强降雨防御工作。10月3日、4日凌晨又先后派出工作组和专家组赴淄博指导小清河洪水防御工作，确保行洪安全。针对强降雨后小清河等部分河道出现明显涨水过程，省水利厅持续通过视频会商系统连线沿线各市水利局和工程管理单位，科学联合调度各类水利工程，实现洪水安全下泄。

（王毅）

抗　旱

【旱情灾情】 2022年，山东省汛前及枯季降水明显偏少，汛前1—5月全省平均降水量52.9毫米，较常年同期偏少55%，全省未发生大范围农业旱情，部分地区发生局部短时旱情，未发生因旱饮水困难。自3月底发生旱情，由于降水偏少，鲁南及胶东半岛地区旱情持续发展，5月中旬150万亩，5月下旬210万亩，6月上旬达330万亩，约占在田农作物面积的7.79%，其中，轻旱

272.49 万亩，中旱 51.57 万亩，重旱 10.08 万亩。受 6 月中下旬降水增多影响，旱情逐渐缓解，6 月下旬旱警解除。未接到因旱饮水困难情况报告。据统计，2022 年全省农作物累计受旱 615.3 万亩，因旱造成粮食损失 1.0785 万吨、经济作物损失 72 万元。

【动员部署】 深入贯彻落实水利部和流域委水旱灾害防御工作相关会议精神，下发《山东省水利厅关于做好 2022 年水旱灾害防御工作的通知》和《关于做好抗旱准备及旱情统计报送工作的通知》等多个通知，对干旱防御工作进行安排部署，要求各级水利部门全面压实责任，优化水资源配置，统筹做好抗旱保供水工作。多次召开专题会议，厅领导对抗旱工作进行部署，要求优化应急水量调度，做好应对局地旱情的准备，确保城乡用水安全。面对旱情，加强监测预警和会商研判，滚动跟踪雨情、水情、墒情、旱情变化，强化与气象等部门联动，严格执行旱情周报告、零报告制度，及时调度旱情信息、发布干旱预警信息，先后向日照、青岛等 5 市发出干旱提醒 2 期，发布南四湖枯水蓝色、黄色预警。旱情高峰时，先后下发《关于做好当前干旱防御工作的通知》《关于迅速开展农村饮水排查监测切实保障农村群众饮水需求的通知》，要求各市水利部门切实强化饮水安全保障，结合汛前水库腾库，合理调配使用水库、拦河闸、泵站、渠道等水源和设施，采取蓄、引、抽、提等多种措施，努力增加抗旱用水，全面排查干旱地区尤其是偏远山丘地区农村供水情况，确保供水安全。

【抗旱投入及效益】 2022 年，全省各级累计投入抗旱资金 2383.5 万元，开动机电井 3.44 万眼、泵站 982 处、机动抗旱设备 23.90 万台（套），出动各类机动运水车辆 1.40 万辆，完成抗旱浇地面积 436.6 万亩，抗旱挽回粮食损失 15.39 万吨、经济作物损失 1.72 亿元。

（王毅）

物资储备

【省级水旱灾害物资储备】 2022 年，为深入推进落实《山东省应急物资储备体系建设规划（2020—2030 年）》，省防汛抗旱物资储备中心进一步强化物资储备管理，推动物资调配改革，提促队伍建设管理，全方位保障全省水旱灾害防御工作。全省水旱灾害防御物资储备规模约 4.3 亿元，储备品种近 200 种，其中，省级储备规模达 1.6 亿元，品种达 80 余种，包括袋类 136 万条、防汛堵漏材料类 665 组套、打桩机类 45 套、给排水泵车类 21 辆、大型工程机械类 28 台套、发电设备类 53 套、供排水泵类 298 套、查排险设备类 10 套、水陆两栖车类 4 套、保障车辆类 58 辆等。

【制度规范】 联合省财政厅出台《山东省省级水旱灾害防御物资储备管理办法》，规范省级物资储备管理工作，明确物资调用、调拨工作流程，提出以干代训创新概念，为市县制定相关管理办法奠定了基础。出台《山东省水利厅关于加强水旱灾害防御物资储备管理的指导意见》，鼓励市县建立政府储备、社会储备有机结合的储备机制，指导市县科学推进物资储备管理、仓库建设、队伍建设、信息化开发等工作。出台《山东省水利厅调用水旱灾害防御物资程序》，规范物资调用程序，有力推进全省物资调用联动机制。出台《山东省省级水旱灾害防御队伍建设管理暂行办法》，加强省级队伍建管工作，有效提升队伍作战水平。印发《山东省水利厅关于重组省级水旱灾害防御队伍的通知》，按照“属地管理、分级负责”原则，将原 16 支省级队伍调整为 6 支，有力提高省级队伍建管水平。印发《山东省省级水旱灾害防御队伍建设方案》，着力推动建立省级队伍良性发展和运行机制。

【物资调配】 出台《山东省水利厅调用水旱灾害防御物资程序》，首次明确省水利厅可统筹全省需要，调用省、市、县三级政府储备水旱灾害防御物资和社会储备物资，集中支援受灾地区防御抢险，初步建立省、市、县三级和社会储备物资联动机制；年初正式启用山东省水旱灾害防御物资管理信息系统，省、市、县三级 425 处仓库、186 支队伍全部纳入系统管理，初步实现全省“一张图”管理，动态展示物资储备、分布情况，实时跟踪物资调运使用情况，物资调配效率全面提升。

【采购任务】 压紧压实时间节点，较往年提前 2 个月完成年度省级物资采购工作，且采购期间未出现任何质疑、投诉等情况。本年度共采购电源排水车 8 辆、保障车 6 辆、勘察车 2 辆、无人机 3 套、堤坝管涌渗漏检测仪 2 套、卫星电话 4 部，进一步提升高精尖省级物资储备比例。主汛期前，统筹全省水旱灾害防御需要，确定代储单位 11 个，对价值 9000 余万元的省级物资进行协议代储。超前向潍坊、临沂、聊城、德州、威海等市调运膨胀袋、钢丝网兜等物资 10 种，电源排水车、无人机、移动泵站、渗漏检测仪等设备 17 种，共计 202 台套，部分设备在防御“梅花”台风中发挥重要作用，切实提升多市应对暴雨、台风等极端天气能力。

【技术指导】 汛前下发相关通知，指导各市高质量、高标准完成汛前物资维护保养和调运演练工作。汛前、汛末分别开展物资队伍检查，抽查物资储备库和队伍共 103 处，累计发现问题隐患 216 个，并指导有关单位在规定时限内全面完成整改。汛前组织相关单位填报物资与队伍调度通讯录，初步形成物资队伍调度通讯录，进一步完善省、市、县三级保障力量联动机制。防汛关键期，下发《山东省水利厅立即落实物资队伍赶赴现场应对近期暴雨的通知》等系列通知，指导各市按照平战结合原则，加强汛期值班值守和防汛关键期保障力量落实工作。主汛期前，组织开展水旱灾害防御演练视频观摩会议，全过程展示巡堤查险、管涌抢护、子堤抢筑等 14 个演练科目，对提高全省防御抢险与应急处置能力具有很强的指导意义。

（张冲）

莱芜储备库

【管理机制】 对山东省防汛抗旱物资储备中心《劳务派遣人员管理暂行办法》《劳务派遣人员工资待遇发放实施细则》《劳务派遣人员请休假管理七项规定》分别进行 1 次修订，出台《劳务派遣人员月度工作考核奖励制度》《劳务派遣人员工作纪律（暂行）》《物业管理考核办法》《劳务派遣人员出勤管理规定》《莱芜储备库日常工作规则》等制度，实行常态化考核机制，有效提升人员管理军事化、规范化、标准化水平。

【基础设施】 完成仓库外墙真石漆喷涂、仓库大门电机改造、花架和连廊刷漆、检修水池沉淀池修铸、高位水箱维护、深井过滤改造等系列项目，保障仓库各类设施安全稳定运行。

【技能培训】 组织生产厂家开展 7 种物资设备理论和实操培训 56 学时；制定《莱芜储备库物资设备年度技能训练计划》，按照计划组织技能训练，平均每周理论学习 2 小时，实操训练 6 小时，每月技能考核 4 次，以考核促进提升；组织野外水库排水抢险演练 3 次，平均每次出动工作人员 10 名，演练共计 14 天，合计排水 70 余万立方米。组织开展疫情防控规定、安全保密规定、危险作业警示教育等 26 学时安全教育培训，提高了工作人员安全责任意识，时刻紧绷安全生产这根弦。组织开展 12 项应急预案培训，开展消防演练、高处坠落、灼伤、触电事故等

14项应急演练，提升突发事件应急处置与救援能力。

【隐患排查】 加强卫生、绿化、安全、食堂等方面管理，定期检查与考核，持续提升省级储备库形象。组织工作人员开展仓库日常安全隐患自查自纠，平均每月处理隐患问题6个，开展13次安全生产大检查，排查整改安全隐患55个，有力保障仓库硬件设施安全稳定运行。

（纪亚男）

河湖管理

2022年，在习近平生态文明思想指引、省委省政府决策部署和厅党组的正确领导下，山东省河湖管理工作紧紧围绕“一个关键三个拓展”，即抓住新一轮“一河（湖）一策”实施这个关键，坚持系统治理与强化管护并举，真抓实干、开拓创新，各项任务顺利推进。山东省河湖长制工作连续第三年受到国务院督查激励。

河长制湖长制

【体系建设】 2022年9月16日，省河长制办公室印发《关于调整公布省级河湖长体系的通知》，根据省领导工作变动情况，经报请省总河长批准，对省级河湖长体系进行了适当调整。由省委书记李干杰、省长周乃翔共同担任总河长，省委副书记路治原、常务副省长曾赞荣、副省长江成共同担任副总河长，省长、3位副总河长和其他4位省级领导同志共同担任省级重要河湖省级河湖长。

【制度建设】 2022年1月10日，山东省河长制办公室《关于印发黄河、东平湖等省级重要河湖“一河（湖）一策”综合整治方案的通知》，印发16条省级骨干河道、2条输水干线、4个湖泊、8个水库等省级重要河湖“一河（湖）一策”综合整治方案，以有序推进美丽幸福河湖建设为目标，坚持问题导向、目标导向、结果导向，将具体问题整治明确到月、目标性任务明确到季度，为未来3年河湖治理和管护提供目标清晰、阶段合理、推进有序的规划指导。3月24日，山东省河长制办公室印发《数字河湖建设推进工作方案》，4月24日，印发《山东省数字河湖试点建设技术导则（试行）》，明确“人、盆、水、事”等河湖管理基础指标22项，“算法、算据、算力”等扩展指标14项，为提升河湖及工程管护数字化、标准化、可视化、智慧化水平提供技术支撑。2022年5月17日，山东省市场监督管理局批准发布《河湖管护规范》（DB37/T 4506—2022），6月20日，批准发布《河湖水域岸线遥感监测技术规范》（DB37/T 4518—2022），为河湖管理工作的规范化、科学化开展提供标准支撑。2022年11月8日，作为《山东省河湖长制年度工作综合评价管理办法》的年度评价重点事项，山东省河长制办公室印发《山东省2022年度河湖长制工作综合评价指标》，实化、硬化绩效评价内容，进一步完善河湖长制工作绩效评价体系。2022年3月24日，山东省河长制办公室印发《美丽河湖工作推进工作方案》。结合前两年建设经验对《山东省省级美丽幸福示范河湖评价标准及评分细则》进行修订，进一步推进美丽幸福建设工作。

【社会成效】 2022年，河湖管理工作在全省推广“碧水积分”经验做法，发挥群众监督作用，截至2022年底，全省16市171个县（市、区）完成App或微信小程序开发，注册用户150余万人，反馈属实问题988个，完成整改955个，吸纳群众建议1392余条，兑换积分9199次。宣传河湖管理的生态效益、社会效益以及有奖举报办法，引导公众通过护水平台App，以“志愿巡河 + 积分兑换”的方式参与河湖管护监督，推动河湖管护从河湖长制走向“全民制”。2022 年 9 月至 12 月，在全省推出以“河湖管护•新答卷”为主题的山东河湖管护优秀创新案例征集活动，面向全省河湖管护行业广泛征集，组织省内河湖主管部门专家对案例进行审核、评定，最终评选出“全省河湖管护十大优秀创新案例”，在《大众日报》客户端对上榜案例进行宣传推介。2022 年 10 月至 12 月，山东省河长制办公室、山东广播电视台共同主办山东省美丽幸福河湖电视宣传活动，在闪电新闻客户端开设《美丽幸福河湖》视频专栏，在电视新闻频道新闻栏目报道，以《山东美丽河湖》实景播放形式设置 16 期开放式结尾。

【水美乡村建设县】 统筹进度、质量和安全，积极推进水系连通及水美乡村建设项目，寿光市、兰山区试点项目已通过国家终期评估，分别获得良好、优秀等次。广饶县试点项目批复总投资 6.03 亿元，完成投资 6.03 亿元，投资完成率 100%，并通过国家终期评估。荣成市试点项目批复总投资 4.46 亿元，2022 年度计划完成投资 2.25 亿元，实际完成年度投资 2.97 亿元，年度计划完成率 132%；东平县试点项目批复总投资 4.57 亿元，2022 年度计划完成投资 2.50 亿元，实际完成年度投资 2.50 亿元，年度计划完成率 100%。新入选的莒南县、齐河县建设批复总投资 12.00 亿元，实施方案已通过水利部审查、省水利厅审批，并开工建设。

（发展规划处）

管理基础工作

【岸线利用与管理】 2022 年，山东省河长制办公室秉持规划引领，依法管控的理念，按照保护为主、合理利用的原则，及时修编岸线保护利用规划，在前期全省已完成 2375 条（段）河流规划编制并由所属县级以上人民政府批复的基础上，对胶东调水工程干线和综合治理后的小清河分别组织了保护利用规划编制和修编，为科学实施岸线保护与利用提供规范依据。持续开展“妨碍河道行洪突出问题排查整治”“影响防洪安全和水生态安全拦河工程排查整治”专项行动，开展 3 轮次河湖问题暗访、3 轮次卫星遥感监测，组织黄河流域 9 市开展三级联动排查整治，排查整治各类河湖违法问题 1711 处。强化涉河建设项目监管，印发《关于开展涉河建设项目监督检查工作的通知》，成立 3 个检查组，对 2020 年以来省、市、县三级许可已开工项目不定期抽查，及时下发通知督促整改。

【信息管理系统】 2022 年，河湖长制管理信息系统进一步完善，整合“人、盆、水、事”信息，集成河湖长、一河（湖）一档、河湖管理范围、岸线空间规划、一河（湖）一策、河湖清违整治、涉河建设项目、河道采砂、河湖巡查、美丽示范河湖等相关数据，以及卫星遥感、视频监控、群众监督、跨行业共享数据等信息，探索引入无人机、船自动巡航监测、河湖数字模型、行为智能识别、物联网自动采集信息、数据分析分发等新功能，构建河湖管理数字化场景，扩展研发河湖管理保护突出问题的遥感智能识别、视频智能分析、数据分析分发等模型及算法。

【人员培训】 2022 年 9 月 22 日至 25 日，全省河湖长制专题培训班在东营举办，副省长江成出席结业式并作总结讲话，省河长办常务副主任、省水利厅党组成员、厅长刘中会作开班动员。培训班由省水利厅党组成员、副厅长刘鲁生主持，新任市、县政府分管人员共 180 余人参加培训。该班采取专题讲座、现场教学、交流研讨等方式开展培训，主要学习传达习近平总书记关于生态文明建设、新时期治水方针、河湖管理保护等方面的重要论述；邀请水利部、兄弟省份和高校等领导专家授课，重点讲解全面实行河湖长制政策及全国推行河湖长制典型经验、黄河流域生态保护与高质量发展、河湖管理保护、幸福河湖建设、数字河湖建设等内容。

专项管理行动

【安排部署】 2022年4月1日，以省委常委会形式召开省总河长会议，省委书记李干杰主持会议并讲话。会议听取了全省河湖长制工作情况汇报，审议《山东省2022年度河湖长制工作要点》《第8号省总河长令：关于加快现代水网建设助力河湖长制提标升级的通知》，听取2021年度省河长制办公室成员单位重点任务完成情况，对2022年度河湖长制工作进行安排部署。省委副书记、省长周乃翔，省委副书记、省人大常委会副主任、党组书记杨东奇，省委常委、常务副省长、省政协副主席王书坚，副省长凌文、孙继业、范华平、傅明先、王心富出席会议。4月11日，省总河长联合签发《第8号省总河长令：关于加快现代水网建设助力河湖长制提标升级的通知》，4月14日，省河长制办公室印发《山东省2022年度河湖长制工作要点》，对年度河湖长制重点工作进行安排部署。

【清违清障】

河湖清违清障 健全完备“天上看、地上巡、空中查、社会督、网上管”的河湖监测立体防控体系，形成卫星遥感监测、人工巡查、无人机航拍的立体化监测网络，2022年开展3轮次河湖问题暗访、3轮次卫星遥感监测和黄河流域9市开展三级联动排查整治，排查整治各类河湖违法问题1711处。4月1日，山东省河长制办公室印发《山东省河长制办公室关于做好漳卫新河河口碍洪问题清障工作的通知》，提前一个月完成漳卫新河河口清障任务，共清理整治6类27处问题，累计清理养殖池652.4万平方米、围堰围埝8万米、树障7.5万平方米、房屋建筑9760平方米。

妨碍河道行洪突出问题排查整治 2022年3月，山东省河长制办公室印发《妨碍河道行洪突出问题排查整治工作推进方案》，3月8日，印发《关于印发妨碍河道行洪突出问题排查整治工作“三个清单”的通知》，全年共排查问题1142处，除1处问题进入司法程序延期整改外，其他已全部整改到位并销号。

影响防洪安全和水生态安全拦河工程排查整治 2022年3月24日，山东省河长制办公室印发《影响防洪安全拦河工程排查整治工作推进方案》，明确排查范围、整治内容、推进步骤、序时进度，要求各级河湖长亲自牵头推动督导，全程跟踪问效。共摸排梳理流域面积50平方千米以上河道上的桥梁、闸坝、码头、管线等35000余处，列入拆除或改造的500处，列入2022年度整改的484处已全部按时间节点完成。

【采砂监管】 2022年4月20日，山东省水利厅印发《关于深入开展河道非法采砂专项整治行动的通知》，摸清河道采砂监管底数，动态打击包括非法采砂和取土在内的各类违法活动，全省各级共出动18万余人次，累计巡河77.5万余千米，查处非法活动396起，查处各类机具114台（部），其中，行政处罚案件308起，没收违法所得28.09万元、罚款256.84万元，刑事处罚案件9起、处罚人数13人，追责问责1人。

【考核督察】 2022年，山东省河长制办公室将河湖长制工作纳入各市高质量发展综合绩效考核和重点督查事项，印发《山东省河长制办公室关于做好2022年度河湖长评价工作的通知》《山东省河长制办公室关于做好2022年度河湖长制总结及评价有关工作的通知》，对河湖长制考核工作进行部署安排。印发《山东省河长制办公室关于市级河（湖）长年度绩效评价有关事项的补充通知》

《山东省河长制办公室关于省河长制办公室成员单位年度绩效评价有关事项的补充通知》等通知，对考核有关工作进行明确。

【美丽幸福河湖建设】 2022年，河湖管理工作继续将美丽幸福河湖建设作为重要载体，3月24日，印发《2022年美丽幸福河湖工作推进方案》，结合前两年建设经验，对《山东省省级美丽幸福示范河湖评价标准及评分细则》进行修订，结合地域、河（湖）情、文化等实际，科学合理规划美丽幸福河湖建设任务，分批分级推进省、市、县三级美丽幸福河湖建设，建成省级美丽幸福示范河湖136条（段、个），全年完成3558条（段）美丽幸福河湖达标任务。

【数字示范河湖建设】 2022年，山东省河长制办公室将加快河湖数字化建设、管护作为年度重点任务，印发《数字河湖建设推进工作方案》，并配套出台《山东省数字河湖试点建设技术导则（试行）》，明确“人、盆、水、事”等河湖管理基础指标22项，“算法、算据、算力”等扩展指标14项，要求全省在河湖长制信息化建设基础上，突出创新发展方向，按照需求牵引、应用至上、数字赋能、提升能力的原则，每个设区的市完成不少于1条河流、1座中型水库、1座大（中）型水闸和1个县域的“四个一”数字河湖试点建设，16市共申报完成103项数字河湖建设。

（万少军）

农村水利

灌区建设与管理

【大型灌区续建配套与节水改造】 2022年，国家共安排4处大型灌区续建配套与现代化改造项目，对灌区干支渠道实行衬砌改造，维修加固渠系建筑物，提升骨干渠系输水效率和节水水平，总投资5.03亿元。4处大型灌区于2022年8月底完成全部建设任务，共衬砌改造渠道100.79千米，配套渠系建筑物76座，泵站更新改造16座，恢复改善灌溉面积82.26万亩，新增节水能力833.6万立方米，新增粮食产能4803.40万千克。项目建设期间，做足前期工作，加强项目投资计划执行情况调度，强化项目质量、进度和安全管理，提前完成年度任务目标。

（郭向宁）

【中型灌区节水配套改造】 2022年，国家安排山东省10处中型灌区续建配套与现代化改造项目，总投资5.67亿元，其中中央资金4.98亿元，截至2022年11月底，10处大中型灌区项目已提前完成年度建设任务。年中，国家新增山东省实施2处中型灌区改造项目，总投资7362万元，其中中央投资6694万元，要求年底前中央投资完成80%以上，截至2022年12月底，2处项目全部完成投资，提前完成任务目标。新增、恢复灌溉面积2.92万亩，恢复改善灌溉面积100.03万亩，新增节水能力2461.3万立方米。

（宫永波）

【农田灌溉用水有效利用系数测算分析】 2022年农田灌溉用水有效利用系数测算分析工作共调查不同类型样点灌区142处，分布在全省16个市，其中，大型灌区38处（有4处大型灌区当年），中型灌区39处，小型灌区40处，纯井灌区25处。根据各样点灌区上报的实测资料计算分析，以首尾测算法计算出样点灌区农田灌溉用水有效利用系数，经分析计算得到全省2022年农田灌溉用水综合有效利用系数为0.6482。

（郭向宁）

【农田灌溉水质检测】 2022年，全省共确定138处大中型灌区的437个检测点，将全省分为鲁中、鲁西2个片区，通过公开招标，选择3家水质检测单位开展水质检测工作。

（郭向宁）

农业水价综合改革

2022年，农业水价综合改革作为全省共性改革任务，纳入省委对16市高质量发展综合绩效考核内容。山东省认真贯彻落实省委省政府和国家部委关于推进农业水价综合改革的部署、要求，坚持目标导向，狠抓机制落地，各部门沟通协作、密切配合，层层传导压力，考核、验收叠加发力，加速改革进程，推动农业节水和工程运行长效化。2022年计划新增改革任务面积为607万亩，实际完成新增改革任务面积628.4万亩，超出计划约21.4万亩。截至2022年底，提前一年完成7047万亩全部改革实施面积。

【供水计量设施建设】 各县（市、区）配套完善农业供水计量设施，推行终端计量节水灌溉。当年新建计量设施8533处，当年改革任务涉及的30处大中型灌区骨干工程与田间工程分界点全部实现了用水计量，其中引黄灌区分界点实现信息化管理。新增改革面积内2.85万眼机井通过安装计量设施、以电折水等方式实现计量到井、到户。

【农业水权制度】 明确县域农业用水总量，省级将用水量分配至各县（市、区），各改革县、区均出台文件，将农业用水初始水权分配到镇、村，并细化到用水单元。2022年改革范围内13处大型灌区和112处中型灌区落实了取水许可制度，井灌区有374.19万亩办理了取水许可。

【运行管护机制】 改革区积极推进工程产权制度改革，实现工程产权明确及管护责任落实，积极扶持农民用水协会、农民用水合作组织、农业社会化服务组织等新型工程管护主体发展。全省现有用水合作组织4720个，2022年新增改革实施区基层用水组织数量722个，全年新增改革实施区共确定管护主体4257个，覆盖全部新增改革面积。各种新型改革模式逐步成熟并得以推广。推进工程产权制度改革，实现工程产权明确及管护责任落实。

【水价形成机制】 各市积极推进灌区成本核算、成本监审和定价工作，充分考虑田间水利设施建设及节水技术推广应用情况，探索实行分类水价、超定额累进加价制度。截至年底，全省具备核价条件的大中型灌区末级渠系、小型灌区和井灌区执行（协议）水价全部达到运行维护成本以上。

【精准补贴和节水奖励】 各市积极落实省水利厅、省财政厅出台的补贴奖励办法，本着“花钱买机制”的原则，建立与节水成效、调价幅度、管护情况、财力状况相适应的精准补贴与节水奖励机制，统筹相关资金用于农业水价综合改革补贴奖励。全年实施精准补贴和节水奖励2741万元，其中中央资金1855万元，省级以下资金886万元。

【验收工作】 6月份，省水利厅、省发展改革委、省财政厅、省农业农村厅联合印发《山东省农业水价综合改革工作验收办法》（鲁水农字〔2022〕14号），统一程序标准，部署开展改革验收工作。截至年底，市级验收改革面积超过80%，完成2022年度省级抽查复核。委托第三方，完成对各市2021年农业水价综合改革评估工作。

（李兴柏）

农村饮水安全

【调查调研】 一是为进一步加强黄河水调度利用管理，精打细算用好水资源，用足国家分配给山东省的黄河水计划指标，推进农村供水保障工程建设，2022年5月开展2021-2022年度引黄计划执行及农村水利工作情况调研督导工作；二是为应对旱情，摸清农村群众饮水状况，推进农村供水保障工程建设，2022年6月开展农村水利工作调研。

【排查暗访】 2022年1月份组织开展冬季农村供水保障排查工作，重点查看各渠道受理问题整改情况，重点关注特殊困难群体、供水易反复人群和久拖不决问题，全省各市累计排查9.3万个村庄，排查问题224个，全部完成销号整改；6月份开展农村饮水排查监测工作，动态监测干旱地区尤其是脱贫地区、脱贫人口的饮水状况，全省各地累计排查6.4万个村庄，累计整改各类供水问题158个；7月12日至8月6日，对全省16市48个县（市、区）进行了农村供水保障监督检查，督促落实问题整改，进一步提高农村供水群众满意度，共检查90个乡镇、

104 个行政村、314 个用水户、90 处农村供水工程；10 月份组织开展农村供水保障“防风险、保稳定”专项行动，消除问题隐患。

【水质检查】 2022 年，省水利厅组织对 500 处农村供水工程进行了水质抽检，并及时与省卫健委、省生态环境厅等部门进行对接，加强数据共享与管理合作，及时将发现的问题反馈给各市并提出整改要求。启动水质提升专项行动，将农村供水水质达标率纳入全省高质量发展绩效考核。聚焦解决农村供水水质问题，加强农村饮用水水源地保护，配套完善净化消毒设施设备，强化水质检测监测和卫生监督，加快建立健全从源头到龙头的水质保障体系，提升农村供水水质保障水平，确保供水水质安全。2022 年山东省水质达标率为 89.54%。

【供水工程管理】 山东省按照“农村供水城市化，城乡供水一体化”的工作思路，不断强化农村供水标准化管理，农村供水保障水平持续巩固提升。2022 年，农村供水保障项目完成投资 57.1 亿元，新建规模化供水工程 286 处、改造小型供水工程 576 处、完工水源工程 96 处，铺设管网 2748 千米，惠及群众 1394 万人。全省 96 个县（市、区）实现城乡供水一体化，农村自来水普及率、规模化供水率分别达到 97.2%、82%。全面推进农村供水县级统管，县级统管服务人口比例稳定在 85% 以上。

【水费收缴】 健全水费收缴机制，加快推进农村供水工程水费收缴工作，促进农村供水工程良性运行。推广智能远传水表，方便用水户缴纳水费，借助信息化手段提高水费收缴率，全省各类供水工程全部收费，水费收缴率达到 98% 以上。

（王强）

流域水利

2022年，山东省海河淮河小清河流域水利管理服务中心（以下简称省流域中心）在省水利厅党组的领导下，全面贯彻新时期水利工作新战略新举措，聚焦全省水利事业高质量发展需求，按照“统一思想讲政治、团结协作讲大局、内部管理讲三化、技术支撑创品牌”要求，党建引领作用不断增强，精神文明建设、模范机关建设成果丰硕，保持全国文明单位荣誉称号，重点水利工程建设顺利推进，数字孪生流域建设取得初步成果，监督检查工作更加精准有效，水旱灾害防御、水行政许可审批、工程运行管理、河湖长制等技术支撑服务提质升级。同时，全面落实新一轮事业单位改革方案要求，内部管理不断强化，人才“选育用管”和队伍建设实效显著，有力推动了全省水利事业高质量发展。

（刘鹏）

水旱灾害防御

【雨情】 山东海河流域2022年平均降水量767.5毫米，较常年偏多36.2%，较2021年偏少18.8%，汛前（1—5月）平均降水量53.7毫米，较常年同期偏少40%，汛期（6—9月）平均降雨量564.0毫米，较常年同期偏多33%，汛后（10—12月）平均降水量149.8毫米，较常年同期偏多204%。各市年平均降水量：济南881.1毫米、滨州840.1毫米、聊城777.9毫米、德州754.2毫米、东营748.6毫米，较常年偏多33%～47%。

山东省淮河流域2022年平均降水量935.8毫米，较常年偏多31%，汛前1-5月全省平均降水量49.1毫米，较常年同期偏少61%，汛期6—9月降水量755.1毫米，较常年同期偏多45%，其中6月降水显著偏多1.6倍。10月降水量较常年同期偏多2倍以上，12月降水量偏少7成以上。各市年平均降水量：威海1096.2毫米、烟台1090.0毫米、青岛999.8毫米、淄博998.8毫米、潍坊997.1毫米、日照979.9毫米、枣庄896.8毫米、临沂815.0毫米、济宁760.8毫米、菏泽622.2毫米。降水量地区分布不均，菏泽偏少5%，临沂与常年同期持平，济宁、枣庄、日照3市分别偏多10%～20%，威海、青岛、淄博、潍坊、烟台5市分别偏多45%～63%。

（刘鹏）

【水情】

山东省海河流域河道水情　2022年汛期，山东省海河流域骨干河道水势平稳，水利工程运行正常，各边界拦河闸均按《山东省海河流域骨干河道边界拦河闸控制运用计划》控制运用。

漳卫南运河：7月中旬，漳卫南运河发生一般洪水过程。7月19日17时，南陶站最高水位36.17米（警戒水位40.87米），最大流量312立方米/秒。

徒骇河：8月中旬，徒骇河发生一般洪水过程。8月15日10时，徒骇河廿里堡闸最高水位5.09米（警戒水位7.18米），最大流量590立方米/秒。

马颊河：7月中旬，马颊河发生一般洪水过程。7月12日16时马颊河大道王闸最高水位5.52米（警戒水位6.07米）、最大流量530立方米/秒。

德惠新河：7月中旬，德惠新河发生一般洪水过程。7月13日17时，白鹤观闸最高水位3.56米（警戒水位4.16米），最大流量270立方米/秒。

（王克磊）

南四湖水情

南四湖下级湖6月22日最低水位降至31.20米，低于死水位0.30米，受强降水影响，7月21日涨至年内最高水位32.93米，涨幅1.78米。上级湖超限43天，最大超限水深0.50米；下级湖超限30天，最大超限水深0.43米。全年累计出湖水量37.62亿立方米，其中7月下泄水量90%以上。南水北调东线5、11、12月开机调水，全年向南四湖补水0.87亿立方米。

2022年，南四湖流域来水集中在7月，上、下级湖各闸均开启泄洪，下级湖全年累计下泄水量37.62亿立方米，较自2012年以来年平均下泄水量（11.88亿立方米）多2.2倍，其中2012—2013、2017—2021年下泄水量分别为2.97、1.92、4.43、9.61、0.73、12.64、60.75亿立方米。

2022年，南四湖蓄水量减少5.20亿立方米。汛初（6月1日）南四湖蓄水量13.15亿立方米，较常年同期多33%，较上年同期少14%，较年初减少8.12亿立方米；汛末（10月1日）蓄水量14.78亿立方米，较常年同期少1%，较上年同期少34%，较汛初增加1.63亿立方米，增蓄12%；年末（2023年1月1日）蓄水量16.07亿立方米，较常年同期多18%，较上年同期少24%，较汛末增加1.29亿立方米。

（李化雪）

山东省淮河流域河道水情　受6月26—28日、7月5—7日降水过程及南四湖下泄影响，韩庄运河水位累计超警3次，总历时19天，最大超警幅度1.30米；韩庄运河台儿庄闸最大流量1970立方米/秒（7月20日），列1952年有实测资料以来第2位。

（李化雪）

小清河流域河道水情　小清河中游岔河水文站在上游水牛韩闸控泄情况下，7月13日5时洪峰流量623立方米/秒，7月13日8时30分最高水位8.30米，超警1.12米（警戒水位7.18米），低于保证水位2.83米（保证水位11.13米）；流量首超1967年有实测资料以来历史最大流量(542立方米/秒，2019年8月)。

受8月8—10日强降水影响，小清河再次发生超警洪水。小清河中游岔河水文站8月10日12时洪峰流量440立方米/秒，10日14时最高水位7.49米，超警0.31米（警戒水位7.18米）。

受9月30日至10月3日强降水影响，小清河发生有实测资料以来最大洪水过程，中下游河段超警历时40—96小时。中游岔河水文站10月4日4时洪峰流量665立方米/秒，列1967年有实测资料以来首位（历史最大623立方米/秒，2022年7月），相应水位9.03米，超警1.85米；10月4日11时最高水位9.12米，超警1.94米，低于保证水位2.01米，相应流量642立方米/秒；超警历时4天。下游石村水文站10月4日13时47分洪峰流量642立方米/秒，流量列1956年有实测资料以来首位（历史最大521立方米/秒，2019年8月）；相应最高水位5.52米，超警0.42米；超警历时40小时。

（张美）

【灾情】 2022年汛期，山东省海河流域和淮河流域河道水势平稳，水利工程运行正常，未发生大的险情。小清河发生3次超警洪水，中游干流7月和10月两次刷新实测最大流量记录，上游支流瓜漏河发生有实测资料以来最大洪水，得益于小清河防洪综合治理工程的实施，洪水平稳度过，7月11—12日小清河防御洪水过程信息发表在《中国水利报》7月20日的头版头条。

（张美）

【工作部署】 省流域中心认真贯彻落实水利部、省防指及省水利厅关于水旱灾害防御工作部署要求，于6月17日召开进一步提升水旱灾害防御技术支撑能力专题会议，对全面做好全省水旱灾害防御技术支撑工作作了动员和部署。为汲取河南郑州“7·20”特大暴雨灾害教训，省流域中心进行了郑州“7·20”特大暴雨洪水山东海河流域模拟推演工作，编写了《2022年马颊河“7·20”洪水防御调度综合演练脚本》，通过洪水推演和综合演练，增强了遭遇特大暴雨洪水情况下的抗洪抢险应急处置能力。10月25日，省流域中心组织召开了2022年度水旱灾害防御技术支撑工作总结会，对年度水旱灾害防御技术支撑工作进行复盘，总结经验，研究改进工作方法。

组织水旱灾害防御技术支撑工作专班人员学习相关会议、文件精神，重新修订《省流域中心2022年度水旱灾害防御技术支撑工作方案》，严格落实24小时值班制度与《省流域中心边界闸汛期调度规程》。指导修订徒骇河、马颊河、德惠新河、漳卫南运河、东鱼河、洙赵新河、南四湖、小清河、大汶河防御洪水方案，编制完成小清河防洪综合治理工程、山东省湖东滞洪区建设工程、山东省淮河流域重点平原洼地沿运片邳苍郯新片区治理工程等在建工程度汛方案。

（刘鹏）

【检查督导调研】 省流域中心落实省水利厅相关部署，对流域各市进行了水旱灾害防御汛前督导暗访，汛期组织开展了重点流域防汛检查、防汛防台风、边界闸安全运行、洪水调度等专项检查督导调研工作。

水旱灾害防御汛前暗访检查工作　制定《2022年水旱灾害防御汛前暗访检查工作手册》并开展业务培训，5月、6月组织开展对全省16个设区市所有县（市、区）进行两轮次暗访检查，10月、11月对两轮暗访检查发现问题项目的整改落实情况进行复查。重点围绕河湖防御洪水方案，超标洪水防御预案、大中型水库、小型水库、河道拦河闸坝、河湖堤防沉降段、险工险段、堤防路缺口、河湖穿堤建筑物、县级山洪防治项目、防洪工程水毁修复、蓄滞洪区、2021年汛前检查发现问题整改情况、在建水利工程、穿（破）堤施工水利工程等11个方面开展，共计发现问题1281个。

专项检查督导调研　3—5月，省流域中心完成全省水旱灾害防御隐患排查整治工作，检查组根据实际工作需要，创新工作方法，采用线下、线上相结合的方式按时完成检查工作，共计检查项目150个，发现问题371个。省流域中心7月、8月组织开展全省范围内11市（不含东营、德州、聊城、滨州、菏泽市）有防洪任务的大中型水库抽查暗访工作。省流域中心对淮河流域的于楼、梁山、徐寨、曹庄橡胶坝等4座边界拦河闸坝进行了专项检查，凡涉及启闭运行、影响调度的重大问题，全程督促跟踪，直至问题清零，确保边界闸汛期正常调度运行。

规划计划

【前期工作】

山东省淮河流域重点平原洼地沿运片邳苍郯新片区治理工程

使用林地可研报批工作　2022年3月21日，临沂市行政审批服务局印发《临沂市行政审批服务局关于同意山东省淮河流域重点平原洼地沿运片邳苍郯新片区治理工程（郯城）临时占用林地的批复》，同意本工程临时占用临沂市郯城县林地90.5661公顷。至此，全面完成山东省淮河流域重点平原洼地沿运片邳苍郯新片区治理工程使用林地可研报批工作。

（渠群英）

完成水产种质资源保护区修复项目验收　2022年7月，山东省淮河流域重点平原洼地沿运片邳苍郯新片区治理工程（峄城大沙河段）对京杭运河台儿庄段黄颡鱼国家级水产种质资源保护区修复项目召开了专题验收会议，专家认为项目完成了修复实施方案规定的各项任务指标，一致同意该项目通过验收。

小清河防洪综合治理工程

2022年11月20日，小清河防洪综合治理工程（博兴段）对麻大湖青虾、中华绒螯蟹国家级水产种质资源保护区修复项目召开了专题验收会议，专家认为项目完成了修复实施方案规定的各项任务指标，一致同意该项目通过验收。

（渠群英）

【设计变更】

山东省湖东滞洪区建设工程　2022年3月29日，山东省水利厅印发《山东省水利厅关于山东省湖东滞洪区建设工程撤退道路（第二批）及通信预警系统设计变更准予水行政许可决定书》。变更内容主要包括撤退道路工程及通信预警系统。山东省淮河流域重点平原洼地沿运片邳苍郯新片区治理工程根据临沂、枣庄两市建管单位的申请，组织开展第二批设计变更报告编制工作。工作过程中，通过查看现场，与市县建设单位、设计单位交流，提出评估意见，落实设计变更管理办法的相关要求。2022年11月21日，山东省水利厅印发《山东省水利厅关于山东省淮河流域重点平原洼地沿运片邳苍郯新片区治理工程（第二批）设计变更准予水行政许可决定书》。变更共涉及临沂市、枣庄市等2市7个县（区）的3条河道、7条干沟及143座建筑物。

小清河防洪综合治理工程　2022年1月13日，山东省水利厅根据《山东省水利厅关于印发小清河水牛韩节制闸安全鉴定报告书的通知》，同意水牛韩节制闸为三类闸。为消除安全隐患，省流域中心申请对水牛韩节制闸进行除险加固。2022年10月28日，山东省水利厅印发《山东省水利厅关于小清河防洪综合治理工程设计变更（水牛韩节制闸除险加固）准予水行政许可决定书》。

（渠群英）

工程建设

【山东省湖东滞洪区建设工程】

工程概况　山东省湖东滞洪区建设工程共涉及济宁市微山、邹城和枣庄市滕州、薛城4个县（市、区）。工程概算投资62040万元，施工工期30个月。初设批复主要建设内容包括防洪工程和安全建设两部分。防洪工程主要建设内容为两城四村航道堤防加固1.4千米，解放沟筑堤0.67千米，新建涵闸2座，改建涵洞1座，建设灌溉渠道400米。安全建设主要内容为新建峦谷堆安全台，有效避洪面积1.14万平方米；新建疗养院安全楼、枣林安全楼、新挑河安全楼、九孔桥安全楼，总建筑面积11.5万平方米，有效避洪面积4.19万平方米；修建撤退道路284.52千米，修建桥梁42座、涵洞129座、过路涵185座。

建设管理体制　根据省水利厅关于项目法人组建有关要求，省流域中心和济宁、枣庄两市城乡水务局分别组建工程项目法人，即山东省治淮工程建设管理局和枣庄市重点水利工程建设管理处、济宁市水利事业发展中心湖东滞洪区工程建设管理处，按照“分工负责、各司其职、协作配合”的原则，共同履行项目法人职责。山东省治淮工程建设管理局为本工程“总牵头、总协调、总督导”单位，枣庄、济宁2市项目法人负责本市项目的建设管理工作。

项目实施　2019年9月，主体工程开工建设。2022年度，完成安全台1.15万平方米，新改建道路29.33千米。完成投资7540万元。

截至2022年底，累计完成堤防加高培厚2.07千米，新建安全台1.15万平方米、安全楼5.59万平方米；修建撤退道路205.42千米；修建涵闸、桥梁、涵洞等建筑物124座，过路涵165座。累计完成总投资100%。

验收进展　工程共28个合同工程、51个单位工程、322个分部工程，截至2022年底，已验收20个合同工程，38个单位工程，256个分部工程。移民安置专项枣庄市已完成县区自验。

质量安全　严格遵守基本建设程序，建立健全质量与安全生产管理体系，夯实质量与安全基础，督促市项目法人和参建单位加强质量与安全生产管理，持续做好质量与安全生产工作，确保工程质量与生产安全。督促市项目法人做好安全生产标准化动态管理工作。截至2022年底，已完工项目质量评定全部合格，无质量与安全生产事故。

（王训诗）

【山东省淮河流域重点平原洼地沿运片邳苍郯新片区治理工程】

工程概况　该工程位于枣庄市韩庄运河流域和临沂市沂沭河流域低洼地带。其中，沿运片平原洼地治理工程涉及枣庄市的峄城区、台儿庄2区；邳苍郯新片平原洼地治理工程涉及临沂市的兰陵县、郯城县、罗庄区、兰山区、河东区5个县区。工程概算投资291220万元，施工工期36个月。初步设计批复主要建设内容为治理河道23条，总长314.003千米，两岸堤防加高培厚总长339.096千米，疏挖干沟211条，长1059.05千米；治理建筑物1542座，其中，水闸99座，穿堤涵闸439座，排涝泵站13座，生产桥116座，桥涵700座，农桥168座，改建倒虹吸7座。

建设管理体制　根据省水利厅关于项目法人组建有关要求，省流域中心和枣庄、临沂两市水利局（城乡水务局）分别组建工程项目法人，即山东省治淮工程建设管理局和枣庄市淮河流域重点平原洼地沿运片治理工程建设管理处、临沂市淮河流域重点平原洼地邳苍郯新片区治理工程建设管理处，按照“分工负责、各司其职、协作配合”的原则，共同履行项目法人职责。山东省治淮工程建设管理局为本工程“总牵头、总协调、总督导”单位，枣庄、济宁2市项目法人负责本市项目的建设管理工作。

项目实施　2020年9月，主体工程开工建设。2022年度，实施完成河道治理79.65千米，干沟治理411.01千米，防汛路18.69千米，两岸堤防加高培厚总长196.57千米，建筑物816座。完成土方643.92万立方米，浆砌石0.89万立方米，钢筋混凝土15.75万立方米。

截至2022年底，工程累计完成河道312.66千米，干沟1011.42千米，复堤313.62千米，防汛路110.50千米，建筑物1428座。完成土方2257.23万立方米，浆砌石5.72万立方米，钢筋混凝土59.60万立方米。累计完成总投资27.50亿元，占批复概算总投资的94.43%。

验收进展　工程共34个合同工程、76个单位工程、777分部工程，已完成5个合同工程、22个单位工程、458分部工程。

质量安全　严格遵守基本建设程序，建立健全质量与安全生产管理体系，夯实质量与安全基础，督促市项目法人和参建单位加强质量与安全生产管理，持续做好质量与安全生产工作，确保工程质量与生产安全。同时，全力推动安全生产标准化建设，督促市项目法人做好安全生产标准化动态管理工作。已完工项目质量评定全部合格，无质量与安全事故。

（王训诗）

【小清河防洪综合治理工程】

工程概况　小清河防洪综合治理工程涉及济南、淄博、滨州、东营、潍坊5市，匡算静态总投资182亿元，其中干流、分洪道和信息化工程总投资833865万元。干流柴庄闸以上段防洪标准为100年一遇，除涝标准为10年一遇；柴庄闸以下至入海口防洪标准为50年一遇，除涝标准为5年一遇。分洪道防洪标准为50年一遇，除涝标准为5年一遇。主要支流防洪标准不低于20年一遇，重点河段（城区段、入小清河河口段等）防洪标准达到50年一遇，除涝标准为5年一遇。

干流：治理起点为济青高速公路桥，终点为寿光市羊口港。实施全线河槽扩挖，济青高速公路桥至柴庄闸段底宽100米，柴庄闸至王道闸段底宽45米，王道闸以下段底宽80米。对两岸堤防加高培厚、路面硬化，左、右堤顶宽整体上按10米、6米宽设计，现有堤防超过该标准的，维持现有宽度。在滨河低洼地区新建排涝泵站11座，根据需要兼顾提水灌溉功能。新建、改建桥涵闸等配套建筑物280余座。

分洪道：对分洪道子槽实施扩挖、清淤、修筑子堤，实现全线贯通，满足200立方米/秒除涝流量要求；加高培厚分洪道左堤、路面硬化，堤顶宽度不少于6米；对博兴县疃子村，广饶县尚道、张寨、聂寨、小祝庄村和零星散户进行堤外搬迁安置；新建、改建维修改造水库、桥涵、倒虹吸等建筑物180余座。

主要支流及蓄滞洪区：对流域面积200平方千米以上的巨野河、绣江河、杏花河、孝妇河、预备河、淄河、塌河等7条主要支流及支脉河（连通）进行治理，实施河槽开挖、堤防加固、配套建筑物改造等；对小李家、白云湖、芽庄湖、马踏湖（麻大湖）4处蓄滞洪区进行治理，按照“分得进、蓄得住、排得出”的原则，实施湖堤加固、湖内清障、配套建筑物建设等工程。

建设管理体制　根据省水利厅关于项目法人组建有关要求，省流域中心、省水文中心、省调水工程运行维护中心和济南、滨州、淄博、东营、潍坊5市水利局（水务局、城乡水务局）分别组建项目法人。

项目实施　初步设计批复内容实施情况：工程于2019年12月开工建设，截至2022年底，工程建设任务基本完成。累计完成河道扩挖57.38千米，堤防加高培厚370.00千米，堤顶道路硬化430.00千米，岸坡防护63.78千米，建成排涝泵站、支流口闸、穿堤涵闸等各类建筑物690座（处）。完成土方3066.06万立方米，石方6.99万立方米，砼86.61万立方米，金属结构3.40万吨等。累计完成总投资83.39亿元，占批复概算总投资的100%。信息化工程建设任务基本完成，调度指挥系统实现主要功能。2022年4月，数字孪生小清河流域建设纳入水利部数字孪生流域建设先行先试台账；2022年底，“数字孪生小清河智能防洪应用”在水利部开展的数字孪生流域建设先行先试应用案例评选中被评为推荐应用案例。

新增设计变更内容实施：2022年10月28日，山东省水利厅下发《山东省水利厅关于小清河防洪综合治理工程设计变更（水牛韩节制闸除险加固）准予水行政许可决定书》。11月11日，省水利厅同意水牛韩节制闸除险加固工程项目法人组建方案，明确项目法人为省流域中心。11月14日，省流域中心发布工程代建及监理标、施工标、质量检测标招标公告，12月11日发布中标结果，12月13日完成合同签订。12月底，省流域中心及参建单位克服疫情不利影响，进驻工地现场，完成设计交底、制度体系建设、项目部建设、设备及人员有效配置等开工前各项准备工作。

验收进展　工程共划分为98个合同工程，已完成80个合同工程完工验收，完成率81.63%。

质量安全　工程严格遵守基本建设程序，建立健全质量与安全生产管理体系，夯实质量与安全基础，各项目法人和参建单位加强质量与安全生产管理，持续做好质量与安全生产工作，确保工程质量与生产安全。截至2022年底，项目质量评定全部合格。

（王训诗）

【支脉河治理工程】　支脉河为黄河与小清河

之间的一条行洪除涝骨干河道。本次治理通过疏浚干流治理段河道、加固堤防、治理灌排沟口，使治理河段达到20年一遇防洪、5年一遇除涝设计标准；通过改建或加固现状破损严重的生产桥、修建堤顶防汛管理道路，改善当地群众安全通行条件，提高河道管理和防汛能力。工程总投资17292万元。截至2022年底，工程建设已全部完成，并发挥了积极的防洪、生态、社会等综合效益。

工程管理

【标准化管理】 修订完善了大中型水库、大中型水闸、堤防、平原水库、小型水库5类水利工程的标准化管理评价标准。2022年4月、9月、11月先后三次组织开展了水利工程运行管理省级核查，共派出21个核查组47人次，共核查16市148个县（市、区）水利工程运行管理、小型水库问题整改、除险加固竣工验收、标准化工作推进、划界进展等工程（项目）1139个，共发现问题1549个，推进了病险水库除险加固进度和水利工程运行管理重点任务落实。

【建设项目稽察】 2022年，省流域中心共完成四批52个工程建设项目的稽察工作任务，其中，34个工程建设项目稽察，6个工程项目专项稽察，12个2021年稽察项目复查。第一批为枣庄、济宁、菏泽市6个水利工程建设项目稽察和3个2021年稽察项目复查；第二批为济南、淄博、德州、聊城、滨州市11个水利工程建设项目稽察和2个2021年稽察项目复查；第三批为东营、潍坊、泰安和临沂10个水利工程建设项目稽察、2个水利工程建设项目专项稽察和3个2021年稽察项目复查；第四批为青岛、烟台、威海和日照7个水利工程建设项目稽察、4个水利工程建设项目专项稽察和4个2021年稽察项目复查。涉及水闸除险加固工程、大中型水库、水闸和河道治理工程等工程，首次实现了16设区市稽察全覆盖。共派出52个稽察组、346人次，稽察累计发现问题856个。通过水利稽察，在规范水利工程建设行为、落实参建各方责任、推进项目建设进度、保障质量和安全等方面发挥了积极作用，有效提高了全省水利工程建设管理水平。

（朱士成）

【水库工程运行管理】

小型水库管理体制改革 修订《山东省深化小型水库管理体制改革样板县验收标准》《山东省乡村小型样板水库评选标准》，为全省小型水库管理样板县、样板水库创建工作提供了依据。

小型水库安全运行监督检查 2022年7月至8月，省流域中心对12市70县（市、区）173座小型水库的安全运行进行了监督检查，全面查找小型水库运行管理与应急管理薄弱环节，并对暗访成果进行深入研讨，编写汇总检查报告，为提升全省小型水库安全运行管理水平提供了重要支撑和保障。

小型水库除险加固检查 2022年10月至11月，省流域中心组织开展了2022年度小型水库除险加固监督检查，共派出3个检查组15人（次），检查小型水库26座，涉及9个市、17个县，发现问题260个。

小型水库专业化管护模式省级检查 2022年7月，省流域中心采取线上和线下相结合的方式对全省7个市26个县（市、区）1107座小型水库推行专业化管护模式情况进行了省级检查，并配合省水利厅完成水利部对全省推行小型水库专业化管护模式的考核工作。

水库库容曲线复核等技术审查 省流域中心组织完成西苇水库、刘大河等水库的库容曲线复核以及大屯、东湖、双王城等水库的调度规程及大坝安全管理应急预案技术审查服务工作。

【水闸工程运行管理】 2022年，省流域中心共完成了114座水闸工程安全运行监督检查工作，工程涉及全省15个市64个县（市、区），进一步摸清了我省水闸工程安全运行管理短板，为提升全省水闸工程标准化管理水平奠定了基础。省流域中心组织完成了青州马宋拦河闸、枣庄台儿庄节制闸、万年节制闸及南水北调东线山东干线公司直属6座中型水闸的安全评价成果审查工作。

【堤防工程运行管理】 2022年，省流域中心共对全省5个市13个县（市、区）44段堤防险工险段进行了安全运行监督检查，切实加强堤防工程险工险段运行管理，全力保障堤防工程安全。

（张文静）

河湖管理

【美丽幸福示范河湖建设】 省流域中心对《山东省省级美丽幸福示范河湖评定标准及评分细则》提出具体的修改意见建议，由省河长制办公室印发执行。在标准细化、验收组织、方案审查等多个方面为省级美丽幸福示范河湖建设提供技术支撑。据统计，2022年度，全省全年新增省级美丽幸福示范河湖136条（段），整体建设质量和达标数量继续保持在全国前列。

（张文静）

【涉河建设项目监管】 2022年，针对涉河建设项目批建不符、未批先建等影响河道行洪和工程安全的问题，省流域中心开展涉河建设项目监督检查工作，对2020年以来省、市、县三级行政许可项目进行抽查，将发现问题下发通知督促整改，全年抽查36个重点项目，95个点位，发现各类问题101个。其中，影响河道行洪的问题，检查过程中立即以“一市一单”形式反馈给有关市并责令限期整改。9月中旬，为落实台风“梅花”防御工作，调度督促3处影响河道行洪问题应急整改。

（张文静）

【拦河工程排查】 完成济南市南部山区31条河道影响防洪安全和水生态安全拦河工程整治情况实地抽查检查工作。

（张文静）

【农村饮水安全监督检查】 按照山东省黄河流域生态保护和高质量发展要求，在巩固脱贫攻坚成果与乡村振兴相衔接的基础上，省流域中心自7月起，共计派出25个工作组67人次，检查了16市48个县（市、区）的90个乡镇104个行政村、314个用水户及90处农村供水工程，共发现问题151个。同时，还暗访核查了部分省级及以上平台反馈问题整改、部分县中央农村供水过程维修养护补助资金使用和在建农村供水工程等情况。

（渠群英）

【水土保持事中监督检查】 2022年度生产建设项目水土保持监督检查工作于7月启动，12月底结束，共派出检查人员95人次，监督检查各类生产建设项目100个，其中，完工已验收项目4个，完工未验收项目27个，在建项目45个，未开工项目14个，特殊情况项目10个。检查共发现各类水土保持问题167个，其中方案编制和设计类问题4个，弃渣堆置类问题5个，水土保持措施落实类问题45个，监测监理类问题40个，水土保持设施自主验收类问题23个，组织管理类问题25个，水土保持补偿费缴费问题25个。项目覆盖全省16个市，涵盖水利、电力、公路、铁路、矿业、机场、石化等多个行业类型。

（渠群英）

【水行政许可技术审查】 2022年，为做好水行政许可审批技术支撑工作，省流域中心印发《水行政许可审批技术支撑工作方案》和《水行政许可技术支撑风险防控机制建设实施方案》，搜集和整理了初步设计、防洪与输水影响评价、取水许可、水土保持等4个专项的法律法规、指导性文件和技术标准，并汇编成册，共计收录法律法规47项，规范性文件116项，技术标准73项。全年共计组织开展248个项目的技术审查，组织召开评审会335次，组织专家查看现场38次，提交技术审查意见207份。

（渠群英）

科技创新

【项目管理】 完成《水库水源地生态修复和保护技术研究与示范》《基于大数据基础上的智慧流域综合管理数字模型研究与示范》《弥河治理修复型流域水生态补偿标准研究》《绿色生态节水型机关建设模式研究与示范》《小清河综合治理工程生态廊道建设模式研究与应用》《小清河流域洪水仿真模拟及防洪调度体系研究》《湖东滞洪区洪水演进三维仿真及人员避险转移风险模拟、安全监测技术研究与应用》7项科研项目科技成果登记工作。

（渠群英）

【课题调研】 省流域中心2022年共下达重点调研课题41项，其中承担省水利厅重点调研课题3项，完成课题报告39项，形成成果36项。内容包括：重大水问题调研、数字流域、工程建管、水生态、工程稽察监督检查、党的建设等。山东省农业农村专家顾问团水利分团组织推荐申报省级及以上涉水科技项目10项、指南建议11项。征集并向水利部推荐申报先进实用技术5项，其中2项成果入选水利部先进实用技术重点推广目录，提报水利科技成果需求6项。2022年共形成调研报告7篇，其中2篇为《关于黄河三角洲东营市引黄灌区发展改良盐碱地的建议》《推进黄河三角洲水生态文明建设的建议》，为沿黄地区灌排体系发展、黄河三角洲生态文明建设提出具体意见建议，为领导决策提供参考。

（段勇）

人力资源

【机构改革】 为加强小清河流域全省统一规划、统一调度、统一管理，真正把水利工程管好用好，实现综合效益最大化，2022年9月13日，省委编委办公室印发《中共山东省委机构编制委员会办公室关于优化完善小清河管理体制机制的通知》。根据文件，省流域中心增设小清河调度运行部，内设部室由11个增加至12个，增加编制10名，编制人数由280名增加至290名，相关部室职责作相应调整。

（肖百超）

【干部队伍建设】 截至2022年12月31日，省流域中心共有在职人员237人。按岗位类别来分，参公人员1人，占总人数的0.42%；管理人员30人，占总人数的12.66%；各类专业技术人员199人，占总人数的83.97%，其中，具有高级专业技术职称的59人，具有中级专业技术职称的 103人，具有初级专业技术职称的13人；工勤人员7人，占总人数的2.95%。内设机构处级领导干部33名，其中正处18名、副处15名。按照年龄段统计，30岁及以下人员21人，占总人数的8.86%；31—35岁人员32人，占总人数的13.50%；36—40岁人员28人，占总人数的11.81%；41—45岁人员36人，占总人数的15.19%；46—50岁人员30人，占总人数的12.66%；51岁及以上人员90人，占总人数的37.97%。

（肖百超）

【人事管理】 完成11名副处级、23名正科级及40名副科级干部选拔任用、15名科级干部交流轮岗、11名下派人员选派保障工作，选派到厅挂职或帮助工作36人，完成专业技术职务聘任39人、新进人员招聘10人。对处级干部现实表现情况和主要特点进行全面梳理，为干部精准画像，汇编业务案头书，制定落实组织人事干部联系服务部室工作制度，发布双向约谈公告，定期到各部室进行调研谈话并形成工作台账，推动了作风转变和工作提升。制定出台《年轻干部培养工作方案》，探索实行“一人一策”台账式管理。

（肖百超）

【教育培训】 组织开展新进人员入职培训、科级以上干部管理能力专题培训等各类培训、知识竞赛23次。推荐5人参加水利科技英才、12人参加水利青年骨干人才综合评审，2人申报省委决策专家委员会入库专家、2人参加评审颁发类“山东惠才卡”申领、2人申报济南市E类人才。制定年度普法工作计划、美好生活和民法典相伴主题宣传工作方案，组织开展宪法、民法典、湿地保护法学习宣贯和法制微漫短视频征集活动。

（肖百超）

【离退休老干部工作】 省流域中心于5月27日召开了离退休干部第一次党员代表大会，选举产生中共山东省流域中心第一届离退休干部委员会，为推动中心离退休干部党建工作高质量发展提供了重要保证。

省流域中心严格落实老干部各项待遇，重要节日组织走访慰问老干部、老党员。做好离退休老干部住院转院服务保障，及时看望生病住院的老干部，完成急诊、住院费用单据上报，协助做好去世老干部丧葬事宜。积极组织离退休老干部开展文体活动，丰富离退休生活。

（许冉）

党建工作

【党的思想政治建设】 2022年，省流域中心持续夯实思想理论根基。组织召开党建党风廉政建设暨文明创建工作会议和党建工作专题会议，制发党的工作要点、党委理论学习中心组学习计划和履行全面从严治党责任清单，严格落实意识形态工作责任制。组织党委中心组集体学习研讨13次，举办十九届六中全会、党务和纪检干部能力提升等6个培训班次，认真组织学习贯彻中共二十大和省十二次党代会精神。

制发党委履行党建主体责任清单、深入推进党务公开工作意见、模范机关建设及“三级联动”实施方案，健全完善党建工作机制，推进模范机关建设取得显著成效。

组织完成部室和离退休党支部换届选举工作，开展“党的组织生活规范月”“党内法规学习宣传月”系列活动。建立支部党建督察事项清单，深入推进支部提升工程和“一支部一品牌”建设，完成党支部标准化建设年度考核，其中过硬支部9个、良好支部2个。持续加强发展党员、党费收缴、党员评议管理及灯塔e支部、学习强国等平台管理，发展入党积极分子8名，吸收预备党员2名，预备党员按期转正4名。

（肖百超）

【精神文明创建】 制发精神文明建设年度工作要点，组织开展2022年“世界水日・中国水周”系列宣传、植树节线上公益跑、庆祝五四青年节、道德讲堂、喜迎二十大演讲比赛、“我们的节日・中秋节”等10余次活动。组织开展“防疫有我共护家园”、无偿献血及“双报到”志愿服务和“双联共建”等活动8次，申报“双报到”为民办实事优秀项目2项，选派41名志愿者协助社区完成全员核酸检测任务。

（肖百超）

【党风廉政建设】 制定专项监督方案，做好黄河流域生态保护和高质量发展专项监督。对照省水利厅党组巡察反馈问题整改清单，全面抓好作风纪律建设问题整改。加强领导干部和重要岗位人员日常监督，定期与各部室支部书记进行廉政谈话，以强化“关键少数”监督管住绝大多数。

组织开展三类“四风”突出问题和“酒杯中的奢靡之风”自查自纠及“请您来当四风监督员”“人人四风随手拍”等活动，落实“四风”监督建议15条。举办廉政教育专题讲座，开展新提任干部任前廉政谈话，组织签订《家庭助廉承诺书》，发放“党员干部廉洁自律提示卡”，引导党员干部进一步明规矩、守纪律、知敬畏。

组织排查廉政风险点985个，制定防范措施1273条，完善了廉政风险防控体系。加强日常监督执纪问责力度，开展工作纪律明察暗访，对苗头性倾向性问题做到早发现、早处理。

（肖百超）

【群团组织建设】 组织开展党的青年运动史、共青团建团100周年大会精神、新时代的伟大成就、中共二十大精神等专题学习，不断提升青年思想政治素质，激励青年建功立业。累计看望生病住院职工、生育女职工、困难、退休职工30余人次；开展“夏送清凉、冬送温暖”活动，走访慰问困难职工、省派第一书记、四进工作组等人员；组织做好省劳模疗休养、慈心一日捐等工作。工会组织开展三八妇女节系列活动、趣味运动会、健步走、乒乓球比赛等文体活动，丰富了职工业余文化生活。组织参加“乡村振兴杯”争先创优竞赛、重点工程建设劳动竞赛、“构筑黄河安澜屏障”安全隐患排查等竞赛活动，荣获集体奖1项，个人奖5项。建立党委理论学习中心组和青年小组联学机制，开展“八个一”系列团员教育工作，组织青年理论学习小组学习12次，青年论坛2期，推荐先进青年典型1人，青年理论学习集体1个、标兵1人，选报省直机关青年干部“知行合一”调研课题2篇。

（肖百超）

统计资料

一、2022年水利基本建设项目计划投资情况统计表

（一）山东省湖东滞洪区建设工程

2022年，山东省湖东滞洪区建设工程累计下达投资计划6.204亿元，其中，中央预算内投资3.726亿元，地方投资2.478亿元。

（二）山东省淮河流域重点平原洼地沿运片邳苍郯新片区治理工程

2022年，山东省淮河流域重点平原洼地沿运片邳苍郯新片区治理工程累计下达投资计划27.0亿元，其中，中央预算内投资10.5亿元，地方投资16.5亿元。

（三）小清河防洪综合治理工程

2022年，小清河防洪综合治理工程累计下达投资计划83.3865亿元，其中，中央预算内投资14.65亿元，地方投资68.7365亿元。

（渠群英）

二、2022年水利基本建设项目完成投资情况统计表

（一）山东省湖东滞洪区建设工程

山东省湖东滞洪区建设工程于2019年开工建设，工程计划总投资62040万元，2022年省流域中心完成投资计划12040万元（见表9.1）。

表 9.1　2022 年山东水利基本建设项目完成投资情况统计表

单位：万元

指标名称	金额
1. 项目计划总投资	62040.00
按资金来源分：	—
中央政府投资	37260.00
地方政府投资	24780.00
企业和私人投资	0
利用外资	0
国内贷款	0
债券	0
其他投资	0
2. 自开工累计完成投资	62040
3. 本年完成投资额	12040
按机构分：	—
建筑工程	9479.00
安装工程	241.00
设备工器具购置	1356.00
其他费用	964.00
其中：移民征地安置费	650.00
按用途分：	—
防洪	12040
灌溉	0
除涝	0
供水	0
发电	0
水保及生态	0
机构能力建设	0
前期工作	0
其他	0
4. 自开工累计新增固定资产	52114.00
5. 本年新增固定资产	10113.00

(二)山东省淮河流域重点平原洼地沿运片邳苍郯新片区治理工程

山东省淮河流域重点平原洼地沿运片邳苍郯新片区治理工程于2020年开工建设,计划总投资290934万元。2022年省流域中心完成投资计划100000万元(见“2022年水利基本建设项目完成投资情况统计表”)。

表9.2 2022年水利基本建设项目完成投资情况统计表

(山东省淮河流域重点平原洼地沿运片邳苍郯新片区治理工程) 单位:万元

指标名称	金额
1. 项目计划总投资	290934.00
按资金来源分:	—
中央政府投资	111810.00
地方政府投资	179124.00
企业和私人投资	0
利用外资	0
国内贷款	0
债券	0
其他投资	0
2. 自开工累计完成投资	275000.00
3. 本年完成投资额	100000.00
按机构分:	—
建筑工程	85177.00
安装工程	704.00
设备工器具购置	3520.00
其他费用	10599.00
其中:移民征地安置费	9782.95
按用途分:	—
防洪	0
灌溉	0
除涝	100000.00
供水	0
发电	0
水保及生态	0
机构能力建设	0
前期工作	0
其他	0
4. 自开工累计新增固定资产	225500.00
5. 本年新增固定资产	82000.00

（三）小清河防洪综合治理工程

小清河防洪综合治理工程于2020年12月开工建设，计划总投资833865万元。2022年省小清河防洪综合治理工程累计完成投资833865万元（见表9.3）。

（渠群英）

表9.3　2022年山东水利基本建设项目完成投资情况统计表（小清河防洪综合治理工程）

指标名称	金额
1. 项目计划总投资	833865.00
按资金来源分：	—
中央政府投资	146500.00
地方政府投资	687365.00
企业和私人投资	0
利用外资	0
国内贷款	0
债券	0
其他投资	0
2. 自开工累计完成投资	833865.00
3. 本年完成投资额	833865.00
按机构分：	—
建筑工程	406046.00
安装工程	9143.00
设备工器具购置	45716.00
其他费用	372960.00
其中：移民征地安置费	371483.00
按用途分：	—
防洪	833865.00
灌溉	0
除涝	0
供水	0
发电	0
水保及生态	0
机构能力建设	0
前期工作	0
其他	0
4. 自开工累计新增固定资产	700447.00
5. 本年新增固定资产	700447.00

三、2022 年治淮工程水利建设项目完成实物量情况表（见表 9.4、表 9.5）

表 9.4 2022 年山东省湖东滞洪区建设工程进展情况表

项目内容	单位	变更后工程量	2022 年度完成情况	2022 年底累计完成量	完成百分比
土方	万立方米	168.82	0	168.82	100%
砌石	万立方米	6.20	0	6.20	100%
砼与钢筋砼	万立方米	21.85	7.86	21.85	100%
总投资	万元	62040	7540	62040	100%

表 9.5 2022 年山东省淮河流域重点平原洼地沿运片邳苍郯新片区治理工程进展情况表

项目内容	单位	批复工程量	2022 年度完成情况	2022 年底累计完成量	完成百分比
土方	万立方米	2594.16	643.92	2257.23	87.01%
砌石	万立方米	4.87	0.89	5.72	117.45%
砼与钢筋砼	万立方米	67.22	15.75	59.6	88.66%
总投资	万元	291220	85100	275000	94.43%

调水运行管理

2022年，调水运行工作坚持以习近平新时代中国特色社会主义思想为指导，深入学习宣传贯彻党的二十大精神，落实习近平总书记关于黄河流域生态保护和高质量发展重要指示要求，紧紧围绕习近平总书记关于把南水北调工程建设成为“四条生命线”的重要指示精神，狠抓标准化管理，科学运行调度，强化工程监管，成功克服疫情、汛情、春灌交织叠加的困难压力及挑战，超额完成2021—2022年度各项调水计划任务，确保工程安全、运行安全和水质安全，彰显南水北调战略情基础工程的地位和作用。

全省骨干水网联合调度

【省级水网联合调度】 统筹黄河水、南水北调水、省内雨洪资源，科学调度胶东调水、黄水东调、南水北调等骨干调水工程，圆满完成2021—2022年度骨干调水工程8.68亿立方米调水计划（调引南四湖水0.6亿立方米、东平湖水3.68亿立方米、峡山水库水1.26亿立方米、黄河水3.14亿立方米），保障了受水区用水需求，进一步提高了雨洪水资源化利用水平。完成《山东省长江水水量区域交易研究》报告，指导东营成功交易区域内0.35亿立方米南水北调水量，为受水区各市消纳东线一期工程承诺水量探索了路子。组织编制上报2022—2023年度南水北调水量调度计划建议、北延应急供水工程水量调度计划建议，参与编制上报《山东省南水北调东线一期工程运用现状专题报告》《山东省南水北调东线一期工程水量消纳方案专题报告》等报告，为消纳承诺的南水北调东线一期水量创造条件。编制下达实施省内骨干调水工程2022—2023年度水量调度计划，综合分析受水区各市计划供水量、水源情况、工程能力等因素，靠上督导、动态优化月接水方案和配水计划，通过赴现场调研、视频会商、电话调度等措施，协调解决调水计划执行中的困难问题，全力推进年度调水计划任务的落实，截至2022年12月31日，完成年度调水4.02亿立方米（其中，引调东平湖水1.44亿立方米，调水入省2.58亿立方米）。四是进一步加大南水北调水费收缴力度，按时支付年度计量水费4.43亿元，基本水费10.26亿元，完成2021—2022年度水量核定任务，催缴到账计量水费4.51亿元。五是完成京杭大运河贯通补水任务，向运河补水2.61亿立方米，为京杭大运河实现世纪复苏做出山东贡献。

【省级河流水资源调度管理】 2022年是山东河流水资源调度管理工作的破局之年，根据水利部及省水利厅年度工作部署，初步建立起调水管理工作机制，制定河流调度方案和年度调度计划，开展常态化监测监管，实施预警调度、完善监测信息共享等，河流调度管理工作逐步走向规范化，确保了各项目标任务的圆满完成。

重点河流水资源统一调度工作机制初步建立 结合山东实际制定印发《山东省水利厅水资源调度管理实施办法》，明确省流域中心、省水文中心等单位水资源调度保障职责，初步建立形成厅调水管理处牵头协调督导、省流域中心负责技术服务支撑、省水文中心负责重要断面水量（流量、水位）监

测信息服务、各市水利部门负责区域内河流闸坝调度实施的河流水资源统一调度工作机制。

水资源调度省级市级重点河流名录确定并公布　公布《水资源调度省级重点河流和重大调水工程名录》，将大汶河、小清河、沂河等25条河流纳入省级重点河流调度名录，印发《水资源调度名录编制工作指南》，指导16个设区市确定并公布市级重点河流名录，为开展全省水资源调度工作奠定了基础。

重点河流水资源调度日常监测监管形成常态　印发8条跨市河流水资源调度方案和年度调度计划，对37处重要断面下泄水量（流量、水位）开展日常监测监管，每月编发《山东省重点河流水资源调度监测信息》；督导各市制定本区域内相应河段水资源调度实施方案，规范调度流域内闸坝、水库等水工程，确保重要断面满足达标要求。大汶河戴村坝断面不小于1立方米/秒天数为359天，达标率为98.4%。沂河、沭河等重点河流监测断面均实现了年度水量调度目标。同时，圆满完成小清河试通航保障工作，为配合小清河全面通航积累了经验。

保障河流生态水量（流量）预警机制逐步完善　6次发布预警信息，指导泰安、济宁、临沂等市对控制闸坝和水库实施应急调度，加大下泄流量，确保大汶河戴村坝等重要断面、沭河大官庄等断面满足水量调度目标要求，确保了重点控制断面实现水量（流量）调度目标。

【省引黄办工作】　完善与黄河河务部门的沟通机制，落实年度引黄用水计划，加强引水过程监管，实现引水数据共享，协调解决引水难题。联合山东黄河河务局印发《关于加强引黄灌溉工作保障粮食丰收的通知》，明确年度引黄计划指标可实施区域统筹、动态调整，统筹上下游农灌、生活、生态用水，合理安排用水时序，协调东营新增年度农业用水指标0.83亿立方米，调整0.74亿立方米引黄口门水量计划，及时解决济南、东营、德州、菏泽等引水困难，完成2021—2022调度年56亿立方米引黄任务；向上积极争取并下达2022—2023年度各市黄河干流可供水量分配计划，7月以来完成新年度引水10亿立方米，保障了沿黄地区用水安全。规范生态补水管理，与山东黄河河务局等省直部门联合印发《山东省黄河生态补水管理办法（试行）》，明确责任分工，规范生态补水范围和审批程序等；完成年度生态补水4.27亿立方米，协调落实黄河三角洲应急生态补水0.18亿立方米。印发管住黄河“水池子”分工方案、监督检查方案，明确分工，细化任务，压实责任，赴淄博、东营、滨州等现场督导，抽查5个项目引水用途情况，防范引蓄黄河水建设人工湖、主题公园等景观和向“伪生态”项目补水等违规问题。四是做好引黄闸改建施工期间临时供水保障工作，促成省政府办公厅下发《关于做好黄河下游引黄闸改建工程施工期临时供水保障工作的通知》，联合山东黄河河务局召开专题会议安排部署，督导相关市制定临时供水保障方案，确保临时供水措施有效发挥作用。

南水北调山东干线

2022年度，南水北调山东段干线工程超额完成2021—2022年度各项调水计划任务，取得丰硕成果。联合调度长江水、南四湖水、东平湖水多种水源，累计向省内8个设区市供水3.10亿立方米，向河北、天津供水和大运河补水1.94亿立方米，继续为山东和华北经济社会高质量发展提供可靠的水源保障。充分发挥工程防汛保安全综合效益，助力济南、济宁、枣庄、德州、聊城等设区市泄洪排涝4615万立方米。工程管理标准化管理成效突出。新制定泵站、渠道、水库等设施设备运行管理和维修养护规范团体标准，印发《山东干线工程及维修养护管理研究》，组织推行标准化管理常态化，在工程内得到推广应用，为安全供水提供有力保障。

【**水量计划**】 根据《山东省水利厅关于印发山东省骨干调水工程2021—2022年度第一阶段水量调度计划的通知》《山东省水利厅关于印发山东省骨干调水工程2021—2022年度后续水量调度计划的通知》要求，第一阶段计划调水时段为2021年11月至2022年2月，各关键节点计划调水量：出南四湖上级湖1.20亿立方米，入东平湖1.20亿立方米，入鲁北干线0.35亿立方米，入胶东干线1.67亿立方米；后续计划调水时段为2022年2月～2022年5月，各关键节点计划调水量：出南四湖上级湖0.34亿立方米，入东平湖0.30亿立方米，入鲁北干线0.97亿立方米，入胶东干线1.53亿立方米；2021—2022年度计划向聊城、德州、济南、滨州、淄博五市供水1.865亿立方米，入引黄济青上节制闸水量1.76亿立方米。

根据水利部办公厅《关于做好南水北调东线一期工程北延应急供水工程加大调水工作的通知》《南水北调东线一期工程北延应急供水工程加大调水后续水源利用工作方案的通知》要求，北延应急供水计划调水时段为2022年3月25日至5月31日，省界调水0.70亿立方米，入南四湖下级湖0.67亿立方米，入南四湖上级湖0.65亿立方米，出南四湖上级湖1.33亿立方米，入东平湖1.28亿立方米，调水出东平湖1.83亿立方米，过六五河节制闸1.54亿立方米。

【**工程高质量发展**】 开展山东省南水北调东线一期工程水量消纳调研，省水利厅会同省发改委书面征求13个受水市意见建议，完成了南水北调东线一期工程水量消纳基础资料搜集整理上报，编制完成了《山东省南水北调东线一期工程运用现状专题报告》和《山东省南水北调东线一期工程水量消纳专题报告》，配合水利部完成了《南水北调东线一期工程水量消纳方案总报告》的编制和评审工作。完成省政府与南水北调集团公司（以下简称集团公司）座谈及战略合作框架协议签约。研究提出关于东线工程管理体制具体意见。部署了山东省南水北调一期资产评估工作，编制了工作大纲。积极配合推进东营北分水口改造项目；协调保障东平湖洪水外排河道应急疏通工程顺利实施；就北延应急供水工程邱屯枢纽隔坝拆除问题，向水利部充分汇报和协调争取，使该问题得到阶段性解决。

（黄国军）

【**调度运行**】 鲁南段工程运行时段2022年4月至2022年5月，台儿庄、万年闸、韩庄、二级坝、长沟、邓楼和八里湾泵站均达到设计流量。前期因南四湖上级湖水位偏高，长沟泵站未运行，随着上级湖水位下降，长沟泵站5月15日开始运行。

鲁北干线工程运行时段2021年12月～2022年6月，沿线8个渠道口门实施了分水，大屯水库充库蓄水并持续通过库内2个放水洞对外供水。穿黄河工程出湖闸最大流量达到43立方米/秒，接近设计流量。

胶东干线运行时段2021年11月至2022年5月，沿线6个渠道口门实施了分水，东湖水库充库蓄水并持续通过两个放水洞对外供水。济平干渠渠首闸最大流量达到40立方米/秒，接近设计流量。

调水运行期间，泵站、渠道、水库工程运行平稳、状态稳定。

1. 水源情况

根据省水利厅工作安排，2021年11月22日至2022年1月27日实施了第一阶段调水，2022年2月21日至6月6日实施了第二阶段调水，共计调用东平湖水源3.68亿立方米。

根据水利部工作安排，2022年3月25日至5月31日实施了北延应急供水，从苏鲁省界调用长江水源0.70亿立方米，调用上级湖水源0.68亿立方米，调用东平湖水源 0.56 亿立方米。

2. 主要节点工程调水情况

鲁南段工程 2022 年 4 月 30 日启动，至 5 月 26 日结束。其中，韩庄运河段工程 2022 年 5 月 16 日开始运行，至 5 月 25 日完成计划停机，苏鲁省界台儿庄泵站共完成从骆马湖调水入山东 0.70 亿立方米，调水入下级湖 0.68 亿立方米；南四湖段工程 2022 年 5 月 16 日开始运行，至 5 月 26 日完成计划停机，入上级湖 0.66 亿立方米；南四湖至东平湖段工程 2022 年 4 月 30 日开始运行，至 5 月 26 日完成计划停机，调水出上级湖 1.34 亿立方米，入东平湖 1.35 亿立方米。

鲁北干线工程自 2021 年 12 月 20 日启动，至 2022 年 6 月 6 日结束，其中 2022 年 1 月 28 日至 2 月 24 日期间停止运行。3 月 25 日前穿黄河工程仅向聊城、德州供水，3 月 25 日之后启动北延应急供水。累计从东平湖引水 2.77 亿立方米，其中北延应急供水调水出东平湖 1.90 亿立方米，省内调水 0.87 亿立方米。

胶东干线工程自 2021 年 11 月 22 日启动，至 2022 年 5 月 16 日结束，其中，2022 年 1 月 24 日至 2 月 21 日期间停止运行，累计从东平湖引水 2.81 亿立方米。

表 10.1　2022 年山东省境内主要节点工程调水量表

单位：亿立方米

区段	站名	调水量
韩庄运河	台儿庄泵站	0.70
	韩庄泵站	0.68
南四湖	二级坝泵站	0.66
南四湖至东平湖	邓楼泵站	1.34
	八里湾泵站	1.35
鲁北干线	穿黄出湖闸	2.77
胶东干线	济平干渠渠首闸	2.81

3. 供水情况

2021—2022 年度，完成向聊城、德州、济南、滨州、淄博 5 市供水 19004 万立方米，其中，德州 3580 万立方米，聊城 4912 万立方米，济南 5080 万立方米，滨州 2302 万立方米，淄博市 3130 万立方米；完成入引黄济青上节制闸水量 18245 万立方米。

本年度大屯水库完成入库水量 3927 万立方米；东湖水库完成入库水量 1802 万立方米；双王城水库完成入库水量 3167 万立方米。

表 10.2　2021—2022 年度水量调度完成情况表

单位：万立方米

受水市	供水量
聊城市	4912
德州市	3580
济南市	5080
滨州市	2302
淄博市	3130
东营市	16524
潍坊市	
青岛市	
烟台市	
威海市	
合计	35528

4. 北延应急供水情况

2022 年 3 月 25 日开启六五河闸，正式启动北延应急调水工作，5 月 31 日关闭六五河闸，停止供水，历时 67 天，调水出东平湖 1.90 亿立方米，出六五河闸向河北、天津供水 1.61 亿立方米。

（邵军晓）

【工程效益】

供水效益　2021—2022 年度，调引长江水、上级湖、东平湖水源 5.62 亿立方米，累计向聊城、德州、济南、滨州、淄博、东营、潍坊、青岛、烟台、威海10个设区市供水3.48亿立方米，有力保障了城市供水安全。

生态效益　2021—2022年度，北延应急供水累计过六五河节制闸1.61亿立方米，助力京杭大运河全线水流贯通，有效改善了河湖水生态环境，为缓解华北地区地下水超采提供了重要支撑和保障。

防洪效益　2022年汛期多次配合地方防洪排涝，2022年7月开启万年闸泵站为周边村庄排涝；2022年6月15日至10月14日开启睦里庄节制闸，利用睦里庄至京福高速闸市区段，为玉符河、小清河泄洪排涝；2022年7月12—16日、10月2—9日利用聊城段渠道为周边村庄排涝泄洪；利用德州段渠道向七一、六五河排涝泄洪。累计为枣庄、济南、聊城、德州等市排涝泄洪0.46亿立方米，有效减轻工程沿线的防洪压力，为沿线社会稳定、经济发展提供了保障。

（邵军晓）

【运行管理】

一、按时完成重点工作

高标准运管　推进团体标准制定。完成《大型调水工程（渠道、水库、泵站）管理和维修养护规范团体标准》发布。完成《南水北调东线山东干线工程及维修养护管理研究》修订及出版。谋划标准化水利工程创建工作，成立组织机构，明确创建分工，有序推进创建工作。

实施四项工程　推进“样板渠道（含闸站）建设”，组织完成《南水北调东线山东干线有限责任公司渠道工程标准化试验段项目总结报告》及胶东段淄博处渠道标准化建设项目；组织完成聊城段、济宁段小涵闸改造项目典型方案设计及审批工作。加强东湖水库盘柜及线缆整理项目监管工作，已完成项目实施（除供水洞外），具备开机运行条件。组织完成济南市区段、长沟泵站、邓楼泵站大禹奖申报材料的收集、编制、审核、上报等工作。

二、积极推进日常工作

工程维修养护管理　强化工程维修养护监管力度，健全部门《工程管理监管规则》，组织管理局完成第一季度自查，第二季度监督检查，第三季度水毁专项工程检查。同时监督管理局进行检查问题整改，及时销号。充分利用工程管理信息化系统完成工程评级及维修养护计划编制审核；组织浪潮项目组对月度计划分解、计量确认模块进行了开发和培训，并组织指导工程管理信息化系统（二期）开发工作，完成工程巡检试点以及模块推广的有关准备工作。

维修养护管理　认真组织开展工程年度评级，共完成单元评级85792个，单位评级6164个，2022年工程评级设备完好率90%、建筑物完好率80%。及时组织年度维修养护计划编制及方案审查批复，共审定金额10786.57万元，其中日常维修养护项目7825.71万元，专项项目26个、2960.86万元。加强特种设备管理，督促特种设备按照规定进行检验，保障特种设备的安全使用。监督计划落实，按照维修养护标准和时间节点要求，及时跟进管理局维修养护计划落实情况，对滞后工作内容及时督促解决，消除隐患。推进维修养护指南编制工作，及时与编制单位对接，并启动现场测算工作。

合同管理　监管2022年105个合同项目（合同金额为2.4亿元，累计完成金额11721万元，累计完成比例49%），每月10日编制印发工程管理月报，进行数据统计分析，加强关键环节的监管。控制合同项目原材料质量，组织专业机构赴工程现场对重点项目进场原材料取样检测。规范合同项目变更审批程序，严格对变更必要性、变更单价、变更工程量的审核把关。节点工程重点突破，集中力量组织调度聊城段水毁修复工程，安排专人负责、实行5日调度工作机制，及时调度解决影响工程进展的问题，同时紧盯长沟泵站机组大修工作，监督大修各项工作按时间节点完成并通过验收，保障调水。积极协调妥善解决平阴安防工程等项目欠薪问题，保障了农民工合法权益。加大合同项目结算现场复核力度，组织参与单位对报审结算的合同项目工程量进行共同复核确认。2022年度送审完工结算审核项目87个，出具结算审核报告81个，报审金额1.44亿元，审定金额1.39亿元，核减金额500万元。

工程管理 组织开展工程鉴定。完成了48座水闸、2座水库大坝工程的安全鉴定工作，以及安全隐患整改；完成2023年度需鉴定的133座水闸的安全鉴定实施方案编制及批复工作。加强永久征地边界和界桩管理。完成济南、胶东、德州、聊城、泰安5个管理局的界桩埋设及预验收工作，共埋设永久征地界桩2552座，保证了工程管理范围边界清晰。组织开展穿跨邻项目相关工作。监管新开工的10个穿跨邻项目；完成了4个穿跨邻项目完工验收；完成16个建设监管协议及委托监管协议签订；完成6个穿跨邻项目的边界复核工作，确保了南水北调工程边界清晰、土地权属。落实河湖长制工作。编制并印发了《南水北调东线山东干线工程河长制协作机制》《南水北调东线一期山东干线工程沿线省级河长公示牌2023年度维护实施方案》；督促管理局积极与地方河湖长机构联系和沟通，妥善处理有关问题，杜绝安全隐患。协调解决工程影响纠纷。组织开展淄博市高青县渠道渗水影响情况调查，并提交《关于淄博市高青县龙屋村附近南水北调渠道渗水影响调查情况的报告》。积极组织工程评优，完成济南市区段工程申报华东地区优质工程奖的材料审核与申报并顺利通过评审；梳理并向水利厅提供优质工程展示材料。工程建设管理收尾工作。完成完工验收遗留问题摸排梳理，并建立台账，督促处理；完成了山东干线工程安全防护工程、管理设施专项工程档案的移交工作。协助、配合设计单元工程竣工财务决算报告编制。

安全监测管理 完成全线高精度控制网建设工作。共建设67个基准点、210个工作基点，868个监测点任务，基本做到工程沿线控制网全覆盖，为安全监测工作及精准调度提供可靠的基准参考依据；完成安全监测合同收尾工作。共完成干线渠道及剩余重点建筑物变形观测网、对外购买服务开展外部变形观测等项目共9个标段的合同完工验收及完工支付工作；完成2022年度安全监测仪器检定工作。共完成仪器设备70台（套）年检工作，为检定合同的仪器下发检定证书，保证了仪器在使用过程中的有效性。加强监测培训，提高监测技能，规范月报模板，提高编制效率，月报上报率达到100%。五是组织开展安全监测日常工作。按时审核、分析月报，及时指导解决存在的问题，确保工程安全运行。

（苏传政　郭晓翠）

【水质保护】 2021年11月22日—2022年6月2日，南水北调山东段工程顺利完成了2021—2022年度调水工作。在此期间，干线公司按照年度水质监测方案，积极开展相关内部水质监测工作，水质基本满足地表水Ⅲ类水标准，确保调水顺利进行。

一、干线水质监测工作

南水北调内部水质监测体系主要由人工监测、水质自动监测、应急监测等组成。

人工监测 山东干线公司相关部门根据年度水量调度方案编制年度水质监测方案，各段调水前进行人工本底监测。调水初期，渠道先行实施分段冲渠，根据来水情况每2～3天监测一次，确保及时掌握水质变化情况。待水质达标及稳定后，每10天进行一次人工监测。同时根据调度及各口门分水情况随时调整监测断面。2022年共确定25处固定水质监测断面，其中，鲁南段6处；鲁北段9处；胶东段10处。基本覆盖山东段工程以及重要节点，本年度共进行人工监测215断面·次。

自动监测 山东干线工程共建设有6座水质自动监测站。水质自动监测可对调水水质进行实时监测，方便随时掌握水质变化，保障调水工作正常开展。调水期6小时监测一次，监测指标为：水温、PH值、溶解氧、电导率、浊度、总磷、总氮、高锰酸盐指数、氨氮、叶绿素等指标。

应急监测　公司配置了水质监测车及便携检测设备,可以检测温度、pH、COD、溶解氧、高锰酸盐指数、氟化物、硫酸盐、总磷、总氮、氨氮、电导率等指标，根据充水入库、水污染应急事件等工作需要，可以随时开展移动监测。

二、水质安全保障工作

水质实验室建设　本年度开展了实验室人员理论、操作、体系建设培训；按照《检验检测机构资质认定能力评价检验检测机构通用要求》《检验检测机构资质认定生态环境监测机构评审补充要求》，建立适用于实验室的管理体系，编制《质量手册》，提出质量管理、人员能力、场所环境、设备设施、管理体系等要求。制定《程序文件》《技术记录表格》。完成实验室主要设备仪器的计量认证工作。通过体系建设，加强内部管理、完善管理机制，规范工序过程，为下一步实验室资质认定做好准备工作。

水污染应急保障能力　梳理干线水污染应急物资使用情况，编制了《2022年度补充水污染应急物资实施方案》，并完成2022年度采购补充工作。联合地方水利等部门开展胶东干线水污染突发事件应急演练。通过本次演练检验了公司水质突发事件专项应急预案的科学性、可操作性，加强了多部门联调联动配合水平，提高公司应对水质突发事件应急处置能力，培训锻炼队伍。

沿线水库水质安全保障　编制完成《2021～2022年度南水北调东线调蓄水库基于生态系统健康与鱼类群落优化的水质综合保障技术研究》。开展了东线3个水库的水环境与水生生物的季度调查，全面地掌握了调蓄水库水生态系统组成与结构；开展了3座水库的生态系统健康评估；调查和评估了3个水库的鱼类资源量；提出了水库鱼类群落结构调控和水华风险防控方案，为水库的水质保障提供技术支撑。公司根据3个水库水质保障调控方案开展水库捕捞及放流工作。

（刘洋）

【工程监管】 规范工程监督检查工作，印发了《山东省南水北调工程运行管理监督检查办法（试行）》。强化监督检查工作力量，完成技术支撑单位委托工作。抓实抓好安全生产，组织开展安全生产大排查、大整治行动，消除安全隐患，组织专家对干线工程、截污导流工程、配套工程开展了运行管理及安全生产监督检查；完成干线工程“防风险保稳定”督导检查工作。全面加强防汛度汛监管。对防汛度汛工作责任落实、预案编制、隐患排查等作出具体安排；督导运管单位组织防汛抢险综合演练及溺水抢救等专项演练，提高应急处置能力；会同淮委组织专家开展全部20个管理处的防汛准备工作检查。工程运行标准化、科学化水平不断提高，干线工程信息化改造全面铺开，基本完成数字南水北调工程（邓楼泵站）先行先试实施方案。持续强化干线工程招标监督工作，完成招标监督15项，投资11781万元，零投诉。完成质量监督档案整理、资产清点等收尾工作；编制提交东线一期山东段工程质量监督总报告。积极配合干线工程穿跨邻项目行政许可审查，对报审项目方案逐个开展技术研究和现场勘查；参与政策研究和项目评审30余次，出具业务指导意见6份，指导地方审批部门开展许可审查6件。开展了2022年度行政许可事中事后检查，对年度内全部在建的穿跨邻项目开展现场检查并监督落实整改。持续关注水质监测工作，年初组织召开专题会议，督导干线公司修订完善水质突发事件应急预案提升水质监测能力；委托专业机构对中水截蓄导用在线监测工程进行维护管理，确保工程平稳可靠运行。督导运行单位做好非调水期的水质保护，对水库等重要节点组织专家开展水质抽查工作，督促中水水质在线检测项目做好日常水质监测。

（于锋学　朱峰）

【竣工决算】 竣工财务决算编制和竣工验收

准备工作进展顺利。坚持问题导向，采取现场督导和线上指导相结合方式，及时解决市县存在的困难、问题。引入专业机构提供技术支撑，指导市县开展决算编制工作，并对市县决算报告初稿进行线上审核。督导干线公司加快推进验收遗留问题处理，已完成遗留问题处理 90% 以上。年底前，南水北调东线一期征地移民竣工财务决算编制已全部完成并上报，截污导流工程已全部完成竣工财务决算报告初稿。

（徐妍琳）

【科学研究】

研发专题 根据《关于国家重点研发计划“长江黄河等重点流域水资源与水环境综合治理”重点专项 2022 年度项目立项的通知》（国科议程办字〔2022〕88 号）有关要求，2022 年 12 月 22 日，国家重点研发计划项目“南水北调东线工程多水源均衡配置与输水智能调控技术”立项，山东干线公司承担“基于用水行为的南水北调东线调水系统分层用水需求模拟”专题（编号：2022YFC3204601-02）的研究工作。

发明专利 专利作为衡量企业技术含量的一项重要指标，体现着企业的自主创新能力，同时能增强和保持企业的核心竞争实力，抵御各类外在风险的能力，为企业增值增资。2022 年山东干线公司共授权各类专利 72 项。

（李典基）

【创新发展】 2022 年，省水利厅和山东干线公司坚持问题导向，大力实施创新驱动发展战略；坚持推进科技赋能，提升工程运行数字化智慧化水平；坚持以人为本，加快建设培养企业人才力量。召开创新工作领导小组会。组织公司各创新工作室共整理 2021 年度创新项目 84 项，其中，获得专利 12 项，拟申请、受理专利 9 项。组织评审并印发公司 2022 年度岗位创新项目 87 个，推选出 20 个项目参加全省水利工程运行管理岗位创新竞赛。按照全员创新企业复审要求开展自查自评工作，印制相关材料 2600 余页，通过了省总工会委托第三方对公司全员创新企业开展的评估。公司 2 个创新项目荣获全省职工创新创效竞赛省级决赛二等奖和三等奖，并应邀参加山东省“黄河流域齐鲁工匠创新交流大会”展览。公司在 2022 年山东省“技能兴鲁”职业技能大赛中，水工监测工前 10 名占了 8 名；长沟泵站管理处“党工和谐发展”获省农林水工会“党建带共建工建促党建”优秀案例；“加强职工思想政治建设 促进企业健康和谐发展”获农林水工会职工思想政治工作优秀案例；公司有 2 个创新工作室被省农林水工会命名为“全省农林水牧气象系统示范性劳模和工匠人才创新工作室”，2 个管理局职工书屋被省农林水工会命名为“全省农林水牧气象系统优秀职工书屋”，1 个管理局职工之家被省农林水工会命名为“全省农林水牧气象系统优秀职工小家”。

（郭桂邹）

胶东调水

【调度运行】

2022 年，山东省调水工程运行维护中心（以下简称“省调水中心”）分 4 个阶段完成年度引水调水任务，工程累计安全运行 224 天，共计引水 5.88 亿立方米，年度计划完成率 105.68%，其中，调引东平湖、峡山水库蓄水 1.45 亿立方米，创历年新高；向青岛、东营、烟台、潍坊、威海配水 4.6 亿立方米，保障胶东地区用水安全。

运行计划

（1）2021—2022 年度调水方案

2021—2022 年度总需求水量 5.07 亿立方米，其中，青岛市 4.4 亿立方米（含生态补水 4000 万立方米），烟台市 4000 万立方米，潍坊市（寿光、高密、昌邑）2730 万立方米。此外，双王城水库 3200 万立方米和东营市

5200 万立方米的用水计划，通过胶东调水工程输送。

（2）2022—2023 年度调水方案

2022—2023 年度总需求水量 6.27 亿立方米，其中，东营市 9000 万立方米，青岛市 40039 万立方米，烟台市 5500 万立方米，潍坊市（寿光、高密、昌邑）4400 万立方米，双王城水库 3750 万立方米。总引水量 7.04 亿立方米，其中长江水 4.34 亿立方米，打渔张引黄 1.8 亿立方米，黄水东调引黄 0.9 亿立方米。

2022—2023 年度工程运行统筹考虑调水和棘洪滩水库加固、烟台段水毁工程施工等因素，分两个阶段。第一阶段：运行时段为 2022 年 11 月 1 日—2022 年 12 月 30 日，以长江水、黄河水为水源，向东营、潍坊和青岛调水。东营市配水计划依据东营水量消纳方案，滨州、东营段工程联合南水北调东线一期工程向东营市供水，运行时间可能延长至 2 月份。第二阶段：运行时段为 2023 年 2 月 22 日—6 月 30 日，以长江水、黄河水为水源，向东营、潍坊、青岛、烟台调水。在此期间，与南水北调东线一期工程联合运行向双王城水库调水。

调水运行

（1）2021—2022 年度调水

2021—2022 年度调水分两个阶段进行。

2021 年 11 月 24 日—2022 年 1 月 18 日，第一阶段调水。11 月 24 日，博兴城南节制闸提闸，11 月 29 日，引黄入峡分水闸提闸，棘洪滩泵站开机，工程沿线分水口门逐步开启，胶东调水工程与南水北调工程、峡山水库战略水源地工程联合运行，向潍坊、青岛市调水。2022 年 1 月 15 日，胶东调水工程开始停水，1 月 15 日，博兴城南节制闸关闭，1 月 17 日引黄入峡分水闸关闭，工程自上而下，逐级关闸，停止运行。

2022 年 2 月 22 日—6 月 26 日，第二阶段调水。按照省水利厅下发《山东省骨干调水工程 2021—2022 年度后续水量调度计划》，2 月 22 日，引黄济青工程启动运行，2 月 28 日，棘洪滩泵站开机，工程全线贯通，东营、潍坊、青岛各分水口门陆续开启。3 月 2 日，宋庄分水闸提闸向烟台调水，3 月 6 日，向侯家水库分水，3 月 9 日，向门楼水库分水，3 月 15 日，向栖霞分水。4 月 12 日，完成东平湖引水任务，累计引水 6861 万立方米，5 月 26 日，完成烟台段供水任务，累计供水 4079 万立方米，超额完成年度配水计划。运行结束前，合理利用渠道蓄水，完成高疃泵站至米山水库段工程机组调试和管道充水。6 月 16 日，省调水中心组织召开 2021—2022 年度后续调水调度会商会议，专题研究部署工程停水相关工作，研究制定《2021—2022 年度后续调水运行停水方案》，6 月 24 日，组织召开应对强降雨天气及全线停水工作部署会议，对工程停水各项工作进行部署。6 月 24 日 12 时，关闭打渔张引黄闸、沉沙池出口闸，停止引水，6 月 26 日全线停止运行。

（2）2022—2023 年度调水

2022 年 11 月 1 日，正式启动 2022—2023 年度调水运行，11 月 10 日，工程全线贯通，沿线各分水口门按计划开启，运行安全平稳。截至 12 月 26 日，工程累计引水量 1.3 亿立方米，其中，南水北调水 1.25 亿立方米，黄水东调水 509 万立方米；累计配水量 9873 万立方米，其中，东营 700 万立方米，青岛市 7029 万立方米，潍坊 2144 万立方米；各重要节点运行情况，博兴城南节制闸 32 立方米 / 秒，黄水东调 2.5 立方米 / 秒，子槽水位 3.26 米，王道泵站 28.5 立方米 / 秒，棘洪滩水库入库流量 19 立方米 / 秒；棘洪滩水库水位 10.68 米，日出库水量 85 万立方米。

经与南水北调协商，分四次调减博兴城南节制闸入子槽流量，12 月 27 日 16 时，调减至 22 立方米 / 秒，20 时，调减至 14 立方米 / 秒，12 月 28 日 16 时，调减至 5 立方米 / 秒，12 月 29 日 10 时，调减至 0 立方米 / 秒，博兴城南节制闸关闭，停止引水。12 月 28 日 8 时，黄水东调工程关闭，停止引水。小清河王道泵站视子槽水位下降情况适时调减过站流量，子槽水位降至 2.3 米左右关机，王道泵站关机 2 小时后，双王城水库停止充库，全线自上而下逐级停水，宋庄、王耨、亭口泵站逐步调减流量运行，前池水位达到设计水位时关机。12 月 30 日，棘洪滩泵站关停，工程沿线分水口门全部关闭，2022—2023 年度第一阶段调水运行结束。

雨洪资源利用　2022 年，启动实施汛期峡山水库调水工作。按照省水利厅《关于从峡山水库引水至棘洪滩水库的通知》要求和统一部署，9 月 26 日，启动峡山水库向棘洪滩水库调水工作。组织召开峡山水库调水会商会议，制定《2021—2022 年度汛期峡山水库调水方案》《吴沟河上闸雨洪水泄水应急预案》，做好新冠疫情防控、值班值守等工作，落实水质安全、防溺水等防范措施，10 月 18 日，完成调水任务，累计调入棘洪滩水库水量 3633 万立方米。

水费收缴　2022 年，加大水费征收力度，利用水费收缴平台，按照《供用水协议》和《水量计量及水费管理协议》推动水费收缴。3 月和 10 月，2 次向潍坊、青岛、烟台、威海市政府发函催缴水费。全年共收缴水费 10.98 亿元，其中，调水中心 8.79 亿元，黄水东调 2.19 亿元。

【运行管理】

安全生产

（1）安全生产管理

2022 年 4 月、9 月，组织召开省调水中心全系统安全生产工作会议，落实安全生产全员责任制，明确安全生产年度目标，逐级签订安全生产责任书，调整安全生产委员会成员。年内，修订印发《山东省调水工程运行维护中心生产安全事故综合应急预案》《山东省调水工程运行维护中心生产安全事故隐患排查治理制度》。采取全面排查、重点抽查、暗访检查相结合方式，开展安全生产隐患排查整治、安全生产大检查、房屋安全专项整治、有限空间作业专项整治、防风险保稳定暨安全生产大检查集中攻坚行动等活动，省调水中心排查隐患 256 项，整改完成 237 项，整改率 92.6%；各分中心、管理站排查隐患 479 项，整改完成 479 项，整改率 100%。“安全生产月”活动期间，举办全系统水利大讲堂，邀请专家解读安全生产工作的新思想、新理念、新要求。组织专题研讨、集中宣讲、培训辅导等 30 场，685 人次参与。开展安全生产“公开课”“大家谈”“班组会”等学习活动 32 场，597 人次参与。组织观看安全生产警示教育片、专题展 27 场，669 人次参与。组织观看专题片《红线》21 场，436 人次参与。组织全系统参与安全生产法知识网络竞赛、“水安将军”趣味活动、“新安法知多少”网络答题活动等，累计超 1000 人次参与。布置提示、警示、引导等各类标识牌 9017 个，悬挂张贴安全标语 935 张。

（2）安全生产标准化一级达标创建

2022 年，省调水系统推进安全生产标准化一级达标创建工作。2 月 24 日，组织召开省调水系统水利安全生产标准化建设启动视频会议，全面开展安全生产标准化建设工作。5 月 31 日—6 月 16 日，对各分中心开展安全生产标准化建设督导和培训。6 月 22—24 日，对烟台、潍坊分中心安全生产标准化创建工作进行督导检查。7 月 5 日、8 月 11 日，召开安全生产标准化情况调度会。8 月底，6 个分中心均完成申报材料上报。9 月，开展安标创建视频答辩培训，准备视频答辩工作。10 月中旬，6 个分中心参加中国水利企业协会组织的视频答辩环节。2023 年 1 月 18 日，水利部公布省调水中心青岛、东营、烟台、潍坊、滨州 5 个分中心为水利安全生产标准化一级单位。

（3）安全生产智慧监管平台

2022 年，为实现调水系统安全生产监管工作专业化、标准化、精准化、智能化，提升调水系统本质安全水平，开展安全生产智慧监管平台研发及应用建设。6 月，实地查看王耨泵站信息化监控中心、浩宇集团安全智慧管控中心等信息化平台系统，调研安全监管领域信息化建设的规模、功能侧重点、管控效果以及平台项目实施过程所涉及应用技术。7月5日、8月11日，召开智慧平台建设情况调度会，赴潍坊、东营现场对接平台建设需求调研。经过一年的研发，平台已完成组织机构管理、教育培训管理、职责目标管理、安全费用管理、制度规程管理、风险管控管理、隐患排查管理、应急预案管理、事故管理、现场管理等10个功能模块建设，计划2023年底前通过验收，并在实际工作中推广应用。

项目稽察 3月3日，编制印发《山东省调水工程运行维护中心工程项目稽察管理办法（试行）》，组建工程项目稽察专家库。8月17—27日，对青岛分中心开展2021年度泵站、渠道“管养分离”项目专项稽察，制定整改方案，建立整改台账，明确整改措施、整改期限、责任单位和责任人，确保按期完成整改。

质量监督 2022年，完成打渔张泵站站区整体改造工程项目、棘洪滩泵站改造提升工程项目、棘洪滩水库大坝安全鉴定存在问题整改工程（一期）等项目划分批复。完成烟台高位水池、引黄济青东营段管护道路改造项目、渠首沉沙池（刘王桥以下段）清淤工程、王道泵站临时泵站等项目完工验收。参与完成《山东省胶东地区引黄调水工程界河渡槽维修设计方案》评审。9月，组织开展“2022年质量月”活动，通过悬挂条幅、发放宣传画册、电子屏滚动宣传等形式推动活动宣传。9月26—29日，开展工程专项大检查，查处问题36项。启动工程质量监督模块平台建设工作，开发工程质量监督检查管理系统，强化监督检查过程管理，规范监督检查行为，统一监督检查工作流程和检查记录内容，提升工程质量监督检查工作效率，截至年底，平台初步建设基本完成。

防汛度汛 2022年，省调水中心优选技术专家和技术骨干62人，成立水旱灾害防御总队第八支队。6月29日，印发《关于成立山东省水旱灾害防御总队八支队的通知》，制定管理办法，建立日常管理机制和工作协调联动机制。11月14日，按照水旱灾害防御“分级负责、属地管理”原则，省水利厅将原省级水旱灾害防御队伍调整组建为六支省级水旱灾害防御队伍，原第八支队调整为“省水旱灾害防御四队”，并确定四队主要职能，依托山东省调水工程运行维护中心组建，主要从事泵站、泵船排涝抗旱、大型水泵、变配电设施安装操作与维修，水旱灾害防御抢险技术技能指导。3月29日，印发《关于修编2022年胶东调水工程度汛方案及应急预案的通知》。组织编制省调水中心、各分中心及棘洪滩水库度汛方案及应急预案。4月下旬，组织召开方案专家审查会，4月28日，印发《关于报送〈山东省胶东调水工程度汛方案及应急预案〉及〈棘洪滩水库度汛方案及应急预案〉的请示》，上报省水利厅备案。4月28日，印发调整防汛领导小组成员的通知。6月1日起，调水系统执行单位领导带班和工作人员24小时值班制度，全系统共计312人参与防汛值班值守，出动巡查车辆107台次，开展防汛演练15次，参加演练600余人次，开展防汛安全检查363次，发现并整改问题45项。分别于5月23—26日、7月20—22日、8月10—14日，开展汛前汛中检查。7月12—15日，在山东水利职业学院举办全系统水旱灾害防御培训班。积极做好防汛物料储备工作，储备土工布3.5万平方米、编织袋11.4万个、钢管木桩1300根、砂石料3600立方米。7月12—13日，配合小清河泄洪。于8月8日、9月14日，2次启动洪水防御Ⅳ级应急响应，落实防御措施，防范“烟花”等强降雨。组织实施滨州沉砂池进口段左岸、大沽河冲砂闸左岸等段水毁工程修复工程。

【水质保护】

《山东省胶东调水条例》修正 2022年3月30日，山东省人大常委会审议通过了《关于修改〈山东省胶东调水条例〉的决定》，对有关条款进行修订。《山东省胶东调水条例》（以下简称《条例》）在确权划界、水质安全、有序取水、水费缴纳、河湖管理等方面取得了突破，创造性地将河湖长制融入条例中，使条例与行政手段有机结合，为以后行政执法、工程管理提供法律依据。《条例》修正后，省调水中心通过举办省政府新闻发布会，在《大众日报》、新华网、《中国水利报》等媒体发表文章等形式，第一时间宣传《条例》，多角度、全方位向社会公众宣传胶东调水工程，营造关心支持山东调水事业的社会氛围。

水质监测　2022 年 4 月，完成水质在线站第三方运维单位选定工作，对 11 处水站进行全面校准维护，分析源水水质状况及沿途水质变化数据，科学预警预测预判风险隐患，定期完成分析报告。利用在线站不间断检测水质数据，成功处置 5 月上旬白浪河水质站氯化物多日连续超标以及 6 月上旬青岛大沽河段水质浑浊事件。加强与中科院水生所等科研单位合作，加快推进课题研究，每月至少检测一次棘洪滩水库藻类，通过藻类的优势种属、丰度及变化情况，判断水体的营养化程度，为水库水质的风险控制提供依据。

工程巡查　加强调水期间工程输水水质安全巡查，采用视频巡检、人员巡查等多种方式，重点对小清河子槽、吴沟河、跨河公路桥等存在污染隐患渠段以及水库周边等重点区域巡查，及时发现问题，消除隐患，保障水质安全。

绿化美化工程　2022 年，完成引黄济青左岸和部分渠段右岸绿化，绿化面积 36.09 万平方米，完成工程投资 3300 万元，其中，东营分中心投资 500 万元，绿化提升长度 7.9 千米，绿化面积 4.5 万平方米；潍坊分中心投资 1500 万元，绿化提升长度 42.3 千米，绿化面积 14.29 万平方米；青岛分中心投资 1300 万元，绿化提升长度 24 千米，绿化面积 17.3 万平方米。截至 2022 年年底，引黄济青工程段总绿化率达 90.3%，同比上一年度提升 11 个百分点。

【建设投资】 2022 年，新批复系统内重点建设项目投资 12782.9 万元，比 2021 年增长 12.24%，全年完成水利建设投资 15345.69 万元。

【工程建设】

年度重点建设项目　2022 年，完成灰埠泵站新建 35 千伏线路工程、界河渡槽维修加固工程、输水管道二次穿清洋河防护工程、渠首沉沙池（5+800 ～ 7+674 段）清淤工程、棘洪滩水库安全鉴定存在问题整改工程（二期）等 5 项工程立项、勘察设计项目采购、合同签订，组织初步设计方案编制、审查、批复，完成棘洪滩水库管理站整体改造提升工程立项备案手续，组织开展工程勘察设计等前期工作。完成灰埠泵站新建 35 千伏线路工程主体工程施工，完成 35 千伏单回线路 6.422 千米、杆塔 31 基；沉沙池（5+800 ～ 7+674 段）清淤工程完成清淤 65 万立方米；界河渡槽维修加固工程完成氟碳防护 50019 平方米、聚脲防护 3575 平方米及金属结构防腐，完成年度工程投资 2336 万元。完成渠首沉沙池（刘王桥以下段）清淤工程、东营段管护道路竣工验收，引黄济青段 240.2 千米管护道路工程全部建成，完成工程投资 3.04 亿元。

省级重点工程

（1）小清河防洪综合治理胶东调水工程

组织完成小清河防洪综合治理胶东调水工程消防验收备案、水土保持、环境保护专项验收和结算审计，编制设计变更总报告，报省水利厅核备。配合完成竣工决算编制和档案专项验收，根据竣工决算报告，共完成投资 17961 万元。

（2）胶东调水工程尾工建设

组织完成胶东调水高位水池扩建工程完工验收，至此，胶东调水工程尾工全部完成。完成除自动化质保金以外胶东调水工程剩余 57 个项目完工结算，共支付资金 7185 万元。

（3）引黄济青改扩建工程

完成变形监测设施全部 19 个基准点、

188个工作基点、1066个监测点布设和泵站自动化监测设施等实体工程建设，并提交测量成果，审核拨付质保金等工程尾款1000余万元。

项目储备库　按照“保证重点、先急后缓、统筹安排”原则，完成打渔张泵站35千伏线路改建工程、辛庄泵站35千伏线路新建工程、沉沙池安全防护工程、烟台段“梅花”台风水毁工程修复等4项入库项目规划及勘察设计前期工作，批复投资4387.33万元。

【调水科技】

科研项目　2022年，省调水中心共征集科研项目12项，经研究，对《引黄调水泵站机组进水流道泥沙智能清淤装置研发》《大型渡槽结构静动态安全监测与健康诊断研究》《胶东调水工程污染源风险评估与水质安全保障技术研究》等3个项目进行立项。完成《大型引黄调水泵站防泥沙淤积关键技术研究与对策》《渡槽缺陷修复与防护技术研究》《水环境对山东省胶东调水工程的影响与对策研究》等6个科研项目结题验收。

科技成果　2022年全系统共获得科技成果奖11项，其中，科技进步一等奖2项、二等奖1项、三等奖1项；软科学一等奖4项、二等奖3项；论文奖13项。

技术创新　根据王道泵站低扬程大流量运行的工况需求，通过CFD模拟和物理模型试验论证，在全省首次采用国内水利行业最大直径平面S型轴申式贯流泵，该泵型具有结构简单、安装检修方便、运行可靠、装置效率高等优点，运行检验其装置效率在设计工况下可达到77%以上。推广应用移磁软启动装置、无电液控应急操作器两项水利部推广名录内的新技术。结合泵站工程建设申报移磁调压软起等发明专利2项，水润滑导轴承结构等实用新型专利项4项。对泵站水泵模型试验、机组在线监测、变频等技术进行总结分析研究，发表论文3篇，获齐鲁水利科技进步奖三等奖1项。

规程立项　2022年，编制发布团体标准《齿杆式启闭机技术规程》，编制发布企业标准《水利工程标准化工地建设规范》，参编发布地方标准《滤水模压混凝土板现场制作质量控制规范》，督办修订地方标准2项，组织完成《水利工程泵站信息化建设管理规程（草案）》及《闸站无人值守运营规程（草案）》编制及意见征求。

【工程管护】

工程标准化管理　2月28日，组织开展《山东省胶东调水工程维修养护定额标准》专项培训，督导分中心、管理站加强工程管理制度标准宣贯，提高制度执行力，实现全员标准化管理目标。统一设置工程标识标牌。5月18日，赴南水北调东线山东干线公司，6月9日，赴枣庄市岩马水库管理服务中心，8月3日，赴山东黄河河务局河口管理局开展标准化达标创建交流座谈。配合水利部、省水利厅完成《大中型调水工程标准化管理评价标准》《山东省水利工程标准数字管理平台技术标准指南》等多项标准制定，结合调水工程实际提出建设性意见，并被采纳。年底前，完成水库、泵站、闸站、渠道、管道工程标识标牌制作、安装及验收，全线实现工程管理制度上墙及标识标牌统一。完成标准化信息平台模块设计及程序开发，10月底进行上线测试。

省级标准化管理工程创建　2021年，省调水中心印发《山东省调水工程标准化管理工作推进实施方案》，编制标准化创建工作指南，组织标准化创建交流座谈和专项督导检查10余次，召开标准化示范工程创建工作推进视频会议，邀请专家现场指导，调度创建工作进展，及时协调处理创建中存在问题。组织各分中心、管理站完成标准化自评验收并报省水利厅终验。至2022年底，全线水库、水闸、泵站、渠道、管道共23项工程通过省级验收，被省水利厅评定为山东省标准化管理工程，实现了单项工程省级标准化工程全覆盖。山东省胶东调水工程顺利通过省水利厅组织的调水工程标准化管理整体评价，被推荐申报“水利部标准化管理工程”。

省级美丽幸福示范河湖建设 2022年，调水工程全线233.73千米输水干渠分4段被评为省级美丽幸福示范河湖，开创了省内引调水工程创建美丽幸福示范河湖先例。其中，青岛段73.3千米、东营段10.5千米、潍坊段118.5千米、滨州段31.43千米。3月，4个分中心通过属地市级河长办申报。4月，各分中心编制创建实施方案，4月25日，组织实施方案专家审查，修改完善后报省水利厅。5月，编制印发《山东省胶东调水输水干线省级美丽幸福示范河湖创建工作方案》。6月17日，组织召开标准化示范工程、美丽幸福河湖创建工作推进会议。上半年，组织各分中心、管理站相继纳入属地河长制成员单位，加强工作协调配合、落实各级河长巡河。5月、7月、8月、10月，组织开展4次检查，督导检查美丽幸福河湖创建进度。9月，有关分中心对照标准开展自评和阶段性总结，增设河长制公示牌52个，其中，省级12个，其他级别40个。10—11月，有关分中心完成创建任务和资料整理，配合市级河长办开展市级初验。12月28日，经过申报、自验、初验、终验等环节，胶东调水输水干线入选省水利厅公布的省级美丽幸福示范河湖名单。

输水干线综合整治 配合省水利厅编制《胶东调水输水干线综合整治方案“一河一策”(2022—2024年)》。在输水干渠全线开展综合整治，严禁新增违法问题，清除管理范围内垃圾，推进养殖场、厂房板房等违建及渠系绿化等20项问题整治，完成2022年度“一河一策”任务。

涉河建设项目管理 2022年，配合省水利厅审查津潍高铁、东青高速改扩建、G205国道改扩建、兰高泵站分水闸、蓬莱分水闸、油气管线等15项涉河建设项目。加强涉河建设项目事前、事中、事后监管，完善监管资料，严格执行涉河建设项目管理规定。7月22日，专项检查明董高速跨越引黄济青渠道施工现场。9月21日，省水利厅行政许可处处长万斌调研指导涉河建设项目监管工作。

工程日常管理 完成2022年度、2023年度工程维护维修项目及经费计划审核。2022年核定项目133个，核定预算2.92亿元，其中，工程维修养护及委托运行项目（管养分离）1.37亿元，按计划完成项目投资和验收。2023年核定项目152个、压缩非急需项目72项，核定预算资金1.79亿元，其中，工程维修养护及委托运行项目（管养分离）1.37亿元。配合财务部完善经费计划项目库管理，完成2023年度项目入库审查。定期调度2022年度工程运行维护及大修项目进展情况，完成全省重点水利工程投资2.92亿元，其中，工程维修养护及委托运行项目（管养分离）1.37亿元，拉动水利工程投资，提供维修养护等就业岗位860余个。配合省水利厅完成全省重点水利工程建设督导，填报省重点水利工程项目信息管理平台信息23次。5月23—26日、7月20—22日、8月10—14日、10月10—11日，开展4次综合检查，全年组织进度、质量、安全等各类工程项目督导检查10余次。7月、12月，完成全线半年工程检查考核和年度工程检查考核。

土地确权 2022年，开展潍坊寿光、寒亭、高密段土地确权工作，12月7日前，全部取得不动产权证。

【泵站管理】

设施设备 2022年，省调水中心完成引黄济青段打渔张、宋庄、王耨、棘洪滩泵站整体提升二期工程及胶东调水段东宋、辛庄、黄水河、温石汤、高疃、星石泊6座泵站站所提升一期工程，消除泵站设施设备安全隐患，工程面貌全面提升，完成工程投资4100余万元。

标准化管理 结合“制度执行年”活动和标准化管理工程达标创建，开展泵站管理制度执行评估及修订。全系统13级泵站共编制、修订现场管理制度713项，运行、调度、安全等各类规程184项，初步建立较为完善的泵站工程标准化管理制度体系。修订、完善泵站工程标准化管理手册，理清基层管理组织架构，明确岗位设置、岗位标准及岗位职责，配备管理技术人员，重要岗位实现AB角管理。实施泵站标准化管理标识标牌建设项目，统一升级标识标牌，截至2022年底，制作安装管理、安全、警示等各类标识标牌51263块，达到标准化管理规范要求。12月15日，省调水中心组织完成泵站单项工程标准化自评。12月底，胶东调水打渔张、宋庄等12级泵站顺利通过省水利厅组织的泵站单项工程省级验收评价，被评定为“山东省标准化管理水利工程”。12月28日，省水利厅以鲁水调管函〔2022〕57号文件对评价结果公示。

岗位创新　2022年，积极推进“五小创新”，全系统泵站管理单位提报岗位创新成果23项，经系统内竞赛，选拔推荐10项技术创新成果参加全省水利工程运行管理创新竞赛总决赛，最终获得技术创新一等奖1项、二等奖1项、三等奖2项，取得历史性突破。加快推进泵站创新工作室规范化建设，12月，亭口泵站“刘正江创新工作室”被省农林水工会选树为“全省农林水牧气象系统示范性劳模和工匠人才创新工作室”。

教育培训　2022年，全系统13级泵站组织开展标准化管理、安全生产管理、设备操作、法律法规等各类培训258次。

安全生产管理　2022年，全系统泵站共开展安全生产检查236次，解除风险源732个，编制综合应急预案20项、专项应急预案99项、现场处置方案169项，组织开展防汛、消防、防溺水练等演练51次。

【检查与审计】

检查指导　2022年，省调水中心坚持“管系统、系统管”的工作理念，下基层检查指导财务工作15次，覆盖6个分中心及部分管理站。召开林木资产处置存在问题整改约谈会2次，约谈单位4个，召开分中心预算执行进度调度会6次。

预算执行审计　2022年2—5月，省审计厅开展对调水系统为期4个月的预算执行审计。审计期间，省调水中心按要求配合省水利厅准备资料，按照规定内容、格式提供资料26批次，认真研究审计取证事项，提交详细说明和证明材料。审计报告印发后，对照审计整改要求进行整改。

省水利厅审计　5月、10月，配合省水利厅开展对滨州、青岛分中心原单位负责人任职期间履行经济责任审计和对省调水中心机关2021年预算执行审计。

调水系统内部审计　2022年，完成东营、潍坊、烟台、威海分中心2021年度预算执行和其他财务收支审计。完成胶州、莱州、招远管理站原单位负责人离任审计。完成渠首沉砂池清淤工程和东营段管护道路等基建项目竣工决算审计。

（胶东调水）

生态治理

水土保持

2022年，山东省水土保持工作坚持以习近平新时代中国特色社会主义思想为指导，按照“节水优先、空间均衡、系统治理、两手发力”治水思路，积极推进黄河流域生态保护和高质量发展，严格人为水土流失防治，推进重点地区水土流失系统治理，全省完成新增水土流失治理面积1390.55平方千米。实现水土流失面积和土壤侵蚀强度“双下降”，全省水土保持率达到85.70%，在水利部水土保持规划实施情况评估中获得优秀等次。

【水土流失概况】 根据2022年动态监测成果，全省共有水土流失面积22623.67平方千米，其中，水力侵蚀面积21914.07平方千米、风力侵蚀面积709.60平方千米。侵蚀强度5个等级及相应面积分别为轻度21415.77平方千米、中度915.06平方千米、强烈209.81平方千米、极强烈65.98平方千米、剧烈17.05平方千米。国家级水土流失重点防治区水土流失面积11184.46平方千米、占水土流失总面积的49.44%。省级水土流失重点防治区水土流失面积9589.71平方千米、占水土流失总面积的42.39%。

（董明明）

【预防保护】 全面贯彻“预防为主、保护优先”工作方针，深入实施黄河流域生态保护和高质量发展战略，积极做好水土流失预防保护。以国家级和省级水土流失重点预防区为重点，不断加强人为水土流失管控。充分发挥生态环境自然修复作用，积极开展河流源头区、重要水源地及生态脆弱地区的水土保持生态保护和修复，实施小流域综合治理和坡改梯工程。年新增预防保护面积461.05平方千米。

（刘振勇）

【监督管理】

水土保持方案审批　全省各级共审批水土保持方案6442个。其中，省级审批63个，涉及防治责任范围1231平方千米。

水土保持设施验收报备　全省共有3859个生产建设项目完成水土保持设施自主验收报备，其中，省批项目98个，市级630个、县级3131个。全年共对1381个2021年度自主验收报备项目开展现场核查，其中，省级现场核查60个，核查比例36.36%。

水土保持遥感监管　完成3期全省覆盖遥感监管。第1期是水利部下达任务，共计复核扰动图斑3110个，认定违法违规项目2732个，全部予以查处。第2期和第3期是山东省自主加密任务，共计解译扰动图斑2894个，认定违法违规项目2001个，全部予以查处。

日常监管　采取现场检查、书面调查、“双随机、一公开”等多种方式，对全省11490个生产建设项目开展监督检查，查处违法违规项目2538个，其中，立案查处项目45个。跟踪检查省级在建项目100个，检查比例46.73%。约谈违法违规生产建设项目建设单位3家。开展水土保持方案质量抽查，抽取市县审批的365个水土保持方案，组织专家评查并通报评查结论。

协同监管 联合省税务局印发《水土保持补偿费征收管理流程》，规范水土保持补偿费征收管理工作；联合省发展改革委、省财政厅修订印发《水土保持补偿费收费标准》；联合省检察院强化水土保持领域行政诉讼培训指导等工作合作。

（孟琳 徐震）

【综合治理】

水土保持年度治理 2022年，全省完成新增水土流失治理面积1390.55平方千米。其中，水利部安排项目治理511.04平方千米、国家相关部委安排项目治理77.25平方千米、地方各级政府投资治理745.21平方千米、社会力量参与治理57.05平方千米，圆满完成规划的年度治理任务。其中，建设梯田406.39平方千米，营造水土保持林86.92平方千米、经济林83.26平方千米，种草19.98平方千米，实施封育保护与封禁治理477.81平方千米，采取其他措施316.19平方千米。

水土保持重点工程 包括国家重点工程和省级重点工程。国家重点工程包括国家水土保持重点工程小流域综合治理项目和黄河流域坡耕地水土流失综合治理工程。水土保持重点工程强化监督检查和进度督促，2022年底前全面完成治理任务。国家水土保持重点工程小流域综合治理项目涉及26个县（市、区）37个项目，批复总投资23830.55万元，其中，中央资金7750万元，治理水土流失面积504.31平方千米。黄河流域坡耕地水土流失综合治理工程涉及2个县2个项目，批复总投资3022.69万元，其中，中央资金1600万元，治理水土流失面积6.73平方千米。省级水土保持重点工程涉及34个县（市、区）34个项目，批复总投资15611.25万元，其中，省级财政资金15000万元，治理水土流失面积301平方千米。

生态清洁小流域建设 全面推进生态清洁小流域建设，年内认定建成生态清洁小流域18条，流域内水土保持措施布置合理，村容村貌整洁卫生，水土资源得到有效保护和合理利用，符合生态清洁小流域建设要求。

（刘振勇）

【监测评价】

监测站网 全省正常运行的水土保持监测站点31处，其中，国家级站点26处，省级站点5处。站点分布于15个市25个县(市、区)，涉及黄河、淮河、海河三大流域，其中，黄河流域监测点7处、淮河流域22处、海河流域2处。站点类型包括5类，其中小流域综合观测站4处、小流域控制站2处、坡面径流观测场17处、利用水文站点7处、风蚀观测场1处。全年获取620批次监测数据。2022年完成上年度监测成果审查和汇编，刊印《2021年山东省水土保持监测点资料年鉴》。完成青岛崂山、淄博市郝峪、威海市鲍村、聊城市冠县等4处站点的升级改造工作。组织开展水土保持监测设备计量管理试点，在全国水土保持监测会议上作典型发言，介绍经验做法。

动态监测 基于优于2米高分遥感影像，采用资料收集处理、卫星遥感解译和野外验证等手段，获取气象、土壤、地形、土地利用、植被、水土保持措施、人为扰动等要素，通过CSLE模型计算，掌握以县级行政区为单元的水土流失类型、面积、强度和分布。2022年省级水土流失动态监测重点预防区与重点治理区10.71万平方千米，涉及99个县级行政区。监测成果经水利部海河水利委员会审核同意后报水利部。完成2021年度全省水土流失动态监测成果汇总分析，2021年全省水土流失面积23242.45平方千米，占全省国土面积的14.69%。

（孟琳）

【基础工作】

宣传教育 建成济西湿地水土保持科普展厅。强化与主流媒体合作，制作发布短视频3个，组织领导专访、义务植树、有奖竞答等活动并强化融媒宣传报道，在省以上媒体刊发宣传文章30余篇；举办全省水土保持政策法规线上宣贯和水土保持监督管理网上培训班等，为相关单位提供水土保持监管服务指导；整理刊印水土保持资料汇编，强化水土保持法律法规和工作要求宣传。

（徐震）

示范创建　国家水土保持示范创建工作取得新突破，莒县、新泰市、费县、邹城市、东营市河口区被评为国家水土保持示范县，淄博市淄川区镶月湖水土保持科技示范园、泰安市泰山区安家庄水土保持科技示范园被评为国家水土保持科技示范园，临沂市兰陵县压油沟小流域被评为国家水土保持示范工程（生态清洁小流域），黄河东平湖蓄滞洪区防洪工程、新建鲁南高速铁路（山东段）、青岛新机场工程被评为国家水土保持示范工程（生产建设项目），年度创建工作走在全国前列。

（王效彦）

能力建设　启动“省水土保持高质量发展三年强基行动”。坚持问题导向、系统观念、创新驱动、示范引领，全面夯实综合治理、监督管理、监测评价工作基础，以“减量、降级、提质、增效”为总目标，以“三个四化”为抓手，提升水土保持高质量发展水平。水利部印发工作动态向全国通报山东省经验做法。

（徐震）

水利风景区建设与管理

【第二十批国家水利风景区申报】　经初审，山东省推荐郯城县沭河水利风景区申报国家水利风景区。8月30日至9月1日，水利部国家水利风景区评审委员会办公室派出以水利部原建管司原司长孙继昌为组长的专家组，对景区开展现场考察评价。专家组对郯城县沭河水利风景区建设给予充分肯定，也对山东省水利风景区创建和申报工作给予高度评价。经水利部水利风景区建设与领导小组审议，2023年2月1日，水利部正式下文，郯城县沭河水利风景被批准为第二十批国家水利风景区，山东省国家水利风景区总数达97处。

【第二批国家水利风景区高质量发展典型案例推荐】　为深入贯彻落实习近平生态文明思想和“十六字”治水思路，水利部按照《关于推动水利风景区高质量发展的指导意见》，2022年继续开展第二批国家水利风景区高质量发展典型案例征集遴选工作。山东省推荐聊城市位山灌区、金乡县羊山湖水利风景区2处景区参加申报。2022年11月17—19日，水利部派出以中国水利企业协会原副会长陈庚寅为组长的专家组对位山灌区水利风景区进行现场复核。专家组对位山灌区水利风景区规划创意、水景观打造、助推社会经济发展、现代化管理等给予较高评价。2023年1月29日，水利部印发了《水利部办公厅关于公布第二批国家水利风景区高质量发展典型案例重点推介名单的通知》，位山灌区水利风景区位列其中，成为全国第二批（10处）国家水利风景区高质量发展典型案例重点推介景区之一。

【传承红色基因水利风景区推荐】　为贯彻落实水利部《“十四五”水文化建设规划》，传承红色基因、赓续红色血脉，加强党领导人民治水红色资源的保护传承，提升水利风景区公益形象，根据水利部要求，组织开展了红色基因水利风景区推荐申报。2022年12月12日，水利部下发了《关于公布〈红色基因水利风景区名录〉的通知》，聊城位山灌区水利风景区、金乡县羊山湖水利风景区、沂南县沂蒙红色影视基地水利风景区列入水利部传承红色基因水利风景区名录。

【水利风景区管理】　山东省不断加强水利风景区形象宣传与安全监管工作。2022年7月28日，组织竹泉水利风景区参加水利部景区办与中国农影中心召开的“水美中国”首届国家水利风景区高质量发展典型案例新闻发布会，沂南县委书记侯占夫参加会议并接受采访，竹泉经验在全国得到推广。制定下发《山东省水利厅关于关于加强水利风景区安全管理工作的通知》《山东省水利厅关于开展水利风景区安全管理隐患排查与治理工作的通知》，组织抽查国家、省级水利风景区20处，切实推动水利风景区安全生产工作更加完善。

（杨治军）

政 策 法 规

法治建设

【立法项目】 2022 年 7 月 28 日,《山东省人民代表大会常务委员会关于加强山东现代水网建设的决定》经省第十三届人大常委会第三十六次会议通过。2022 年 10 月,向省人大常委会、省司法厅上报省水利厅 2023 年立法计划,经人大研究,《山东省农村供水条例》列为 2023 年年内初次审议的项目,《山东省小清河管理条例》列为 2023 年跟进或者修改的项目。根据省人大常委会通知要求,组织对《山东省节约用水条例》《山东省南四湖保护条例》进行评估,经过评估,文件实施情况良好,各项政策要求基本落实到位。

【规范性文件制定】 2022 年,省水利厅共印发规范性文件 8 件,分别是《关于修改〈山东省水利厅行政许可专家评审工作管理办法〉的通知》、《关于印发〈山东省水利工程建设项目设计施工总承包指导意见〉的通知》、关于印发《山东省用水统计调查制度实施细则(试行)》的通知、关于印发《山东省水利安全生产监督管理办法(试行)》的通知、关于印发《山东省水利安全生产标准化动态管理办法》的通知、关于继续执行《山东省水利工程技术人才职称评价标准条件(试行)》的通知、关于印发《山东省小型水库巡库员管理办法(试行)》的通知、关于规范生产建设项目水土保持承诺制审批工作的通知。

【规范性文件清理】 开展涉及安全生产的法规规章和规范性文件专项清理工作。依据省人大办公厅、省司法厅《关于开展涉及安全生产的法规规章和行政规范性文件专项清理工作的通知》要求,2022 年 4—6 月,省水利厅依据《中华人民共和国安全生产法》《山东省安全生产条例》对现行有效的 7 部法规、9 部规章和 25 部厅发规范性文件进行清理,经过清理,不存在与“一法一条例”相抵触的情形。按照省统计局《关于进一步开展全面清理纠正违反统计法律法规的文件和做法工作的函》要求,2022 年 9 月,省水利厅对负责起草现行有效的法规规章和厅规范性文件进行清理。经过清理,未发现违反统计法律法规的文件和做法的情形。根据省发展改革委、省司法厅、省财政厅、省商务厅和省市场监督局等五部门印发的《关于开展妨碍全国统一大市场建设规定和实际情况自查清理工作的通知》要求,对省水利厅现行有效的涉及各类经济活动的政策措施进行清理,经过清理,未发现有妨碍全国统一大市场建设规定和情况。

(陈永朝)

水利普法

【普法宣传】 2022 年 6 月 27 日,省水利厅邀请省高级人民法院行政法审判庭副庭长、三级高级法官王颖围绕依法行政的基本要求及应有理念主题授课。省水利厅一级巡视员张建德主持讲座,厅领导、三总师和厅机关各处室主要负责同志参加了讲座。副庭长王颖围绕贯彻落实习近平法治思想，从全面依法治国是历史必然选择、依法行政行为的基本要求、行政机关应有的法治思维和理念等方面，结合大量案例进行了全面深入的讲授，并就如何依法开展水行政管理工作提出意见建议，具有很强的针对性、实践性和可操作性。

组织开展《中华人民共和国民法典》宣传活动，省水利厅印发通知，结合实际积极组织开展民法典“十进”、主题宣传优秀成果展示等主题宣传活动，组织开展“美好生活 民法典相伴——民法典进社区”主题党日活动，广泛发动干部职工参加第十八届全国法治动漫微视频作品征集展播和全国百家网站微信公众号的民法典知识竞赛活动，报送7个法治动漫微视频作品，营造浓厚的民法典宣传氛围。征集水利依法行政典型案例。按照《水利部普法办公室关于征集水利依法行政典型案例的通知》要求，省水利厅组织开展了水利依法行政典型案例征集工作。经认真审核，报送13个典型案例材料。普法宣传工作获得水利部、省级奖励，政策法规处获得“全国水利系统‘七五’普法先进集体”“山东省‘七五’普法依法治理工作先进集体”荣誉称号，政策法规处1名同志获得“全国水利系统‘七五’普法先进个人”。

【世界水日与中国水周】 在严格落实疫情防控前提下，积极开展“世界水日”“中国水周”宣传活动。组织开展线上为主、内容丰富的主题宣传活动。3月11日，印发通知，在全省水利系统部署开展水日水周活动。厅长刘中会在《大众日报》发表题为“多措并举强化水资源集约节约利用为高质量发展提供坚实水安全保障”的署名文章。组织开展山东省节约用水、水土保持等知识竞赛答题活动，让广大群众充分了解《中华人民共和国水法》《中华人民共和国水土保持法》《山东省节约用水条例》等水法律法规知识，开展水利法治宣传教育，提高宣传教育成效。组织征订主题宣传画、水日水周特刊、水法律法规宣传页等600套，对厅机关和厅直属单位进行了发放。省水利厅在山东水利网设立“水日水周宣传”专栏，利用“山东水利”微信公众号，及时推送水日水周宣传活动安排、宣传口号、“节约用水 从娃娃抓起”公益广告、“水润神州 利在千秋”等宣传微视频及各地宣传动态信息。活动当天直播观看人数达1.6万余人，组织征订主题宣传画、特刊和水法律法规宣传资料500多份，组织全省水利系统干部职工积极参与水土保持知识等各类网络答题活动，参与人数达6万人次。

【主题宣传活动】 省水利厅采取闪电新闻网络直播形式举行“节水山东 你我同行”主题活动启动仪式，市、县两级水利（水务）局有关人员和社会公众通过移动客户端或电脑同步观看，启动仪式上，发布了山东省节水吉祥物“鲁咚咚”和微信表情包，播放了节水歌曲《节水中国》和《节水谣》MV，观看了《公民节约用水行为规范》和《山东省节约用水条例》宣传视频，公布2021年山东省节水标杆单位名单，节水志愿者代表宣读节约用水倡议书，同时启动2022年山东省节约用水知识竞赛答题活动。活动得到全省水利系统及社会各界人士积极响应，一天时间活动直播观看人数达1.6万余人，回看17.5万人次，点赞20.5万次。

【宪法宣传教育】 12月8日，组织厅机关有关人员20余人参加了宪法宣誓仪式，大力弘扬宪法精神，激励厅机关工作人员忠于宪法、遵守宪法、维护宪法，依法履职尽责。在厅门户网站设置“宪法宣传”专题，利用“山东水利”微信公众号面向公众集中宣传；印制宣传挂图，在厅机关大院张贴；在厅机关显示屏等显著位置推送宪法宣传知识，营造宣传深厚氛围。下发通知，组织厅机关和厅直属各单位干部职工学习宪法与公共法律知识，组织考试检验学习成果，考试合格率达100%，切实提高了干部职工的法治思维、法治意识和依法行政能力。

（崔梅）

水行政执法

【执法体制机制建设】 严格规范水行政执法行为，制定印发《关于进一步加强和规范水行政执法工作的指导意见》，督促市县加强和规范水行政执法工作，强化层级监督。做好执法人员培训。6月23日，省水利厅举办行政执法人员培训班。厅机关持有行政执法证件人员参加培训。培训采取腾讯会议视频方式，集中收听收看了司法部行政执法协调监督局副局长、一级巡视员徐志群所作的《准确领会全面实施新行政处罚法》讲座。讲座围绕行政处罚法修订背景意义、修订过程和修订思路、准确把握修改内容全力推进贯彻落实等方面。按照省司法厅要求组织开展了行政执法人员培训，省水利厅机关持有执法证人员达93人。

【制度建设】 积极推进水行政执法与刑事司法衔接、与检察公益诉讼的协作配合。与省生态环境厅、省自然资源厅联合印发《山东省生态环境保护领域违法案件协作移交暂行规定》，明确加强部门执法联动，推动有关线索及时发现，及时移交、及时处置；与省检察院联合印发《关于加强水行政执法与检察公益诉讼协作配合的实施意见》，进一步建立健全水行政执法与检察公益诉讼协作配合机制，共同打击水利领域侵害国家利益和社会公共利益的行为。

【依法行政】 全面强化党对水利法治建设工作的领导，将其摆在全省水利改革发展工作的重要位置，厅主要负责人切实履行第一责任人责任，把各处室单位依法履职情况纳入绩效考核指标体系，不断强化对全省水利法治建设的领导。制定印发全省水利法治建设工作要点。对2022年全省水利法治建设工作进行安排部署。认真贯彻落实《山东省水利法治建设“十四五”规划》，制定印发《山东省水利厅强化水利体制机制法治管理工作方案》《山东省水利厅贯彻落实“一规划两纲要”实施方案》和《山东省水利厅关于进一步完善国家工作人员学法用法制度的实施方案》，进一步健全水利体制机制和法治管理体系，不断全省提升水利法治建设水平。设立厅公职律师并向司法厅备案，制定印发《山东省水利厅公职律师管理办法》，规范公职律师管理；继续聘任两家法律顾问服务单位，协调法律顾问向厅机关处室和有关直属单位提供法律咨询服务75次，审核经济合同212个。法治政府建设工作获得省级表彰，政策法规处1名同志被授予“山东省法治政府建设先进个人”称号。

【执法监督】 组织开展省防汛保安专项执法行动、地下水超采治理专项执法行动，严厉打击水事违法行为。制定2022年度水行政执法监督计划，部署开展全省水行政执法监督检查活动，完成了对6个市10余个县（市、区）的实地监督检查，累计发现问题70余个，均下发通知要求相关市县进行了限期整改，并与省司法厅联合开展黄河流域水行政执法专项监督。根据水利部反馈问题要求，组织青岛市、烟台市相关部门认真进行整改落实，按时向水利部报送问题整改报告。印发《山东省市际水事纠纷预防和调处办法》，组织对青岛、日照潮白河水事纠纷开展调查调处。

【扫黑除恶】 根据常态化开展水利领域扫黑除恶专项斗争工作要求，调度各市2021年度工作开展情况，做好全国扫黑办督导全省反馈问题整改落实工作。厅党组会议研究学习有关会议精神，制定宣传贯彻方案，将《反有组织犯罪法》纳入厅党组理论学习中心组学习内容，列入行政执法人员培训内容，充分利用网站、微信公众号等进行广泛宣传。印发省水利厅安保维稳工作方案，圆满完成北京冬奥会和全国两会安保维稳各项工作任务、全国扫黑办专项督导山东省反馈有关问题整改等通知。部署开展“固本清源”专项行动，助推安全生产专项整治。协调做好扫黑除恶有关线索核查。

（隋勋斌）

行政许可

【简政放权】 制定印发行政许可实施清单。根据国家行政许可实施清单编制要求，结合山东省实际，对国家涉水行政许可实施清单进行了认领，会同有关处室、各市水利局、行政审批局对涉及全省的20项行政许可进行全面梳理，逐项明确实施机关、实施依据、监管责任等18项要素，配合印发《山东省行政许可事项清单》（2022年版），明晰了行政许可权力边界，规范了行政许可权力运行。动态调整行政权力下放事项。对省水利厅下放市县实施的取水许可、水土保持、质量检测单位乙级资质认定、水土保持技术服务单位服务质量评价等4项行政权力运行情况进行调研；结合审批制度改革和市县实施情况，调整质量检测单位乙级资质认定至济青烟3市和青岛西海岸新区实施。持续推进政务服务事项标准化提升。建立常态化工作机制，对全厅政务服务事项逐项进行要素梳理，完成高频政务服务事项基本目录和实施清单编制，持续优化提升全省政务服务能力水平。

（张斌）

【行政审批】 提升重点水利工程审批质效。对青岛市官路水库水工程规划同意书、初步设计、水保方案、涉河建设方案等多项许可并联审批，联合省发改委9个工作日完成官路水库初步设计批复，批复项目总投资91.44亿。积极做好省重点项目涉水手续办理。起草《关于明确涉河建设项目审查有关问题的说明》，进一步明确涉河审查技术标准，批复高速、高铁、燃气管线等重点基础设施涉河建设项目40余个，助力山东省经济发展。对沿黄重点地区工业园区、重点项目进行审核评估。赴济南新旧动能转换起步区、东阿、齐河等地进行工业园区合规调研，对2300余个沿黄重点工业项目进行复核。抓好黄河流域生态保护和高质量发展水利任务落实。办理完成习总书记视察指示的东营原油库迁建及配套设施改造工程水土保持方案审批。

（张斌）

【行政许可监管】 完善监管手段。组织参加2022年度全省“双随机、一公开”监管暨“互联网＋监管”工作培训班，完成对各市承担的省级部门联合双随机联合抽查的进展调度。充实监管内容。梳理填报全省部门联合“双随机、一公开”集中抽查检查对象库，填报完善抽查统计表。强化厅内审管衔接，形成审管工作合力。组织监管处室对全厅许可清单及监管工作分工进行会商，明确监管主体，厘清职责边界。

（刘斌）

【管理与培训】 加强中介机构管理，按照山东省《行政许可技术服务管理办法》，集中约谈17家行政许可技术服务单位，对47家技术服务单位的117个项目技术服务质量评价情况进行公示。加强对技术服务单位监管，完成对1920家中介服务机构入驻省政务服务中介超市审核，通过1501家，退回419家，通过加强管理，中介机构服务水平有了较大提升。印发《山东省水利厅行政许可评审专家库专家考核细则》，对500余名省级行政许可评审专家实行动态评价调整，会同省流域中心、省综合事业中心推进行政许可专家抽取系统升级改造。邀请高层次专家，举办全省水行政许可培训，分别针对取水许可、水土保持、涉河建设项目审查和取水许可电子证照数据清理开展了4次视频培训，培训审批人员4000余人次。

（张斌）

【改革创新】 推动电子证照应用推广。应用推广全省水利工程质量检测单位资质证书的电子证照，累计制发电子证照 173 份，涉及检测企业 40 余家；累计制发取水许可电子证照 5.4 万余张，惠及用水户 5 万户，居全国前列。加快推进承诺制审批。大力开展水土保持承诺制审批，全年全省已审批承诺制水保项目 5000 余个；对水利工程质量检测单位乙级资质认定实行承诺制审批，即收即办。积极推进区域评估。联合省住建厅等印发《关于建立社会投资类项目“用地清单制”的通知》，指导各市积极推动水资源论证、水土保持、防洪影响区域评估工作。

（张斌）

水利监督

监督体系建设

【行业监督体系建设】 围绕水利部关于加强行业监督体系建设的部署，将完善市县体制机制和制度建设作为重点，不断强化措施，推动落实。深入调研，摸清底数。开展分片调研，摸清市县机构设置、人员、经费等方面的底数，为推动完善监督体系建设创造条件。加强指导，落实责任。明确提出 2022 年所有市县水行政主管部门成立领导机构、明确监督职能部门、制定综合监督办法。工作中，厅领导带队重点督导，逐市推进，按月调度。典型引领，树立标杆。坚持正向激励与逆向督导相结合，每季度召开推进会，表扬先进，通报落后，有效推动了全省监督体系建设。截至年底，全省 16 市 132 个县（市、区）水行政主管部门均已成立监督领导机构，明确综合监督职能部门，制定综合监督办法和专业监督检查办法，基本建立覆盖全省、上下贯通，综合监督、专业监督，专项监督、日常监督互相配合的水利行业监督体系。省水利厅在 2022 年水利部水利监督工作会议上作建立健全监督体制机制典型发言。2022 年 1 月，水利部监督司发布首次全国水利监督综合评价结果，山东省入选先进行列。

【制度体系建设】 完善制度体系。持续做实做精“2+N”监督制度体系，以《山东省加强水利行业监督工作的实施意见》为总纲，以《山东省水利监督实施办法》和专业监督检查办法为细目，在前期组织制定完成 16 项制度办法基础上，制定印发了《山东省水库除险加固工作责任追究办法》《小型水库安全运行监督检查办法》等 4 项制度办法。制定涵盖实施意见、综合办法、专业检查办法 3 个层级、20 项制度办法，不断扎紧织密制度的笼子。完善精准监督，细化问题清单描述，明确检查标准、规范监督流程，使问题定性更精准、追责问责更精准，做到一把尺子量到底。探索推行监督人员相对固定、专职负责，持续加强业务能力培训和作风建设，实现一人多能。

【监督体系保障】 落实省委统筹规范督查检查工作要求，由监督处牵头，汇总梳理各处室的计划初稿，形成省厅《2022 年山东省水利厅业务性监督检查计划》，经厅长办公会研究，报省委办公厅、省政府办公厅备案同意后，印发各市及厅机关处室及单位执行，未经批准不能随意增减检查计划。每月、每季调度计划执行和接受上级检查情况，督促计划实施。截至年底，年度计划所列 28 项检查项目已全部完成；在财政资金紧张的情况下，继续安排监督检查经费 2000 万元，由监督处归口管理，监督检查计划与预算经费相呼应，持续保障监督检查经费投入。

建设项目监督

【水利工程质量与安全监督】 锚定水利工程质量安全目标，牢固树立“质量第一”意识，落实水行政主管部门质量监督责任，推进质量监督规范化专业化常态化，为水利高质量发展提供质量安全保障。全年全省在建水利工程未发生质量事故，在全国水利建设质量工作考核中，山东省再获A级等次。

【专题研究质量与安全监督】 从监督重点、问题整改、对策措施等方面把关定向。修订完善《山东省水行政主管部门质量监督履职情况巡查指导手册》，提升质量监督规范化水平。专项列支739.6万元用于质量与安全巡查监督，从经费上给予大力支持。按照“需求调研-界面讨论-模块设计-试用反馈-迭代升级”步骤，优化完善水利工程建设质量与安全监督管理系统，提高质量与安全监督质效。

【重点水利工程质量与安全巡查监督】 聚焦供水保障、防洪提升等省重点水利工程，坚持现场监督检查与实体质量检测双手发力，省水利厅采用政府购买服务形式，累计派出专家1467人次，覆盖16个设区市完成巡查监督304项目次，其中，现场检查189项目次、实体检测115项目次，累计发现整改问题4462个；省建安中心完成省管项目现场检查77项目次、实体检测15项目次，发现整改问题380个；各市完成现场检查357项目次、实体检测151项目次，发现解决问题3112个（见表13.1）。

【质量监督履职巡查】 5月至9月，省水利厅共派出9个巡查组、20人次，围绕水行政主管部门质量监督管理和水利建设工程质量监督工作开展情况，采取听取汇报、查阅资料、现场检查等方式，探索性地对淄博、东营、烟台、济宁、日照、临沂、德州、聊城、滨州市和莒县共9市1县，开展水行政主管部门质量监督履职巡查。8月，水利部对山东省开展质量监督履职巡查时，对山东省率先在全国开展市县水行政主管部门质量监督履职巡查的做法给予充分肯定。

【在建水利工程监督检查】 按照“一项目一机构”原则，采取每月统计汇总、随时报备更新的方式，加强协调调度，实现全部在建工程落实质量监督机构和人员，确保质量监督全覆盖。统筹组织水利工程督促检查及现场核实工作，汇总处室、单位年度督促检查计划，明确水利工程项目及不同实施阶段重点督促内容、频次及督促核实工作联系人，汇总并统筹确定处室、单位周督促检查工作计划；9月，围绕投资计划执行、资金落实支付和质量与安全情况，随机选取65个水利工程建设项目开展专项核实，发现整改质量安全方面问题48个。

【问题整改和责任追究】 抓实问题整改闭环管理，对各类监督检查发现问题及时印发整改通知，督促各单位制定整改方案，建立整改台账并限期完成整改，全年省水利厅下发质量与安全巡查监督整改通知11期，累计发现整改问题4400余个；采取“一市（县）一单”形式，督导完成质量监督履职巡查问题整改28个。加大责任追究力度，针对发现问题，省水利厅先后约谈参建单位12家次，各市问责参建单位295家，完成2次执法事项，累计罚款14万元。

（张长江）

表 13.1　2022 年山东省水利工程质量与安全监督开展情况统计表

单位：个

序号	单位	省厅开展监督情况										各市自行开展监督情况								
		涉及项目数量	开展监督项目次数			发现问题及整改情况						开展监督项目次数			发现问题及整改情况					
			巡查监督总数	现场监督检查数量	实体质量检测数量	发现问题总数	严重问题数量	较重问题数量	一般问题数量	完成整改数量	整改率	巡查监督总数	现场监督检查数量	实体质量检测数量	发现问题总数	严重问题数量	较重问题数量	一般问题数量	完成整改数量	整改率
1	济南市	22	33	24	9	585	170	251	164	585	100%	104	55	49	69	13	28	28	69	100%
2	青岛市	4	5	2	3	55	18	21	16	55	100%	16	6	10	4	0	2	2	4	100%
3	淄博市	8	14	8	6	206	61	84	61	206	100%	68	63	5	335	106	193	36	335	100%
4	枣庄市	11	17	12	5	224	44	95	85	224	100%	21	19	2	149	0	0	149	149	100%
5	东营市	7	12	7	5	220	70	100	50	220	100%	21	16	5	83	17	32	34	83	100%
6	烟台市	14	27	16	11	350	111	140	99	350	100%	10	8	2	101	18	32	51	101	100%
7	潍坊市	11	28	13	15	409	122	169	118	409	100%	24	12	12	212	73	73	66	212	100%
8	济宁市	15	25	15	10	322	97	136	89	322	100%	31	24	7	56	0	0	56	56	100%
9	泰安市	8	14	9	5	228	58	94	76	228	100%	17	7	10	11	0	0	11	11	100%
10	威海市	14	23	15	8	333	79	130	124	333	100%	4	4	0	28	0	0	28	28	100%
11	日照市	9	14	9	5	195	49	95	51	195	100%	34	34	0	28	3	1	24	28	100%
12	临沂市	17	27	16	11	360	88	175	97	360	100%	13	13	0	226	22	45	159	226	100%
13	德州市	10	17	12	5	248	69	106	73	248	100%	54	36	18	724	0	0	724	724	100%
14	聊城市	5	11	7	4	202	63	72	67	202	100%	31	28	3	181	11	36	134	181	100%
15	滨州市	11	17	11	6	255	63	119	73	255	100%	32	18	14	849	149	355	345	849	100%
16	菏泽市	12	20	13	7	270	88	105	77	270	100%	28	14	14	56	0	10	46	56	100%
总计		178	304	189	115	4462	1250	1892	1320	4462	100%	508	357	151	3112	412	807	1893	3112	100%

【水利工程项目稽察】 水利建设项目稽察工作成效显著,经验做法在《大众日报》和“学习强国”学习平台刊发。2022 年，聚焦小型水库、水闸除险加固工程，大中型水库、水闸和河道治理工程，扎实开展水利建设项目稽察工作，超额完成稽察工作目标，实现稽察全省 16 市全覆盖，工程类型全覆盖，大、中、小型工程全覆盖。共下发 4 批水利建设项目稽察、专项稽察和复查的通知，派出 52 个稽察组、346 人次，完成 40 个工程项目稽察、12 个工程项目复查任务；其中，稽察累计发现问题 856 个（严重问题 26 个、较重问题 436 个、一般问题 394 个）。截至年底已下发整改通知 15 期，已完成整改 761 个，正在整改问题 95 个；复查 220 个问题中已整改完成 217 个，正在整改问题 3 个（见表 13.2)。

配合水利部完成临沂市蒙阴县东汶河治理工程、济宁市洸府河（高新区段）治理工程中小河流治理和济南市鹌山水库大中型水库除险加固工程 3 次稽察任务，共发现问题 39 个，均无严重问题。其中，临沂市蒙阴县东汶河治理工程发现 7 个较重问题，6 个一般问题；济宁市洸府河（高新区段）治理工程发现 7 个较重问题，3 个一般问题；济南市鹌山水库大中型水库除险加固工程发现 11 个较重问题，5 个一般问题；截至年底已全部整改完成。

各市均按照不少于 3 个项目的要求积极开展自主稽察，16 市累计完成自主稽察 78 项目次,发现问题 962 个,已完成整改 960 个,正在整改问题 2 个（见表 13.3)。

（闫斌）

表 13.2　2022 年山东省水利厅水利建设项目稽察情况统计表

单位：个

序号	单位	省厅项目稽察情况					省厅项目复查情况			
		涉及项目数量	发现问题总数	严重问题数量	较重问题数量	一般问题数量	涉及项目数量	发现问题总数	完成整改数量	整改率
1	济南市	2	43	0	18	25	—	—	—	—
2	青岛市	2	56	6	27	23	—	—	—	—
3	淄博市	2	38	0	18	20	—	—	—	—
4	枣庄市	2	44	1	24	19	—	—	—	—
5	东营市	3	66	0	38	28	1	21	21	100%
6	烟台市	4	68	3	40	25	2	34	34	100%
7	潍坊市	3	85	2	42	41	1	18	18	100%
8	济宁市	2	44	1	27	16	2	38	38	100%
9	泰安市	2	43	3	19	21	—	—	—	—
10	威海市	4	79	1	46	32	2	34	34	100%
11	日照市	1	40	4	15	21	—	—	—	—
12	临沂市	4	55	0	21	34	1	19	19	100%
13	德州市	2	46	4	22	20	1	25	25	100%
14	聊城市	2	37	1	16	20	—	—	—	—
15	滨州市	3	69	0	42	27	1	19	16	84.2%
16	菏泽市	2	43	0	21	22	1	12	12	100%
总计		40	856	26	436	394	12	220	217	98.64%

表 13.3　2022 年山东省各市水利建设项目稽察情况统计表

单位：个

序号	单位	各市自主稽察情况				
		计划开展总数	自主稽察数量	发现问题总数	完成整改数量	整改率
1	济南市	6	6	114	114	100%
2	青岛市	7	7	45	45	100%
3	淄博市	5	5	72	72	100%
4	枣庄市	3	3	32	32	100%
5	东营市	8	8	160	160	100%
6	烟台市	3	3	16	16	100%
7	潍坊市	3	3	47	47	100%
8	济宁市	5	5	15	15	100%
9	泰安市	8	8	69	69	100%
10	威海市	4	4	10	10	100%
11	日照市	3	3	24	24	100%
12	临沂市	3	3	28	28	100%
13	德州市	11	11	166	166	100%
14	聊城市	3	3	71	69	97.18%
15	滨州市	3	3	23	23	100%
16	菏泽市	3	3	70	70	100%
总计		78	78	962	960	99.79%

重点领域监督检查

围绕水旱灾害防御、工程安全运行、工程质量、水利资金、水资源、水土保持等全行业全领域，开展监督检查，“四不两直”暗访比例超过75%。立足防大汛、抗大险，保障水利工程运行和防汛安全，组织全省水利行业开展隐患排查整治行动，省市县三级水行政主管部门共派出1.34万人次，检查水利工程和项目3.13万处，发现闸墩砼剥落钢筋裸露、水库溢洪道堵塞、放水洞渗漏、度汛方案未演练等隐患问题2.09万个，整改到位率99%。牵头开展防洪工程水毁修复、山洪灾害防御、小型水库安全运行、水闸工程、堤防工程险工险段、农村饮水安全、防洪调度和汛限水位执行、小型水库除险加固等8项检查工作，制定检查方案，开展培训和现场检查。建立问题台账，将问题清单印发各市，问题隐患整改实现闭环管理，严格审核确保问题整改到位。认真做好水利部等上级部门检查发现问题的整改工作，对整改问题，逐一审核，逐一销号；对难点堵点问题，现场督促、现场办公，帮助基层，制定措施，问题整改率达96%。

【监督信息化建设】 探索“表单化+平台+OA系统”配合应用方式，定制开发省水利监督信息系统，打造监督检查网上办、指上办，实现检查项目“一张网”，检查计划“一张表”，行动轨迹“一张图”，整改过程“一台账”，全方位打造指尖上的监督“利器”。

【具体检查行动】

防洪工程设施水毁修复监督检查　制定2022年度防洪工程设施水毁修复监督检查工作方案，对全省9市24县的27个项目进行了暗访检查，发现并督促整改问题47个，主要问题包括未建立水毁修复项目台账、工程进度滞后、未落实安全度汛责任人、实体工程质量问题、质量控制和质量保证措施不到位、资料不齐全等。

堤防工程险工险段安全运行监督检查　制定2022年堤防工程险工险段安全运行监督检查工作方案，对全省5市13县45段堤防工程及险工险段进行了监督检查，发现并督促整改问题67个，主要问题包括经费落实不到位、未开展维修养护或维修养护不到位、按规定开展堤防检查、堤岸防护工程存在不同程度的破损等。

水闸工程安全运行监督检查　制定2022年水闸工程安全运行监督检查工作方案，对全省15市64县114座水闸工程进行了监督检查，发现并督促整改问题213个，主要问题包括管护人员未经过岗位培训、闸门运用无记录或记录不规范、检查记录不规范或是检查出的问题未及时采取有效措施处理等。

小型水库安全运行监督检查　制定2022年小型水库安全运行监督检查工作方案，对全省12市69县173座小型水库进行了监督检查，发现并督促整改问题513个，主要问题包括防汛巡查责任人履职能力存在不足、水库应急管理措施不足、水库日常维护与维修养护工作不到位、工程实体存在安全隐患、水库大坝管理范围保护工作存在不足、水库泄洪通道不通畅、水库大坝安全监测工作不到位等。

农村饮水安全监督检查　制定2022年农村饮水安全暗访工作方案，对全省16市48县农村饮水安全进行了暗访检查，共检查90个乡镇、104个行政村、314个用水户、农村饮水工程90个，发现并督促整改问题151个，主要问题包括水源保护范围未设立标志牌和保护措施、日常维修养护不到位、日常巡查和记录不规范等。

水库防洪调度和汛限水位执行监督检查　制定2022年度水库防洪调度和汛限水位执行监督检查工作方案，检查水库49座，发现并督促整改问题26个，主要问题包括调度指令中的时间、流量、水位等控制性参数或操作方式不明确，调度信息记录不规范、不完整等。

山洪灾害防御监督检查　制定2022年山洪灾害防御监督检查工作方案，对全省11市58个县进行了山洪灾害防御的暗访检查，发现并督促整改问题86个，主要问题包括自动监测站点存在奇异值现象、简易预警设施不足、未依托基础电信企业向社会公众发布预警信息等。

小型水库除险加固监督检查　制定2022年小型水库除险加固监督检查工作方案，对全省9市16县22个小型水库除险加固项目进行了监督检查，发现并督促整改问题132个，主要问题包括项目法人除险加固工程资料不完整、除险加固资金未落实、未按照合同约定支付资金或资金支付慢、设计单位设计深度不够、施工单位未按设计施工等。

（尚琎）

安全生产监督检查

2022年，山东省水利安全生产工作始终坚持以习近平新时代中国特色社会主义思想为指导，深入贯彻落实全国全省安全生产电视电话会议精神，坚持安全第一、预防为主、综合治理，严格履职、强化监督、严抓严管，持续健全完善水利安全生产“五体系”，水利安全生产监管持续向纵深推进，全省水利安全生产形势持续稳定。

【安全生产宣传教育】 制定印发《山东省水利厅关于印发全省水利安全生产“大学习、大培训、大考试”专项行动工作方案的通知》《山东省水利厅关于进一步规范和加强安全生产培训考核工作的通知》《山东省水利厅关于印发2022年水利“安全生产月”活动实施方案的通知》《山东省水利厅关于开展全员定向安全生产大培训工作的通知》，开展“开工第一课”“水利大讲堂”“厅长上讲台”“厅长面对面讲安全”等学习培训1317期，培训人员30167人次。组织三类人员考核，报名4100人，考试通过1971人。省水利厅获得省政府安全生产月活动优秀组织奖，在水利安全生产标准化应急演练成果评选展示活动中获“优秀组织单位”称号。

【责任体系建设】 健全完善水利安全生产“五体系”，全面落实监管责任、全员责任清单，落实任务分工，实施分类分级管理，有效实施监管。截至2022年底，厅直属11家单位已全部制定并落实全员安全生产责任清单，全省各市、县（市、区）645家生产经营单位已全部建立安全生产责任清单并完成审核；已完成南水北调干线公司与省水利勘测设计院2家厅直属单位安全总监的配备任务。

【双重预防体系建设】 截至2022年底，省级层面11家厅直属单位建成双重预防体系，其中，10家单位完成评估任务；市县层面，职责管辖范围内645家水利生产经营单位已建立并运行双重预防体系。在此基础上，进一步注重“双重预防体系”建设质量提升，推动风险管控“六项机制”建设，制定印发《山东省水利厅关于印发贯彻落实水利安全生产风险管控“六项机制”工作方案的通知》，完善管控制度，压实管控责任，严格考核问责，提升风险管控能力，有效防范遏制生产安全事故，为新阶段全省水利高质量发展提供坚实的安全保障。

【水利安全生产标准化体系建设】 2022年共开展2批次二级标准化评审，受理申报单位47家，达标单位27家，其中1家水利水电勘测设计单位、2家水利工程建设监理单位通过了二级标准化评审；组织三批次二级标准化延期换证，公布延期换证单位58家。截至2022年底，全省共74家单位通过标准化一级达标，210家单位通过标准化二级达标。2022年11月，对6家或发生生产安全事故或存在工程建设领域转包及违法分包等非法违法生产经营建设行为的生产经营单位实施红色监管。

安全生产整治检查

为健全完善全省水利系统应急预案体系，科学有效开展应急演练，切实提高全省水利系统风险防范和应对能力，制定印发《山东省水利厅关于进一步加强应急预案和应急演练工作的通知》，推进应急预案编修，强化水利生产经营单位应急预案管理，编制并科学有效实施应急演练计划，不断夯实应急演练基础。

【监管制度保障】 制定印发《山东省水利安全生产监督管理办法（试行）》，进一步明确什么是水利安全生产以及怎样抓好水利安全生产监督管理工作，进一步健全完善水利安全生产监督管理制度机制，不断提升水利安全生产监督管理水平，对于防范和遏制水利生产安全事故有着积极意义。制订《山东省水利安全生产标准化动态管理办法》，进一步健全完善安全生产标准化制度体系，督促各达标单位坚持问题导向，持续改进，不断提升水利安全生产管理水平，加强标准化达标单位事中事后监管。

【安全生产专项整治“三年行动”】“三年行动”期间，全省水利行业排查隐患问题82384个，动态更新制度措施清单675项；《中国水利报》刊发《山东省推进水利安全生产标准化建设强化安全生产监管》《多措并举持续加力全面推动水利安全生产治理体系建设》《山东提升水利安全生产能力》《落实安全责任消除安全隐患为新阶段水利高质量发展提供坚实保障》以及《山东创新开展水利安全生产开工第一课》等多篇文章，全面推介山东省提升水利安全生产能力的典型经验做法。

【专项监督检查】 2021年底至2022年3月全国“两会”闭幕，全省水利行业深入开展安全生产督导检查。行动期间，省水利厅组织开展7次督导检查，发现各类安全问题隐患58个；16市含县（市、区）累计排查并督促整改问题隐患6029个。为认真贯彻落实全国、全省安全生产电视电话会议精神，根据省政府安委会、水利部部署要求，自2022年4月24日至12月底，在全省水利行业开展水利安全生产大检查。行动开展期间，省水利厅组织开展检查24次，发现各类安全问题隐患265个；16市含县（市、区）累计排查问题隐患14855个。为贯彻落实党中央、国务院，省委、省政府关于安全生产决策部署，切实做好水利行业安全生产工作，按照全国水利行业安全生产专题会议要求，自2022年9月26日起至10月底开展全省水利行业开展“防风险保稳定”暨水利安全生产大检查集中攻坚专项行动。行动期间，省水利厅派出7个检查组，发现各类安全问题隐患81个；16市含县（市、区）累计排查问题隐患1671个。组织开展今冬明春重大隐患专项整治和督导检查行动、水利安全生产制度措施落实落地行动、驻点监督工作。常态化开展水利安全生产驻点监督，累计对506个水利工程建设项目派驻驻点监督工作组，累计派驻人员551人。累计开展安全诊断789场次、累计召开“晨会”11092场次、累计督促排查整改问题隐患9074个。

【“百日攻坚”行动】 为深入学习贯彻习近平总书记关于河南安阳“11·21”特别重大火灾事故的重要指示精神，扎实做好今冬明春火灾防控工作。自2022年12月5日至2023年3月10日开展全省水利系统冬春消防安全排查整治“百日攻坚”行动，全省水利系统各级各单位深刻汲取省内外火灾事故教训，全面排查整治火灾风险把握不到位、消防“生命通道”清理不到位等问题。

（刘雅芬）

建设项目监督

【质量考核评估】 积极做好2021—2022年度水利建设质量考核工作，制定迎考方案，明确职责分工、重点任务及时间节点，分工做好质量考核各项准备工作。开展质量培优工作，督促指导各市对培优项目加大监督检查和调研指导，推进项目规范、优质、高效建设。连续三年在水利部建设质量考核中被评为A级等次。

【建设质量提升】 持续开展质量提升行动，狠抓质量制度建设，制定办法、技术标准9项，质量管理体系更加完善。省、市、县三级制定工作方案，强化质量监督检查，督促参建各方质量责任落实，参建人员质量意识和工程实体质量得到双提升。强化项目法人履职检查、市场主体履约检查和工程实体质量抽查，督促落实整改，及时防范化解质量风险。坚持正向激励示范引领，开展质量创优活动，联合省总工会开展重点水利工程劳动竞赛，坚持党组领导、部门协同、三级联动，实现工程建设和评优竞赛活动深度融合，有力推动重点水利工程安全、优质、高效建设，在全省上下形成干事创业、攻坚克难、创先争优的浓厚氛围。山东省加强水利工程建设质量管理经验做法在全省“质量月活动”启动仪式、水利部水利简报上推广。近三年全省有 4 项水利工程获“大禹奖”，10 项获华东地区优质工程奖，12 项获“泰山杯”，43 项获省优质结构奖，84 项获省劳动竞赛优质工程奖。

【监管信息化建设】 加快推进省招标投标监管“一张网”建设。积极推进水利工程建设项目电子招标投标监管试点工作，加快推进市级水利项目电子交易系统建设，济南、淄博、聊城、菏泽等 9 市完成系统对接工作，全省水利项目招标投标监管“一张网”雏形显现。在调研浙江、广东、上海、湖南等省先进经验的基础上，制定省级水利工程建设信息化方案，按照“整体规划设计、分步建设实施”的原则，开展水利工程建设项目监管系统改造提升。

建设市场监管

【监管办法】 加强招标投标制度建设，修订印发《山东省水利工程建设项目招标投标行政监督管理办法》，强化招标投标活动全链条监管和重点环节监管。印发《山东省水利工程建设项目施工、监理、质量检测招标评标标准》，强化招标人主体责任，引入动态浮动系数，优化招标投标流程，强化信用结果在招标投标活动中的应用，有效减少市场主体围标、串标行为。印发《山东省水利工程建设项目设计施工总承包指导意见》，推广设计施工总承包（EPC）模式，有效解决工程设计和施工之间衔接不紧密的问题，大幅节省了招标时间，工程推进速度显著提高，缩短了工程建设周期。加快推进社会信用体系建设，依法依规运用信用激励和约束手段，建立跨领域的守信联合激励机制，加大对信用好、履约能力强的投标企业鼓励支持力度，出台《关于创新水利工程建设招标投标流程持续优化水利建设市场营商环境的通知》，鼓励支持招标人对信用好履约能力强的企业减免履约保证金，进一步降低企业交易成本。

【监管平台】 加强事中事后监管，加强对招标投标活动涉嫌违法违规行为的监测分析预警，对 24 家市场主体相关行为和线索，及时转有关市调查核实处理。对全省水利工程质量检测单位进行“双随机、一公开”抽查，随机抽查 19 家单位并就发现问题进行督导整改；随机抽查 10 个重点水利项目进行市场主体履约行为的监督检查，严厉打击转包、违法分包、人员脱岗失职等行为。开展公共资源交易整合共享自查工作，持续优化水利建设市场环境。提升服务保障能力，及时督办查处农民工工资欠薪案件，实维护农民工合法权益。

【诚信体系建设】 持续加大全省水利建设市场信用监管力度，强化水利建设市场信用应用。对 207 家市场主体监督检查发现问题进行信用扣分 3105 分，强化震慑和警示，进一步规范市场秩序。根据问题整改情况，及时对 13 家单位进行了信用修复。按照水利部统一安排部署，对 98 家市场主体、788 个项目进行市场主体履约行为评价。

（周广科）

工 程 管 理

2022年，省水利厅工程运行管理工作坚持“一保两提”总思路，聚焦运行管理领域薄弱环节，创新监督管理方式，组织开展了3轮省级核查，推动各项工作的落实落地。改革创新成效明显：在全国率先完成年度小型病险水库除险加固任务；现有存量小型病险水库实现全面销号，比水利部要求时限提前3年完成；现有水库（闸）存量安全鉴定全面清零；分散管理小型水库专业化管护模式提升全面完成，比水利部要求提前1年完成；标准化数字管理、小型水库巡库员机制改革取得新突破；1月、3月在水利部工作会议2次作典型发言；小型水库除险加固、水利工程运行管理标准化工作经验做法相继被人民网、《中国水利报》《大众日报》等媒体专题报道。《小型水库除险加固和运行管护常态化推进机制的调研报告》获省政府优秀调研报告三等奖。

水库工程管理

【注册登记】 截至2022年底，山东共有注册登记水库5506座，其中，大型水库38座、中型水库220座、小型水库5248座，总库容181亿立方米。2022年，完成应到鉴定时限的151座水库大坝安全鉴定，实施202座水库降等为塘坝管理或报废处置。

【小型病险水库除险加固】 2022年，山东省完成小型病险水库除险加固198座。截至2022年底，全部项目完成主体工程建设，累计完成投资4.24亿元。

【制度建设】 印发《山东省小型病险水库除险加固建设管理办法（试行）》，进一步规范小型病险水库除险加固的前期工作、建设管理、质量与安全管理、资金管理、工程验收、监督管理等建设各方面，着力消除水库安全隐患，提升安全管理水平。印发《山东省水利工程标准化数字管理系统技术指南（试行）》，推动全省水利工程数字化管理新手段，明确各类水利工程标准化数字管理系统建设的具体技术要求，着力建设各级系统之间互联互通和信息共享，实现水利工程标准化管理效能提升。

【水库运行管理】 组织全省大中小型水库完成溢洪道过流能力复核和泄洪设施专项检查。全面完成全省分散管理的小型水库区域集中管护、政府购买服务、以大带小等专业化管护模式提升。

【管理体制改革】 2022年，泰安岱岳区、威海乳山市被省水利厅公布为山东省深化小型水库管理体制改革样板县；济南莱芜区谷堆山水库、青岛西海岸新区石灰窑水库等31座水库被省水利厅公布为山东省乡村小型样板水库。

2022年山东省深化小型水库管理体制改革样板县名单
（共2个）

一、泰安市

岱岳区

二、威海市

乳山市

表 14.1 2022 年山东省乡村小型样板水库名单

序号	水库名称	水库所在地市	水库所在县（区、市）	水库所在乡镇
1	谷堆山水库	济南市	莱芜区	口镇
2	桃花峪水库	济南市	莱芜区	口镇
3	石灰窑水库	青岛市	西海岸新区	王台街道
4	段村水库	青岛市	即墨区	龙泉街道
5	四水水库	青岛市	崂山区	北宅街道
6	田庄水库	淄博市	淄川区	西河镇
7	圣佛山水库	淄博市	沂源县	石桥镇
8	黑峪水库	枣庄市	薛城区	新城街道
9	黑石水库	烟台市	福山区	张格庄镇
10	常胜水库	烟台市	龙口市	下丁家镇
11	上坪水库	潍坊市	临朐县	五井镇
12	卢家庄子水库	潍坊市	临朐县	辛寨街道
13	桑北水库	济宁市	邹城市	张庄镇
14	祝阳水库	泰安市	岱岳区	祝阳镇
15	刘家山水库	泰安市	新泰市	石莱镇
16	柳沟水库	泰安市	肥城市	潮泉镇
17	响水河水库	泰安市	岱岳区	满庄镇
18	古子山水库	泰安市	新泰市	翟镇
19	东岛刘家水库	威海市	荣成市	王连街道
20	北回头水库	日照市	五莲县	叩官镇
21	四亩地水库	日照市	东港区	三庄镇
22	贺庄水库	日照市	东港区	三庄镇
23	黄山水库	日照市	五莲县	洪凝街道
24	玉峰岭水库	日照市	岚山区	碑廓镇
25	黄岭南头水库	日照市	莒县	陵阳街道
26	龙泉水库	临沂市	莒南县	涝坡镇
27	荞麦涧水库	临沂市	临沭县	石门镇
28	寨山水库	临沂市	莒南县	洙边镇
29	坪下河水库	临沂市	沂水县	高桥镇
30	石泉水库	临沂市	蒙阴县	野店镇
31	钓鱼台水库	临沂市	费县	梁邱镇

截至2022年底，山东省共有深化小型水库管理体制改革国家级样板县8个、省级样板县29个，乡村小型样板水库59座。

（季新民 王一鸣）

堤防水闸管理

【注册登记】 截至2022年底，山东省共注册登记规模以上（过闸流量5立方米/秒以上）水闸3331座，其中，大型水闸92座，中型水闸449座，小型水闸2790座；共登记本省管理的五级以上堤防工程1.71万千米，其中河道堤防1.64万千米。

【堤防险工险段排查管护】 按照水利部堤防工程险工险段判别条件，各市对险工险段进行排查复核，建立管理台账，逐段制定应急处置方案，强化度汛措施。按照《堤防工程运行规范》及上级有关工作要求部署开展堤防及险工险段巡查管护工作，遇强降雨等情况加密巡查频次。

【水闸安全鉴定】 建立水闸安全鉴定“当年到期、汛前鉴定”常态化机制，汛前集中完成了25座大中型水闸、119座小型水闸安全鉴定任务，水闸超期未鉴定存量问题“全面清零”，对于鉴定出的三、四类闸督促落实除险加固、报废处置等措施，完成了41座上年度鉴定拆除不重建四类闸的报废拆除工作，对未能除险加固的水闸逐座落实降低标准运行和保闸安全应急措施。

【水闸控制运用计划编制】 修订印发《山东省水闸控制运用计划编制导则》，指导全省水闸控制运用计划编制工作，下发通知部署编制2022年水闸控制运用计划。按照批复权限，组织对省流域中心、南水北调东线山东干线有限责任公司和有关市、县（市、区）水利工程管理单位按期编制完成的省管和市际边界大中型水闸控制运用计划进行了审查批复。

（侯丙亮 王清）

水利工程标准化管理

【制定实施方案】 制定印发《全省深入推进水利工程标准化管理工作实施方案》，明确深入推进全省水利工程标准化管理工作的目标任务、基本要求和实施步骤，计划2023年5月底前，除新、改、扩建和除险加固未移交工程外，水库、大中型水闸、大中型河道堤防及其他河道、湖泊3级以上堤防工程基本实现标准化管理，建立标准化管理体系和工作秩序。

【健全标准体系】 制定印发水库、水闸、堤防等三项工程运行规范，修订完善《山东省水利工程标准化管理评价办法》及评价标准，设置由合格评价标准（负面清单）和评分标准组成的复合式评价指标，包含大中型山丘水库、小型山丘区水库、大中型水闸、堤防、平原水库等五类工程分册，完善以管理标准、工作标准和评价标准为主要内容的标准体系。

【修订标准范本】 在调研总结2021年水利工程标准化管理实施情况的基础上，修订完善了《山东省水利工程运行管理制度及操作规程标准范本》和《山东省水利工程运行管理标牌设置指南》，指导水管单位对照《标准范本》和《标牌设置指南》，进一步修订管理制度及操作规程，统一标识标牌规格样式。

【管理评价】 2022年12月，公布2022年水利工程标准化管理省级评价结果，按照评价权限，各市、县（市、区）水利部门也公布了相应的标准化管理评价结果，全省完成了4836项水利工程标准化管理自评和433项工程的评价工作，20项工程公布为山东省标准化管理水利工程，3项工程公布为水利部标准化管理工程。

（侯丙亮）

监督管理

【水利工程运行管理省级核查】 2022年组织开展了三轮水利工程运行管理省级核查，委托省流域中心组成的21个检查组，对全省16个市的水库水闸安全鉴定及除险加固、水利工程标准化数字管理、运行管理岗位创新、工程管理和保护范围划定、历次检查发现问题整改等进行了检查，发现问题1549个，督促相关单位及时整改发现的问题，问题整改率达到100%。通过三轮水利工程运行管理省级核查，切实提高工程管理水平，保障工程安全运行。

【工程安全运行监督检查】 2022年11月，按照“双随机、一公开”监督检查计划，组织开展了胶东调水工程和小清河省管拦河闸工程安全运行“双随机、一公开”监督检查。通过查看工程现场、查阅工程资料和座谈交流相结合的方式，重点检查了胶东调水工程、小清河水牛韩节制闸、金家堰节制闸安全运行情况和制度规程等建设情况，查阅了部分工程档案资料，针对有关问题作了现场交流和反馈，督促做好工程损毁修复、病险工程除险加固、险情观测及安全警示、应急处理等工作，抓好问题整改落实。

【水利工程抗震设防监督检查】 2022年10月31日至11月2日，省水利厅会同省地震局对全省部分大型水库开展抗震设防行政检查。检查组对峡山水库、门楼水库以及正在建设中的老岚水库进行了行政检查，重点对受检单位的水库大坝等基础设施抗震设防要求落实情况、地震监测设施建设情况及地震应急预案制定等情况进行了检查，并进一步调研了解基层有关抗震需求。

（邵明明）

改革创新

【小型水库巡库员公益性岗位机制建设】 在全国率先创设小型水库“巡库员”公益性岗位机制，会同省人社厅联合印发《关于设立小型水库“巡库员”公益性岗位的通知》，把近7000名小型水库“巡库员”纳入公益性岗位计划。选定滨州市、烟台莱阳市、潍坊临朐县、日照莒南县等地方开展试点，滨州市设置1511个专职“巡库（河、闸员）”公益性岗位，落实保障资金1600余万元；3个试点县（市）将近800名群众纳入“巡库员”公益性岗位。印发《山东省小型水库巡库员管理办法（试行）》，严格人员选聘程序，建立持证上岗、培训考核等制度，形成“巡库员”公益性岗位专业化、专职化管理模式。统筹解决了农村群众就业难和小型水库管护队伍素质不高、能力不足等问题，实现了工程管护和稳就业双赢双促。

（邵明明）

【岗位创新活动】 印发《2022年度水利工程运行管理创新活动方案》，2022年9月23—24日，举办“全省水利工程运行管理创新竞赛总决赛”，全省共组织参赛项目578项，266项参赛项目参加总决赛，创历史新高，参赛项目技术水平、推广价值有了显著提升；将创新竞赛成果纳入新修订的《山东省水利工程技术人才职称评价标准条件》。

【水利行业职业技能竞赛】 2022年9月28—30日，举办山东省“技能兴鲁”职业技能大赛之全省水利行业职业技能竞赛——水工监测工职业技能大赛，30人分获一、二、三等奖及优秀奖。此项大赛为基层运行管理人员及操作工人提供了展示才智、提高水平的平台，进一步激发全省水利工钻研业务、熟练技能、敬业奉献的热情。

（王清）

移民扶持

综合管理

【人口管理】 按照《水利部水库移民司关于报送2021年度新增大中型水库农村移民后期扶持人口核定登记成果的函》要求，组织完成2021年度新增大中型水库农村移民后期扶持人口核定申报，水利部批复山东省新增大中型水库移民3154人。按照《山东省水利厅关于做好2021年度全省大中型水库移民后期扶持人口年度核查工作的通知》要求，组织完成2021年度全省大中型水库移民人口核查，开展省、市、县三级移民人口信息比对；经核查比对，核减移民21603人。按照水利部要求，结合山东省实际，制定《山东省新增大中型水库农村移民后期扶持人口核定登记实施细则》。

（何雪涛）

【资金扶持】 2022年，中央财政分两次下达山东省大中型水库移民扶持基金共计30.17亿元，其中，大中型水库移民后期扶持直补资金11.33亿元，项目扶持资金18.84亿元。以鲁财农整指〔2021〕30号文件下达资金96799.44万元，以鲁财农指〔2021〕29号文件下达资金55795万元，以鲁财农指〔2021〕30号文件下达资金57396.56万元，以鲁财农整指〔2022〕24号文件下达资金91050万元，以鲁财农指〔2022〕16号文件下达资金190万元。移民扶持资金根据因素法（各市移民人口和上一年度绩效评价结果、突出问题）分配：济南13275.45万元、青岛21122.06万元、淄博5000.08万元、枣庄12927.06万元、东营3157.78万元、烟台15057.88万元、潍坊37151.92万元、济宁34774.54万元、泰安44257.58万元、威海5385万元、日照6822.85万元、临沂49502.14万元、德州4757.26万元、聊城2967.4万元、滨州2046.92万元、菏泽23759.32万元。根据财政部《大中型水库移民后期扶持基金项目资金管理办法》，在中央水库移民扶持基金中列支80万元用于开展2022年度水库移民扶持基金绩效评价工作，列支430万元用于开展大中型水库移民后期扶持政策实施情况监测评估工作。2022年中央财政下达山东省三峡移民后续工作专项资金3442万元。

（刘光　李军）

【稽察与监督检查】 组织完成对烟台栖霞市、潍坊安丘市、日照莒县、枣庄滕州市、济宁曲阜市、临沂沂水县大中型移民后期扶持政策实施情况和对菏泽魏楼水库、潍坊抽水蓄能电站水库征地补偿和移民安置稽察；落实监督检查计划，组织对全省16市和有关9市水库移民扶持和三峡后续工作开展监督检查。印发整改通知至有关市，做好整改落实工作。

（王军　孙嘉泽）

【监测评估】 3月，24县（市、区）2021年度大中型水库移民后期扶持政策实施情况监测评估单元报告通过审查验收。4月，《山东省大中型水库移民后期扶持政策实施情况（2021年度）监测评估报告》通过审查验收并上报水利部。

2022年下半年，启动2022年度山东省大中型水库移民后期扶持政策实施情况监测评估工作。印发《山东省大中型水库移民后期扶持政策实施情况监测评估工作方案》，组织编制《山东省大中型水库移民后期扶持政策实施情况监测评估技术工作大纲》，通过国内公开招标确定9家监测评估单位分别承担全省总报告编制和技术牵头服务以及28个县（市、区）大中型水库移民后期扶持政策实施情况监测评估工作，各监测评估单位按照时间节点要求组织开展外业调查和报告编写工作。

（蒋殿顺　孙嘉泽）

【统计工作】 4月13日，向水利部报送山东省2021年度大中型水利枢纽和水电工程移民统计年报。按照水利部要求，省水利厅印发《关于填报2022年度大中型水利枢纽和水电工程移民统计年报的通知》，组织各市通过全国大中型水库移民管理信息系统填报2022年度大中型水利枢纽和水电工程移民统计年报，统计年报成果于2023年4月13日前上报水利部。

（何雪涛）

【信息宣传】《水利部办公厅关于公布水利工程移民安置高质量发展实践典型案例名录的通知》（办移民函〔2022〕974号），刊发推广山东省庄里水库工程移民安置案例；中国水利网报道全省移民扶持工作成效；在水利部2022年第4期《水工程移民》杂志刊发稿件《固底板　补短板　树样板　全力推动山东省后期扶持工作提质增效》，宣传全省水库移民扶持工作经验做法；在大众网刊发宣传稿件1篇，在山东水利网、山东水利微信公众号刊发宣传信息17篇，宣传全省水库移民工作。

（刘光　王剑南）

【信访工作】 依法受理群众来信、来电，热情接待群众来访，扎实做好中共二十大和全国“两会”期间库区和移民安置区信访稳定工作，切实维护移民群众合法权益。针对近年来三峡移民要求将三峡后续规划资金直接发放给个人的诉求，山东省持续巩固省、市、县、乡、村三峡移民信访稳定工作五级联动机制，充分发挥三峡移民信访稳定工作省级平台和工作专班作用，加强信息搜集研判，强化矛盾纠纷排查化解，对三峡移民实施跟踪检测和动态管理，三峡移民越级到省进京上访问题得到有效遏制。2022年，全省库区和移民安置区总体保持稳定，信访工作法制化、规范化水平不断提升。

（蒋殿顺）

【考核表彰】 在财政部、水利部2022年度中央水库移民扶持基金绩效评价中，山东省获“优”等次；在水利部2022年度三峡后续工作专项资金绩效评价中，山东省获“优”等次。

（刘光）

【培训教育】 4月19日，举办全省水库移民扶持基金绩效评价工作线上培训班；5月23日，省水利厅举办大中型移民后期扶持政策实施情况和水库征地补偿和移民安置稽察、水库移民扶持和三峡后续工作监督检查工作培训班；11月22日，举办2022年度全省大中型水库移民后期扶持政策实施情况监测评估工作培训班。

（蒋殿顺）

项目实施

2022年，中央财政拨付山东省大中型水库移民项目扶持资金18.84亿元，实施美丽家园建设和产业帮扶项目2284个。坚持示范带动，投入4亿元，打造200个特色“美丽移民村”，投入3.01亿元，实施100个省级产业试点项目，以点带面推进移民扶持工作提质增效。投入2.435亿元，按照每村

50 万元标准，对 487 个发展相对较慢的移民村开展精准项目帮扶，聚力攻坚缩小发展差距。通过项目扶持，移民村基础设施和公共服务水平进一步提升，移民群众增收致富步伐不断加快。

（刘光　李军）

【管理体系】 联合省财政厅出台《山东省三峡后续工作专项资金绩效管理暂行办法》，联合省财政厅、农业农村厅出台《山东省水库移民后期扶持产业项目试点指导意见》，修订《山东省水库移民工作监督检查实施细则（试行）》问题清单，水库移民扶持工作制度更加完善。优化全省大中型水库移民管理信息系统，完成数据更新和维护。6 月 7 日，召开全省水库移民工作视频会，总结水库移民工作成效，分析当前的形势和存在的问题，安排部署下步工作。

（王军　刘光）

【项目管理】 各市财政、水利部门根据项目储备和省下达的资金规模联合下达项目计划，并报省级备案。省水利厅紧盯关键环节，强化日常调度，指导各地在严格工程质量管理和严守安全生产底线的基础上，不断加快项目建设进度，确保按照时间节点完成目标任务。按月反馈各市项目实施和资金支付情况，对项目资金沉淀量大、项目进展慢的市采取致函、现场督办等方式督促，各地项目实施和资金支付进度不断提升。

（王军　李军）

【绩效评价】 按照《财政部办公厅　水利部办公厅关于开展 2021 年度中央水库移民扶持基金绩效评价工作的通知》要求，完成山东省 2021 年度中央水库移民扶持基金绩效自评；6 月 30 日，以鲁财农〔2022〕28 号文件向财政部、水利部报送山东省绩效自评工作成果；12 月 26 日，财政部、水利部以财办农〔2022〕48 号文件通报绩效评价结果，山东省连续第五年获得“优”等次。完成对全省 16 市 2021 年度中央水库移民扶持基金绩效评价工作，以鲁财农〔2023〕3 号文件向各市通报绩效评价结果，印发问题清单，完成整改落实工作。

【三峡后续工作专项资金绩效自评】 按照《水利部三峡工程管理司关于做好 2021 年度国家重大水利工程建设基金（三峡后续工作）预算执行情况绩效自评工作的函》要求，完成山东省 2021 年度三峡后续工作专项资金绩效自评；4 月 11 日，以鲁水移民函字〔2022〕10 号文件向水利部报送山东省绩效自评工作成果；7 月 16 日，水利部以办三峡函〔2022〕651 号文件通报绩效评价结果，山东省获得“优”等次。完成对有关 9 市 2021 年度三峡后续工作专项资金绩效评价工作，以鲁水移民函字〔2022〕17 号文件向各有关市通报绩效评价结果，印发问题清单，完成整改落实工作。

（刘光　王剑南）

科技外事

科研与推广

【科技项目】 6 项省级以上科技项目获批立项。

表 16.1　2022 年山东省水利厅省级以上立项科技项目表

序号	项目类型	项目名称
1	国家区域创新发展联合基金项目	高质量发展背景下的黄河下游灌区水盐过程模拟与调控
2	省重大关键技术攻关项目	大型喷灌装备关键技术研发与应用
3	省自然科学基金项目	莱州湾南岸寿光北部平原咸水入侵区地下水微生物群落特征研究
4	省重点研发计划（软科学）项目	山东省“数字黄河”建设研究
5	水利部重大科技项目	地埋式渗灌关键技术研究、装备系统开发及示范推广
6	水利部重大科技项目	设施农业绿色高效雨水集蓄利用新技术研究与应用

国家重点研发计划项目“滨海城市海水淡化综合利用技术研究及应用”通过了科技部组织的综合绩效评价，省自然科学基金项目“城市化进程中济南泉域岩溶地下水水文地球化学演化特征及其水环境响应”通过了省科技厅组织的结题验收，组织验收 10 项省级水利科研与技术推广项目。

表 16.2　2022 年山东省省级水利科研与技术推广验收项目表

序号	项目编号	项目名称
1	SDSLKY201901	河流水动力与水质模型在河长制信息系统中的应用
2	SDSLKY201810	基于低影响开发的城市水土资源修复关键技术研究与示范
3	SDSLTG201904	生态清洁型小流域综合治理关键技术应用推广
4	SDSLKY201708	灌溉对作物品质和产量的影响研究
5	SDSLKY201710	无土栽培作物需水规律研究
6	SDSLKY201902	基于大数据基础上的智慧流域综合管理数字模型研究与示范

续表

序号	项目编号	项目名称
7	SDSLKY201806	雨水综合利用技术集成与研发
8	SDSLKY201812	中水水源型静态景观水体水质保障技术研究
9	SDSLKY201804	大中型水库群汛限水位动态控制与实时调度研究
10	SDSLKY201907	水利工程隐患检测辨识关键技术研究

推荐提报11项指南建议。

（成侠）

表16.3 2022年推荐提报指南建议表

序号	建议类型	建议名称
1	省重大关键技术攻关项目指南建议	海水淡化后处理及浓盐水高附加值资源提取技术研究与应用
2		河口海湾地区“地表—地下”联合水库建设关键技术研发与应用示范
3		农村供水水质保障关键技术与示范
4		水利视联网多场景智能处理与多源数据融合关键技术及示范
5		高效低能耗中小型移动喷灌装备研发与应用
6		水网工程联合调度控制关键技术研究与应用
7		堤防风险自动感知装备及可视化智能诊断系统
8	省重大科技创新农业装备指南建议	大中型喷灌设备高效智能关键技术研发与产业化
9		农业用水智能量测设备体系开发与朔源检测平台标准化建设
10		精准灌溉智感测控装备研究
11	中国工程科技发展战略山东研究院咨询研究项目选题建议	关于开展现代水网建设关键技术研究与示范的建议

【成果转化与技术推广】 围绕全省水利重点工作，编制印发了《山东成熟适用水利科技成果推广目录》，组织开展了1次线上技术推介会。征集并向水利部提报6项水利科技成果需求，省水利厅推荐的“果树水肥一体化高效节水集成技术”“基于便携激光扫描仪的生产建设项目水土流失监测技术”2项成果入选水利部先进实用技术重点推广目录。

（成侠）

【科技成果与奖励】 组织完成了2022年度山东省科学技术进步奖提名工作，共计提名“智慧水利关键技术及应用”等5项项目。“一种涂塑复合钢管的连接结构及其连接方法”被授予第四届山东省专利奖三等奖。组织14项成果完成科技成果登记。

（成侠）

表 16.4　2022 年山东省水利厅登记的科技成果表

序号	成果名称
1	水库水源地生态修复和保护技术研究与示范
2	基于大数据基础上的智慧流域综合管理数字模型研究与示范
3	弥河治理修复型流域水生态补偿标准研究
4	绿色生态节水型机关建设模式研究与示范
5	小清河综合治理工程生态廊道建设模式研究与应用
6	小清河流域洪水仿真模拟及防洪调度体系研究
7	湖东滞洪区洪水演进三维仿真及人员避险转移风险模拟、安全监测技术研究与应用
8	南水北调工程对山东省调蓄水库水质影响及风险控制技术研究
9	基于关系—非关系—空间数据库—磁光电存储的数字水文平台关键技术与实现
10	基于低影响开发的城市水土资源修复关键技术研究与示范
11	生态清洁型小流域综合治理关键技术应用推广
12	灌溉对作物品质和产量的影响研究
13	无土栽培作物需水规律研究
14	雨水促渗回补地下技术与配套装备

【水利科普】 开发创作 3 个水利科普宣传微视频，征集 24 个水利科普讲解视频，开设水利科普网络专栏加强水利科普宣传。组织开展的水利科普联合行动作为 2022 年全国科普日山东省主场活动之一，获评中国科协评选的“2022 年全国科普日优秀活动”。山东省水利科学研究院获评“山东省 2022 年全国科普日主场活动优秀组织单位”。山东省水利科学研究院饮用水安全科普工作室被认定命名为首批省级科普专家工作室。积极组织参加科普讲解大赛，纪雪梅、田亚男 2 位选手荣获“全国水利科普讲解大赛”优秀奖，张琳雁、苏诗雅 2 名选手荣获“山东省科普讲解大赛”优秀奖。

【水利地方标准】 修订印发了《山东省水利标准化工作管理办法》(鲁水科外字〔2022〕1 号)，为进一步加强和规范水利标准化工作提供了制度保障。组织完成“农村供水管网运行管护及安全调控技术规程”“河湖管护规范”“地下水超采综合治理评估技术指南”“河湖水域岸线遥感监测技术规范”“农村供水水厂等级评价导则”等 5 项地方标准编制工作，组织申报并获批立项“工业企业、公共机构及服务业水平衡测试技术要求”“河湖生态流量（水量）保障目标确定与评估技术规程”“骨干水网调度信息化建设技术导则”“农村供水工程水质管控技术规程”等 4 项 2022 年度“山东标准”建设项目。

（张弛）

【创新服务】 2022 年 6 月 20—24 日，在济南市莱芜区举办水利高层次专业技术人才研讨班。成功举办“科技创新助推水利高质量发展”新闻发布会、2022 年第四期水利大讲堂“数字孪生流域建设关键技术研究与应用”。

（成侠）

外资项目

山东省亚行贷款漏斗区项目　工作顺利通过亚行中期检查，完成资金提款报账32笔、7365万元，贷款资金13299万美元已全部拨付到位。完成了环境专项及水土保持专项验收，完成调查问卷700余份，组织编制项目半年进度报告、外部移民监测报告、环境监测报告。加强能力建设，多次组织项目区人员参加亚行线上培训。编制项目经验总结等图文资料，配合亚行“世界水日”地下水专题活动在网站发布，提高了项目影响力。配合审计厅完成18个月审计区间审计报告，联合省财政厅完成资金清算。

（刘凯）

学会协会

【省农业农村专家顾问团水利分团】 组织省农业农村专家顾问团水利分团专家深入开展调研，向总团提报“关于黄河三角洲东营市发展灌区改良盐碱地的建议”等9篇调研报告。

（成侠）

【山东水利学会】 2022年，山东水利学会组织完成2021年度齐鲁水利科学技术奖评审工作，经形式审查、初审、理事会及专家评审、专家评审会议评审，评出2021年度齐鲁水利科技进步奖75项、软科学奖270项、优秀论文奖一等奖139篇。组织参加了省科协年会开幕式暨主论坛线上直播、中国水利学会第十七届中国（国际）水务高峰论坛城乡供水一体化与信息化建设专题分论坛、2022年度中国水利学会学术年会等线上会议。积极筹备“第三届中国（山东）水利科技与生态建设博览会”，组织开展省内水利行业第三方科技成果评价工作。

（黄继文）

【山东水土保持学会】 2022年，山东水土保持学会以“‘双碳’视野下水土保持高质量发展”为题，承办了第350期泰山科技论坛，特邀中国工程院院士马军作主旨报告，全省水土保持专家学者、学会会员等100人参加本次论坛，并入选“2022年泰山科技论坛”优秀项目。举办了“双碳”视野下水土保持高质量发展培训班，200余名技术人员参会。作为技术服务单位，承担了国家级、省级水土保持示范创建项目，提报的县区、科技示范园、示范工程，创建数量位居全国首位。服务水土保持社会信用体系建设，组织开展会员技术服务信用评价工作，26个信用单位入选，获2022年度全省科协系统“百项典型好案例”。山东水土保持学会科普工作室被省科协、省科技厅认定为第一批山东省科普专家工作室，山东水土保持学会科普服务团队入选山东省科普示范工程。学会组织举办的“创新争先　自立自强”主题活动，荣获2022年“全国科技工作者日”优秀活动称号。

（马良）

【山东省农业节水和农村供水技术协会】 2022年，省农业节水和农村供水技术协会联合中国农业节水和农村供水技术协会，积极筹备“数字水利泰山高峰论坛”。按照行业协会商会收费治理暨服务高质量发展专项行动工作要求，针对疫情期间协会会员小微企业经营状况，为企业减免部分会费。协会征集制作了《山东省农业节水和农村供水单位名录》，为大中型灌区和标准化农村供水单位免费宣传，搭建省内外行业优秀企业和产品用户之间的信息渠道。

（黄乾）

【山东水生态文明促进会】

推动黄河三角洲生态文明建设　联合省农业农村专家顾问团水利分团赴东营市实地调研黄河口生态保护区、胜利灌区灌排体系建设，详细了解黄河三角洲水生态保护、沿黄地区灌排体系建设情况，形成调研报告，为黄河三角洲生态文明建设提出具体意见建议，为领导决策提供参考。

助力提升重点水利工程生态效益、综合效益　围绕提升流域防洪减灾能力、建设生态河湖、数字孪生流域建设等工作，重点对4项全国重大节水供水工程、多项全省重点水利工程积极建言献策，提供技术咨询、指导。联合省农业农村专家顾问团水利分团赴小清河沿线开展调研，围绕小清河流域治理管理等提出意见建议。

调研交流宣传活动　在省民政厅、省社会组织管理局组织召开的全省党建引领社会组织助力乡村振兴暨黄河流域生态保护和高质量发展座谈会上作经验交流发言；举办4期流域水论坛，邀请中国工程院院士、山东大学校长李术才等国内知名专家作专题讲座；选派部分会员参加第十七届青岛国际水大会；组织开展了南四湖流域生态文明工程建设课题学习研讨会等活动，全面提升会员知识面和业务水平；积极开展“世界水日”“中国水周”宣传活动，张贴宣传海报，制作宣传展板，大屏幕滚动播放节约用水宣传标语、宣传片，制作发放主题宣传手册，组织开展节水主题党日活动，组织参加有关知识竞赛、网络答题等活动，切实增强节水爱水惜水的责任感和使命感。

调研成果总结推广　参与开展全省流域治理管理重大水问题调研，省流域中心邀请促进会部分会员参加评审委员会，对2021年度19个重点调研课题成果和9个监督检查专项成果进行了评审，邀请部分会员作为专家对2022年度41项重点调研课题进行了审查。

提高防洪减灾技术支撑能力　根据省水利厅要求，指导、协调开展省级、市级重点河湖洪水防御方案预案修编工作，指导开展市际边界闸调度工作，协助推进南四湖湖东蓄滞洪区运用准备工作，年度指导参与开展全省有关监督检查20余项。联合省流域中心组织水旱灾害防御技术支撑工作交流会、模拟推演洪水防御工作交流会等，多项交流成果在《山东水利》专栏刊发。应对台风和强降雨期间，派会员专家指导洪水防御和险情处置。

（窦俊伟）

水 利 教 育

山东水利职业学院

山东水利职业学院是一所省属公办全日制普通高校，是以水利为特色的综合性高职院校，创建于1958年，是全国首批水利高等职业教育示范院校、全国优质水利高等职业院校、山东省首批技能型人才培养特色名校、山东省校企合作一体化办学示范院校、教育部现代学徒制试点单位、山东省高校就业工作先进单位、山东省水利系统文明单位。荣获“全国水利行业技能人才培育突出贡献奖”“全国职业院校魅力校园”“全国水利职工教育先进集体”等称号。2019年被教育部确定为首批“1+X”证书制度试点院校。2021年，学院被水利部确定为全国优质水利高等职业院校，水利工程、水利水电建筑工程、水利水电工程管理3个专业被确定为全国优质水利专业。2022年2月，水利工程、机电一体化两个专业群被确定为山东省高等职业教育高水平专业群；3月，6部教材入选山东省首批“十四五”职业教育规划教材。11月，立项2个山东省高等学校新技术研发中心。2022年，学院在山东省高职院校办学质量考核中为A等次，省属事业单位绩效考核位列第4位，获批山东省“智慧教育示范校”创建单位、山东省绿色学校、山东省乡村振兴示范性职业院校、山东教育政务新媒体工作先进单位、山东省产教融合示范单位等荣誉称号和项目26项。

【党建工作】 培育全国高校党建工作标杆院系1个、样板党支部2个、活力团支部1个，入选全国第三批新时代高校党建示范创建和质量创优工作单位2个。严格政治标准，发展党员流程规范，2022年确定入党积极分子234人，发展学生党员120名，教师党员2名。2022年新到位55岁以下党委书记1名、提拔副科级干部1名。

【师资队伍建设】 2022年公开招聘博士、硕士研究生62人，全年组织教师参加各类培训300余人次。教师参加各类教育教学技能大赛，获得国家级三等奖1项，省级一等奖14项、二等奖10项、三等奖20项。现有国家级职业教育教师教学创新团队2个、省级9个，省级青创人才团队1个。现有国家级教学名师8人、省级4人，省级青年技能名师3人，名师工作室主持人3人、技艺技能传承创新平台主持人5人。聘用国家级首席技师、技术能手17人、省级47人。

【学生管理】 落实立德树人根本任务，面向青年学生开展党的二十大精神宣讲19场，组织建团100周年庆祝活动，举办“青马工程”大学生骨干培训班、“青年大学习”网络主题团课34期，在“学党史 强信念 跟党走”全国青少年红色文化传承展示活动中获一等奖1项、三等奖1项。深化“三全育人”综合改革，围绕赛会服务、无偿献血、生态环保、法制宣传等方面开展各类志愿服务工作，荣获全国“无偿献血促进奖”、第六届中国青年志愿服务项目大赛铜奖、全省“社会实践优秀服务团队”等荣誉称号，在艺术、体育等学生比赛中获得一等奖（冠军）5项、二等奖（亚军）12项、三等奖14项。推进“一站式”学生社区综合管理模式建设，构建“党建+公寓”协同育人体系，获评山东省高校学生公寓管理先进单位。加强心理健康教育，配足配齐专职心理健康教师，高标准建设心理咨询功能室7个，开展学生心理健康疏导1500余人次。建立奖、助、贷、减、勤、免等全方位资助工作体系，全年累计发放各类奖助学金1247.64万元、生源地信用助学贷款838.55万元，减免特殊困难群体学生学费104.66万元，办理应征入伍资助代偿学费350.8万元、资助学费143.06万元。设立勤工助学岗位525个，发放勤工助学补助18.44万元。

【专业与课程建设】 新增跨境电子商务、人工智能技术应用等专业6个，撤销保险实务、资产评估与管理2个专业。与行业企业合作打造水利工程与管理、现代交通工程技术、建筑产业现代化施工与管理、智能装备制造、信息技术等8个特色专业群，水利工程、智能制造技术与应用入选山东省高水平专业群。国家级无人机应用技术专业教学资源库通过教育部验收；立项建设国家级课程思政示范课程1门、省级6门，在山东省课程思政研课总会中获奖5项；认定校级在线精品课程22门，其中，11门课程获得省级在线精品课程立项、4门课程获国家级在线精品课程；40门优质在线课程入驻国家职业教育智慧教育平台、6门优质在线课程入驻国家高等教育智慧教育平台；打造全省继续教育数字共享课程2门、社区教育优秀课程6门。新增“十三五”职业教育国家规划教材4部、“十四五”职业教育省级规划教材6部。

【教学改革】 积极推进教学改革，服务行业和地方经济社会发展，依托“1+X”证书试点专业，实施课堂形态、教学理念、教学模式等方面的改革，将行业企业新标准、新技术、新工艺、新模式引入课堂，搭建了“基础平台+专业模块”“能力递进+实习实训”“通识教育+水文化育人”的课程体系，实现了现代化课堂教学和管理。依托诊改平台进行定期自我诊断与改进，2021—2022学年，累计开展了60门课程的教学模式试点改革，形成一套较为完整的课程诊改体系。推进信息化教学，面向全校教师开展智慧职教、智慧树等国内大型在线教学平台的信息化教学培训，使教师熟练掌握线上线下混合式、虚拟仿真等多种教学手段。利用VR、虚拟仿真等技术改革实验实训项目，将工作过程“虚拟化”，开发虚拟工程、虚拟流程、虚拟工艺、虚拟生产、虚拟运行等教学资源138套，教师采用信息化平台教学达到95%以上。

【科研成果】 先后组织山东省高等学院科研计划项目结题验收工作和山东省职业教育改革课题培育的培训工作，13项课题顺利结题，5项课题获奖。完成山东省职业教育改革课题、日照市社科联和山东省职工教育协会等课题的申报工作，立项省级以上课题23项，获山东省教学成果奖（职业教育类）9项，其中一等奖6项、二等奖3项。学院的教科研管理与培育工作有效推动了学院教学改革高质量发展，为山东省经济社会发展提供强有力的技术支持。

【创新创业教育】 紧跟国家创新创业教育政策导向，深入推进双创背景下高职院校“三教”改革，提出了“四创并举”山水创客育人理念，确立了“四力共育”山水创客目标体系，搭建了“四维共筑”山水创客课程体系，打造了“四融共生”山水创客实践体系，构建了“四联共建”的山水创客培养体系，形成了人人出彩的“山水创客”教育体系。2022年，学院师生在第八届中国国际“互联网+”大学生创新创业大赛中获金奖1项、铜奖1项；在第八届山东省“互联网+”大学生创新创业大赛中获金奖5项、银奖7项、铜奖8项；在第十三届“挑战杯”山东省大学生创业计划竞赛中获金奖3项、银奖5项、铜奖6项；在第十七届“振兴杯”全国青年职业技能大赛中获银奖 1 项。

【技能竞赛】 建立“校内竞赛普及、省级大赛争优、国家竞赛先进、国际竞赛突破”的职业技能大赛机制，形成了以赛促学、以赛促练、赛学练良性发展的局面，将技能大赛与人才培养各个环节深度融合。2022 年，学院承办了 2022 年金砖国家职业技能大赛无人机操作赛项山东省选拔赛、第十八届“新道数智人才杯”全国大学生数智化企业经营沙盘大赛（高职组）山东省总决赛 2 项技能大赛赛事，荣获 2022 年全国职业院校技能大赛一等奖 1 项、二等奖 2 项、三等奖 2 项，国赛获奖数量在全国职业院校中排名第 89 位；荣获 2022 年金砖国家职业技能大赛（决赛）一等奖 1 项；在第十五届山东省职业院校技能大赛中获奖 23 项，省赛获奖数量居全省第 11 位；全国装配式建筑职业技能竞赛实现“五连冠”。

【社会服务】 录取成人高等学历教育 673 人、毕业 537 人。扎实推进社会培训，依托全省水利行业干部职工培训基地，面向水利行业，开展培训 2670 人次。积极开展科技扶贫，面向基层大中型水库移民、农村致富带头人、新型职业农民等群体开展定制化培训，继续开展新型职业农民创客育训并举模式研究，年内培训人员 630 人次。2022 年学院提供社会服务到款额 15897168.25 元，提供技术服务收入 11468603.75 元，承担各类培训收入 4428564.50 元，较上年增加 77.49%。

【招生与就业】 2022 年全年招生录取春季高考、单独招生、夏季高考、注册入学等共计 6582 余人，在校生规模突破 1.7 万人。

推行“线上线下”混合式就业模式改革，学院与大众人才网就业平台深度合作，组织开展了持续性、常态化的就业双选会系列活动，双选会共吸引 1794 家企业报名，提供就业岗位 11610 个，涵盖水利、机电、建筑等诸多行业领域，获得 2 万多人次的报名与关注。

2022 届毕业生共计 5104 人，涉及 48 个专业，就业人数 4788 人，总体就业率高达 93.81%。其中，升学 765 人，出国学习 99 人，协议就业 564 人，签订正式劳动合同 2253 人，其他录用形式就业 717 人，自主创业 179 人，自由职业 38 人。

【基础设施建设】 2022 年升级改造教室 117 间。其中，固定教室 81 间，合堂教室 36 间。面向全校 274 间教室，建立了课堂教学网络监管平台，促进了信息技术与教育教学深度融合。升级改造数字安防系统，新安装监控摄像头 1416 个，轨迹追踪摄像头 52 个。打造新型智能图书管理系统，建设面积达 1300 平方米，为读者提供了虚拟化、体验式和个性化的新型知识共享服务。

【节水型校园建设】 投资 300 余万元与山东水务投资有限公司签约高校合同节水管理项目。通过更换节水器具、探测改造供水管网、建设用水计量设施和节水监管信息平台等，年综合节水量约为 7 万吨，综合节水率提升 30%，每年节省水费近 30 万元。

【校企合作】 共建无人机工程学院、北控水务学院、歌尔匠造工学院、南方测绘学院、数字媒体产业学院、中兴协力 ICT 产业学院等 7 个混合所有制二级学院，共建汽车制造与维修技术专业（电动汽车方向）、智能水务管理专业（智慧水务方向）、旅游管理专业（数字文旅方向）等 13 个混合所有制专业，共建无人机应用技术生产性实训基地、电子商务综合运营实训基地等 14 个混合所有制生产性实训基地，共建种茶制茶售茶一体化、JL1 号车车道线标注预标注 1117- 场景标注、旅游产业学院生产性运营等 8 个混合所有制项目。建立“1+X”职业技能等级证书 47 个，完成“1+X”职业技能等级证书考评 3958 人次，获批山东省高等学校服务黄河流域生态保护和高质量发展协同创新中心 1 个，山东省高等学校黄河下游水资源利用与水生态保护新技术研发中心、山东省高等学校现代水利新技术研发中心2个，绿色建筑装饰设计及应用日照市工程研究中心1个。

【国际交流与合作】 做好中俄合作办学项目，在新冠肺炎疫情全球蔓延的情况下，学院仍有85名学生被俄罗斯国立农业大学、莫斯科国立建筑大学、伊万诺沃国立化工大学录取，在俄罗斯学校学习深造。积极对接印度尼西亚、老挝、巴基斯坦参建中国海外职业技术学院和“鲁班工坊”。深入推进与韩国南部大学合作项目，与韩国韩京国立大学签订合作协议，在交换生、教学科研、教师交流等方面开展合作。2022年，学院第5期和第6期共15名同学参加中韩交换生培养项目。在“走出去”的同时，招收来自印度尼西亚、摩洛哥、巴基斯坦、孟加拉国等“一带一路”沿线国家44名留学生。

（崔灵智）

山东水利技师学院（山东省水利职工大学）

山东水利技师学院（山东省水利职工大学），隶属于山东省水利厅，承担技师、高级技工等技能型人才的培养工作，承担全省水利行业相关职业技能鉴定工作，承担全省水利系统干部职工继续教育工作。山东水利技师学院创建于1958年，山东省水利职工大学创建于1982年。2013年，两校合署办学，形成大专教育、技工教育、短期培训“三位一体”的办学格局。2022年，山东水利技师学院荣获省“技工教育先进集体”、省“会计基础工作规范化单位”，被大众网评为“山东最佳社会声誉技师学院、山东最具影响力教育政务融媒体单位”。在省属技师学院年度绩效考核中位列第二，获优秀等次。

【队伍建设】 2022年，完成干部选拔聘用和调整交流，新提拔科级干部12人。完成23名试用期满教师转正定级考核；公开招聘8人，其中，正高级职称1人、副高级职称2人、全国全省技能竞赛获奖选手5人；全职聘用全国技术能手1人。完成156名教职工聘期考核评价，60名教职工获岗位晋升。出台《竞训工作室建设与管理办法》，成立5个竞训工作室，选拔杨兴民、王国军、荣帅、丛晓琪、高士香担任竞训工作室主持人；加强师德师风建设和教师培训，组织教师线上教学竞赛、外出培训、入企业实践等，组织115名教师参加职业技能等级认定考评员培训，考取考评员证书。马艳艳获山东省五一劳动奖章，杨兴民、李芳、张峻、刘红、李茂华等5人获“山东省技术能手”称号；荣帅、丛晓琪、鹿建国3人获“全国商业服务业技术能手”荣誉称号；李伟、初良艳、梁力艳、杨敏、于鑫、赵建翔等6人被省人社厅授予“技工教育先进个人”称号；丁全峰获淄博市首席技师称号。

2022年，学院教职工获得教育教学成果奖8项，专著1部，主编参编教材8部，公开发表论文99篇。研发专利成果39项，其中，发明专利1项，实用新型专利18项，软件著作权20项。

表 17.1 2022 年度山东水利技师学院论文作品类教科研成果汇总表

序号	作者	论文名称	发表刊物、期别	刊号	发表时间	论文级别
1	毛锡玉	虚拟仿真技术在水利工程实践教学中的应用研究	教学与研究 / 2022 年第 14 期	CN11-1454/G4	2022-07-08	一般性期刊
2	李茂华	分析计算机网络安全及防火墙技术	卷宗 /2022 年 4 月	CN51-1737/G0	2022-04-06	一般性期刊
3	任晓丽	微时代下的移动电子商务教学新理念与路径相关研究	中国教工 / 2022 年 1 月	CN11-2959/G4	2022-01-15	一般性期刊
4	马金香	大数据背景下职业院校会计专业教学现状探究	大众商务 / 2022 年第 4 期	CN61-1379/F	2022-02-25	一般性期刊
5	马金香	管理会计时代谈管理会计的教学实施	消费导刊 / 2022 年第 10 期	CN11-5052/Z	2022-03-07	一般性期刊
6	刘　健	丰田汽车典型故障案例分析	汽车博览 / 2022 年 6 月	CN51-1681/U	2022-06-06	一般性期刊
7	贺　媛	浅谈技工学校体育教学中学生合作意识的培养	教育学文摘 / 2022 年 2 月	CN11-5773/G4	2022-02-01	一般性期刊
8	范瑞波	Word 目录制作教学方法探究	动漫先锋 / 2022 年 4 月	CN21-1605/J	2022-04-10	一般性期刊
9	范瑞波	技工院校教师威信探究	大众文摘 / 2022 年第 35 期	CN61-1381/C	2022-09-16	一般性期刊
10	孟子骁	新时期空乘专业礼仪实训要点及对策研究	教育学文摘 / 2022 年 2 月	CN11-5744/G4	2022-03-18	一般性期刊
11	陈宇涵	新时期中职美术设计专业素描实践性教学探究	教育学文摘 / 2022 年 2 月	CN11-5773/G4	2022-03-18	一般性期刊
12	范瑞波	“Word 表格的制作与处理”教学方法探究	动漫先锋 / 2022 年第 61 期	CN21-1605/J	2022-01-10	一般性期刊
13	尹　强	高职院校招生存在的问题及对策	中国教师 / 2022 年第 13 期	CN11-4801/Z	2022-07-13	一般性期刊
14	孙利军	Word 邮件合并教学设计	动漫先锋 / 2022 年第 66 期	CN21-1605/J	2022-06-10	一般性期刊
15	侯玉华 杨　勇	转变管理理念 实施有效管理	卷宗 / 2022 年 8 月	CN51-1737/G0	2022-08-01	一般性期刊
16	孙利军	技工院校教师素质分析	大众文摘 / 2022 年第 33 期	CN61-1381/C	2022-09-01	一般性期刊
17	刘　健	汽车空调典型故障案例分析	汽车知识 / 2022 年第 9 期	CN11-4722/TH	2022-09-25	一般性期刊
18	赵永朋	新时代建筑工程管理方法智能化应用策略	城镇建设 / 2022 年第 6 期	CN10-1589/TU	2022-05-29	一般性期刊
19	田新宇	听老外夸中国——课程思政在英语教学中的尝试	中国教师 / 2022 年第 9 期	CN11-4801/Z	2022-09-01	一般性期刊
20	范瑞波	探究 Word 页眉页脚设置教学方法	动漫先锋 / 2022 年 10 月	CN21-1605/J	2022-10-10	一般性期刊
21	尹　强	高职体育教育课程思政实施路径创新	中国教工 / 2022 年第 12 期	CN11-2959/G4	2022-06-22	一般性期刊
22	陈宇涵	传统文化在艺术设计中的应用研究	教学与研究 / 2022 年第 5 期	CN11-1454/G4	2022-05-17	一般性期刊
23	孟子骁	技师院校行政管理与教学服务机制创新分析	教学与研究 / 2022 年第 5 期	CN11-1454/G4	2022-05-17	一般性期刊
24	尹　强	基于职业素养培养的高职体育教学改革	教育学文摘 / 2022 年第 13 期	CN11-5773/G4	2022-07-16	一般性期刊

续表

序号	作者	论文名称	发表刊物、期别	刊号	发表时间	论文级别
25	杨　勇 侯玉华	基于技能人才培养的专业人才培养方案制定研究	山海经－教育前沿／2022 年第 11 期	CN33-1032/I	2022-11-01	一般性期刊
26	吴修远	基于逆向工程的复杂曲面数控加工技术研究	中国科技信息／2022 年第 3 期	CN11-2739/N	2022-02-15	一般性期刊
27	隋永朋	一种基于 Python 数据处理与分析的 RFM 模型构建方法	美丽中国／2022 年 4 月	CN10-1563/G0	2022-04-01	一般性期刊
28	王　黎	中职幼儿儿歌弹唱课程教学有效策略探究	教学与研究／2022 年第 4 期	CN11-1454/G4	2022-05-02	一般性期刊
29	赵　勇	职业教育线上线下混合教学实践创新探究	山海经－教育前沿／2022 年第 4 期	CN33-1032/I	2022-04-01	一般性期刊
30	田同国	浅析供配电技术课程教学质量提高的有效方法	中国科技人才／2022 年第 11 期	CN10-1256/G3	2022-11-01	一般性期刊
31	田同国	风雨过后是彩虹——班主任岗位心得	教学与研究／2022 年第 11 期	CN11-1454/G4	2022-11-01	一般性期刊
32	田新宇	以课堂为舞台 做足导与演的功课——浅谈职业教育英语课堂中，教师的双重角色	教学与研究／2022 年第 8 期	CN11-1454/G4	2022-08-01	一般性期刊
33	郑和玉 薛　华	浅谈如何做好职业技术院校教学班主任工作	中国教师／2022 年第 10 期	CN11-4801/Z	2022-08-02	一般性期刊
34	刘　钢	大数据支持下高职院校招生与就业决策的研究	中国教师／2022 年第 13 期	CN11-4801/Z	2022-07-01	一般性期刊
35	刘承信	电力巡检无人机网络安全风险分析及防护技术	网络安全和信息化／2022 年第 11 期	CN10-1416/TN	2022-11-01	一般性期刊
36	刘　钢	“三全育人”理念下高职院校学生就业创业指导体系研究	中国教工／2022 年第 12 期	CN11-2959/G4	2022-06-09	一般性期刊
37	王天岗	职业院校工业机器人教学改革探索	中国科技人才／2022 年第 2 期	CN10-1256/G3	2022-01-20	一般性期刊
38	李　伟	分层教学法在技工院校篮球教学中的应用	教学与研究／2022 第 8 期	CN11-1454/G4	2022-08-15	一般性期刊
39	丁　莹	智能制造背景下机电一体化技术研究	卷宗／2022 年 4 月	CN-1737/G0	2022-04-04	一般性期刊
40	刘井瑞	BIM 技术在绿色建筑节能设计中的应用研究	建筑创作／2022 年 3 月	CN11-3161/TU	2022-03-25	一般性期刊
41	梁力艳	吉利帝豪新能源 EV500 汽车雨刮系统故障检修	汽车维修／2022 年 2 月	CN22-1218/U	2022-02-05	一般性期刊
42	隋永朋	一种 Python 环境下基于 Pandas 库的数据分析方法	智慧东方／2022 年 1 月	CN44-1692/G0	2022-01-20	一般性期刊
43	付秀芝	技工院校背景下幼儿教育专业一体化教学研究	中国教工／2022 年第 7 期	CN11-2959/G4	2022-04-15	一般性期刊
44	吴修远	产教融合背景下高职学生工匠精神的培养研究	教学与研究／2022 年第 12 期	CN11-1454/G4	2022-06-25	一般性期刊
45	赵　勇	基于大赛的职业院校创新创业教育方式探索	山海经－教育前沿／2022 年第 32 期	CN33-1032/I	2022-12-15	一般性期刊
46	苏　燕	中职学前教育人才培养模式建设分析	教育学文摘／2022 年第 4 期	CN11-5773/G4	2022-02-25	一般性期刊
47	魏衍鹏	体育教学中促进学生体能发展的实践研究	快乐学习报 教师周刊／2022 年第 39 期	CN41-0100	2022-09-15	一般性期刊

续表

序号	作者	论文名称	发表刊物、期别	刊号	发表时间	论文级别
48	魏衍鹏	地方高职院校如何有效服务乡村振兴	青少年书法报 科教创新与实践 / 2022 年第 18 期	CN23-0039	2022-06-15	一般性期刊
49	任晓丽	工作过程导向的项目教学实践——以电子商务教学为例	教学与研究 / 2022 年第 1 期	CN11-1454/G4	2022-01-28	一般性期刊
50	郑和玉	职教高考语文教学中课程思政元素解析和实施策略探究	时代教育 / 2022 年第 14 期	CN51-1677/G4	2022-07-25	一般性期刊
51	孙利军	PPT 动画设置教学方法	动漫先锋 / 2022 年 3 月	CN21-1605/J	2022-03-10	一般性期刊
52	张小双	新形势下如何加强技师学院内部审计工作探索	时代教育 / 2022 第 20 期	CN51-1677/4	2022-08-05	一般性期刊
53	孙利军	Word 边框和底纹教学设计	动漫先锋 / 2022 年 4 月	CN21-1605/J	2022-04-10	一般性期刊
54	周代红	单片机在智能控制中的运用实践研究	山海经 - 教育前沿 / 2022 年第 5 期	CN33-1032/I	2022-05-26	一般性期刊
55	刘 钢	课程思政在高职计算机教学中的应用研究	教学与研究 / 2022 年第 13 期	CN11-1454/G4	2022-07-21	一般性期刊
56	赵月霞	建筑施工工程的质量管理与控制措施	传奇故事 / 2022 年第 7 期	CN41-1063/1	2022-02-07	一般性期刊
57	许 冉	汽车研发过程中对制动距离进行有效控制的方法	汽车周刊 / 2022 年第 3 期	CN11-5855/U	2022-03-18	一般性期刊
58	李衍德	分层教学在职业院校汽修实训教学中的应用	启迪 / 2022 年第 12 期	CN61-1476/C	2022-05-06	一般性期刊
59	孟子骁	建设行政管理电子政务服务评价现状分析	中国教师 / 2022 年第 16 期	CN11-4801/Z	2022-08-25	一般性期刊
60	丁 莹	轻工机械设计制造工艺及精密加工技术探讨	科学与生活 / 2022 年第 8 期	CN65-1086/Z	2022-04-01	一般性期刊
61	岳文农	智能网联汽车技术发展现状与趋势	汽车周刊 / 2022 年第 10 期	CN11-5855/U	2022-10-01	一般性期刊
62	任晓丽	创新创业视域下高职电子商务实践教学体系的构建策略分析	中国建设信息化 / 2022 年第 16 期	CN10-1357/TU	2022-08-01	一般性期刊
63	李 芳	新能源汽车动力电池安全问题的研究分析	科协论坛 / 2022 年第 29 期	CN42-1341/G3	2022-07-01	一般性期刊
64	李 芳	汽车安全驾驶及应急处置技术措施分析	车时代 / 2022 年第 11 期	CN21-1446/Z	2022-11-01	一般性期刊
65	杜程程	互联网视域下高校青年教师价值观培育与引领	科学与生活 / 2022 年第 7 期	CN65-1086/Z	2022-03-05	一般性期刊
66	陈宇涵	创新思维在室内艺术设计中的应用分析	中国教师 / 2022 年第 16 期	CN11-4801/Z	2022-08-25	一般性期刊
67	邢慧丽	铁肩担道义，刚正写春秋——即墨古城心中的骄傲	科学新生活 / 2022 年第 23 期	CN11-4682/Z	2022-06-01	一般性期刊
68	于冠军	基于企业新型学徒制的产教融合实训基地建设研究与实践	同行 / 2022 年第 13 期	CN34-1253/C	2022-07-10	一般性期刊
69	丁 寅	高素质、专业化党务工作队伍建设研究	卷宗 /2022 年 2 月	CN51-1737/G0	2022-02-28	一般性期刊
70	荣 帅	数字转型下汽车市场竞争格局分析	科学与技术 / 2022 年第 24 期	CN65-1078/Z	2022-09-25	一般性期刊
71	丁 寅	职业院校如何培养工匠精神	科技新时代 / 2022 年第 3 期	CN11-3750/N	2022-02-28	一般性期刊

续表

序号	作者	论文名称	发表刊物、期别	刊号	发表时间	论文级别
72	王田田	高校干部人事档案数字化工作之思考	青少年书法报·科教创新与实践/2022年第19期	CN23-0039	2022-08-01	一般性期刊
73	杨　敏	浅谈中国传统元素在影视动画中的运用	包装世界/2022年第2期	CN33-1092/TB	2022-02-01	一般性期刊
74	翟　玲 孙卫锋	关于技工院校学生职业技能等级过程化评定的思考	教学与研究/2022年第14期	CN11-1454/G4	2022-10-01	一般性期刊
75	于冠军	机器人协同加工工序标准分析	中国科技信息/2022年第3期	CN11-2739/N	2022-02-03	一般性期刊
76	于冠军	工业机器人视觉定位系统高精度标定研究	机器人产业/2022年第3期	CN10-1324/TP	2022-05-25	一般性期刊
77	任雪娇	大数据时代计算机网络教学改革研讨	卷宗/2022年第7期	CN51-1737/G0	2022-03-23	一般性期刊
78	郑和玉	关于职业院校劳动教育的几点思考	文学天地/2022年第3期	CN43-1155/I	2022-03-25	一般性期刊
79	高　翔	基于幼儿心理健康教育的家园合作有效策略研究	时代教育/2022年第18期	CN51-1677/C4	2022-09-15	一般性期刊
80	王田田	大学健美操教学中快乐体育教学模式的构建	青少年书法报·科教创新与实践/2022年第18期	CN23-0039	2022-06-01	一般性期刊
81	崔文霞	论中职英语课的生活化教学	教育学文摘/2022年第1期	CN11-5773/G4	2022-01-20	一般性期刊
82	王树梅	高压消解的安全保护措施探析	仪表技术/2022年第5期	CN31-1266/TH	2022-10-04	一般性期刊
83	任晓丽	基于知识整合视角的高职电子商务专业人才培养创新	中国经济评论/2022年第12期	CN10-1691/F	2022-12-01	一般性期刊
84	冯秀军	利用校城融合机遇提升职业院校毕业生就业竞争力措施刍议	美丽中国/2022年第13期	CN10-1563/G0	2022-04-15	一般性期刊
85	冯秀军	职业院校学生如何利用校城融合模式提升专业技能	向导-新时代教育/2022年第7期	CN15-1059/G4	2022-03-15	一般性期刊
86	程礼波	论自动驾驶汽车的交通事故侵权责任	卷宗/2022年11月	CN51-1737/G0	2022-11-01	一般性期刊
87	张新华	技师学院数学课程教学优化探究	教学与研究/2022年第12期	CN11-1454/G4	2022-10-12	一般性期刊
88	岳文农	新能源汽车技术与应用发展浅析	越野世界/2022年第7期	CN11-5616/GB	2022-04-28	一般性期刊
89	岳文农	高职院校汽车电工电子技术课程教学改革研究	越野世界/2022年第11期	CN11-5616/GB	2022-06-15	一般性期刊
90	侯　茜	生活饮用水耗氧量的测定一体化教学模式探讨	时代教育/2022年第28期	CN51-1677/G4	2022-10-05	一般性期刊
91	刘　红	分析新形势下职业院校如何培养“工匠精神”	安家/2022年第12期	CN21-1497/C	2022-12-15	一般性期刊
92	刘　红	“互联网+”背景下职业院校优秀传统文化教育创新路径探究	锦绣/2022年11月	CN51-1710/TS	2022-11-09	一般性期刊
93	许　冉	对汽车机电一体化技术在智能制造中的运用解析	汽车博览/2022年第1期	CN51-1681/U	2022-01-10	一般性期刊
94	李　莹	浅谈起动机不工作故障诊断分析	科学与技术/2022年第22期	CN65-1078/Z	2022-08-25	一般性期刊

续表

序号	作者	论文名称	发表刊物、期别	刊号	发表时间	论文级别
95	鹿胜玉	分析机械设计加工中应注意的一些问题	时代教育 / 2022 年第 23 期	CN51-1677/G4	2022-09-01	一般性期刊
96	崔文霞	浅谈用工匠精神打造中职英语课堂	科学与生活 / 2022 年第 3 期	CN65-1086/Z	2022-03-20	一般性期刊
97	袭文霞	中职计算机应用基础课程的游戏化教学模式研究	教育学文摘 / 2022 年第 1 期	CN11-5773/G4	2022-02-15	一般性期刊
98	卜冬梅	积极心理学在技工院校学生自我管理中的应用	炫动漫 / 2022 年第 6 期	CN23-1577/J	2022-12-02	一般性期刊
99	王天岗	机电一体化技术在智能制造中的应用分析	科学与生活 / 2022 年第 9 期	CN65-1086/Z	2022-03-18	一般性期刊

表 17.2 2022 年度山东水利技师学院著作教材类教科研成果汇总表

序号	姓名	成果名称	成果类别	出版社	出版时间
1	尹 强（副主编）	高校体育与健康教程	编著	西北大学出版社	2022-11-09
2	刘 健（副主编）	新能源汽车电工电子技术	教科书	哈尔滨工程大学出版社	2022-06-10
3	刘 钢（副主编）	计算机网络基础与应用	编著	哈尔滨工程大学出版社	2022-10-13
4	王树梅（副主编）	模拟数字电子技术实训教程	教科书	哈尔滨工程大学出版社	2022-05-29
5	刘 健（主审）	汽车基础维护与保养	教科书	北京理工大学出版社	2022-08-10
6	杜庆运（副主编）	新能源汽车构造与维修	教科书	吉林大学出版社	2022-09-20
7	王 黎（主编）	音乐鉴赏教学研究	专著	北方文艺出版社	2022-06-22
8	吴修远（副主编）	机械制图	教科书	南开大学出版社	2022-02-25
9	刘姗姗（副主编）	电子商务创新创业指导与实践	编著	吉林大学出版社	2022-11-01

表 17.3 2022 年度山东水利技师学院专利软著类教科研成果汇总表

序号	姓名	专利 / 软件名称	专利类别	专利权人 / 著作权人	专利号 / 著作权证书号	授权日 / 登记获批日
1	梁力艳	一种汽车车顶通风结构	发明专利	山东水利技师学院	ZL202110042678.6	2022-05-10
2	王 黎	一种便于记忆音色的音乐教学用音叉装置	实用新型	山东水利技师学院	ZL202120250029.0	2022-01-25
3	王 黎	一种音乐触感振动装置	实用新型	山东水利技师学院	ZL202120250028.6	2022-01-04
4	周代[illegible]	一种电器部件加工用[illegible]装置	实用新型	山东水利技师学院	ZL2021204400[illegible].0	[illegible]

续表

序号	姓名	专利／软件名称	专利类别	专利权人／著作权人	专利号／著作权证书号	授权日／登记获批日
5	梁力艳	一种汽车暖风装置	实用新型	山东水利技师学院	ZL202122679831.4	2022-05-17
6	刘　健	一种汽车维修辅助装置	实用新型	山东水利技师学院	ZL202221050461.6	2022-08-09
7	许　冉	一种汽车维修用汽车单轮升降装置	实用新型	山东水利技师学院	ZL202123200033.5	2022-08-12
8	从晓琪	一种财会审计凭证簿存放架	实用新型	山东水利技师学院	ZL202122496874.9	2022-03-11
9	王国军	一种机电设备安装维修用便于调节的升降装置	实用新型	山东水利技师学院	ZL202121782975.6	2022-01-04
10	赵　勇	一种数控加工设备的工件固定装置	实用新型	山东水利技师学院	ZL202122812914.6	2022-03-15
11	杨兴民	一种机械设计制造用焊接辅助夹具	实用新型	山东水利技师学院	ZL202123062774.1	2022-04-26
12	杨兴民	一种可调节精度的机械设计用夹具	实用新型	山东水利技师学院	ZL202122970653.0	2022-05-13
13	高士香	一种新型汽车防滑控制器	实用新型	山东水利技师学院	ZL202122505968.8	2022-02-01
14	高士香	一种汽车紧固件自动机械手装配装置	实用新型	山东水利技师学院	ZL202220590457.2	2022-06-24
15	从晓琪	一种会计用自动装订器	实用新型	山东水利技师学院	ZL202123067523.2	2022-06-07
16	冯雪丽	一种用于计算机网络的连接端口	实用新型	山东水利技师学院	ZL202121784347.1	2022-01-11
17	冯雪丽	一种计算机网络的防屏蔽隔离模块	实用新型	山东水利技师学院	ZL202221187150.4	2022-08-12
18	王珂珂	一种英语翻译装置	实用新型	山东水利技师学院	ZL202123348957.X	2022-04-26
19	刘承信	一种无人机飞行护具	实用新型	山东水利技师学院	ZL202222337032.3	2022-12-27
20	马艳艳	三维地理信息数据模型处理系统	软件著作权	山东水利技师学院	2022SR0969367	2022-07-26
21	栾利香	基于物联网的智慧灌溉应用管理平台	软件著作权	山东水利技师学院	2022SR1089847	2022-08-11
22	尹　强	体育参赛项目分组分析系统	软件著作权	山东水利技师学院	2022SR0548209	2022-01-20
23	薛贤铭	雷克萨斯 ES200 发动机喷油嘴故障检测系统	软件著作权	山东水利技师学院	2022SR0748177	2022-03-21
24	任晓丽	基于互联网的企业会计咨询服务平台	软件著作权	山东水利技师学院	2022SR0606566	2022-05-19
25	赵月霞	水利工程供水线路运维设计采集系统	软件著作权	山东水利技师学院	2022SR0483606	2022-04-19
26	刘井瑞	建筑工程施工现场安全管理系统 V1.0	软件著作权	山东水利技师学院	2022SR0869621	2022-06-29
27	任晓丽	电子化会计档案管理系统	软件著作权	山东水利技师学院	2022SR0606564	2022-05-19
28	刘延华	社会体育推广管理系统	软件著作权	山东水利技师学院	2022SR0552672	2022-01-20
29	马金香	会计账本智能化管理系统	软件著作权	山东水利技师学院	2022SR0613342	2022-05-20
30	刘　钢	咨询接待数据分析软件	软件著作权	山东水利技师学院	2022SR0748176	2022-03-20
31	毛锡玉	水库蓄排水一体化管理分析系统 V1.0	软件著作权	山东水利技师学院	2022SR0489138	2022-04-19

续表

序号	姓名	专利 / 软件名称	专利类别	专利权人 / 著作权人	专利号 / 著作权证书号	授权日 / 登记获批日
32	丛晓琪	基于互联网的会计电算化管理软件 V1.0	软件著作权	山东水利技师学院	2022SR0450496	2022-04-11
33	丛晓琪	会计财务数据报表自动生成软件 V1.0	软件著作权	山东水利技师学院	2022SR0150691	2022-01-24
34	丛晓琪	智慧会计审核计算系统 V1.0	软件著作权	山东水利技师学院	2022SR0150717	2022-01-24
35	刘承信	无人机测绘图像处理系统	软件著作权	山东水利技师学院	2022SR0994543	2022-08-03
36	岳文农	汽车检测快速诊断数据管理软件 V1.0	软件著作权	山东水利技师学院	2022SR1187666	2022-08-18
37	丛晓琪	财务会计账务明细管理系统	软件著作权	山东水利技师学院	2022SR0450452	2022-04-11
38	李 华	多媒体广告策划设计方案管理系统	软件著作权	山东水利技师学院	2022SR0876301	2022-06-30
39	刘 红	基于互联网的语文题库管理系统	软件著作权	山东水利技师学院	2022SR0844324	2022-05-17

表 17.4 2022 年度山东水利技师学院教育教学成果奖类教科研成果汇总表

姓名	成果名称	类别	获奖类别	组织单位	获奖日期	获奖等级
王 黎	中职幼儿儿歌弹唱课程教学有效策略探究	教研课题	市厅级以下	山东省青少年教育科学研究院	2022-06-01	一等奖
马艳艳 朱培根	企业在职业教育中的地位和作用研究	教研课题	市厅级以下	山东省青少年教育科学研究院	2022-06-30	一等奖
丁 寅	高素质、专业化党建队伍建设研究	教研课题	市厅级以下	山东省青少年教育科学研究院	2022-03-31	三等奖
张 峻 卢建平 李 芳	基于新能源汽车“齐鲁工匠”人才培养的新型学徒制研究	教研课题	省部	山东省人力资源和社会保障部	2022-01-20	其他
丁 寅	职业院校如何培养“工匠精神”	教研课题	市厅级以下	山东省青少年教育科学研究院	2022-06-30	三等奖
冯秀军 马艳艳 张广阔 谷 瑾	基于实景三维城市的空间数据获取与应用创新平台	淄博市校城融合项目	市厅	淄博市科学技术局	2022-08-28	其他
丛晓琪	“互联网 +”背景下技工院校学生创业自我效能感及对策研究——以淄博市技工院校为例	调研报告	省部	山东省人力资源和社会保障厅	2022-10-28	三等奖
张小双 穆云丽	全面从严治党视域下技师学院学生党员教育管理研究	教研课题	市厅级以下	山东省青少年教育科学研究院	2022-03-03	二等奖

【教学管理】 一是规范校企合作管理。坚持“校企双制”这个基本办学制度，按照“规范、融合、共赢”的合作要求，全面梳理当前校企合作情况，出台了《校企合作管理暂行办法》，构建多元化校企合作模式，将合作企业分为“融合型”“全面型”“基本型”“外围型”四个合作档次，制定了不同的达标条件和特征，规范校企合作内容。全年新增合作企业 8 个，设立订单班 4 个，开展新型学徒制培养 796 人，组织职业技能等级认定 3292 人次、短期培训 3973 人次。制定《社会服务管理办法》，鼓励教师积极主动服务企业，联合开展技术攻关，切实推进校企融合。二是打造“五育”融合育人体系。坚持

推进学生德智体美劳全面培养，在积极推进思政课程和课程思政教学改革，构建“大思政”格局同时，出台《关于进一步加强体育工作的意见》《关于加强新时代劳动教育的实施意见》，成立美育教研室，积极筹建马克思主义学院，建设新时代雷锋精神文化馆，把德智体美劳融入思想道德教育、文化知识教育、专业技能实训、社会实践教育各环节，构建以劳动教育为枢纽的“五育”融合育人体系。三是推动竞赛成果转化。坚持以赛促建，对标行业标准和岗位需求，对标国赛省赛标准，将先进竞赛标准和高超工艺转化为教学标准和规范，融入教学过程，组织开展覆盖全体师生的技能竞赛月活动，使师生普遍受益、使优秀选手脱颖而出。2022 年，学院师生全年共有 232 人次在 73 个省级及以上大赛中，获得 3 个特等奖、44 个一等奖、69 个二等奖、69 个三等奖。其中，国一类二等奖 2 个，国二类三等奖 1 个；国三类特等奖 3 个，一等奖 3 个；省一类一等奖 1 个；省二类一等奖 38 个。7 名师生通过省级选拔赛晋级国赛（见表 17.5、表 17.6）。

表 17.5 2022 年度山东水利技师学院省级及以上竞赛教师汇总表

序号	赛事类别	获奖等次	赛事名称	主办单位	举办时间	竞赛项目	姓名
1	国一类	二等奖	全国人工智能应用技术技能大赛	人力资源和社会保障部	2022-12-27	智能传感器技术应用	王国军 吴修远
2	国三类	特等奖	全国财经商贸类专业教师数字技术技能大赛	中国商业联合会	2022-7-9	直播营销	荣　帅
3		特等奖	2022 年“畅享杯”全国财经商贸类专业教师数字技术技能大赛	中国商业联合会	2022-7-10	Python 商务数据分析	鹿建国
4		特等奖			2022-3-6	Python 财务数据分析	丛晓琪
5		一等奖			2022-7-1	Python 商务数据分析	隋永朋
6		三等奖			2022-7-3	数字营销	周姿奇
7	省一类	二等奖	全国工业设计职业技能大赛山东省选拔赛	山东省人力资源与社会保障厅	2022-11-4	灯具设计师	杨兴民
8		二等奖	第三届全省技工院校教师职业能力大赛	山东省人力资源和社会保障厅	2022-1-12	工业综合与农业类	赵建翔
9		二等奖			2021-12-25	信息类	杨　敏
10		二等奖			2021-1-12	文化艺术与综合类	于　鑫
11		三等奖			2021-12-30	电工电子类	翟　玲
12	省二类	一等奖	山东省“技能兴鲁”职业技能大赛——第三届山东省“云＋数”职业技能竞赛	山东电子学会 山东省信息产业协会	2022-11-27	大数据	牟长宁
13		一等奖	山东省“技能兴鲁”职业技能大赛——山东省汽车行业职业技能竞赛	山东省汽车行业协会	2022-11-19	新能源汽车传感与网联技术	张　峻 刘圣照
14		一等奖	全省水利系统党务干部技能比武	中共山东省水利厅直属机关委员会	2022-5-13	党务干部技能比武	荣　帅
15		一等奖	山东省“技能兴鲁”职业技能大赛——新能源汽车技术职业技能竞赛	山东省技能人才开发协会	2022-12-3	新能源汽车技术	李　芳 许　冉
16		一等奖	山东省“技能兴鲁”职业技能大赛——第三届会计综合技能竞赛	山东省应用统计学会	2022-9-20	会计业务处理与数据分析	马金香

续表

序号	赛事类别	获奖等次	赛事名称	主办单位	举办时间	竞赛项目	姓名
17	省二类	一等奖	山东省“技能兴鲁”职业技能大赛第三届全国信息产业新技术职业技能竞赛山东省选拔赛	山东省信息产业协会	2022-12-5	网络信息终端维修员	孙学全
18		一等奖	山东省“技能兴鲁”职业技能大赛——山东省人工智能技术创新应用职业技能竞赛	山东省人工智能学会	2022-12-19	人工智能算法测试员	冯雪丽
19		一等奖	山东省“技能兴鲁”职业技能大赛——“仁丁杯”全省电子竞技大赛	山东省社会组织联合会	2022-12-14	电竞场景解说	刘　红 王　晨
20		一等奖	山东省“技能兴鲁”职业技能大赛——全省信息产业新技术职业技能竞赛	山东省人社厅	2022-6-20	信息通信网络终端维修员	李茂华
21		一等奖	山东省“技能兴鲁”职业技能大赛——第四届山东省电子信息行业新技术职业技能竞赛	山东电子学会 山东省信息产业协会	2022-11-21	全媒体运营师（XR 全景制作）	孙卫锋
22		一等奖	山东省“技能兴鲁”职业技能大赛——山东省人工智能融合创新职业技能竞赛	山东省工业和信息化厅 山东省人力资源和社会保障厅 山东省教育厅 山东省总工会	2022-11-30	无人机装调检修工	李富水 孙卫锋
23		二等奖	山东省“技能兴鲁”职业技能大赛——第四届山东省移动互联网及 5G 应用创新技能大赛	山东省工业和信息化厅 山东省人社厅等	2022-12-10	计算机程序设计员（混合式移动 App 开发）	刘　钢
24		二等奖	山东省“技能兴鲁”职业技能大赛——首届“黄河助农杯”电商新媒体技术技能竞赛	山东省社会组织联合会	2022-12-1	电商新媒体直播	高光媛
25		二等奖	全省水利系统党务干部技能比武	中共山东省水利厅直属机关委员会	2022-5-13	党务干部技能比武	付秀芝
26		二等奖	山东省“技能兴鲁”职业技能大赛——第三届山东省“云＋数”职业技能竞赛	山东电子学会 山东省信息产业协会	2022-11-27	大数据	周忠伟
27		二等奖	山东省“技能兴鲁”职业技能大赛——第一届数字技术综合职业技能竞赛	山东省供应链管理协会	2022-12-17	供应链管理师	任雪娇
28		二等奖	山东省“技能兴鲁”职业技能大赛——山东省环境检验与水处理职业技能竞赛	山东省水处理协会	2022-8-15	水处理技术	齐炳娟
29		二等奖	山东省“技能兴鲁”职业技能大赛——第四届山东省无人机技术与应用职业技能竞赛	山东省无人机技术与应用协会	2022-12-20	无人机测绘	赵恒祥
30		二等奖	山东省“技能兴鲁”职业技能大赛——“捷飞运华杯”职业技能竞赛	山东省技能人才开发协会	2022-10-27	机动车检测（智能车检测）	高士香 张汝康

续表

序号	赛事类别	获奖等次	赛事名称	主办单位	举办时间	竞赛项目	姓名
31	省二类	二等奖	山东省“技能兴鲁”职业技能大赛——新能源汽车营销职业技能竞赛	山东省人才开发协会	2022-12-20	新能源汽车营销	李 莹
32		二等奖	山东省“技能兴鲁”职业技能大赛——山东省汽车行业职业技能竞赛	山东省汽车行业协会	2022-12-9	汽车技术	杜庆运
33		二等奖	山东省“技能兴鲁”职业技能大赛——第三届山东省汽车服务行业职业技能竞赛	山东省汽车流通协会	2022-12-15	智能网联汽车技术（汽车装调工）	程礼波 刘 健
34		二等奖	山东省“技能兴鲁”职业技能大赛——山东省人工智能技术创新应用职业技能竞赛	山东省人工智能学会	2022-12-19	人工智能算法测试员	谭 晓
35		二等奖	山东省“技能兴鲁”职业技能大赛——第三届山东省“云＋数”职业技能竞赛	山东电子学会 山东省信息产业协会	2022-11-26	云计算	孙建伟
36		二等奖	山东省“技能兴鲁”职业技能大赛——第四届山东省电子商务职业技能竞赛	山东省电子商务协会	2022-10-12	电子商务师	从晓琪
37		二等奖	山东省“技能兴鲁”职业技能大赛——第一届数字技术综合职业技能竞赛	山东供应链管理协会	2022-12-18	连锁经营管理师	任晓丽
38		二等奖	山东省“技能兴鲁”职业技能大赛——第四届全省电子信息行业新技术应用职业技能竞赛	山东电子学会 山东省信息产业协会	2022-11-21	全媒体运营师（XR 全景制作）	李富水
39		二等奖	2022 年山东省“技能兴鲁”职业技能大赛“华中数控杯”	山东省技能人才开发协会	2022-12-5	工业机器人创新应用技术	翟 玲
40		二等奖	山东省“技能兴鲁”职业技能大赛——第六届虚拟现实与创新产业应用竞赛	山东省科学技术协会	2022-12-24	机械工程 Inventor 设计	吕纪霞
41		二等奖			2022-12-25	工业产品 CAD 设计	吕纪霞
42		二等奖	山东省“技能兴鲁”职业技能大赛——“仁丁杯”全省电子竞技大赛	山东省社会组织联合会	2022-12-15	电竞短视频剪辑	杨 敏
43		三等奖	山东省“技能兴鲁”职业技能大赛——山东省环境检验与水处理职业技能竞赛	山东省水处理协会	2022-9-28	化学检验员	侯 茜
44		三等奖	山东省“技能兴鲁”职业技能大赛——档案系统“守正创新杯”档案修裱技术职业技能竞赛	山东省档案馆	2022-11-18	文献修复师	刘 伟
45		三等奖	山东省“技能兴鲁”职业技能大赛——第三届山东省“云＋数”职业技能竞赛	山东电子学会 山东省信息产业协会	2022-11-27	云计算	初良艳

续表

序号	赛事类别	获奖等次	赛事名称	主办单位	举办时间	竞赛项目	姓名
46	省二类	三等奖	山东省“技能兴鲁”职业技能大赛——第三届会计综合职业技能竞赛	山东省应用统计学会	2022-9-1	会计信息化	崔正库
47		三等奖	山东省“技能兴鲁”职业技能大赛——山东省电子信息服务业职业技能竞赛	山东电子商会	2022-12-8	全媒体运营师	张小双
48		三等奖	山东省“技能兴鲁”职业技能大赛——首届“黄河助农杯”电商新媒体技术技能竞赛	山东省社会组织联合会	2022-12-1	互联网营销师（电商宣传海报设计）	胡 强
49		三等奖	山东省“技能兴鲁”职业技能大赛——“仁丁杯”全省电子竞技大赛	山东省社会组织联合会	2022-12-14	电竞场景解说	翟雪梅
							李嘉涵
50		三等奖	山东省“技能兴鲁”职业技能大赛——山东省环境检验与水处理职业技能竞赛	山东省水处理协会	2022-8-15	工业废水处理工	庄 研
51		三等奖	山东省“技能兴鲁”职业技能大赛——第七届山东省电子信息行业职业技能竞赛	山东电子学会等	2022-11-27	电子商务数据分析	任晓丽
52		三等奖					马金香
53		三等奖	山东省“技能兴鲁”职业技能大赛——“仁丁杯”全省电子竞技大赛	山东省社会组织联合会	2022-12-14	音视频剪辑	李 敬
54		三等奖	2022全国行业职业技能竞赛第四届全国电子信息服务业职业技能竞赛（全国线上选拔赛）	中国电子商会 中国就业培训技术指导中心 中国国防邮电工会全国委员会	2022-11-27	计算机程序设计员 Python 编程	隋永朋
55		三等奖					鹿建国
56		三等奖	第四届山东省电子信息行业新技术应用职业技能竞赛	山东电子学会 山东省信息产业协会	2022-11-21	全媒体运营师（XR 全景制作）	刘承信
57		三等奖	山东省“技能兴鲁”职业技能大赛——第六届虚拟现实与创新产业应用竞赛	山东省科学技术协会	2022-10-1	3D 数字设计与打印	鹿胜玉
58		三等奖	山东省“技能兴鲁”职业技能大赛——第四届山东省无人机技术与应用职业技能大赛	山东省无人机技术与应用协会	2022-12-18	无人机巡检	李富水
59		三等奖	山东省“技能兴鲁”职业技能大赛——首届“黄河助农杯”电商新媒体技术技能竞赛	山东省社会组织联合会	2022-12-2	电商新媒体剪辑	杨 敏
60		三等奖	山东省“技能兴鲁”职业技能大赛——第四届电子商务职业技能大赛	山东省电子商务协会	2022-11-9	直播销售员	杨 敏
61	省三类	二等奖	山东省水利厅直属系统“勇担使命开新局，青春献礼二十大”主题演讲比赛	山东省水利厅直属机关委员会	2022-9-29	演讲比赛	孟子骁
62		三等奖					张 昊

表 17.6　2022 年度山东水利技师学院省级及以上竞赛学生汇总表

序号	赛事类别	获奖等次	赛事名称	主办单位	举办时间	竞赛项目	姓名
1	国一类	二等奖	全国人工智能应用技术技能大赛	人力资源和社会保障部	2022-12	智能传感器技术应用	孙月新 冀慎豪
2	国二类	三等奖	2022 年全国行业职业技能竞赛第四届全国电子信息服务业职业技能竞赛全国总决赛	中国电子商会 中国就业培训技术指导中心 中国国防邮电工会全国委员会	2022-5	Python 编程	郭雁楠
3	国三类	一等奖	2022 年第五届大学生计算机技能应用大赛	中华人民共和国工业和信息化部 工业文化发展中心	2022-7	新媒体排版设计	王国旭
4		一等奖				视频剪辑	王国旭
5		三等奖	第十五届全国水利职业院校技能竞赛	中国水利教育协会	2022-9	水利工程成图技术	宁守昊
6		三等奖					朱怡凡
7		三等奖					张　昊
8		三等奖	2022 年第四届“科云杯”全国职业院校高职组税务技能大赛	中国商业会计学会	2022-5	税务技能	王明娟 张慧敏 宋玉凤
9	省一类	一等奖	全国工业设计职业技能大赛山东省选拔赛	山东省人力资源与社会保障厅	2022-11	灯具设计师	韩子正
10		三等奖	第二届全国工业设计职业技能大赛山东省选拔赛	山东省人力资源与社会保障厅	2022-10	玩具设计师	韩子正
11	省二类	一等奖	山东省“技能兴鲁”职业技能大赛——“仁丁杯”全省电子竞技大赛	山东省社会组织联合会	2022-12	平面设计	王国旭
12		一等奖	山东省“技能兴鲁”职业技能大赛——第六届山东省虚拟现实与创新产业应用竞赛	山东省科学技术协会 山东省人力资源和社会保障厅	2022-12	建筑创新设计与建模	孙雨雨
13		一等奖	山东省“技能兴鲁”职业技能大赛——第五届山东新一代信息技术创新应用大赛	山东省工业和信息化厅 山东省总工会 共青团山东省委 山东省教育厅 山东省人力资源和社会保障厅 山东省大数据局	2022-10	BIM 建模算量 BIM 施工现场管理 BIM 综合应用	宁守昊 张　昊 张士彬
14		一等奖	山东省“技能兴鲁”职业技能大赛——第三届山东省汽车服务行业职业技能竞赛	山东省汽车流通协会	2022-12	汽车机械维修工	孔佳豪
15		一等奖	山东省“技能兴鲁”职业技能大赛——新能源汽车技术应用技能竞赛	山东省汽车保修设备行业协会 中国汽车流通协会	2022-11	机动车鉴定与评估	路秋运 刘颜玮
16		一等奖	山东省“技能兴鲁”职业技能大赛——新能源汽车技术职业技能竞赛	山东省技能人才开发协会	2022-12	新能源汽车技术	王新康 刘熙程
17		一等奖				新能源汽车营销	张　旭

续表

序号	赛事类别	获奖等次	赛事名称	主办单位	举办时间	竞赛项目	姓名
18	省二类	一等奖	山东省“技能兴鲁”职业技能大赛——“捷飞运华杯”职业技能竞赛	山东省技能人才开发协会	2022-10	机动车检测工（智能车检测）	尹文凯 孔佳豪
19		一等奖	山东省“技能兴鲁”职业技能大赛——山东省汽车行业职业技能竞赛	山东省汽车行业协会	2022-11	汽车电器维修工——新能源汽车传感与网联技术	张　彤 段其朝
20		一等奖	山东省“技能兴鲁”职业技能大赛——新能源汽车营销职业技能竞赛	山东省技能人才开发协会	2022-12	新能源汽车营销	王小娜
21		一等奖	山东省“技能兴鲁”职业技能大赛——第三届全国信息产业新技术职业技能竞赛山东省选拔赛	山东省信息产业协会 山东电子学会	2022-12	信息通讯网络终端维修员	聂　杉 李文博
22		一等奖	山东省“技能兴鲁”职业技能大赛——第三届全省“云+数”职业技能竞赛	山东电子学会 山东信息产业协会	2022-11	大数据	籍鹏志
23		一等奖			2022-11	云计算	房召露
24		一等奖	山东省“技能兴鲁”职业技能大赛——“仁丁杯”全省电子竞技大赛	山东省社会组织联合会	2022-12	赛事策划	谢文涛
25		一等奖				手速测试	赵学才
26		一等奖	山东省“技能兴鲁”职业技能大赛——第四届山东省电子商务职业技能竞赛	山东省电子商务协会	2022-11	电子商务师	陈　尧
27		一等奖	山东省“技能兴鲁”职业技能大赛——首届“黄河助农杯”电商新媒体技术技能竞赛	山东省社会联合会	2022-11	电商新媒体直播	李孟瑶
28		一等奖	山东省“技能兴鲁”职业技能大赛——第七届山东省电子信息行业职业技能竞赛	山东电子学会等	2022-11	电子商务数据分析	郭雁楠 高洪利 李孟瑶
29		一等奖	山东省“技能兴鲁”职业技能大赛——第四届山东省无人机技术与应用职业技能大赛	山东省无人机技术与应用协会	2022-12	无人机巡检	丁圣豪
30		一等奖	山东省“技能兴鲁”职业技能大赛——“华数杯”工业机器人创新应用技术职业技能竞赛	山东省技能人才开发协会	2022-12	工业机器人创新应用编程技术	孙睿昊
31		一等奖	山东省“技能兴鲁”职业技能大赛——第六届虚拟现实与创新产业应用竞赛	山东省人力资源社会保障厅 山东省科学技术协会	2022-12	机械工程 Inventor 设计	高海硕
32		一等奖					赵玉泽
33		一等奖	山东省“技能兴鲁”职业技能大赛——首届“黄河助农杯”电商新媒体技术技能竞赛	山东省社会联合会	2022-11	电商新媒体剪辑	周虹旭

续表

序号	赛事类别	获奖等次	赛事名称	主办单位	举办时间	竞赛项目	姓名
34	省二类	一等奖	山东省第十三届大学生数学竞赛（专科组）	山东省科学技术协会 山东省教育厅 中国共产主义青年团山东省委员会 山东省发展和改革委员会 山东省工业和信息化厅 山东省人力资源和社会保障厅	2022-11	高等数学	具以撒
35		一等奖					王　笑
36		一等奖					程昭帅
37		一等奖					王　彤
38		二等奖	山东省“技能兴鲁”职业技能大赛——第五届山东新一代信息技术创新应用大赛	山东省工业和信息化厅 山东省总工会 共青团山东省委 山东省教育厅 山东省人力资源和社会保障厅 山东省大数据局	2022-10	BIM 建模算量 BIM 施工现场管理 BIM 综合应用	赵　慧 李淑凯 田舒畅
39		二等奖	山东省“技能兴鲁”职业技能大赛——第二届山东省环境检验与水处理技术职业技能竞赛	山东省水处理协会	2022-9	化学检验员	邵　科
40		二等奖					王亚杰
41		二等奖	山东省“技能兴鲁”职业技能大赛——第三届山东省汽车服务行业职业技能竞赛	山东省汽车流通协会	2022-12	智能网联汽车技术 （汽车装调工）	巩承鑫 厉文卓
42		二等奖	山东省“技能兴鲁”职业技能大赛——山东省汽车行业职业技能竞赛	山东省汽车行业协会	2022-12	汽车机械维修工——汽车技术	尹文凯
43		二等奖				新能源商用车检测与维修	陈兆坤 陈兆丰
44		二等奖			2022-11	汽车电器维修工——新能源汽车传感与网联技术	杨传政 王振业
45		二等奖	山东省“技能兴鲁”职业技能大赛——新能源汽车技术职业技能竞赛	山东省技能人才开发协会	2022-12	新能源汽车技术	蓝光耀 于羿恒
46		二等奖	山东省“技能兴鲁”职业技能大赛——第三届全省“云＋数”职业技能竞赛	山东电子学会 山东省信息产业协会	2022-11	大数据分析	郭雁楠
47		二等奖				云计算	王　锟
48		二等奖	山东省“技能兴鲁”职业技能大赛——“仁丁杯”全省电子竞技大赛	山东省社会组织联合会	2022-12	电竞场景解说	刘仁泽 赵一凡
50		二等奖					王　晨
51		二等奖				手速测试	张炳阔
52		二等奖	山东省“技能兴鲁”职业技能竞赛——山东省智能物联职业技能竞赛	山东省物联网协会	2022-10	网络系统管理	袭文华 刘瑞龙

续表

序号	赛事类别	获奖等次	赛事名称	主办单位	举办时间	竞赛项目	姓名
53	省二类	二等奖	山东省“技能兴鲁”职业技能大赛——全省信息产业新技术职业技能竞赛	山东省人社厅	2022-6	信息通信网络终端维修员	赵震泽 李庆收
54		二等奖	山东省“技能兴鲁”职业技能大赛——第七届山东省电子信息行业职业技能竞赛	山东电子学会等	2022-12	电子商务数据分析	公衍鑫
							李峻宪
56		二等奖	山东省“技能兴鲁”职业技能大赛——第四届山东省电子商务职业技能竞赛	山东省电子商务协会	2022-11	电子商务师	李孟瑶
57		二等奖	山东省“技能兴鲁”职业技能大赛——“华数杯”工业机器人创新应用技术职业技能竞赛	山东省技能人才开发协会	2022-12	工业机器人创新应用编程技术	于海东
58		二等奖	第四届山东省电子信息行业新技术应用职业技能竞赛	山东电子学会 山东省信息产业协会	2022-11	全媒体运营师（XR 全景制作）	肖　岩
59		二等奖					杜贻恒
60		二等奖	山东省“技能兴鲁”职业技能大赛——第四届山东省无人机技术与应用职业技能大赛	山东省无人机技术与应用协会	2022-12	无人机巡检	王　伟
61		二等奖	山东省“技能兴鲁”职业技能大赛——“仁丁杯”全省电子竞技大赛	山东省社会组织联合会	2022-12	平面设计	马光志
62		二等奖				电竞视频编辑	翁志恒
63		二等奖	山东省“技能兴鲁”职业技能大赛——首届“黄河助农杯”电商新媒体技术技能竞赛	山东省社会联合会	2022-11	电商新媒体剪辑	王丽荣
64		二等奖					任雨珊
65		二等奖				电商新媒体设计	曹文轩
66		二等奖					刘瑞涵
67		二等奖	山东省“技能兴鲁”职业技能大赛第一届数字技术综合职业技能竞赛	山东省供应链管理协会	2022-12	数字技术综合职业技能 连锁经营管理师	尹乐宇 范庆钰 张浩天
68		三等奖	山东省“技能兴鲁”职业技能大赛——“仁丁杯”全省电子竞技大赛	山东省社会组织联合会	2022-12	视频剪辑	肖　飞
69		三等奖	山东省“技能兴鲁”职业技能大赛——山东省电子信息服务业职业技能竞赛	山东电子商会	2022-12	全媒体运营师	翁志恒
70		三等奖	山东省“技能兴鲁”职业技能大赛——第四届山东省移动互联网及5G应用创新技能大赛	山东省工业和信息化厅 山东省人社厅等	2022-12	计算机程序设计员（混合式移动 App 开发）	籍鹏志 房召露

续表

序号	赛事类别	获奖等次	赛事名称	主办单位	举办时间	竞赛项目	姓名
71	省二类	三等奖	山东省“技能兴鲁”职业技能大赛——第五届山东新一代信息技术创新应用大赛	山东省工业和信息化厅 山东省总工会 共青团山东省委 山东省教育厅 山东省人力资源和社会保障厅 山东省大数据局	2022-10	BIM建模算量 BIM施工现场管理 BIM综合应用	李佳城 李　艺 朱怡凡
72	省二类	三等奖	山东省“技能兴鲁”职业技能大赛——“福洋杯”山东省生物发酵产业技能竞赛	山东省生物发酵产业协会	2022-12	化学检验工	孙卓然
73	省二类	三等奖	山东省“技能兴鲁”职业技能大赛——第六届山东省虚拟现实与创新产业应用竞赛	山东省科学技术协会 山东省人力资源和社会保障厅	2022-12	建筑创新设计与建模	乔振兴
74	省二类	三等奖	山东省“技能兴鲁”职业技能大赛——第六届山东省虚拟现实与创新产业应用竞赛	山东省科学技术协会 山东省人力资源和社会保障厅	2022-12	建筑创新设计与建模	宋京润
75	省二类	三等奖	山东省“技能兴鲁”职业技能大赛——第六届山东省虚拟现实与创新产业应用竞赛	山东省科学技术协会 山东省人力资源和社会保障厅	2022-12	建筑创新设计与建模	徐勤雨
76	省二类	三等奖	山东省“技能兴鲁”职业技能大赛——第一届山东省水处理技术职业技能竞赛	山东省水处理协会	2022-8	工业废水处理工	谷志通
77	省二类	三等奖	山东省“技能兴鲁”职业技能大赛——第一届山东省水处理技术职业技能竞赛	山东省水处理协会	2022-8	工业废水处理工	李万朋
78	省二类	三等奖	山东省“技能兴鲁”职业技能大赛——第二届山东省环境检验与水处理技术职业技能竞赛	山东省水处理协会	2022-9	化学检验员	江亚妮
79	省二类	三等奖	山东省“技能兴鲁”职业技能大赛——第二届山东省环境检验与水处理技术职业技能竞赛	山东省水处理协会	2022-9	化学检验员	孙澳飞
80	省二类	三等奖	山东省“技能兴鲁”职业技能大赛——第二届山东省住建行业职业技能竞赛	山东省建设科技与教育协会 山东省建设工会	2022-11	建筑信息模型技术员（BIM深化设计）	赵　慧
81	省二类	三等奖	山东省“技能兴鲁”职业技能大赛——第二届山东省住建行业职业技能竞赛	山东省建设科技与教育协会 山东省建设工会	2022-11	建筑信息模型技术员（BIM项目管理）	李淑凯
82	省二类	三等奖	山东省“技能兴鲁”职业技能大赛——第七届山东省电子信息行业职业技能竞赛	山东电子学会等	2022-12	电子商务数据分析	苗兴旺 王先烨
83	省二类	三等奖	山东省“技能兴鲁”职业技能大赛——第一届数字技术综合职业技能竞赛	山东省供应链管理协会	2022-12	连锁经营管理师	韩烨阳 李东澄 张智宇
84	省二类	三等奖	山东省“技能兴鲁”职业技能大赛——第七届山东省电子信息行业职业技能竞赛	山东电子学会等	2022-11	电子商务数据分析	李战雨 陶科旭 王安琪
85	省二类	三等奖	山东省“技能兴鲁”职业技能大赛——首届“黄河助农杯”电商新媒体技术技能竞赛	山东省社会联合会	2022-11	电商新媒体直播	陈　尧

续表

序号	赛事类别	获奖等次	赛事名称	主办单位	举办时间	竞赛项目	姓名
86	省二类	三等奖	山东省“技能兴鲁”职业技能大赛——第四届山东省电子商务职业技能竞赛	山东省电子商务协会	2022-11	直播销售员	李孟瑶 陈　尧 周虹旭
87		三等奖	第四届山东省电子信息行业新技术应用职业技能竞赛	山东电子学会 山东省信息产业协会	2022-11	全媒体运营师（XR 全景制作）	刘春豪
88		三等奖	山东省“技能兴鲁”职业技能大赛——第四届山东省无人机技术与应用职业技能大赛	山东省无人机技术与应用协会	2022-12	无人机巡检	张梓鑫
89		三等奖	山东省“技能兴鲁”职业技能大赛——首届“黄河助农杯”电商新媒体技术技能竞赛	山东省社会联合会	2022-11	电商新媒体直播	王湘慧
90		三等奖	山东省“技能兴鲁”职业技能大赛——“仁丁杯”全省电子竞技大赛	山东省社会组织联合会	2022-12	平面设计	任雨珊
91		三等奖	2022 年全国大学生数学建模竞赛山东赛区（专科组）	山东省教育厅高等教育处 中国工业与应用数学学会	2022-9	数学建模	周　鼎 刘　璇 王冰如
92		二等奖	山东省第十三届大学生数学竞赛（专科组）	山东省科学技术协会 山东省教育厅 中国共产主义青年团山东省委员会 山东省发展和改革委员会 山东省工业和信息化厅 山东省人力资源和社会保障厅	2022-11	高等数学	黄明辉
93		二等奖					翟术营
94		二等奖					芦洋洋
95		二等奖					李炳良
96		三等奖					韩　萌
97		三等奖					黄新成
98		三等奖					张嘉仪
99		三等奖					周　鼎
100		三等奖					孙晓峰
101		三等奖					程梓芳
102	省三类	一等奖	第四届全国大学生语言文字能力大赛	中国语文报刊协会读写教学分会	2022-6	汉语言文字知识 命题写作朗读 硬笔字书写	付中彬
103		二等奖					徐向东
104		二等奖					李春婷
105		二等奖					聂　杉
106		二等奖					朱　硕
107		二等奖					申美晨
108		三等奖					赵恺悦
109		三等奖					王云龙
110		三等奖					尹梦黎
111		三等奖					高迎雪

续表

序号	赛事类别	获奖等次	赛事名称	主办单位	举办时间	竞赛项目	姓名
112	省三类	一等奖	2022年全国大学生英语竞赛	国际英语外语教师协会 中国英语外语教师协会 高等学校大学外语教学研究会	2022-10	英语竞赛D类	包景香
113		二等奖					朱　硕
114		二等奖					徐向东
115		二等奖					李树敏
116		二等奖					翟术营
117		三等奖					程梓芳
118		三等奖					梁　颖
119		三等奖					王冰如
120		三等奖					李昀娣
121		三等奖					管文慧
122		三等奖					具以撒
123		二等奖	2022年中国田径协会大众田径健身达标系列赛	中国田径协会 山东省体育中心	2022-8	5000米跑	王晓鹏
124		三等奖					马任欢
125		三等奖					马任乐

【学生管理】 坚持“学生至上”“以学生为中心”理念，持续推进“准军事化管理+专职辅导员队伍”学生管理特色，深化“于瑛阳光育人法”，励志晨读、“任务型”晚自习、集合带队行进、“我们的节日”、成人礼、学生教导队等一批水院特色思政品牌内涵进一步丰富拓展。秉承“快乐学习，多元发展”的学风，活跃“第二课堂”、丰富“第三课堂”，指导学生社团活动和公益实践服务，挖掘每一个学生的兴趣所在，让学生在兴趣实践活动中被认可、被关注、被肯定。2022年，学院4个学生团队和3名师生被淄博团市委选树为“百佳青春团队”“百名青年先锋”，学生暑期“三下乡”社会实践服务队被评为全省大中专学生志愿者暑期“三下乡”优秀服务队。加强心理健康教育和安全教育。强化心理健康队伍建设，健全“学院—系部—班级—宿舍”四级学生心理健康工作网络，完善心理健康教育体系。组织“健康从心开始，生命因你绽放”心理健康教育月活动，开展心理健康调查9300人次、心理测试4653人次、心理辅导和咨询452人次、心理危机干预7次。落实“1530”安全教育提醒机制，推进安全教育“六个一”常态化，强化防溺水教育和疫情防控教育，开展谈心谈话

13710人次、家长会78次、家访176人次。坚持国家资助和学校奖助相结合，健全完善“奖、助、减、免、享”五位一体资助模式，认真做好学生资助工作。落实国家免学费9831人次、国家助学金549人、建档立卡学生“五免一享”政策274人、贫困毕业生求职创业补贴21人，获国家奖学金7人。学院发放院级奖学金、勤工助学金、爱心生活补助费，赠送爱心水杯，减免新生工装费用等，共计130余万元。

【办学规模】 坚持将“紧抓招生”作为办学基本策略的第一策，坚持“质、信、诚、勤、美”招生五字诀，着力构建“大招生”格局。2022年共招收技工类学生2404人，成人大专1616人。截至2022年底，技师学院全日制在校生6319人、职工大学3416人，学生总规模9866人。同时，“高职+技师”合作培养专业吸引力不断增强，报到率逐年提升，2022年首录满额投档，报到率达到85.4%。（见表17.7、表17.8、表17.9）

表17.7 2022年山东水利技师学院新生入学情况表

单位：人

序号	专业	人数
1	工程造价	169
2	建筑工程管理	131
3	水利水电工程施工	285
4	环境保护与检测	125
5	汽车维修	114
6	汽车营销	18
7	新能源汽车检测与维修	206
8	会计	27
9	多媒体制作	129
10	计算机网络应用	106
11	电子商务	45
12	机电一体化技术	226
13	数控加工（数控车工）	38
14	无人机应用技术	52
15	工业机器人应用与维护	12
16	幼儿教育	106
17	铁路客运服务	19
18	行政管理	15
19	美术设计与制作	33
20	发电厂及变电站电气设备安装与检修	366
21	火电厂集控运行	182
合计		2404

表17.8 2022年山东水利技师学院毕业生情况表

单位：人

序号	专业	总人数
1	水利水电工程施工	320
2	工程造价	196
3	环境保护与检测	87
4	建筑施工	40
5	新能源汽车检测与维修	106
6	汽车营销	27
7	汽车维修	135
8	多媒体制作	99
9	计算机网络应用	129

续表

序号	专业	总人数
10	计算机网络应用（电子竞技运动与管理方向）	25
11	计算机应用与维修	25
12	会计	42
13	机电一体化技术	142
15	机电设备安装与维修	26
16	数控加工	45
17	无人机应用技术	57
18	幼儿教育	185
19	铁路客运服务	35
20	发电厂及变电站电气设备安装与检修	319
21	火电厂集控运行	210
合计		2250

表 17.9 2022 年山东省水利职工大学学生情况表

单位：人

专业名称	2022 级注册学生	2022 届毕业生
大数据与会计	334	
会计	8	235
电气自动化技术	197	177
计算机应用技术	342	263
汽车技术服务与营销	28	
汽车营销与服务		27
汽车制造与试验技术	27	
汽车检测与维修技术		71
数控技术	31	26
水利工程	90	144
建筑工程技术	559	458
合计	1616	1401

（王修心）

人　事　工　作

机构编制

【机构编制】

干部职工队伍　至2022年12月31日，省水利厅机关企事业单位共有在职职工3501人。其中，女职工1275人，占职工总数的36.3%。大学以上文化程度的3220人，占职工总数的91.7%；大专文化程度的190人；中专、高中及以下文化程度的91人。35岁以下的1013人；36～45岁的1079人；46～54岁的813人；55岁以上的613人。企事业单位专业技术人员3037人，其中，具有高级专业技术职务的1114人（具有正高级专业技术职务的246人）；具有中级专业技术职务的1217人；具有初级专业技术职务及其他706人。

机构编制变化　根据工作需要，省委编办对省水利厅所属部分事业单位机构职能编制规定进行了批复或调整：

2022年1月26日，省委编办以鲁编办〔2022〕10号批复省水文计量检定中心等机构编制事项的批复。省水文计量检定中心由省水文中心的内设机构，调整为省水文中心所属独立建制副处级公益二类事业单位，经费来源为财政补贴；核定事业编制16名，其中管理人员编制3名，专业技术人员编制13名，所需编制从省水文中心调剂；设主任1名（副处级），副主任2名（正科级）。主要职责是承担水文水资源监测计量器具检定、校准及检测工作；承担水文水资源监测新仪器、新技术、新设备研制开发、引进、应用推广等工作；承担水文计量关键技术研究，承接标准计量等相关技术服务。调整后，省水文中心事业编制由138名调整为122名，其中管理人员编制18名，专业技术人员编制103名，工勤技能人员编制1名；内设机构由10个调整为9个，内设机构副处级领导职数由11名调整为10名。其他机构编制事项不变。

2022年6月13日，省委编办以鲁编办〔2022〕42号批复省水文中心及所属部分事业单位调整编制结构。编制结构调整如下：省水文中心事业编制122名，其中管理人员编制19名、专业技术人员编制103名。济南市水文中心事业编制135名，其中管理人员编制13名、专业技术人员编制121名、工勤技能人员编制1名。青岛市水文中心事业编制82名，其中管理人员编制9名、专业技术人员编制73名。东营市水文中心事业编制34名，其中管理人员编制3名、专业技术人员编制31名。烟台市水文中心事业编制63名，其中管理人员编制2名、专业技术人员编制61名。潍坊市水文中心事业编制78名，其中管理人员编制3名、专业技术人员编制72名、工勤技能人员编制3名。济宁市水文中心事业编制76名，其中管理人员编制4名、专业技术人员编制71名、工勤技能人员编制1名。临沂市水文中心事业编制95名，其中管理人员编制2名、专业技术人员编制93名。德州市水文中心事业编制54名，其中管理人员编制3名、专业技术人员编制51名。滨州市水文中心事业编制42名，其中管理人员编制2名、专业技术人员编制40名。

2022年9月13日，省委编办《关于优化完善小清河管理体制机制的通知》（鲁编办〔2022〕79号）明确：省海河淮河小清河流域水利管理服务中心增设小清河调度运行部，承担小清河流域水利基本建设工作，统筹管理小清河干流、重要支流和重要枢纽建筑物，承担小清河直管工程的运行维护、调度管理工作，承担流域内水资源统一调度的技术支撑工作；承担小清河流域水旱灾害防御、水利工程运行管理、河长制湖长制督导检查和行政许可事项审批的相关技术服务工作；承担小清河流域水旱灾害防御方案编制、实施及应急抢险的技术支撑工作。小清河调度运行部专业技术人员不少于20名（从该中心内部调剂10名、新增事业编制10名）。将工程管理部承担的“胶东地区洪水、干旱防御应对及应急抢险的技术支撑工作，行政许可事项审批的相关技术服务工作”调整至流域三部，流域三部不再承担小清河流域相关工作。省水旱灾害防御中心不再承担小清河等流域防洪预案编制、跨设区市边界闸坝调度、设施运行管理协调以及市际水事纠纷协调处理相关工作。

【行政和事业编制】 截至2022年12月31日，厅机关行政编制185名，纪检单列编制7名。

厅属事业单位编制共计3025名，分别为：

（一）副厅级事业单位

省海河淮河小清河流域水利管理服务中心290名。

省调水工程运行维护中心111名，全省调水系统823名。

山东水利职业学院541名（控制总量968名）。

省水文中心122名，全省水文系统1138名。

（二）处级事业单位

省水旱灾害防御中心30名（参照公务员法管理）。

省水利综合事业服务中心68名。

山东水利技师学院（省水利职工大学，高配副厅）251名（控制总量303名）。

省水利科学研究院220名。

省防汛抗旱物资储备中心15名。

省水利工程建设质量与安全中心15名。

干部管理

【班子建设】 按照厅党组工作安排，统筹干部选拔调整和职级晋升，全年提拔正处级领导干部5名、副处级领导干部38名，晋升三级、四级调研员30名，20名科级干部晋升相应职级；厅属事业单位提拔科级干部110名。组织对厅机关处室人员进行优化配备，对省海河淮河小清河流域水利管理服务中心、省调水系统、省水文系统、山东水利技师学院、省水利工程建设质量与安全中心、省水旱灾害防御中心等单位领导班子和干部队伍进行系统调整，一批懂水利、爱水利、敢担当、善作为的干部走上领导岗位，进一步优化了干部队伍整体结构，提升了干部队伍整体效能。

常态化抓好年轻干部育选管用，厅党组专题研究年轻干部工作推进措施。年内新选配年轻正处级和副处级领导干部各1名，厅属事业单位选配一批85后正科级干部和90后副科级干部，年轻干部工作基础进一步夯实。制定“一人一策”培养措施，推进年轻干部全过程管理，推荐6名干部参加组织调训、专业培训等，推荐4名干部参加双向挂职、资源优配、历练提升等活动，1名年轻干部获评全省“百名优秀选调生”。

【干部调整配备】

（一）山东省水利厅机关

1．厅级干部

党组书记、厅长（省南水北调局局长）：刘中会（2022年11月免去省水利厅党组书记职务，2022年12月免去省水利厅厅长职务，2023年1月免去省南水北调局局长职务；2023 年 1 月任省人大农业与农村委员会副主任委员）、黄红光（由省政府副秘书长、省政府办公厅党组成员提拔交流担任现职；2022 年 11 月任省水利厅党组书记，2022 年 12 月任省水利厅厅长，2023 年 1 月任省南水北调局局长）

党组副书记、副厅长（省南水北调局副局长，正厅级）：马承新

一级巡视员：张建德、王祖利

党组成员、副厅长：刘鲁生

党组成员、纪检监察组组长：李至安

党组成员、副厅长：崔培学、刘文林、张嘉雷［2022 年 11 月，由河南省开封军分区司令员（正师级）交流担任现职］

副厅级干部：赵振林、王金建（2022 年 3 月免职，2022 年 4 月退休）

二级巡视员：贾乃波、隋家明、高希星、宋书强（2022 年 12 月结束省派“加强农村基层党组织建设”工作队工作）、徐希进、程大年（2022 年 10 月免职退休）、周垂田（2022 年 9 月免职退休）、张玉群（2023 年 1 月由省水利厅调水管理处一级调研员晋升省水利厅调水管理处二级巡视员）

2．处级干部

（1）三总师

总规划师、一级调研员：周黎明

总工程师、一级调研员：凌九平

总经济师、一级调研员：韩霜景

（2）办公室

主任：尹正平

二级调研员：王宝财

副主任、三级调研员：马明方（2022 年 5 月晋升三级调研员）、张永增（2022 年 5 月晋升三级调研员）

副主任：刘志鹏、李峰

（3）人事处

处长：马玉扩

二级调研员：马成

副处长：牛晓东、刘洁、郑学起

（4）发展规划处

处长、一级调研员：刘建基

一级调研员：陈升玉

副处长、三级调研员：段志强（2022 年 5 月晋升三级调研员）

副处长：杨俊（2021 年 12 月参加“双百”挂职，担任德州市临邑县副县长）、王佳甜（2022 年 4 月由省水利厅河湖管理处副处长改任现职）

四级调研员：盛桂青

（5）财务管理处

处长：张敬军

副处长、三级调研员：陈健（2022 年 5 月晋升三级调研员）

副处长：高向平

四级调研员：鲁小静（2022 年 5 月由一级主任科员晋升现职级）

（6）农村水利处

处长、一级调研员：修婷

一级调研员：王孝亮

二级调研员：宫永波

副处长：郭向宁、王强

（7）政策法规处（水政执法监察局）

处长（局长）：王珂

副处长、三级调研员：史继臻（2022 年 5 月晋升三级调研员）

三级调研员：董清林（2022 年 5 月由四级调研员晋升现职级）

四级调研员：董清林（2022 年 5 月晋升三级调研员）

（8）行政许可处

处长：万斌

副处长、三级调研员：窦实（2021 年 12 月参加“双百”挂职，担任济南新旧动能转换起步区建设管理部副部长；2022 年 5 月晋升三级调研员）

（9）水利工程建设处

处长、一级调研员：张修忠（参加省派第一书记工作，挂职担任梁山县委副书记）

一级调研员：魏振峰（2023 年 1 月由二级调研员晋升现职级）

二级调研员：魏振峰（2023 年 1 月晋升一级调研员）、王昊

副处长、三级调研员：王锡利（2022年5月晋升三级调研员）

三级调研员：杜珊珊（2022年5月由四级调研员晋升现职级）

四级调研员：杜珊珊（2022年5月晋升三级调研员）、徐胜、周广科（2022年5月由一级主任科员晋升现职级）

（10）科技与对外合作处

处长、一级调研员：刘继永

正处级干部：赵玉庆（2022年5月由二级调研员提任现职，援疆担任兵团十二师水利局党组成员、副局长）

一级调研员：卢克英（2022年8月免职退休）

二级调研员：赵玉庆（2022年5月提任正处级领导干部，援疆担任兵团十二师水利局党组成员、副局长）

副处长：朱玉芬

（11）水资源管理处（水文处）

处长、一级调研员：李光

二级调研员：题伟、杨永兵

副处长：颜恒

四级调研员：徐国涛

（12）省节约用水办公室

主任：彭学军

二级调研员：袁峰

副主任、三级调研员：郭旭维（2022年5月晋升三级调研员）

副主任：郑龙跃

四级调研员：刘昭、刘萍（2022年5月由一级主任科员晋升现职级）

（13）水土保持处

处长、一级调研员：赵琳

二级调研员：王文革、李雪东

副处长、三级调研员：孟凡荣（2022年5月晋升三级调研员）

四级调研员：刘振勇（2022年5月由一级主任科员晋升现职级）、王效彦（2022年5月由一级主任科员晋升现职级）

（14）监督处

处长、一级调研员：郭忠

二级调研员：张长江

副处长、三级调研员：闫斌

副处长：刘雅芬、仲崇旺、尚琎

（15）河湖管理处（河长制工作处）

处长、一级调研员：李永禄

督察专员（正处级）：张杰

副处长：邹晓庆（2022年4月由省水利厅水库移民处副处长改任现职）、王佳甜（2022年4月免职，改任省水利厅发展规划处副处长）

四级调研员：万少军（2022年5月由一级主任科员晋升现职级）

（16）运行管理处

处长：曲卓杰

一级调研员：季新民（2023年1月由二级调研员晋升现职级）

二级调研员：季新民（2023年1月晋升一级调研员）、侯丙亮

副处长：邵明明

（17）水库移民处

处长：雷淑萍

一级调研员：赵静

副处长、二级调研员：蒋殿顺（2022年5月晋升三级调研员，2023年1月晋升二级调研员）

二级调研员：刘光（2023年1月由三级调研员晋升现职级）

副处长、三级调研员：王军（2022年5月晋升三级调研员）

副处长：邹晓庆（2022年4月免职，改任省水利厅河湖管理处副处长）

三级调研员：刘光（2022年5月由四级调研员晋升现职级，2023年1月晋升二级调研员）

四级调研员：刘光（2022年5月晋升三级调研员）、何雪涛

（18）水旱灾害防御处

处长：武甲庆

二级调研员：张照华

副处长：于静（2022年5月免职，提拔交流担任省水旱灾害防御中心主任）

四级调研员：孙立芝、丁如科（2022年4月免职，改任省水利厅机关党委四级调研员）、王靖彬、李培海（2022年5月由一级主任科员晋升现职级）、霍德舟（2022年5月由一级主任科员晋升现职级）

（19）南水北调工程管理处

处长、一级调研员：周韶峰

二级调研员：郑洪霞、冯国红（2023年1月由三级调研员晋升现职级）

副处长：田传江（2022年11月结束外交部驻菲律宾领事馆工作）、黄国军、于锋学

三级调研员：赵国红、冯国红（2022年5月由四级调研员晋升现职级，2023年1月晋升二级调研员）、肖帅鹏（2022年5月由四级调研员晋升现职级）

四级调研员：冯国红（2022年5月晋升三级调研员）、肖帅鹏（2022年5月晋升三级调研员）、徐妍琳（2022年5月由一级主任科员晋升现职级）

（20）调水管理处（省引黄办公室）

处长（主任）：王伟

二级巡视员：张玉群（2023年1月由一级调研员晋升现职级）

一级调研员：张玉群（2023年1月晋升二级巡视员）

二级调研员：靳宏昌

副处长、三级调研员：刘开非（2022年5月晋升三级调研员；2022年6月援藏，担任日喀则市水利局党组成员、副局长）

副处长：杜新房

四级调研员：张立同（2022年5月由一级主任科员晋升现职级）

（21）厅机关党委

专职副书记：柴均章

一级调研员：程坤、于维丽（2022年11月免职退休）

厅机关纪委书记、机关党委二级调研员：杨忠堂（2022年5月晋升三级调研员，2023年1月晋升二级调研员）

四级调研员：刘玉国、丁如科（2022年4月由省水利厅水旱灾害防御处四级调研员改任现职）

（22）离退休干部处

处长、一级调研员：朱文胜

二级调研员：邓春华、胡胜银、郭志鹏（2023年1月由三级调研员晋升现职级）

三级调研员：郭志鹏（2022年5月由四级调研员晋升现职级，2023年1月晋升二级调研员）

四级调研员：郭志鹏（2022年5月晋升三级调研员）、刘文伟

省纪委省监委驻省水利厅纪检监察组

组长：李至安

副组长、一级调研员：王文斌

副组长：金占龙

三级调研员：凌贤国（2022年9月由四级调研员晋升现职级）

四级调研员：凌贤国（2022年9月晋升三级调研员）

（二）厅属事业单位

1. 省海河淮河小清河流域水利管理服务中心（根据鲁编办〔2022〕79号文，省流域中心内设机构增设小清河调度运行部）

党委书记、主任：杜贞栋

党委副书记、副主任：孙显利

党委副书记：张尊喜

党委委员、副主任：何光明

党委委员、纪委书记：孟庆平

党委委员、副主任：林荣军

总工程师：周荣星

总会计师：赵有信

内设机构

（1）办公室

主任：张新伟

副主任：仇念运（2022年2月由办公室总务科科长提任现职）

（2）组织人事部

部长：李振卿（2022年12月结束省派“加强农村基层党组织建设”工作队工作）

副部长：程森（2022年2月由组织人事处教育培训科科长提任现职）、孙向峰（2022年2月由组织人事处人事科科长提任

现职）

纪委副书记：时勇（2022年2月由工程管理处河道科科长提任现职）

（3）规划部

部长：李占华

副处长：李连海（2022年2月免去领导职务，转聘专业技术岗位）

副部长：韩民（2022年2月由规划处许可服务科科长提任现职）

（4）财务部

部长：叶金光

副部长：秦善文（2022年2月由财务处副处长改任现职）

副处长：秦善文（2022年2月免职，改任财务部副部长）

（5）建设部

部长：侯祥东

副部长：朱明辉（2022年2月由流域二处生态河湖科科长提任现职）

（6）工程管理部

部长：孟昭强

副部长：毕振令（2022年2月由工程管理处副处长改任现职）、宋茂斌（2022年2月由工程管理处副处长改任现职，参加省派曹县邵庄镇李寨村第一书记工作）、曲树国（2022年2月由工程管理处技术管理科科长提任现职）

副处长：毕振令（2022年2月免职，改任工程管理部副部长）、宋茂斌（2022年2月免职，改任工程管理部副部长，参加省派曹县邵庄镇李寨村第一书记工作）

（7）监督服务部

部长：尹建部

副部长：郑鑫（2022年2月由建设处质量与安全科科长提任现职）

（8）流域一部

部长：李森焱

副部长：郑永杰（2022年2月由流域一处技术科科长提任现职）

（9）流域二部

部长：孙新收

副处长：郭保同（2022年2月免去领导职务，转聘专业技术岗位）

副部长：乔立峰（2022年2月由规划处综合计划科科长提任现职）

（10）流域三部

部长：张志贵

副处长、二级调研员：党永良（2022年4月免去副处长领导职务，2022年9月免去二级调研员职级，转聘专业技术岗位）

副处长、三级调研员：赵蛟（2022年4月免职，改任省水旱灾害防御中心副主任、三级调研员）

副部长：鲁庆超（2022年2月由流域三处一级主任科员提任现职）

三级调研员：张杰

四级调研员：杜孝青（2022年4月免职，改任省水旱灾害防御中心四级调研员）、薛强（2022年4月免职，改任省水旱灾害防御中心四级调研员）

（11）小清河调度运行部

暂未配备

（12）离退休服务部

部长：任桂英

2. 省调水工程运行维护中心

主任、党委书记：刘长军

党委副书记：赵广川

党委委员、副主任：毕树德、任润涛

党委委员、总工程师：王家庆

党委委员、副主任：谷峪

党委委员、总会计师：李念平

党委委员、纪委书记：吕建远

党委委员、副主任：陈建锋

内设机构

（1）党群工作部

部长：赵瑾

副部长：崔群（2022年6月由纪委副书记改任现职）

纪委副书记：崔群（2022年6月免职，改任党群工作部副部长）、张红（2022年6月由财务部副部长改任现职）

（2）办公室

主任：仇志峰

副主任：李文国

（3）人事部

部长：张静

副部长：吴奇

（4）财务部

部长：刘圣桥

副部长：张红（2022年6月免职，改任纪委副书记）、陈军

（5）调度运行部

部长：王晓东

副部长：张永刚

（6）规划建设部

部长：孙翀

副部长：张伟（2022年6月由威海分中心副主任改任现职）

（7）工程管理部

部长：刘太鹏

副部长：张希健

（8）水土保护部

副部长：尹长文

（9）质量安全监督部

部长：王建民

副部长：赵晓东（2022年6月由滨州分中心党委委员、纪委书记改任现职）

分中心、管理站

（1）省调水工程运行维护中心滨州分中心

党委书记、主任：于德光

党委委员、纪委书记：赵晓东（2022年6月免职，改任省调水中心质量安全监督部副部长）

党委委员、副主任：杨红兵

（2）省调水工程运行维护中心东营分中心

党委书记、主任：孔祥升

党委委员、副主任：郝海涛［2022年6月由莱州管理站副主任（在聘高级工程师）提拔交流担任现职］

（3）省调水工程运行维护中心潍坊分中心

党委书记、主任：马安堂（2022年11月免职退休）

党委委员、副主任：李来祥（2022年6月由东营分局工程管理科科长提拔交流担任现职）、肖茂亮［2022年6月由棘洪滩水库管理站正科级专职纪检监察员（在聘高级工程师）提拔交流担任现职］

（4）省调水工程运行维护中心青岛分中心

党委书记、主任：隋永安

党委委员：于军

党委委员、副主任：卢宝松

党委委员、纪委书记：刘浩

党委委员、副主任：孙中晋

省调水工程运行维护中心棘洪滩水库管理站（正处级）

主任：于军（兼青岛分中心党委委员）

副主任：葛建华［2022年6月免职，进一步使用，交流担任平度管理站主任（副处级）］、徐德林、郎书尧［2022年6月由平度管理站主任（副处级）改任现职］

省调水工程运行维护中心平度管理站（副处级）

主任：郎书尧［2022年6月免职，改任棘洪滩水库管理站副主任（副处级）］、葛建华［2022年6月由棘洪滩水库管理站副主任（副处级）交流担任现职］

（5）省调水工程运行维护中心烟台分中心

党委书记、主任：王书伦

党委委员、副主任：李新升、孙迎松（2022年6月由莱州管理站主任提拔交流担任现职）

（6）省调水工程运行维护中心威海分中心

主任：周守平（2022年12月结束省派“加强农村基层党组织建设”工作队工作）

副主任：张伟（2022年6月免职，改任省调水中心规划建设部副部长）、王竹波、韩治庆（2022年6月由招远管理站主任提拔交流担任现职）

3. 山东水利职业学院

党委书记：王维（2022 年 12 月由青岛理工大学党委常委、宣传部部长兼新闻中心主任提拔交流担任现职）

院长、党委副书记：于纪玉（2023 年 1 月免去领导职务）、杨敬涛（2023 年 1 月由山东水利技师学院党委副书记提拔交流担任现职）

副厅级干部：于纪玉

党委委员、副院长：王顺波、王启田

党委委员、纪委书记：贾维忠

党委委员、统战部部长、工会主任：颜秀霞

党委委员、副院长：林艳斌（2022 年 6 月结束援藏工作）

党委委员、宣传部部长、办公室主任（副处级）：刘秋生

内设机构

办公室主任（副处级）：刘秋生（兼）

组织人事处处长（副处级）：张原生

教务与科研处处长（副处级）：杜守建

学生工作处处长（副处级）：王万喜

成人教育处处长（副处级）：霍晓利

成人教育处副处级干部：张克虎（2022 年 12 月免职退休）

招生就业处处长（副处级）：石海峰

总务处处长（副处级）：纪召军

系部、教辅机构

水利工程系主任（副处级）：甄红锋（2022 年 12 月结束省派“加强农村基层党组织建设”工作队工作）

水利工程系党总支书记（副处级）：孔彪

机电工程系主任（副处级）：孔锋

信息工程系主任（副处级）：程兴奇

信息工程系党总支书记（副处级）：单光磊

经济管理系党总支书记（副处级）：曹广占

资源与环境系主任（副处级）：陈克森

资源与环境系党总支书记（副处级）：孙玉琢

商务管理系主任（副处级）：秦承敏

基础教学部主任、党总支书记（副处级）：吴丽萍

国际合作部主任（副处级）：颜勇

实训中心主任（副处级）：柴换成

4. 省水文中心（根据鲁编办〔2022〕10 号文，省水文计量检定中心由省水文中心的内设机构，调整为省水文中心所属独立建制副处级公益二类事业单位）

党委书记、主任：傅维香

党委副书记：窦同文（2022 年 12 月免职退休）

党委委员、副主任：王松、孙宁海

党委委员、纪委书记：周建军

党委委员、副主任：贾守东（2022 年 12 月结束省派“加强农村基层党组织建设”工作队工作）

党委委员、总工程师：衣学军

内设机构

办公室主任（副处级）：张惠潼（2022 年 6 月免职，交流担任浪潮集团智慧科技有限公司副总经理）

人事部部长（副处级）：相华

规划建设部部长（副处级）：刘继军

财务部部长（副处级）：王洪升

站网部部长（省水土保持监测站站长，副处级）：马春青

水情部部长（副处级）：王海军

水资源评价部部长（副处级）：庄会波

水质监测部部长（副处级）：娄山崇

党群工作部部长（副处级）：张文博（2022 年 7 月免职，提拔交流担任山东水利技师学院党委委员、纪委书记）

济南市水文中心

党委书记、主任（市水土保持监测站站长）：侯恩光

党委委员、副主任：李怀民、李洪涛

党委委员、纪委书记：黄晞涵

党委委员、副主任：肖翔（2022 年 2 月参加省委组织部专业干部培养）

青岛市水文中心

党委书记、主任（市水土保持监测站站长）：姜世强

党委委员、副主任：张元岭（2022 年 4 月免职退休）、崔峻岭（2022 年 7 月免职，进一步使用，交流担任日照市水文中心主任）、王振厅

党委委员、西海岸新区水文中心主任：李吉林［2022 年 7 月，进一步使用，担任（兼）青岛市水文中心党委委员］

14 市水文中心

淄博市水文中心主任（市水土保持监测站站长，副处级）：赵兴龙

枣庄市水文中心主任（市水土保持监测站站长，副处级）：马世湖

东营市水文中心主任（市水土保持监测站站长，副处级）：张崇栋

烟台市水文中心主任（市水土保持监测站站长，副处级）：郭照河

潍坊市水文中心主任（市水土保持监测站站长，副处级）：李飞

济宁市水文中心主任（市水土保持监测站站长，副处级）：朱庆申

泰安市水文中心主任（市水土保持监测站站长，副处级）：李岩

威海市水文中心主任（市水土保持监测站站长，副处级）：郭照河

日照市水文中心主任（市水土保持监测站站长，副处级）：许彦刚（2022 年 6 月免职，开除党籍、开除）、崔峻岭（2022 年 7 月由青岛市水文中心党委委员、副主任交流担任现职）

临沂市水文中心主任（市水土保持监测站站长，副处级）：崔恩贵

德州市水文中心主任（市水土保持监测站站长，副处级）：周垂志

聊城市水文中心主任（市水土保持监测站站长，副处级）：李向峰

滨州市水文中心主任（市水土保持监测站站长，副处级）：宗先国

菏泽市水文中心主任（市水土保持监测站站长，副处级）：李岩

省水文计量检定中心：暂未配备

5. 山东水利技师学院（省水利职工大学）

党委书记：于福春

院长、党委副书记，省水利职工大学校长：孙桐传（2023 年 1 月免去领导职务）、边敦典（2023 年 1 月由党委委员、副院长提任现职）

副厅级干部：孙桐传

党委副书记：杨敬涛（2023 年 1 月免职，提拔交流担任山东水利职业学院院长、党委副书记）

党委委员、副院长：董加良、赵建东、边敦典（2023 年 1 月免职，提任院长、党委副书记，省水利职工大学校长）

党委委员、纪委书记：张文博［2022 年 7 月由省水文中心党群工作部部长（副处级）提拔交流担任现职］

继续教育部主任（副处级）：田晓鹏

技师部主任（副处级）：蒲哲

高级技工部主任（副处级）：程霞

6. 省水利科学研究院

党委书记：王明森

党委副书记：马移军

副院长、党委委员：李福林、高印军、李呈义

党委委员、纪委书记：王大勇

7. 省防汛抗旱物资储备中心

主任：郑金刚

副主任：耿敏、曹安倜

8. 省水利综合事业服务中心

主任、党总支副书记：张衍福

党总支书记、副主任：张启峰

党总支委员、副主任：赵新、刘汉刚、王宾启、崔婷、赵书琴（2022 年 9 月免职退休）、王维山（参加省派东平县老湖镇杨村第一书记工作）

9. 省水利工程建设质量与安全中心

主任：刘帅

副主任：王玉伟（2022 年 10 月免职退

休）、田志芳

10. 省水旱灾害防御中心（依据鲁办发〔2020〕15号、鲁编办〔2021〕27号、鲁组干字〔2021〕254号，新设立省水利厅所属正处级公益一类事业单位，实行参照公务员法管理）

主任：于静（2022年5月由省水利厅水旱灾害防御处副处长提拔交流担任现职）

副主任、三级调研员：赵蛟（2022年4月由省流域中心流域三处副处长、三级调研员改任现职）

副主任：王豪（2022年5月由省水利厅水旱灾害防御处一级主任科员提拔交流担任现职）

四级调研员：薛强（2022年4月由省流域中心流域三处四级调研员改任现职）、杜孝青（2022年4月由省流域中心流域三处四级调研员改任现职）

副处级干部：赵国斌［2019年9月参加省化工专项行动和加快高耗能行业高质量发展工作专项小组办公室集中办公，2021年5月提任钢铁焦化组副组长（副处级），2022年4月公布职务］

四级调研员：刘爱乡（2022年10月由一级主任科员晋升现职级）

【干部教育培训】 进一步加强干部教育培训管理，制定印发《2022年度山东省水利厅机关干部教育培训计划》。落实调训任务，全年共有22名科级以上干部参加水利部、省委组织部、省委党校（行政学院）等主体班次培训。围绕水利中心工作，举办1期县级水利局长线上培训，举办5期“水利大讲堂”。

【干部吸收录用】 2022年，通过公开招录新录用1名厅机关公务员和2名参公单位工作人员；通过公开遴选新录用1名厅机关公务员。

【年度考核】

厅机关处室绩效考核 参加考核的厅机关处室21个。其中，考核结果优秀等次7个：办公室、人事处、财务管理处、政策法规处、水土保持处、水旱灾害防御处、机关党委；良好等次的14个：发展规划处、农村水利处、行政许可处、水利工程建设处、科技与对外合作处、水资源管理处、省节约用水办公室、监督处、河湖管理处、运行管理处、水库移民处、南水北调工程建设处、调水管理处、离退休干部处。另外，河湖管理处牵头的河湖长制工作连续4年受到国务院督查激励，水库移民处牵头的中央水库移民扶持基金绩效评价连续5年获“优”等次且排名较上年度提升2个位次，水利工程建设处牵头的水利建设质量工作考核成绩连续3年保持A等次且排名较上年度提升1个位次，现予以特别表扬。

厅属事业单位绩效考核 厅属事业单位共43个。其中，考核结果优秀等次的13个：省水文中心、省调水工程运行维护中心、省调水工程运行维护中心寿光管理站、烟台市水文中心、省调水工程运行维护中心青岛分中心、济南市水文中心、省调水工程运行维护中心平度管理站、临沂市水文中心、省调水工程运行维护中心滨州分中心、青岛市水文中心、省调水工程运行维护中心牟平管理站、泰安市水文中心、省调水工程运行维护中心东营分中心；良好等次的26个：省水利综合事业服务中心、省海河淮河小清河流域水利管理服务中心、省水旱灾害防御中心、省水利工程建设质量与安全中心、省防汛抗旱物资储备中心、滨州市水文中心、省调水工程运行维护中心棘洪滩水库管理站、淄博市水文中心、省调水工程运行维护中心寒亭管理站、威海市水文中心、省调水工程运行维护中心莱州管理站、潍坊市水文中心、省调水工程运行维护中心招远管理站、济宁市水文中心、省调水工程运行维护中心蓬莱管理站、德州市水文中心、省调水工程运行维护中心龙口管理站、省水文计量检定中心、省调水工程运行维护中心烟台分中心、东营市水文中心、省调水工程运行维护中心潍坊分中心、聊城市水文中心、省调水工程运行维护中心威海分中心、菏泽市水文中心、省调水工程运行维护中心昌邑管理站、省调水工程运行维护中心博兴管理站；合格等次的4个：省调水工程运行维护中心福山管理站、枣庄市水文中心、省调水工程运行维护中心胶州管理站、日照市水文中心。

外单位考核　山东水利职业学院和山东水利技师学院服务高质量发展绩效考核由省教育厅牵头组织实施，考核结果均为优秀等次。省水利科学研究院服务高质量发展绩效考核由省科学技术厅牵头组织实施，考核结果为优秀等次。

【厅机关工作人员年度考核】 厅机关工作人员应在本单位参加考核152人，实际参加考核152人。其中，本单位考核优秀41人（尹正平、马玉扩、刘建基、张敬军、赵琳、李永禄、武甲庆、牛晓东、刘洁、段志强、陈健、王孝亮、杜珊珊、徐胜、朱玉芬、颜恒、徐国涛、郑龙跃、李雪东、刘振勇、邵明明、孙立芝、黄国军、刘文伟、周文奇、翟怀明、董刚刚、张小琪、隋勋斌、张斌、盛亚舟、宋晓旭、王喜臣、张学忠、王清、李军、王剑南、吴建国、徐瑞华、周含、邵合锋），称职108人，不定等次3人（赵国红、张铭锋、朱国平）。挂职副书记张修忠，选派第一书记魏士贞，工作队员马原、步真展等4名同志由省委组织部进行了考核，均为“优秀”等次。由外单位（系统）考核的5人（不含省管干部），考核优秀4人（赵玉庆、杨俊、窦实、刘开非），称职1人（田传江）。在厅机关挂职学习锻炼人员15人，考核优秀5人，合格10人。

【厅属事业单位工作人员年度考核】 厅属事业单位处级及以下人员应在本单位（系统）参加考核2938人，实际参加考核2938人。其中，本单位（系统）考核优秀651人，合格（称职）2242人，基本合格0人，不合格3人，不定等次42人。参加省派第一书记和工作队员的22人，考核优秀22人。由外单位(系统)考核的10人(不含省管干部)，其中，考核优秀2人，合格4人，未反馈考核结果4人。其中，厅属事业单位处级领导班子成员中，何光明、毕树德、赵广川、王顺波、刘秋生、贾守东、衣学军、张文博、王明森、高印军、张衍福、王维山、刘帅、于静，隋永安、葛建华、周守平、孔祥升、于德光，郭照河、侯恩光、崔恩贵、姜世强、李岩、赵兴龙、黄晞涵等26名同志为优秀等次；其他人员为合格等次。

【年度考核奖励表彰】 给予8名公务员记三等功奖励（马玉扩、张敬军、赵玉庆、李永禄、黄国军、刘振勇、王清、魏士贞），给予59名事业单位工作人员记功奖励（省流域中心孙向峰、张新伟、窦俊伟、高冉、肖百超，省调水中心及所属单位仇志峰、张静、宫立强、高鲁燕、徐欣、刘哲、陈晓艺、孙艳萍、鲁阳、孙英、马晓菲、刘宝亮、尹海玲，职业学院裴增、张原生、杜守建、马鑫、尹红莲、殷镜波、刘星、崔维群、王妍、唐文文、陈慧、马斌，省水文中心及所属单位衣学军、刘丽静、鲁素芬、吴晓文、王林霞、赵钰、宋君、黄修东、师吉刚、陈向前、郝振强、石玉好、邢昱臻、李晓霜、张升第、王海英、潘立云、刘月昆、王海洋，技师学院高士香、张峻、李茂华、翟雪梅，省水科院高印军、陈学群、辛宏杰、李鹏明，不设党委单位杨治军、周彬），其余年度考核优秀等次的人员予以嘉奖（其中未列入厅考核委员会直接考核范围的处级及以下人员，由各单位自行履行奖励审批等程序）。

【新任厅级领导干部简历】

张嘉雷　男，汉族，1972年2月出生，籍贯山东莱阳，出生地山东莱阳，大学，1992年10月加入中国共产党，1990年3月参加工作。历任济南军区某团参谋长，省军区司令部副处长，济南陆军预备役某团团长兼济南警备区副参谋长，省军区司令部处长，莱芜军分区参谋长，省军区战备建设局副局长，河南省开封军分区大校司令员等职，2022年11月转业到省水利厅，担任党组成员、副厅长职务。

王维　男，汉族，1970年2月出生，籍贯山东青岛，出生地山东青岛，大学，哲学硕士，1995年3月加入中国共产党，1995年7月参加工作。历任青岛理工大学团委副书记、学生工作部（处）副部（处）长、理学院党总支书记，青岛理工大学黄岛校区办公室主任、管理办公室主任，青岛理工大学党委办公室主任、统战部部长，党委常委、统战部部长、办公室主任，党委常委、宣传部部长、新闻中心主任等职，2022年12月提拔交流担任山东水利职业学院党委书记。

杨敬涛　男，汉族，1979年1月出生，籍贯山东青岛，出生地山东青岛，研究生，工学硕士，2006年6月加入中国共产党，2004年7月参加工作。先后担任省小清河管理局副局长、山东水利技师学院党委副书记，2023年1月提任山东水利职业学院院长。

边敦典　男，汉族，1972年2月出生，籍贯山东淄博，出生地山东淄博，大学，工程硕士，1994年12月加入中国共产党，1995年8月参加工作。先后担任省水利厅外经项目办公室副主任、省水利外资项目服务中心副主任、省水利综合事业服务中心副主任，山东水利技师学院党委委员、副院长，2023年1月提任山东水利技师学院院长。

【劳资管理】　根据省有关部门的规定，完成了住房补贴锁定业务、规范省直机关事业单位津贴补贴相关业务、机关工作人员基本工资调整业务。完成机关考核晋档工资业务130余人次，晋级30余人次，职务变动工资业务70余人次，兑现了离休干部2-4月生活补贴、应休未休年休假工资报酬和在职及离退休人员取暖费待遇。按照考核结果，发放机关在职人员2022年度年终一次性奖和绩效考核奖。完成厅机关职工养老、医疗保险缴费基数稽核和每月征缴工作；指导驻济厅直各单位完成社会保险缴费基数稽核和每月征缴工作。按照干部管理权限和有关规定，为厅机关去世的2名同志亲属发放一次性抚恤金。

【干部下基层】

第一书记选派　2021年10月选派的省水利综合事业服务中心王维山、厅机关魏士贞、省水利科学研究院杨萌、省水利工程建设质量与安全中心代英富、南水北调东线山东干线公司牛国党，省流域中心宋茂斌、解建国、陈立峰、尹宏雪，省调水中心杨丙利和菏泽市水文中心周静等11名第五轮第一书记，继续驻村开展帮扶工作，援派期限2年，暂未到期；2021年10月选派的厅机关张修忠同志，继续挂职梁山县委副书记（兼任第一书记工作队工作专班负责人）开展工作，援派期限2年，暂未到期。

省“四进”攻坚工作组　2022年3月整合并入省“四进”工作队，厅机关马成、邓春华，省流域中心孙新收、侯祥东等4名同志2021年10月底派出，2022年4月返回，援派时间5个月；厅机关肖帅鹏、李军，枣庄市水文中心牛广东等3名同志2021年10月底派出，2022年3月返回，援派时间4个月；厅机关张照华、王军、刘昭，济宁市水文中心林聪等4名同志2022年3月派出，7月返回，援派时间4个月；厅机关李雪东、省流域中心张新伟、省调水中心王家庆等3名同志2022年3月派出，10月返回，援派时间8个月；厅机关鲁小静、山东水利职业学院夏志鹏、潍坊市水文中心郇冲等3名同志2022年5月派出，12月返回，援派时间8个月；厅机关周含、张弛，聊城市水文中心高尚鹏等3名同志2022年7月派出，12月返回，援派时间6个月。厅机关杨永兵、省流域中心李森焱、省调水中心赵广川等3

名同志2022年7月派出，2023年1月返回，援派时间7个月。

2021年7月派出的省流域中心邱臣光同志（后转入省防御中心），继续在省“四进”攻坚工作办公室（2022年3月整合并入省“四进”工作办公室）集中办公；2021年7月派出的省流域中心范华峰同志，继续在省安全生产专项督导工作专班（2022年3月整合并入省“四进”工作办公室）集中办公。

省安全生产专项督导工作组 2022年3月整合并入省“四进”工作队，厅机关周垂田、省调水中心马吉刚等2名同志2021年10月派出，2022年4月返回，援派时间6个月；省调水中心所属单位赵嘉诚、吕靖，省水文中心所属单位陈云志、郭培浩等4名同志2021年11月派出，2022年5月返回，援派时间6个月；省流域中心林荣军、省调水中心骆德年等2名同志2022年2月派出，7月返回，援派时间5个月。

“加强农村基层党组织建设”工作队 2022年6月整合为驻村第一书记工作队，2021年10月选派的省水利厅二级巡视员宋书强，省流域中心李振卿，省调水中心及所属单位周守平、高盟、张丽媛、赵帅，山东水利职业学院甄红锋，省水文中心及所属单位贾守东、宋西文、兰晓天、曹淑东，山东水利技师学院尹康，省水科院于晓蕾、郑茂海，南水北调东线山东干线公司杨世明、李品等16名工作队成员，2023年1月工作期满返回，援派时间1年3个月。2020年10月选派在省委选派工作队领导小组办公室集中办公的厅机关马原同志，2023年1月工作期满返回，援派时间2年3个月。2022年6月，新选派厅机关步真展同志在省驻村第一书记工作队工作专班集中办公，暂未到期。

到市县单位挂职人员选派 2021年12月选派分别在济南新旧动能转换起步区、德州市临邑县挂职的厅机关窦实、杨俊2名同志，挂职期限2年，暂未到期。2019年12月选派到青岛市西海岸新区（黄岛区）挂职的厅机关刘沛欢同志，2022年3月挂职期满返回，挂职时间2年3个月。2019年9月选派到省化工专项行动和加快高耗能行业高质量发展工作专项小组办公室集中办公的省流域中心赵国斌同志（2022年4月转入省防御中心），工作期限3年，暂未到期。

其他 2019年1月外交部借调驻菲律宾领事馆工作的厅机关田传江同志，2022年11月结束驻外工作返回，借调时间3年11个月。2022年12月，新选派省防御中心赵蛟同志到省推进济南新旧动能转换起步区工作专班集中办公，工作期限半年，暂未到期。另有部分同志参加省里统一组织的专项工作。

【援疆援藏】

2020年3月选派援疆（兵团）担任兵团十二师水利局党组成员、副局长的厅科技与对外合作处赵玉庆，援派期限3年，暂未到期。

2020年9月选派援疆作为喀什地区水利局柔性专业人才的省调水工程运行维护中心龙口管理站刘建勇，2022年3月工作期满返回，援派时间1年半。

2022年3月，新选派青岛市水文中心黄修东同志援疆作为喀什地区水利局柔性专业人才，赴疆开展工作，援派期限1年半。

2019年7月选派援藏担任日喀则市水利局党组成员、副局长的山东水利职业学院林艳斌，2022年7月工作期满返回，援派时间3年。

2022年7月，新选派厅调水管理处刘开非援藏担任日喀则市水利局党组成员、副局长，赴藏开展工作，援派期限3年。

【奖励表彰】

2022年1月，省委、省政府《关于表彰山东省生态环境保护工作先进集体和先进个人的决定》，厅水资源管理处三级主任科员王卫涛被授予山东省生态环境保护工作先进个人称号。

2022年1月，省委全面依法治省委员会办公室、省委宣传部、省人力资源和社会保障厅、省司法厅《关于表彰2016-2020年山东省法治政府建设和“七五”普法依法治理工作先进集体和先进个人的通报》，厅政策法规处被授予“七五”普法依法治理工作先进集体，厅政策法规处四级调研员董清林被授予省法治政府建设先进个人。

2022年1月，水利部《关于表彰全国水旱灾害防御工作先进集体和先进个人的决定》，厅水旱灾害防御处（2021年度考核已用）、省水文中心水情部被授予全国水旱灾害防御工作先进集体，济宁市水文中心主任朱庆申被授予全国水旱灾害防御工作先进个人。

2022年1月，平安山东建设领导小组《关于表扬平安山东建设表现突出的集体和个人的通报》，厅办公室作为表现突出集体、厅政策法规处一级主任科员隋勋斌作为表现突出个人予以通报表扬。

2022年2月，省委、省政府《关于表扬奖励2021年全省防汛抗洪表现突出的集体和个人的通报》，省水利科学研究院、省水利综合事业服务中心、南水北调东线山东干线有限责任公司、临沂市水文中心、德州市水文中心、聊城市水文中心作为表现突出的集体，厅水旱灾害防御处处长武甲庆、厅南水北调处一级主任科员孙玉民、省流域中心工程技术应用研究员刘炳兰、省流域中心工程技术应用研究院郑永杰、省水文中心水情部副部长陈翠英、省防汛抗旱物资储备中心主任郑金刚、省流域中心助理工程师范华峰（汛期安全生产督导工作专班综合组组员）、济南市水文中心莱芜水文中心主任巩玉军、青岛市水文中心水情科科长郑志国、淄博市水文中心水情科科长孙宝森、枣庄市水文中心水情科科长刘罡、烟台市水文中心水情科科长孟令远、潍坊市水文中心水情科科长刘英昊、泰安市水文中心东平水文中心主任段震、威海市水文中心城区水文中心主任宋协良、日照市水文中心莒县水文站工程师韩立光、临沂市水文中心水资源科科长崔海滨、德州市水文中心乐陵水文中心主任侯超新、聊城市水文中心冠县水文中心主任李清林、聊城市水文中心总工程师张安昌、滨州市水文中心水资源科科长常成、菏泽市水文中心工程师周静作为表现突出的个人予以通报表扬。其中，武甲庆予以记二等功奖励，孙玉民予以记三等功奖励，陈翠英、段震（东平）、宋协良（威海城区）予以记功奖励。

2022年3月，省保障中央生态环境保护督察工作协调联络组办公室、省生态环境厅《关于给予第二轮中央生态环境保护督察配合保障工作先进个人奖励的通报》，对厅水资源处四级调研员徐国涛给予记个人三等功奖励。

2022年3月，水利部办公厅《关于表扬全国水利系统“七五”普法先进集体和先进个人的通报》，对厅普法办公室、南水北调东线山东干线有限责任公司2个集体和厅政策法规处一级主任科员崔梅予以通报表扬。

2022年4月，省委全面深化改革委员会办公室《关于表彰2021年“山东省改革试点成果”“山东省改革品牌”“山东省改革尖兵”的通报》，确定厅河湖管理处三级主任科员刘平平为2021年山东省改革尖兵。

2022年6月，厅河湖管理处三级主任科员刘平平被省委组织部表扬为“百名优秀选调生”。

2022年7月，省委、省政府《关于表扬北京冬奥会、冬残奥会空气质量保障工作表现突出的集体和个人的通报》，潍坊市水文中心郭静作为表现突出个人予以通报表扬。

2022年8月，省持续深入优化营商环境和推进政府职能转变领导小组办公室、省人社厅《关于表彰山东省深化“放管服”改革优化营商环境工作先进集体和先进个人的通报》，厅行政许可处二级主任科员张斌被授予山东省深化“放管服”改革优化营商环境工作先进个人称号。

2022年11月，省就业和农民工工作领导小组办公室《关于表彰山东省保障农民工工资支付工作先进集体和先进个人的通报》，厅水利工程建设处被授予“山东省保障农民工工资支付工作先进集体”。

2022年12月，省交通运输厅、省人社厅《关于表彰鲁南高铁建设先进集体和先进个人的通报》，厅水土保持处二级调研员王文革被授予鲁南高铁建设先进个人称号。

2022年12月，省人社厅、省机关事务管理局《关于表彰山东省机关事务工作先进集体和先进个人的通报》，省水利综合事业中心副主任王宾启被授予省机关事务工作先进个人称号。

2022年12月，水利部《关于表彰全国水土保持工作先进集体和先进个人的决定》，厅水土保持处、省水文中心站网部，厅水土保持处处长赵琳分别被授予先进集体、先进个人称号。

【专家管理】 截至2022年底，厅直单位享受政府特殊津贴的在职专家共有6人，在职省有突出贡献的中青年专家12人，在职国家高层次人才特殊支持计划教学名师1人，在职水利部“5151人才工程”部级人选3人，在职水利青年科技英才1人。

职称评聘

【事业单位岗位管理】 2022年，省水文系统调整岗位设置方案；省海河淮河小清河流域水利管理服务中心、省调水工程运行维护中心、省水文中心、山东水利技师学院、省水利科学研究院、省水利综合事业服务中心等6家单位制定竞聘上岗方案并组织岗位竞聘，共有504人岗位变动。

【职称评审】

水利工程高级工程师评审　2022年山东省水利工程技术职务高级评审委员会评审会议于2023年3月4—5日在北京召开。会议共评审了全省16个市、厅直属事业单位以及省属企业单位等正高级工程师申报材料445份、高级工程师申报材料311份。正高级工程师评审通过242人，未通过203人。其中，正常申报435人，通过236人，未通过199人；破格申报1人，通过1人，未通过0人；复合型人才申报3人，通过0人，未通过3人；非企事业单位交流人员申报6人，通过5人，未通过1人。高级工程评审通过174人，未通过137人。其中，正常申报293人，通过165人，未通过128人；破格申报1人，通过0人，未通过1人；改系列申报3人，通过3人，未通过0人；复合型人才申报9人，通过4人，未通过5人；高层次人才直评申报1人，通过1人，未通过0人；“专精特新”举荐申报4人，通过1人，未通过3人。2023年3月23日，省水利厅、省人力资源社会保障厅印发《关于公布山东省水利工程技术职务资格高级评审委员会2022年度评审结果的通知》公布了评审通过人员名单，其中，省海河淮河小清河流域水利管理服务中心等7个厅直单位的38人取得正高级工程师资格，省海河淮河小清河流域水利管理服务中心等 7个厅直单位的76人取得高级工程师资格。

外单位评审　2023年1月6日，省工业信息化厅、省人力资源社会保障厅《关于公布山东省经济专业职务高级评审委员会2022年度评审结果的通知》，公布了省海河淮河小清河流域水利管理服务中心苗苗、省调水工程运行维护中心郎虎、省水利科学研究院任长青3人正高级经济师资格；省调水工程运行维护中心刘守勇、张璐，省调水工程运行维护中心平度管理站姜永恩，省水文中心吕绍娟，济南市水文中心刘宗晓，临沂市水文中心吕莹，滨州市水文中心吴冰雪，南水北调东线山东干线有限责任公司鲁英梅、崔凯 9 人高级经济师资格。

2023 年 2 月 9 日，省自然资源厅、省人力资源社会保障厅《关于公布山东省自然资源工程技术职务资格高级评审委员会 2022 年度评审结果的通知》，公布了省水利科学研究院刘健正高级工程师资格。

2023 年 3 月 21 日，省财政厅、省人力资源社会保障厅《关于公布山东省会计专业资格高级评审委员会 2022 年度正高级会计师评审结果的通知》，公布了省调水工程运行维护中心滨州分中心马希玲，省水利科学研究院冯国良、李慧丽 3 人正高级会计师资格。2023 年 4 月 3 日，省财政厅、省人力资源社会保障厅《关于公布山东省会计专业资格高级评审委员会 2022 年度高级会计师评审结果的通知》，公布了省海河淮河小清河流域水利管理服务中心李树峰、赵一洁，省调水工程运行维护中心东营分中心缪青蔚，省调水工程运行维护中心博兴管理站聂荣荣，省水利科学研究院田忠飞 5 人高级会计师资格。

2023 年 3 月 24 日，省人力资源社会保障厅《关于公布 2022 年度山东省技工学校教师职务资格高级评审委员会评审结果的通知》，公布了山东水利技师学院卢建平、丛晓琪、王国军 3 人高级讲师资格。

2023 年 5 月 18 日，省档案馆、省人力资源社会保障厅《关于公布山东省档案专业职务资格高级评审委员会 2022 年度评审结果的通知》，公布了省海河淮河小清河流域水利管理服务中心刘洪霞、刘岩，省调水工程运行维护中心庄志凤 3 人研究馆员资格；省调水工程运行维护中心王蕾、省调水工程运行维护中心棘洪滩水库管理站张燕 2 人副研究馆员资格。

水利工程工程师评审　2022 年省水利厅工程技术职务中级评审委员会议于 2023 年 3 月 3—4 日在北京召开。会议共评审了省海河淮河小清河流域水利管理服务中心等 5 个厅直属单位以及省国有资产投资控股有限公司等单位申报的工程师共计 193 人（包括复合型人才 2 人、改系列 20 人、非企业单位交流人员 1 人）。评审通过 149 人，44 人未通过评审。其中，正常申报 170 人，通过 129 人；复合型人才申报 2 人，通过 0 人；改系列申报 20 人，通过 20 人；非企事业单位交流人员申报 1 人，通过 0 人。2023 年 3 月 25 日，省水利厅《关于公布山东省水利厅工程技术职务中级评审委员会 2022 年度评审结果的通知》公布了评审通过人员名单，其中省海河淮河小清河流域水利管理服务中心等 6 个厅直单位的 64 人获得工程师资格。2023 年 3 月 25 日，《山东省水利厅关于公布刘丹等 18 人中级职称的通知》，公布了省海河淮河小清河流域水利管理服务中心刘雪飞，省调水工程运行维护中心刘洋、张博雅、冯慧，省水文中心刘强、王童、陶青松、夏霖、王晶、刘蕾、郑紫文、李晴、陈成勇、单桂梅，省水利科学研究院刘丹、葛晓云、邱浩、路光旭 18 人经考核合格确认取得的工程师资格。

2023 年 2 月 2 日，省自然资源厅《关于公布山东省自然资源厅工程技术职务中级评审委员会 2022 年度评审结果的通知》，公布了省水利科学研究院刘力真、周大光 2 人工程师资格。

表 18.1 2022 年山东水利系统职称呈报及评审（考试）通过情况汇总表

单位：个

级别	专业	专业技术职务	水利工程评审委员会评审情况		厅直单位		备注
			呈报人数	通过人数	呈报人数	通过人数	
初级	初级合计				4	4	
	水利工程	助理工程师			2	2	
	经济	助理经济师			2	2	
中级	中级合计		193	149	90	74	
	水利工程	工程师	193	149	80	64	
	经济	经济师			6	6	
	会计	会计师			1	1	
	档案	馆员			1	1	
	自然资源工程	工程师			2	2	
副高级	副高合计		311	174	133	95	
	水利工程	高级工程师	311	174	108	76	
	经济	高级经济师			10	9	
	会计	高级会计师			9	5	
	技工学校教师	高级讲师			4	3	
	档案	副研究馆员			2	2	
正高级	正高合计		445	242	69	48	
	水利工程	正高级工程师	445	242	56	38	
	经济	正高级经济师			3	3	
	自然资源工程	正高级工程师			1	1	
	会计	正高级会计师			6	3	
	档案	研究馆员			3	3	

【职称晋升名单】 2022 年厅直单位评审通过的正高级工程师、高级工程师、工程师人员名单：

正高级工程师 38 人

省海河淮河小清河流域水利管理服务中心 5 人：李占华、刘长林、马兰英、乔立峰、尹建部；

省调水工程运行维护中心 4 人：孙翀、王家庆、王乐天、葛建华；

省水文中心 13 人：耿福萍、贾守东、杜雪梅、商书芹、孙万义、王秀坤、褚峰、董恒圣、毕钦祥、尚艳丽、王仁宝、李向峰、张安昌；

省水利科学研究院 6 人：黄继文、黄乾、林琳、孙喜壮、谢文鹏、周士勇；

省水利综合事业服务中心 1 人：迟志学；

省水利工程建设质量与安全中心 1 人：刘德领；

南水北调干线公司8人：黄九常、刘燕勋、牟忠善、王立健、王其同、许金民、张慧、王淑澎。

副高级工程师76人

省海河淮河小清河流域水利管理服务中心4人：戴光鑫、樊雷、渠群英、赵香玲；

省调水工程运行维护中心16人：高鲁燕、宫立强、唐诚、王召胜、冯忠良、王玉慧、成雷、高文广、王跃滨、侯燕钦、张千发、姜在安、柴丽娜、李义均、张家明、马卫东；

省水文中心33人：陈建、董明明、王沁、张晓瑾、张鑫、于询鹏、朱中竹、李春俊、李磊、郑志国、丁厚钢、江伟伟、刘罡、刘祖辉、王显、张道长、郭静、侯志强、刘英昊、齐云婷、钱丽丽、宋庆健、王如岩、王文民、姜会杰、董西芳、范长杰、张磊、冯静、肖建武、赵继伟、常成、庄秀华；

省水利科学研究院15人：董延朋、杜文贞、高前进、李勇、马海燕、孙雪琦、孙延宁、王锦龙、向东、薛雁、于晓蕾、张欣、郑茂海、周军国、曾桂华；

省水利综合事业服务中心2人：刘凯、解娟；

省水利工程建设质量与安全中心1人：代英富；

南水北调干线公司5人：黄雪梅、王晓、魏晓燕、宋缓缓、商鹏。

工程师64人

省海河淮河小清河流域水利管理服务中心2人：时勇、王文召；

省调水工程运行维护中心20人：马兴杰、闫士秋、杨丙利、李肖男、尹佐峰、赵鑫、巩传刚、张述刚、王彬彬、王树、魏玉高、隋昕、薛昱洁、郭振璐、范婧、刘伟、朱向利、王国涛、王聪、吕靖；

省水文中心34人：李克、孙雪梅、徐秋云、于莉、张艳、范玲、李红、滕先妮、周恒、曾丹、孟凡宇、孟小力、綦隽娜、孙建民、姜书涛、刘蕾、刘芠升、闫杰、刘洪明、孙波、张晓晗、焦文文、毕凡、张艳秋、类潇、孟虎、王龙成、董道鹏、冯小平、赵晓天、高尚鹏、潘毅、田耕、孔涛；

省水利科学研究院3人：吴云、王璐璐、闫强；

省水利综合事业服务中心1人：朱煜欣；

南水北调干线公司4人：王怀宽、安兴振、韩贝贝、陆源源。

（厅人事处）

财 务 管 理

2022年，山东省水利财务管理工作紧紧围绕厅水利中心工作，努力争取财政资金、全力保障水利投入；深化投融资机制改革，推动区域综合水价改革；强化水利资金绩效管理和监督管理，确保水利资金科学安排、高效使用、安全可控。

综合管理

【制度建设】

水利财务管理制度建设　为加大金融支持水利工作力度，规范政府采购和政府购买服务管理，进一步建立健全各项财务管理制度，先后制定出台了四项财务管理制度。联合中国农业发展银行山东省分行印发《关于贯彻落实〈水利部　中国农业发展银行关于政策性金融支持水利基础设施建设的指导意见〉的通知》。联合国家开发银行山东省分行印发《关于加大开发性金融支持力度　服务山东现代水网建设的指导意见》，对在全省范围内进一步深化政银合作，加大开发性金融支持力度，提升全省水安全保障能力提出指导意见。修订印发《山东省水利厅机关政府采购管理办法》，进一步规范了政府采购预算编制流程，完善合理选择采购方式工作机制。制定印发《关于进一步加强政府购买服务工作管理的通知》，进一步规范政府购买服务行为，促进职责履行，提高财政资金使用效益。

表19.1　2022年山东省水利财务管理法规制度一览表

序号	制度名称	文号	发文时间
1	山东省水利厅　中国农业发展银行山东省分行关于贯彻落实《水利部　中国农业发展银行关于政策性金融支持水利基础设施建设的指导意见》的通知	鲁水财字〔2022〕2号	2022年6月30日
2	山东省水利厅　国家开发银行山东省分行关于加大开发性金融支持力度　服务山东现代水网建设的指导意见	鲁水财字〔2022〕3号	2022年8月2日
3	山东省水利厅关于印发《山东省水利厅机关政府采购管理办法》的通知	鲁水财函字〔2022〕46号	2022年12月14日
4	山东省水利厅关于进一步加强政府购买服务工作管理的通知	鲁水财函字〔2022〕47号	2022年12月15日

【水价改革】　推进水利工程供水价格改革，配合省发展改革委研究修订国家《水利工程供水价格管理办法》《山东省水利工程供水价格管理办法》；统筹核定胶东调水工程滨州等供水口门价格、峡山水库弃水资源引水价格等，省级水网工程供水价格日趋完善；推进区域综合水价改革，会同省发改委印发《关于推进多水源区域综合水价改革工作的

通知》，组织做好胶东调水工程、黄水东调工程口门综合水价执行。启动开展大水网时代山东省综合水价定价机制与测算研究，确定项目实施内容及研究推进计划。配合水利部开展健全水价机制研究调研，水价改革专题调研，形成关于健全水价机制研究调研的汇报材料，完成山东省南水北调东线一期工程多水源多用户水价实施情况的调研报告。

（张小琪）

【监督管理】 2022年继续实施财务监督检查。强化行业财务监督管理，通过听取被检查单位情况介绍、查阅工程及财务资料、座谈等方式，组织对5个市的30个水利工程项目进行资金监督检查，规范水利项目资金管理，完善结算程序，推动资金到位和资金支付。加强水利工程财务管理指导，组织开展全省水利基本建设财务培训，线上培训人员400余人，进一步提高基本建设财务管理能力，为更好地管好、用好水利资金提供保障，充分发挥水利资金效益。积极配合外部审计工作，组织配合审计署济南特派办开展大中型灌区续建配套节水改造相关资金审计、网络安全和信息化建设审计、山东省2021年度中央预算执行和其他财政支出审计，配合省审计厅开展2021年度预算执行和其他财政收支等情况审计。

（葛爽）

【绩效管理】 在中央资金绩效管理方面，组织开展中央水利发展资金绩效监控，强化过程管理，督导市县整改，为绩效自评工作奠定基础；根据财政部、水利部通知要求，组织市县开展省级自评工作，同步开展对市县的自评情况复核工作。在部门整体绩效管理方面，根据省财政厅统一部署，组织厅机关各处室开展部门整体绩效自评工作，配合省财政厅实施的部门整体绩效自评复核工作。重点项目绩效评价方面，根据年度工作计划，选取两个项目，委托社会第三方开展部门重点绩效评价工作，按要求将绩效评价报告报省财政厅；组织配合省财政厅实施的重点项目绩效评价。在强化结果运用方面，对绩效评价结果好的市县，在安排省以上资金时予以倾斜，绩效因素占资金分配因素的10%。在省财政厅组织的部门整体绩效评价中，省水利厅获得第一名。向省政府呈报了《关于深化水利预算绩效管理改革有关情况的报告》，获省领导圈阅。

（徐菁菁）

部门预决算管理

【部门预算】

预算管理　2022年，山东省水利厅严格预算管理。加强一般性支出管控，进一步强化“三减三控”措施，建立节约型财政保障机制。将日常公用经费定额标准压减20%以上，通过单位收入安排的一般性支出比照财政拨款要求从严从紧安排；压减“三公”经费、会议费、培训费规模，合并整合内容相近的公务活动，大力精简会议、差旅、培训、论坛、庆典等活动，采用视频、电话、网络等新型方式开展，努力节约开支；压减业务类运转项目规模，除中央新决策部署和省委、省政府新交办任务外，支出规模只减不增。严格预算执行控制。预算一经批准非经法定程序不得调整，严禁超预算、无预算安排支出或开展政府采购。除政策性、突发性、应急性事项外，执行中一般不追加预算，确需出台的政策优先通过调整现有资金结构解决，确实难以调整的，通过以后年度预算安排。规范预算调剂行为，单位收入安排的支出也要履行预算调整调剂程序。合理安排执行进度，避免年底突击花钱，同时及时调整、收回不具备实施条件或无法按原预算执行的支出，减少资金沉淀。通过动态监控、定期通报、座谈约谈等方式督促预算执行，对确实难以实现支出的项目按程序进行预算调整，促使资金及时、充分发挥效益。强化预算与绩效深度融合机制。加大对新增重大政策、项目预算的事前绩效评估和审核力度，将绩效目标作为预算申请的前置条件。突出绩效运行监控的时效性，完善绩效自评、财政抽评、重点评价相结合的评价机制，扩大全周期跟踪问效范围，及时跟踪评价政策、项目实施效果。强化绩效评价结果对预算支出安排的约束，绩效评价结果达不到优良等次的政策和项目按不低于10%比例压减预算；部门整体绩效评价结果为优良等次以下，或资产管理绩效评价结果较差的，适度压减2022年部门公用和项目支出预算；对于绩效监控和全周期跟踪问效的政策和项目，根据监控结果调整其当年及以后年度预算。

部门预算　2022年，山东省水利厅收入预算为509755.36万元。其中，财政拨款124523万元，占24.43%；财政专户管理资金11110万元，占2.18%；事业收入108950.23万元，占21.37%；上级补助收入69996万元，占13.73%；其他收入4132.77万元，占0.81%；使用非财政拨款结余191043.36万元，占37.48%。

2021年支出预算为509755.36万元。其中，基本支出89231万元，占17.5%，项目支出420524.36万元，占82.5%。

表19.2　2022年山东省水利厅收支预算总表

单位：万元

收入		支出	
项目	预算数	项目	预算数
一、财政拨款收入	124523.00	一、一般公共服务支出	684.00
一般公共预算拨款收入	124013.00	二、外交支出	
政府性基金预算拨款收入	510.00	三、国防支出	
国有资本经营预算拨款收入		四、公共安全支出	
二、财政专户管理资金收入	11110.00	五、教育支出	47808.58
三、事业收入	108950.23	六、科学技术支出	12612.72
四、事业单位经营收入		七、文化旅游体育与传媒支出	
五、上级补助收入	69996.00	八、社会保障和就业支出	14631.35
六、附属单位上缴收入		九、卫生健康支出	3223.64
七、其他收入	4132.77	十、节能环保支出	
		十一、城乡社区支出	
		十二、农林水支出	426386.00
		十三、交通运输支出	
		十四、资源勘探工业信息等支出	
		十五、商业服务业等支出	
		十六、金融支出	
		十七、援助其他地区支出	
		十八、自然资源海洋气象等支出	

续表

收入		支出	
项目	预算数	项目	预算数
		十九、住房保障支出	4409.07
		二十、粮油物资储备支出	
		二十一、国有资本经营预算支出	
		二十二、灾害防治及应急管理支出	
		二十三、其他支出	
本年收入合计	318712.00	本年支出合计	509755.36
使用非财政拨款结余	191043.36		
上年结转		结转下年	
收入总计	509755.36	支出总计	509755.36

（徐菁菁）

【部门决算】 2021年，山东省水利厅部门本年收入合计590893.78万元。其中，财政拨款收入357297.93万元，占60.47%；上级补助收入76312.48万元，占12.91%；事业收入29106.43万元，占4.93%；经营收入124841.35万元，占21.13%；其他收入3335.59万元，占0.56%。本年支出合计623300 万元。其中，基本支出89101.95万元，占14.3%；项目支出482932.61万元，占77.48%；经营支出51265.51万元，占8.22%。

表19.3 山东省水利厅收入支出决算总表

单位：万元

收入		支出	
项目	金额	项目	金额
一、一般公共预算财政拨款收入	355,391.65	一、一般公共服务支出	300.00
二、政府性基金预算财政拨款收入	1,906.28	二、外交支出	
三、国有资本经营预算财政拨款收入		三、国防支出	
四、上级补助收入	76,312.48	四、公共安全支出	
五、事业收入	29,106.43	五、教育支出	42090.56
六、经营收入	124,841.35	六、科学技术支出	11458.32
七、附属单位上缴收入		七、文化旅游体育与传媒支出	
八、其他收入	3,335.59	八、社会保障和就业支出	15024.01
		九、卫生健康支出	2789.19
		十、节能环保支出	

续表

收入		支出	
项目	金额	项目	金额
		十一、城乡社区支出	
		十二、农林水支出	545538.01
		十三、交通运输支出	
		十四、资源勘探工业信息等支出	
		十五、商业服务业等支出	
		十六、金融支出	
		十七、援助其他地区支出	
		十八、自然资源海洋气象等支出	6.00
		十九、住房保障支出	4189.46
		二十、粮油物资储备支出	
		二十一、国有资本经营预算支出	
		二十二、灾害防治及应急管理支出	115.00
		二十三、其他支出	1789.52
		二十四、债务还本支出	
		二十五、债务付息支出	
		二十六、抗疫特别国债安排的支出	
本年收入合计	590,893.78	本年支出合计	623300.07
使用非财政拨款结余	3,528.71	结余分配	77647.43
年初结转和结余	182,158.38	年末结转和结余	75633.38
总计	776,580.87	总计	776580.87

说明：本表反映部门本年度的总收支和年末结转结余情况。本套报表金额单位转换时可能存在尾数误差。

（徐菁菁）

专项资金管理

【专项资金预算】

专项资金年初预算　2022 年，省财政厅预算安排省水利厅省本级投资发展类财政专项资金（不含教育类资金）52972 万元，主要用于重点水利工程 15549 万元，山东省第一次全国自然灾害综合风险普查 9963 万元，山东省 2022 年度山洪灾害防治项目 956 万元，水旱灾害防御监测预警及水工程调度 1170 万元，省级水旱灾害防御支持经费 219 万元，2022 年省级水旱灾害防御物资储备及管理 3480 万元，水文设施运行维护 8580 万元，农田灌溉水农村饮水管理 890 万元，水资源节约管理与保护 2045 万元，水土保持 1930 万元，河湖长制管理 2170 万元，水利宣传与跟踪问效 1884 万元，质量安全与监督检查 2000 万元，行政许可技术审查 380 万元，信息系统运行维护 1392 万元，水利前期工作与行业标准制定 364 万元。

表 19.4　2021 年部门主管专项资金的绩效目标表

项目名称	乡村振兴重大专项资金（水利重点事业发展）						
主管部门	省水利厅						
资金情况	财政拨款年度金额：	52972 万元					
总体目标	长期目标（2021—2022 年）				年度目标（2021 年）		
	完成水利建设、管理任务，落实各项管理制度，提升服务保障能力、水安全保障能力，提高水旱灾害风险防御能力保持水利可持续发展				加快推进水利基础设施建设、水文基础设施建设，提升水利工程运行维护管理，加强行业监管力度，落实最严格水资源管理制度，推进节水型社会建设，推进河湖岸线管控，加强水旱灾害防御，提升水安全保障能力		
绩效指标	一级指标	二级指标	三级指标	指标值	二级指标	三级指标	指标值
绩效指标	产出指标	数量指标	完成水情中心改造提升工程验收数量	85 处	数量指标	完成水情中心改造提升工程建设数量	85 处
			完成预报断面预报方案编制、模型构建及参数率定系统集成验收数量	324 处		完成预报断面预报方案编制、模型构建及参数率定系统集成建设数量	324 处
			完成水文设施维护数量	6238 处		完成 2022 年度水文设施维护数量	6001 处
			完成山丘区中小河流洪水淹没图编制数量	128 条		完成山丘区中小河流洪水淹没图编制数量	125 条
			完成全省千吨万人以上工程抽样检测水质样本数量	690 处		完成全省千吨万人以上工程抽样检测水质样本数量	300 个
			全年压减地下水超采量	6500 万立方米		全年压减地下水超采量	3500 万立方米
			山洪灾害防治县（市、区）数量	51 个		山洪灾害防治县（市、区）数量	51 个
			开展水旱灾害风险普查覆盖县（市、区）数量	136 个		开展水旱灾害风险普查覆盖县（市、区）数量	136 个

续表

绩效指标	产出指标	质量指标	全省县域节水型社会达标率	≥85%	质量指标	全省县域节水型社会达标率	≥75%
			完工项目初步验收合格率	100%		完工项目初步验收合格率	100%
		时效指标	落实河湖长制工作要求和河湖管理保护任务，开展的暗访河湖数量、遥感频次、水质监测频次、河道断面调查分析河流数量工作计划完成及时率	100%	时效指标	暗访河湖数量、遥感频次、水质监测频次、河道断面调查分析河流数量工作计划完成及时率	100%
		成本指标	至2023年底，水利重点事业发展预算是否在控制数范围内	是	成本指标	2022年度，水利重点事业发展预算控制数	52972万元
	效益指标	经济效益指标	2023年底农田灌溉水有效利用系数达到数值	0.649	经济效益指标	2022年底农田灌溉水有效利用系数达到数值	0.648
		社会效益指标	全省年均用水量控制总量	＜241.1亿立方米	社会效益指标	2022年全省全年用水量控制总量	＜241.1亿立方米
		生态效益指标	新增水土流失综合治理面积完成率	100%	生态效益指标	新增水土流失综合治理面积完成率	100%
	满意度指标	服务对象满意度	市、县水利部门对普查汇集成果满意率	≥90%	服务对象满意度	市、县水利部门对普查汇集成果满意率	≥90%
			水利、应急等相关部门对水文服务的满意度	≥90%		水利、应急等相关部门对水文服务的满意度	≥90%

（徐菁菁）

【政府采购】 2022年，山东省水利厅机关及直属单位政府采购预算10.37亿元，执行预算9.70亿元，政府采购预算执行率93.54%。2022年政府采购预算执行情况按采购品目分析，货物1.24亿元、工程2.99亿元、服务5.47亿元。采购项目主要为河湖长制管理、重大水利工程前期工作、农田灌溉水质监测、水资源监测与管理、水文设施运行维护、山东省第一次全国自然灾害综合风险普查（水旱灾害部分）等。

（鲁小静）

【国有企业与资产】 妥善解决历史遗留问题，维护部门资产安全完整高效使用。组织厅直属各单位全面梳理资产管理历史遗留问题，建立问题台账，逐项研判报批审批；对接省财政厅、省机关事务管理局完成日常资产处置事项报批审批工作，全年部门批复资产处置事项9项，对接报出处置事项18项。精准定位、动态管理厅机关固定资产。严格落实厅机关固定资产管理办法，及时掌握固定资产动态信息、高效调整资产存放地点，定期开展年度资产清查盘点工作，确保资产安全完整；着力推进资产管理工作精细化，提高资产使用效率，配合省财政厅、省机关事务管理局开展国产计算机替换设备移交公物仓等工作。持续推动国有经营性资产统一监管未完成改革企业划转工作。完成青岛世纪文华酒店市场化处置有关工作。截至年底，纳入改革范围的39户企业中，除根据规定产权暂不划转的5户企业外，31户企业完成改革任务。

（张小琪）

水 利 企 业

水发集团

【概况】 水发集团有限公司于2009年由山东省政府批准组建，是山东省政府批准组建的全省骨干水利工程投融资平台，注册地为山东省济南市历城区经十东路33399号，注册资本52.06亿元。截至2022年底，拥有1572亿元资产、近25000名员工。业务涵盖水利水务、现代农业、清洁能源等产业，旗下拥有水发燃气、水发兴业能源、兴业新材料3家上市公司。国内信用评级双AAA，国际信用评级穆迪baa1、联合国际A级。2022年实现营业收入745亿元。

水利水务板块涵盖水源地建设、跨区域调水、城乡供水、污水处理、设计咨询、工程施工等全产业链。投资建设城乡供水平原水库38座，占全省的70%。拥有自主经营和特许经营水库53座，服务保障沿黄1000多万名群众生产生活用水。跨区域调水工程4个，日调水能力195万立方米，占全省骨干水网设计调水能力的23.5%。供水项目80个，日供水526万立方米，居民供水量占全省的14.5%，位居全省第一。污水处理项目34个，日处理污水130万立方米，占全省的7%。2022年水利设计咨询收入12.1亿元，水利工程施工收入43.2亿元，分别约占全省的25%、15%。

积极发展土地流转、设施农业、农产品深加工、要素交易平台等特色现代农业。流转土地639万亩，以全程社会化服务模式开展农产品规模种植，棉花销售占全国的1/6。拥有设施农业200万平方米，建设运营庆云农业产业园等5个大型现代农业园区。柠檬酸产品在欧盟高端市场占70%以上份额，甜菜制糖产量位居国内第二。牡丹国际商品交易中心位居全国大宗农产品交易平台第一方阵。水发农业集团位列2022年中国农业企业500强第37位。

抢抓清洁能源产业发展机遇，清洁能源总容量800万千瓦，其中，风电、光伏645万千瓦，已装机运营240万千瓦，储备项目超过2000万千瓦。拥有“吉电入鲁”通榆500兆瓦风电项目等重点项目。日供天然气170万立方米。水发能源集团位居国内五大地方清洁能源企业行列。

集团拥有高新技术企业72家，科技型中小企业58家，省级专精特新企业22家，省级“瞪羚”企业8家，省级研发平台39个，组建了山东智慧水利研究院、山东农业产业研究院、山东省多能互补研究院等新型研发机构。拥有各类知识产权2723项。先后主编国家标准5项、行业标准4项，参编国家标准39项、行业标准18项。华烨不锈钢获评国家级制造业单项冠军企业。

【山东调水工程有限公司】

基本情况　山东调水工程有限公司（以下简称山东调水公司）是水发集团全额出资的一级权属公司，于2020年6月组建，注册资本60000万元。主要承担全省重大调水工程的投融资、立项前期工作、设计施工、建设管理及建后运行管理等工作。经营范围包括调水工程、水利水电工程、水库工程、水资源开发利用、供排水、灌区配套及节水改造、河道治理、城市防洪、水处理工程以及水利相关的水土资源综合开发利用等工程项目的建设、勘察设计、工程咨询、项目管理、招标代理、工程施工、经营管理、供水服务等业务，对外投资 6 家公司。

2022 年工作　截至 2022 年 12 月 31 日，山东调水工程有限公司（以下简称山东调水公司）资产总额为 2.99 亿元，负债率 58.73%，营业收入 2.30 亿元，净利润 3231.48 万元，经营性净现金流 1492.97 万元。各权属公司不断加强经营、增加收入，2022 年度全部实现盈利，青岛市水利勘测设计研究院有限公司全年新签合同 2.6 亿元，营收 2.07 亿元、净利润 3221.89 万元；山东水工科技咨询有限公司全年新签合同 2228 万元，营收 1502.55 万元、净利润 141.28 万元；山东水发水资源管理服务有限公司，营业收入 299.43 万元，净利润 207.07 万元。

重点项目　2020 年 11 月，山东调水公司并购青岛市水利勘测设计研究院有限公司（以下简称青岛院）45% 股权，成为青岛院第一大股东。青岛院前身为青岛市水利局下设的勘测设计室，成立于 1979 年，后改制为民营企业，具备水利水电工程咨询甲级、工程设计水利行业专业甲级等资质，是山东省内的一家老牌水利设计院。山东调水公司并购青岛院后，设立青岛中心、济南中心，不仅增强了青岛院的人员规模和资质，扩大业务范围，也让山东调水公司在水利工程咨询设计上有了实际业务层面的支撑，为后续在水利行业深耕发展打下了坚实的基础。2023 年 2 月，德州市政府与水发集团签约一批水利水务重点合作项目。此次签约的重点合作项目，总投资超过 60 亿元，涵盖现代水网、园区基础设施等领域。其中，德州市水利局与山东调水公司签订了现代水网建设合作协议。

【水发众兴集团有限公司】

基本情况　水发众兴集团有限公司成立于 2008 年 2 月 22 日，为山东省管理的国有独资企业水发集团旗下的一级投资平台公司，注册资本金 23 亿元。公司聚焦基础产业、基础设施和民生工程三大领域，已发展成为集“水务、能源、环保”三大产业为一体的投资控股集团。截至 2022 年底，集团资产规模近 200 亿元，营业收入 80 余亿元，拥有 1 家 A 股主板上市公司和 2 家新三板上市公司。

公司始终坚持“上善若水、发展惠民”的发展理念，按照“聚焦主业、转型发展、同心同向、业绩为王”的发展原则，推动水务、能源、环保三大产业稳步发展。水务产业，业务涵盖工业供水、居民供水、污水处理、海水淡化等领域，其中，邹平污水处理厂荣获山东省 2019 年度污水处理厂“十佳运营单位”。能源产业，拥有经验丰富的管理团队和专业化的人才队伍，已发展成为以城市燃气业务运营为核心，集投资、生产、运营、物流及贸易于一体的燃气运营商，电力领域不断深化，持续为国家生态文明建设贡献“水发力量”。

2022 年工作　水发众兴集团有限公司被山东省省属企业精神文明建设委员会评为山东省属企业精神文明单位，“依托企业文化建设，激活内生动力细胞”荣获山东省企业联合会、山东省企业家协会第二届山东省企业文化优秀成果二等奖，在水发集团被评为 2022 年度先进集体、安全生产先进集体、先进宣传单位、亮点工作先进单位等。

2022 年 12 月末，集团实现营业收入 33.08 亿元，完成年度预算指标的 76.9%，同比增长 1.45%；实现利润总额 17192 万元，超额 22.67% 完成年度预算指标，同比降低 23.83%；实现净利润 12314 万元，超额 22.64% 完成年度预算指标，同比降低 38.55%。12 月末资产总额 100.62 亿元，同比降低 3.27%；资产负债率 66.74%，较同期 67.83% 降低 1.09%；净资产收益率 3.74%，较年度预算指标 2.97% 增加 0.77%，较同期 5.97% 降低 2.23%；营业收入利润率 5.16%，较年度预算指标 3.15% 增加 2.01%，较同期 5.07% 增加 0.09%；全员劳动生产率 39.04

万元／人，较年度预算指标 42.32 万元／人降低 3.28 万元／人，较同期 41.21 万元／人降低 2.17 万元／人。

重点建设项目 （1）章丘水务项目。主要运营章丘区南水北调配套工程供水项目。该供水项目分为章丘区南水北调续建配套工程和章丘区化工工业园园区管网配水工程两部分，包括东湖泵站 1 处，输水管道 15.6 千米。该工程供水对象为章丘区刁镇新材料产业园。工程总投资近 6000 万元，设计日供水能力 4.6 万立方米，引水流量 0.54 立方米／秒。2017 年 11 月，公司投资建设刁镇新材料产业园生活饮用水工程。该工程位于章丘区刁镇，包括 1 座净水厂及 6.8 千米配套供水管网。该项目占地 0.3366 公顷，供水能力为近期 1500 立方米／天，远期 4500 立方米／天，能满足园区企业目前及今后发展用水需求。

（2）新泰市水务项目。楼德综合供水厂及配套管网工程为新泰楼德循环经济产业园入驻企业提供工业用水，设计规模 3 万立方米／天，以柴文河河水作为主要水源，工程包括：拦河坝 1 座，原水加压泵站 1 座，综合供水厂 1 座，配套管网总长度 17.4 千米。

新泰市汶南镇益客产业园供水项目，设计供水能力 2 万立方米／天，年供水设计能力为 400 万立方米（益客产业园保底年用水量 56 万立方米），管线长度 10.3 千米，由东周水库向益客产业园供水。

（3）海阳水务项目。经营范围为城乡供排水、水源地建设、生态湿地建设、河道治理、污水处理、中水回收利用（回用）项目的建设及经营。主要建设内容包括新建渗渠两道，总长约 200 米，新建取水泵站 1 座，供水能力为 2.1 万吨／天；新建供水能力为 2 万吨／天的净水厂一座；新建配水管道约 46.9 千米。

（4）蒙阴水务项目。经营范围主要包括城乡供排水、水源地建设、生态湿地建设、河道治理、中水回用项目的投资、建设及运营管理、电机水泵 PE 管材及配件销售。供水项目总投资约 6000 万元，设计日供水规模为 2 万立方米，其中生活用水设计日供水规模为 0.5 万立方米，工业用水设计日供水规模为 1.5 万立方米。

（5）平邑水务项目。平邑县众兴水务有限公司主要经营农村及企业供水等项目的投资建设及运营管理业务。

（6）荣成水务项目。荣成工业园污水处理厂及配套管网项目位于荣成俚岛镇 228 国道旁，规划新建污水处理厂规模 1 万立方米／天，共分两期，一期 0.5 万立方米／天，新铺设主管网约 24.24km，总投资约为 6215 万元，用地约 18.8 亩。工程项目于 2020 年 5 月开工建设，2021 年 6 月底建成。2022 年 1 月项目竣工环保验收，3 月正式运营。项目投产至今，累计进水 80 万吨，对环境保护起到了显著作用。

（7）邹平水务项目。邹平仁源供水有限公司日设计供水能力 35 万立方米，供水管网 130 千米，占地面积 7700 余亩，拥有设计库容 4500 万立方米，年调蓄水量可达 1 亿立方米的韩店水库。公司主要负责韩店水库供水工程、供水设施的建设、管理和运营，主要向县城区、国家级邹平经济技术开发区及周边镇（办）提供工业用水。

邹平圣泽水务有限公司已建成好生工业园供水管网项目，管网长 6 千米，设计日供水能力 2 万立方米。2018 年初，公司二期工程（邹平县生活用水应急工程）完工并开始实现对外供水。

（8）莱芜水务项目。山东水发汶源水务有限公司业务覆盖范围包括工业供排水、水资源调配、灌区配套及节水改造、水库除险加固、河道治理、城市防洪、污水处理工程以及水利相关的水土资源综合开发利用工程项目的建设、经营管理和设计咨询。

山东嬴城水务有限公司设计日供水规模 8.2 万立方米。主要经营范围包括集中式供水、水资源调配、灌区配套及节水改造、水库除险加固、水土资源综合开发利用等工程项目的投资建设、经营管理和设计咨询；水资源论证、调查、评价、方案编制；水土保持方案编制、水质检测服务、水质检测技术咨询服务。

【水发水务集团有限公司】

基本情况　水发水务集团有限公司是水发集团有限公司一级投资平台，总部位于山东济南。水务集团成立于 2011 年 6 月，注册资金 30.53 亿元，主要从事水源地建设、区域调水、城乡供水、污水处理、中水回用、污泥处置、乡村振兴、生态湿地等项目的投资建设、运营管理，同时积极延伸水务上下游链条，做好相关原料供应、咨询、服务等业务。

经过多年发展，水务集团已形成以集团总部为投融资管理平台、各权属公司为生产运营主体的集团化管控模式。集团总部严格落实公司法人治理结构，下设 10 个部室，73 家权属公司，员工 1700 多人，业务覆盖山东省 16 市和省外 7 个地区，资产总额约 200 亿元，国内信用评级 AA 级，公司行业首位度、专业化程度、跨区域调水能力居山东省内市场化运营调水企业第一位，在全国名列前茅。

水务集团公司目前拥有高新技术企业 5 家、省级研发平台 9 个、博士后工作站 1 个、“瞪羚”企业和专精特新“小巨人”企业各 1 家，拥有省级以上科技成果 6 项、专利 208 项，参与制定国家标准 2 项。

水务集团公司紧跟水发集团决策部署，打造强势水务产业军团。一是完成资产划转交接，放大产业规模优势：全面完成划转资产整合，推动划转企业组织架构、管理体制、制度流程和思想文化上的深度融合，提升集团管控力度；产业整合后，水发水务主业优势和规模效应进一步凸显，主业资产 184 亿元，占比 95%，年调水能力近 5 亿方，设计供水能力 307 万立方米 / 日，设计污水处理能力 48 万立方米 / 日，资产规模和调水规模均位居省内水务企业首位，成为山东省内领先的综合性大型水务集团。二是推进区域产业整合升级，打造水务领军企业：对潍坊地区的 11 家水务企业、3 座水库，近 30 亿元资产进行全面整合，把分散的内部资产资源转化为强势的水务产业军团，着力打造潍坊地区最大的原水供应商和领先的净水生产商。规模化整合后，潍坊地区水务产业整体日供水能力达到 70 万立方米，利润同比增长 29%，以 16% 的资产贡献了水发水务 42% 的净利润，资产规模和经营收入均位居潍坊地区水务企业首位，成为水务集团产业发展的中坚力量。

2022 年工作　2022 年水务集团营业收入约 24.03 亿元、利润总额约 1.68 亿元、净利润约 1.37 亿元。水务集团已构建起“267”主业架构——2 大工程、6 座水权水库、7 座自营水库，2 个大型跨区域调水工程（黄水东调工程、引鲇入固工程）年调水能力 4.89 亿立方米；6 座水权水库每年可用水权 1.61 亿立方米；7 座自营水库设计总库容 5700 万立方米，共计 26 个水厂运营企业互相支撑，共同发力，日供水能力达 311.35 万立方米，为区域内原水调配、净水供应、水源地保护做出突出贡献。2022 年度供水量为 2255.15 万立方米。自试运营之日起，截至 2022 年底总计供水量为 4554.48 万立方米。此外，水务集团拥有污水处理企业 14 个，设计日处理能力 48.35 万立方米；固废处置企业 1 家，污泥处置能力 20 万吨 / 年，粉煤灰处置能力 40 万吨 / 年，建筑垃圾处置能力 30 万吨 / 年；拥有城乡环境卫生综合治理资质，产业布局两省四市（山东省、河北省；济宁市、淄博市、潍坊市、保定市）。

【水发建设集团有限公司】

基本情况　水发建设集团有限公司是水发集团一级平台公司，隶属于山东省国资委，公司注册资金 14 亿元，注册地位于山东省济南市。由成立于 1957 年的山东省水利厅工程局机械队疏浚队与成立于 1963 年的山东省淮河流域水利管理局规划设计院整合重组发展而来。拥有 3218 人的专业团队，各类注册执业资格1314人次，高学历、高素质人才密集，专业配备齐全，技术力量雄厚。

水发建设公司拥有良好的社会信誉，多次被评为国家级“青年文明号”、国家级“守合同，重信用”企业、水利部“优秀施工企业”和“山东省诚信建设示范单位”；荣获多项省级科技进步奖、大禹奖、全国及省级优秀勘测设计奖、优秀工程咨询成果奖、优秀施工企业、山东省诚信建设示范单位、山东省建筑工程质量“泰山杯”、山东省水利优质工程“鲁水杯”等荣誉奖项，成功获批省级工程技术研究中心、省级博士后科研创新实践基地、市级技术服务创新中心，综合实力处于全国领先水平。

水发建设公司业务横向涵盖水利、市政、环保、建筑、交通、农业、电力、工业、智慧产业等多个领域，具备多行业融合服务能力；纵向贯穿工程技术研发、项目咨询策划、勘察设计、监理、检测、造价咨询、项目代建、施工、总承包、运维服务等工程全过程，具备全产业链服务能力。在设计咨询、技术服务、建设施工领域，建设足迹遍及全国30余个省、直辖市、自治区，以及南亚、东南亚、非洲等26个海外国家和地区；先后负责山东省淮河流域重点平原洼地南四湖片治理工程等多项大型流域综合治理工程的设计咨询；承担山东省黄水东调应急工程等10余项大型工程全过程代建服务，成功开创了水利工程建设项目代建管理模式，承建了南水北调工程江苏太湖生态治理工程、山东省黄水东调工程等国内重点民生工程；成功建设了孟加拉国河道疏浚工程、尼日利亚港口与工业园建设项目、缅甸巩海水电站等一系列海外工程项目。

水发建设公司资质等级高，门类全。现有工程测量、岩土工程勘察甲级，工程咨询甲级，工程设计市政行业甲级，水利行业共5项专业甲级；建筑、公路、风景园林甲级；水利、市政、建筑施工总承包壹级等50余项甲级资质，以及水资源论证水土保持监测等各项行业资质，共计150余项。水利工程建设信用体系评价获勘察、咨询、设计、监理、施工5项AAA和水资源论证、水文水资源调查评价、水土保持3项AAA+。

2022年工作情况　2022年度，水发建设集团累计实现营业收入64.23亿元，利润总额2.68亿元，净利润2.27亿，完成合同额115亿元。

建设项目：（1）淄博现代生态农业园项目工程总承包；（2）魏县地下水超采综合治理地表水高效利用农田输水灌溉工程勘察、设计、施工总承包（EPC）项目；（3）巴基斯坦阿伯塔巴德市供水系统修复和升级项目；（4）大唐高新技术产业园施工总承包；（5）新泰市柴汶河防洪提升治理工程施工总承包；（6）菏泽市万福河综合治理工程；（7）海南临高县建制镇污水处理 EPC+O项目；（8）普洱市澜沧县蚌塘河等水库勘察设计项目；（9）菲律宾UPPER WAWAA DAM工程设计与技术服务项目；（10）梅花岛设计施工总承包EPC工程；（11）菏泽市病险水闸除险加固工程；（12）BIM技术在黄瓜岭拦河闸工程中的应用；（13）无棣县马颊河黄瓜岭橡胶坝除险加固工程；（14）淮安市淮河入江水道金湖城区段、涟水县五岛湖建设淮河流域幸福河湖暨江苏省级幸福河湖建设实施方案；（15）襄阳市引丹灌区续建配套与现代化改造2021年度工程项目设计采购施工总承包（EPC）。

山东水务投资有限公司

【概况】 山东水务投资有限公司是由山东省水利厅组建成立的水务平台公司，于2003年11月17日工商注册成立，2006年水利厅与水利部综合事业局达成战略协议，变为中国水务投资有限公司控股，现有注册资金6亿元。2011年12月6日，经水利厅机关党委批准召开了公司第一次党员大会，成立山东水务党总支。2017年4月20日，山东水务投资有限公司党委、纪委正式成立。2022年8月3日完成党委、纪委换届选举工作。

山东水务公司自成立以来，依托省水利厅、水利部综合事业局、各股东单位等上级资源优势和支持，立足山东，积极开拓市场，逐步建成了集以水源地建设、远距离调水为基础的原水供应、自来水制作与城乡供水一体化、直饮水、海水淡化、合同节水、污水处理、中水回用、污泥及固废处理、水生态环境治理以及综合咨询服务的水务产业链。

2022年，水务公司水处理规模近300万吨/日，完成水处理量约6亿吨，实现营业收入12亿元，年末控股资产总额超60亿元。

【组织机构与人力资源结构】 2022年，水务公司党委设有委员8人，经营班子成员9人。公司总部下设10个职能部门：党群工作部、纪委办公室、综合事务部（下设服务中心）、党委干部管理部/人力资源部、投资部、财务部、审计部、资产管理部、建设管理部（下设技术中心）、安全生产部。

按服务区域划分，水务公司业务主要分布在山东省内济南、烟台、潍坊、日照、滨州、威海、聊城、德州、枣庄9个市，共有各级次公司30家，其中二级公司21家：日照市三联调水有限公司、日照市兴源水务有限公司、山东水务源泉供水有限公司、滨州水务集团有限公司、烟台水务集团有限公司、威海水务投资有限责任公司、中潍水务有限公司、中莱水务有限责任公司、山东水务蓬莱华建水业有限公司、山东水务恒业供水有限公司、山东水务恒源供水有限公司、高唐水务集团有限公司、滨州滨海环保有限公司、寿光环保科技有限公司、寿光南水北调供水有限公司、山东水文水环境科技有限公司、潍坊中滨水务有限公司、烟台中水海轩污水处理有限公司、山东新拓置业有限公司、枣庄北方供水有限公司、山东水务荣祥新材料有限公司。

截至2022年底，公司职工人数为1005人。专业技术人员共有514人，拥有职称人数占比87.94%。其中，高级职称53人，中级职称167人，初级职称232人。

【主营业务】 按业务板块划分，公司主营业务包括原水、污水、净水、科技服务和水环境治理四大板块。

（一）原水板块

水务公司积极打造跨区域远距离调水、多水源联合调度、水源地战略布局，参与构建山东省域水网体系，为城市大工业、城乡自来水、公共事业供应原水。

（1）水源地建设。水务公司针对省内水资源短缺和不平衡现状，组建滨州水务、沾化恒业、惠民恒源、高唐水务4家公司，引取黄河水源，在重点地区建设南王水库、北海水库、南海水库、孙武湖、清风湖、恒业湖、思源湖7座平原水库，年调蓄能力约2亿立方米，为山东地方社会经济发展提供了稳定可靠的黄河水源保障，为公司区域水务市场拓展提供水源支撑。

（2）日照市区域调水大水网工程。打造日照地区峤山、小仕阳、青峰岭、马陵、户部岭、日照水库6座大中型水库以及付疃河、沭河、南湖河、巨峰河、潮白河5条河流的联通调水，实现河库联调、库库联调，构建日照市区域大水网工程，促进区域水务市场巩固拓展，提升水资源利用率和供水保障率，有力保障日照市大工业项目及城市生产生活用水。工程包括8条远距供水管线，日供水能力近80万立方米。

（3）南水北调东线一期工程寿光市续建配套项目。项目实现了将南水北调双王城水库的6000万立方米长江水与胶东调水干渠4950万立方米黄河水有效互补，为潍坊地区稳定供应客水，给潍坊和寿光地区大工业和居民提供水源保障。工程包括3座泵站和91千米供水主管线。

（4）济南源泉东联供水工程。项目依托

济南鹊山水库黄河水源，积极布局供水市场，为济南东部城区和国家级开发区—济南新旧动能转换区提供生产、生活、生态用水，助力省会济南“水源置换、节水保泉、分质供水”发展战略。建设期间穿黄河底部管道输水工程曾创造中国穿越历史上同管径距离最长、同距离管径最大的纪录，日供水规模63万立方米。

(5)烟台栖开水系调水项目。连通庵里、龙门口、门楼3座水库以及外夹河、内夹河、辛安河3条河流，将胶东调水黄河水、南水北调长江水作为补充水源，实现当地地表水和黄河水、长江水的联合调度，为烟台市大工业及城市自来水供应原水，达到跨区域水资源优化配置、平衡地区用水量的目的。

(6)潍坊中滨供水项目。从山东省第一大水库——峡山水库向潍坊市开发区供应原水，日输水能力20万立方米，全长52.77千米，管道现有供水量占据滨海经济技术开发区总供水量的70%以上，在区域供水市场占据主导地位。

(7)黄水河东支流拦蓄调水工程。是当地政府与社会资本共建“雨洪资源利用”的代表项目，年最大调水能力1500万立方米，强化区域水资源消耗总量和强度双控能力。

(二)净水板块

(1)蓬莱禾长岛跨海引水工程。该项目有史以来第一次将内地淡水资源引入人均水资源占有量仅为全国1/36的山东省唯一海岛县——烟台市长岛县(现并入蓬莱区)，彻底解决了驻岛军民的饮水难问题。公司还运营岛内海水淡化站，实现水源双保障。项目的建成运营受到地方政府、部队和社会的高度认可，也展示了中国水务的国企担当。

(2)水质提升深度处理项目。随着社会民生和地方政府对水质要求的日益提高，山东水务加快水厂设施升级改造，烟台水务公司西解、官庄水厂，滨州水务北海、南海水厂，蓬莱战山二水厂等多座水厂在常规处理基础上增加高级氧化、活性炭和膜处理等深度处理工艺，全面提升供水质量，适应新的生活饮用水卫生标准要求，改善城乡居民生活水平。

(3)中潍水务直饮水项目。建设潍坊市首个管道直饮水工程，引进欧洲先进设备，水处理技术国内领先，使用食品级AGR优质管材，建立具有自清洁专利技术的独立循环式管网，确保水质新鲜、安全可靠、不受二次污染，下一步将适时在省内市场进行复制推广。

(三)污水板块

(1)威海污水处理区域一体化项目。建设运营威海经区、高区、初村、崮山、临港五大污水处理厂，承担整个威海市区的污水处理任务，保护河道、海岸的水体质量，日污水处理能力31万吨，先后荣获省级“十佳运营单位”、省级“排水工作先进集体”等荣誉称号。

(2)寿光清源化工园区、烟台市工业区污水处理项目。主要处理高浓度化工废水和复杂工业污水源，处理难度大，工艺复杂，项目通过引进先进设备，优化专项工艺技术组合方案，有效实现出水指标地表水Ⅳ类，助力地方环境保护事业和经济社会发展。

(四)水环境治理和服务板块

(1)烟台水务公司与莱山区政府合作完成的瀑拉河综合治理工程，是当时烟台市重点工程项目。治理后的瀑拉河不仅提高了河道防洪能力，更改善了两岸的生态环境，四季风景宜人，成为烟台莱山区一道靓丽的风景线，烟台市近几年以此为依托进行重点开发。

(2)公司先后为十多所高校及政府机关单位提供合同节水服务，建成山东省首家高校合同节水项目，所属水文科技公司获评全国首批推荐“合同节水服务企业”，创新节水管理模式，共同分享节水效益，促进水资源节约集约利用。

(3)所属水文科技公司，拥有专业技术人员60余人，拥有水利工程设计、水土保持、水文水资源调查评价、水资源论证、建设项目环境影响评价等诸多资质证书，在省内外开展水资源相关咨询服务，为山东水务各公司市场拓展、项目建设提供水文技术支撑。

【科技创新】 水务公司历来高度重视科技创新研发和成果培育，2022 年，公司科技投入总计 2000 余万元，与多所高等院校和科研机构开展产学研合作。水文科技、寿光环保公司近年来先后获评全国高新技术企业、省创新型中小企业及地区专精特新企业“瞪羚”企业称号；寿光供水公司润圣创新工作室设置学习室、电气操作室、机泵操作室，具备现场模拟、实操功能，已申报创新项目 40 余项，获得“全省农林水牧气象系统示范性劳模和工匠人才创新工作室”称号。山东水务公司及各所属公司均获得中国水务节水型管理单位命名；取得发明专利 1 项、实用新型专利 44 项、计算机软件著作权 1 项，其他如应用无人机进行管道巡线、污泥低温干化等。

【2022 年经营管理及重大项目】 2022 年，水务公司深入贯彻打造世界一流、国内领先的专业水务环保公司战略定位，紧紧围绕“倍增计划”任务目标，抢抓“二次创业”发展机遇，细化落实一系列改革发展举措，各项工作扎实有效开展。抓投资，紧紧围绕“倍增计划”目标，举全员之力拓展市场。抓管理，提升公司经营管控能力。公司严格落实中国水务改革工作部署，稳步推进公司未来三年规划编制工作。以打造赋能型、专业型、创新型“三型总部”为目标，规范化、标准化管理持续发力，公司档案管理工作获得山东省档案局先进单位称号。抓创新，打造公司核心竞争力。2022 年，公司签订产学研项目协议 4 份，完成技术创新项目 18 个，获得实用新型专利 44 项，发明专利 1 项。抓监管，做好项目管理。2022 年主要项目有：烟台工业产业园污水处理厂 PPP 项目，规模 4 万立方米／天，投资 22517 万元；寿光环保羊口污水厂水质提升项目，投资约 1.8 亿元，日处理能力 4 万立方米／天；济南源泉大桥水厂源水工程，投资 14980 万元，新建、改扩建泵站、供水管线 4.6 千米；日照市北经济开发区供水厂 TOT 项目，投资 4600 万元，供水能力 1 万立方米／天，含潮白河取水 365 万立方米／天取水指标；沾化恒业水库连通项目，含恒业水库至清风湖连通管线 24 千米，投资 7946 万元；威海临港区污水厂改扩建工程，投资 2.91 亿元，规模 5 万立方米／天。抓安全，营造和谐稳定环境。公司严格落实各级安全生产责任，全年安全无事故，2 家所属公司获评水利部安全生产标准化管理一级单位。

（韩作才）

综 合 服 务

机关政务

【政务服务保障】 高标准起草省委省政府相关会议、全省水利工作会议等重要会议文件，以及重大问题研究、调研座谈汇报、计划要点总结、报纸杂志约稿等各类文稿600余篇，有力地发挥了以文辅政作用。建立起从登记到摘要，再到批办、督办的全链条、闭环工作机制，运转办理各类公文1.3万件，日均（工作日）运转公文件数近60件。组织厅党组会、厅长办公会和全省性会议等各类会议200余次，全程跟进、高效保障水利部和省领导走访调研28次，高质量推动完成41项年度重点调研课题。积极向省委、省政府报送优秀调研成果，《漳卫新河应急防洪治理》调研报告获得省委主要领导批示肯定，《小型水库雨水工情建设》调研报告纳入省委省政府重大决策，1篇调研报告被省政府办公厅评为三等奖。

【督查督办】 研发开通督查督办网上平台，除个别涉密文件外，所有督查督办事项均实现网上办理、全程留痕，逾期事项自动亮灯和弹出信息提醒，工作效率显著提升。配套制定厅政务督查工作办法，对重点工作、重大项目等，定期开展专项督查，年度立项896项，办理省领导批示件近400件；对水利投资计划执行等重点工作、重大项目，定期开展专项督查，编发《督查通报》7期，为推动完成年度水利中心工作提供了有力保障。

【政务公开】 坚持应公开尽公开，修订完善厅政务公开工作规定，建立信息公开属性源头认定、政策解读落实推进、部门办公会和文件常态化公开等机制，主动公开文件近400件，解读政策性文件19件，公开厅长办公会13次，受理公众咨询222件，受理政府信息公开申请49件，全部按时依法答复，公开文件（会议）、解读文件、办理信息公开申请回复均达到100%。

【安全维稳】 围绕迎接和庆祝中共二十大胜利召开，扎实做好维稳安保工作，组建疫情防控、生产安全等8个小组，明确牵头处室和各部门单位职责，加强跟踪督导，实行每日“零报告”制度，被省委、省政府评为“党的二十大维稳安保工作表现突出的集体”。定期开展分析评估，及时化解矛盾隐患，开展“厅长公开接访日”活动，直接推动解决了一批信访问题，确保全厅信访工作平稳有序。全年共处理信访事项27件，较上年同期下降24%。12345、12314、网络问政受理群众咨询及反映问题共339件，其中有效涉水问题323件，全部办结，保持较高群众满意率。

【内部审计】 完成2名领导干部离任审计，对16个重点水利项目开展竣工决算审计，对8个县（市、区）542个项目开展水库移民扶持资金使用情况审计，对省流域中心、省水文中心、山东水利职业学院、山东水利技师学院、省水科院5个直属单位开展年度预算执行审计。

【疫情防控】 严格执行国家、省里和属地疫情防控政策，突出抓好疫苗接种和全员核酸检测等工作，印发实施《省水利厅机关及直属单位疫情防控措施》《省水利厅机关新冠疫情防控应急处置预案》，并根据疫情防控形势及时动态更新调整；围绕机关办公秩序、门卫、食堂、职工之家等，制定下发《关于进一步强化措施坚决防范新冠肺炎疫情风险的通知》《关于加强工作人员出行管理坚决防范新冠肺炎疫情风险的通知》《关于实行外来人员到厅机关参会登记报备制度的通知》《关于进一步加强厅机关外来人员出入及出差人员管理的通知》等，建立厅机关轮换值守、闭环办公机制，全厅疫情防控总体态势平稳。

（潘 栋）

水利综合服务

2022 年，山东省水利综合事业服务工作以习近平新时代中国特色社会主义思想为指导，贯彻习近平总书记考察黄河重要指示和在黄河流域生态保护和高质量发展座谈会上的重要讲话精神，落实厅党组从严治党要求，保质保量完成各项任务，综合管理水平进一步提高，取得了良好的工作成效。

【党建工作】

政治思想建设 全面学习贯彻习近平新时代中国特色社会主义思想和中共二十大精神，强化思想理论武装。建立党建工作责任制，党总支成员分工明确，一岗双责。把理论学习纳入党建工作、意识形态工作责任制和重要议事日程，切实担负起主体责任和领导责任。聚焦政治学习定位，严格落实“第一议题”制度，深入学习宣传贯彻习近平总书记在黄河流域生态保护和高质量发展座谈会上的重要讲话和对山东工作、水利工作的重要指示批示精神，持续推动党史学习教育常态化长效化，推动学习贯彻习近平新时代中国特色社会主义思想走深走实。宣传宣讲、贯彻落实省十二次党代会精神，强化政治引领作用，把对党忠诚贯穿到党建工作始终。教育引导中心党员干部增强“四个意识”，坚定“四个自信”，树立“两个维护”，把思想和行动统一到党中央重大决策部署上来，不断提高政治判断力、领悟力、执行力。

基层党组织建设 上半年完成机构整合融合，明确了领导班子成员分工及科室设置和科级干部任免，明确了党总支委员分工，厘清工作职责，建章立制，形成统一规范的工作格局。坚持民主集中制，制定“三重一大”事项议事决策制度，学习贯彻落实《中国共产党党和国家机关基层组织工作条例》，扎实开展组织生活“规范月”活动，深入开展“五查五看”和问题整改，不断提高“三会一课”质量，落实总支委员、支部委员领导班子讲党课、组织生活会、谈心谈话、民主评议党员和主题党日等制度，指导支部规范发展党员，按时规范缴纳党费。深化党建品牌提升工作，积极推动党建与业务工作融合，报送党总支、党支部党建创新案例获“优胜奖”。开展常态化“发现榜样”活动，命名认定 10 名“党员先锋示范岗”。积极参与支持“双联共建”，选派 33 名党员干部参加党员社区“双报到”志愿者服务，4 名党员参加社会志愿服务。

作风纪律建设 持之以恒落实中央八项规定及实施细则，开展形式主义、官僚主义突出问题纠治、违规饮酒等专项整治等工作，查摆纠正“四风”问题新动向、新表现，督促党员严格遵守廉洁自律准则和各项制度规定。精准运用监督执纪“四种形态”，加强对苗头性、倾向性问题发现和解决力度。严格落实处级干部个人事项报告制度，及时报告“8 项家事、6 项家产”变化。组织党员干部深入排查廉政风险点 200 多个，制定相应防控措施。常态化开展警示教育、德廉教育，充分利用“三会一课”、集中学习研讨等活动形式，有针对性地安排教育内容，组织党风廉政专题教育和党章专题学习 20 多

次。中秋、国庆前，制定下发《关于2022年中秋、国庆期间进一步强化党风廉政建设的通知》，做好节日提醒，严把廉洁关。因地制宜做好廉政文化上墙工作，制作展板悬挂于党建活动会议室。

精神文明建设 高度重视加强精神文明建设、群团工作，大力培育和践行社会主义核心价值观，引导党员模范遵守社会公德、职业道德、家庭美德、个人品德，开展核心价值观宣讲教育，厉行勤俭节约，倡导绿色低碳环保。传播文明风尚，注重礼仪教育，组织“不忘初心 弘扬优良家风”主题党日活动。积极参与共建共享，承办了厅文明办安排的精神文明建设活动，积极参与无偿献血等志愿活动。

（易莎白）

【综合行政】

重点任务与督察 承接厅2022年重点任务清单、月度重点工作、年度全省水利工作要点及责任分工、年度重点调研课题、年度改革任务清单、省委常委会2022年工作要点台账+政府工作报告重点工作分工台账+“三个十大”行动计划台账（“1+3”督查台账）、年度省对厅考核重点工作清单、黄河流域生态保护和高质量发展水利落实台账、年度推进黄河流域生态保护和高质量发展工作计划表、年度推进黄河重大战略任务落实情况、黄河流域生态保护和高质量发展专项监督工作、专项监督责任清单重点工作推进情况、党组会和厅长办公会议定事项、中心重点工作进展等20余项工作的调度汇总，以及厅内网“政务督查—督办立项”中50余条任务进展统筹。细化落实各项要求，统筹规划、分门别类做好各重点工作的周报、月报、季报、半年报和年报调度，把握时间节点，掌握任务进度，按时反馈办结。

综合政务 做好公文收存传阅信息流转，及时汇报领导处理情况，确保大小事项通知到人、落实到位。认真做好中心各类计划总结、报告体会、学习心得、汇编征文等基础性文字的撰写工作。完成了中心基本情况介绍暨黄河流域生态保护和高质量发展方面工作开展情况汇报、政务公开工作方案、精简报表材料减轻基层负担落实情况报告、“八五”普法调研报告、年度业务工作总结等文件材料撰写报送，修订完善《综合内部管理制度》，完成外资项目材料翻译3万余字。统筹中心政务公开，及时做好各类文件政策的制发、公开、公示及解读，做好精文减会工作，落实减负要求，控制发文办会及基层报表数量。做好文书档案工作和发文发函审核把关、整编保存及电子化，文书档案第一时间移交档案室归档。做好主任办公会会议记录及纪要保存工作，认真梳理工作流程及规范，年度手写记录1万余字，保存纪要20余份。规范印信使用管理并修订相关管理办法。做好会议会务，协助筹备疫情影响下各类视频检查会议，配合完成信息报送。认真落实带薪休假政策，科学安排节假日值班等。

机构人事 做好中心初级岗位人员招录工作，严格按照规定程序组织发布公告，完成资格审查、人员面试、成绩公示与考察。适时组织开展竞聘工作，做好合同制作、签订、管理。完成了机构编制系统用编进人计划、统计年报编制、系统减员、信息维护等业务。开展干部档案专项审核、任前档案审核工作，形成台账并对干部花名册进行更新。妥善完成年度职称评审、年度考核相关工作。制定本单位干部人才培训计划，积极参加线上线下培训教育，统计参训学时汇总报厅人事处备案。开展了处级干部信息统计，清理规范企业、社团兼职情况，做好因私出境审批备案。完成了在职人员薪级工资调整工作、住房补贴封定保留核定工作、绩效工资分配结果备案、发放工作、奖励备案等。做好临时用工人员管理和相关工资发放、社会保险费缴纳工作，完成与培森公司合同对接续签。

财务工作 加强预决算管理，按照综合平衡、确保重点原则，编制年度基本支出、项目支出预算，优化经费结构，强化指标监督，实现精细管理。及时办好财政资金网上申报拨付，调度支付进度，进行相关公示。做好日常报销业务，按时完成每月工资、职工社保、住房公积金、个人所得税等的核发与代扣代缴。开展事业经费和粮援基金会计核算，准确完成零余额账户、基本存款账户、粮援基金账户资金收付工作，按时完成记账对账、会计档案归档工作。进行个人所得税汇算清缴和工资津贴补贴清算，及时完成资产年报及月报、政府财务报告、内部控制报告、固定资产自评报告、机关运行成本统计报表等的统计报送。做好原服务中心并入综合事业中心的并账工作，完成各类账户转入及销户、公积金转移等。协助各科室按照流程和预算完成政府采购工作，完成法人证年检工作，积极配合巡视审计工作。规范外专楼财务管理，做好房租减免、税务管理、合同补充等，及时处理协调租户纠纷。

会计核算 承接厅工作完成会计核算凭证制单 940 张，做好国库和银行账户对账，做好预算执行情况表填制。办理国库支付和银行结算 1984 笔 12.7 亿元，支付系统支出 61 笔 228.5 万元。完成厅机关 21 个处室工资、补贴、公积金等发放补缴及表格归档，完成养老保险等代扣代缴，做好各类审核。做好存量资金核对及会计档案归档。

固定资产 做好政府采购物业服务和厅固定资产清点盘查、需求汇总，起草了中心资产管理办法，及时报送中心资产月报，完成年度资产清查并提交报告。新增资产按规定登记入账、使用、调拨。协助完成机关报废资产回收处置，完成厅机关固定资产清查盘点及北楼电梯应急报废工作。做好厅机关办公用品采购验收、出入库和报表编写，年度采购 119707.2 元，入库 23862 件，出库 28131 件，均无差错。办理发放全厅办公水票，保障全年饮用水安全供应。

安全生产 落实总体国家安全观，加强水利安全生产“五体系”建设，健全责任清单，落实岗位人员，组织签订安全生产责任书。开展双重预防体系动态评估，制定中心《安全生产检查制度》和《劳务派遣人员和灵活用工人员安全管理办法》。加强水利安全生产标准化建设，对照标准逐项梳理细化落实，达到二级安全生产标准化建设要求。强化应急预案管理实施，邀请专家对综合应急预案、区域性专项应急预案进行了评估。组织参加“新安法知多少”网络知识竞赛、水利安全生产知识网络竞赛，观看事故警示专题片，承接开展厅“2022 年网络安全宣传周”工作，有效提升了网络安全防护意识。日常做好安全检查，积极开展应急演练，加强与驻地公安机关解放桥派出所协调配合，做好信访等突出问题防范化解工作，年内政务服务便民热线问题全部及时回复。

节能房产 更新报送厅办公用房使用信息，完成了租户合同签订、房租收取、腾退清理工作。日常做好办公及住房、人防、电梯的安检维修，及时更换高压负荷开关，对厅各宿舍进行电力调查统计，排除安全隐患，筹备老旧小区电力改造。开展电子缴费业务，年度代收代缴 831 人次，水电暖维修 787 次，清洗空调 317 台。积极申请四宿舍住房维修基金，办理无房职工补贴。推进绿色办公，利用节能周等重要节点开展宣传，组织垃圾分类培训，新安 600 余套节能灯具、声光控开关、太阳能路灯、高效路灯等，在省“十三五公共机构节约能源资源和垃圾分类工作考核”中成绩优秀，受到通报表扬。严格公务车管理，全年安全行驶 4079 千米。

卫生保健 年度为职工提供医疗保健服务 500 余人次，组织职工健康查体 450 余人次，为保健人员办理体检、疗养，新办补办保健证 60 余人次，离休干部及异地安置人员医疗服务 180 余人次，参保职工医疗报销及备案 20 余人次。及时修订完善疫情防控应急预案及规章制度，组织新冠疫情防控演练，妥善处置新冠确诊病例密接、次密接情况。发放口罩 1 万余个、医用酒精 20.3 万毫升、84 消毒液 15000 毫升、医用消毒凝胶 13000 毫升。按照要求组织单位职工及时接种新冠病毒疫苗两针剂和加强针，组织核酸检测18399人次。在厅设置能容纳30人留观点，做好物资储备，督导物业、食堂等严格落实疫情防控制度。建立了职工健康台账，做好会议及疫情需要各项报备。做好离退休老干部服务、计划生育及职工适龄子女入学报名工作等。

生活服务 为厅大院人员提供优质就餐服务，年度接待就餐8万余人次，疫情防控期间分餐9000余份，汛期保障值班加班餐6000余次。做好食堂人员财务及就餐卡管理，收取经费256万元，换卡办卡140余张，清退400余张。完成脱贫地区农副产品采购任务6万余元。配合厅机关工会完成主题活动一次。开展反食品浪费工作成效评估，自评结果为优秀。

（易莎白）

信息化建设与服务

【水利信息化】 开展数据中台和水利“一张图”建设，整合现有数据资源，形成山东省水利数据资源目录。根据山东省六大核心业务对数据资源按主题与专题分类，启动实施水利六大主题库建设。对全省水系及水利工程进行梳理，初步构建了全省河流、水库及各类水利工程关系图，并开展水灾害防御、水资源保障、水生态保护、水工程监管、水政务协同5个水利专题图建设。建设全省统一水利“一个号”，形成全省统一水利用户名规则库，在实现内部工作人员“一个号”基础上延伸到对全省水行政主管部门、涉水企业、社会公众的统一管理，实现现有业务系统单点登录。完成办公系统国产化改造和视频资源对接，厅办公系统与“山东通”平台完成集成对接，“水利移动办公”上线“山东通”。对全省水利视频监控资源进行整合对接，接入各市视频7000余路，完善资源点位信息，标识标注2600余路信息，实现水利视频与省视频监控平台联网共享。推进提升大数据融合应用，打造水利“一张图”、数字孪生流域试点等大数据创新应用场景。推动数字孪生胶东调水工程、数字孪生弥河、数字孪生小清河、数字孪生黄垒河等项目纳入水利部试点。协助开展信息网IPv6建设，完成5241个小型水库前端RTU设备的IPv6地址配置，全省水利信息网完成IPv6部署，实现全省水利信息网IPv6和IPv4的双栈运行。此外，《河流水动力水质模型与遥感河湖监测在河湖长制信息系统中的应用研究》被评为齐鲁水利科技进步一等奖；《山东省数字水利建设“十四五”规划》被评为齐鲁水利软科学一等奖。

启动实施数据中台和水利“一张图”建设，对已建水利业务系统300多项数据资源进行分析整理，完成2000多条河道起止点、流向的复核。开展数字孪生建设先行先试申报工作，胶东调水工程、小清河、弥河、黄垒河等4个项目列入国家数字孪生先行先试且在中期评估中获得优秀等次。整合全省水利行业视频监控资源，接入视频数量7000余路，标注完成2600余路视频坐标信息并上图。扎实推进山东水利物联网IPv6国家级试点项目，完成5241个小型水库前端RTU设备的IPv6地址配置。全面完成厅办公系统国产化改造，厅办公系统与“山东通”平台完成集成对接，“水利移动办公”上线“山东通”。

（葛召华）

【网络安全】 印发《2022年山东省水利网络安全责任人名录》《山东水利网络安全联防联控工作指南》，落实《山东省水利厅党组网络安全工作责任制检查评估制度（试行）》，建立覆盖全行业的网络安全责任体系。全天候采集、汇总、分析水利行业的威胁、漏洞情报和预警通报等信息，完善网络安全监测预警和信息共享。完成厅机关三级系统等保测评和密码改造工作，加强水利数据安全管理，明确全省水利系统数据安全责任人。山东省水利网络安全监测与协调指挥平台上线运行，该项目入选山东省“十四五”网络安全重大工程项目。平台初步构建覆盖省市两级水利部门的网络安全协调指挥体系，推动网络安全互联互通、信息共享、联防联动。针对各市及厅直属单位开展现场网络安全监督检查，出具整改问题清单并限期完成。常态化开展网络安全监测，封锁恶意网络攻击一千余次。加强对系统运维等外包单位的保密监管，全员签署保密责任书。编制全省水利系统《网络与信息安全情况通报》，有效提升行业网络安全整体意识。按照《2022年度山东省水利关键信息基础设施安全保护工作计划》，强化关键信息基础设施供应链安全管理，开展漏洞扫描、风险评估等安全专项行动。积极参加公安部、水利部组织的网络安全攻防演习，组织全省水利系统网络安全攻防演练，锻炼提升各单位监测预警、溯源反制和联防联控等实战能力。水利部攻防演练期间，在国内首先发现海康威视系统零DAY漏洞，及时报送至水利部并率先在省内完成整改。完成中心涉密文件领取、厅机关处室保密检查和技术支撑等工作。

（李莹　庄磊）

绩效管理

【中央预算内投资专项绩效管理】 中央应急救灾资金绩效管理自评两批次共2320万元，绩效指标773个已完成758个，整体完成率98%；组织开展2021年度中央预算内投资专项绩效自评工作，形成自评总结报告，年度总投资720519万元，其中，中央预算内投资128353万元，地方预算内投资592166万元，项目年度投资计划完成率100%；建设质量和效益良好，投资概算控制有效。组织进行了2022年度水安全保障工程专项资金绩效目标分解下达工作。

【中央水利发展资金绩效管理】 组织厅机关有关处室明确2022年中央水利发展资金任务，向各市、县分解下达2022年度目标；组织厅机关及各有关直属单位以及各市、县（市、区）开展2021年度自评。2021年度，山东省共实施9类460个项目，总投资493,305.97万元，其中，中央财政资金211,657.00万元、省级财政资金80,239.02万元、市县财政资金197,513.74万元、其他资金3,896.21万元，用于中小河流治理、地下水超采区综合治理、小型水库建设及除险加固、中型灌区节水配套改造、水土保持工程建设、水资源节约与保护、山洪灾害防治、水利工程设施维修养护等项目支出。自评得分98分。

【部门整体绩效管理】 部门整体绩效是结合山东省水利厅部门职责以及年度工作任务完成情况开展的绩效管理工作，重点评价履职情况。2022年，组织厅机关各处室编制山东省水利厅2022年部门整体绩效目标，根据部门整体绩效管理办法，组织开展2021年部门整体绩效自评，得分99.99分。

【财政重点评价及重点监控】 2022年，山东省财政厅选择山东省水利厅2021年部门整体绩效开展财政重点评价，评价年度全口径预算资金完成情况及效益发挥情况，评价得分91分，等级为优秀，排名年度同期部门整体绩效评价第一。选择山东省水旱灾害风险普查项目开展重点监控，与部门开展的年度监控结果一致，项目进度符合年初计划。

【部门项目支出绩效管理】 省水利厅部门支出项目自评。2021年度省水利厅机关及所属单位直接实施项目518个（其中特定目标类项目306个，其他运转类项目212个），共涉及预算资金586307万元，全部纳入自评，得分90分（含）以上的457个，自评等级为优秀，得分80～90分（不包含90分）的项目61个，自评等级为良好，优良率100%。开展了2022年度部门项目支出绩效监控工作，努力确保年度预算绩效目标的实现，发挥了绩效运行监控在构建事前、事中、事后绩效管理闭环系统中及时纠偏、承上启下的作用。2022 年，首次开展了省对下转移支付资金绩效管理工作，按支出方向分解下达了年度省对下转移资金绩效目标。2022 年，选择山东省墒情监测建设工程项目开展部门重点评价，根据项目特点制定了重点评价指标体系，评价得分为 92 分，等级为优。

【山东省新旧动能转换专项资金绩效管理】 按财政厅及山东省工业和信息化厅通知要求，组织山东水利职业学院开展无人机应用技术产业化实训基地项目绩效自评工作。年度预算总金额 1000 万元，实际执行 1000 万元，执行率 100%。自评得分 99 分。

【培训】 财政预算绩效管理工作还处于改革上升期，业务要求不断更新，为高效开展工作，组织举办省中央水利发展资金绩效管理培训班、部门预算绩效管理培训班。通过培训，丰富了知识储备，提高了实操能力，增进了团队交流，为全面提升水利厅部门预算绩效工作水平奠定了基础。

（迟志学　石伟南）

志鉴宣传

【水利宣传】 年内，宣传部配合厅办公室完成新闻发布会 7 次。主动与新华社、省电视台、《大众日报》等省级以上主要媒体对接沟通，形成了良好的水利宣传效果，社会主流媒体、行业媒体和政务宣传主阵地作用进一步得到发挥。在新华社、央视网、人民网、央广网、中新网等 35 家中央媒体发布稿件 300 余篇；其中，省电视台水网润齐鲁系列报道，连续三天在山东新闻联播进行播出，对山东水利为推进现代水网建设所做的谋划与部署进行系列报道；《大众日报》《齐鲁晚报》、大众网、齐鲁网等数家省内主要媒体发布稿件 2000 余篇。针对疫情期间做好水利建设宣传，在《大众日报》刊发头版头条，重点报道水利重点工程建设情况。结合宣传日，专版宣传报道“世界水日”署名文章，同时刊登相关宣传公益广告。为全省水利建设营造良好的舆论氛围。发挥水利部网站、水利厅门户网站及两微等新媒体作用，认真做好“山东水利网”内外网站的管理维护，不断健全栏目设置和完善网站功能，微信公众号发布数量 1000 余篇，官方微博发布数量 1000 余篇，山东水利网发布信息 1500 余篇，成为展示水利成效宣传水情水文化的重要平台和窗口。做好新闻发布会工作，服从全厅新闻宣传工作安排，积极配合做好新闻发布 3 次，邀请中央及省级社会媒体进行广泛宣传报道。按省委宣传部部署安排，完成山东水利网上展厅展览脚本和解说词撰写以及图片资料搜集工作。

（张宁）

【水情教育】 组织开展水利部第五批国家水情教育基地申报工作。共收到 8 家单位申报，通过邀请省内外业内专家评审，从中评选出 3 家报送水利部。配合水利部完成首届国家水利遗产现场复核、第五批国家水情教育基地复核等工作。联合共青团省委组织开展“第六届中国青年志愿服务项目大赛节水护水志愿服务与水利公益宣传教育专项赛”。共向组委会报送项目 48 项，其中节水护水志愿服务类获得二等奖、三等奖各 1 项，水利公益宣传教育类获得三等奖 2 项。为广泛宣传山东省基本水情和水利发展成就，增强公众对全省水情现状的全面了解，提升公众水安全、水忧患、水道德意识，计划利用原山东水利医院及省水利厅幼儿园现有场所，改造建设“山东水文化博物馆暨山东省水情教育基地”。配合办公室等部门加紧做好策划方案编制等前期工作。

（张宁）

【舆情监测】 及时与省网信办等上级部门联系沟通，加强与水利部及各市县水利基层单位的信息共享，及时研判，态势平稳。舆情监测能力持续提升，编制舆情月报 5 期，编制周报 17 期。积极做好水利舆情监测服务系统维护工作，制定并出台制度，举办培训班。

（郭宗鑫）

【水文化】 2022 年，省水利厅完成省内外重要学会、协会调研材料 5 万余字。赴重庆水利局及省内重要学会、协会进行调研学习。水文化学会经省民政厅预审通过，发起单位 13 家，有 38 家单位、913 名个人申请成为学会会员。积极组织开展会员活动，编制《山东省水文化建设规划纲要（2022—2025）》，完成了《山东省水文化调研报告》。加强古籍与历史文化传承保护工作，建立黄河文化联络人制度，报送《关于做好新时代水利古籍工作有关情况的报告》及厅建议项目。落实《齐鲁文库》工作，多次为水利部黄委、省建设厅、省委宣传部等提供资料。参加城乡历史文化保护传承研讨会，完成了省委第六巡视组关于对黄河文化高质量发展的巡视整改工作。

（朱汉明）

【志鉴图书】

《山东水利年鉴 2022》编纂出版　《山东水利年鉴》是反映山东省水利事业发展状况的资料性工具书，是全面、真实、系统记载山东省水利事业的重要载体，具有权威性、史料性、指导性和实用性。自 1993 年开始，每年编印一卷。2022 年卷为总第 30 卷，主要记述 2021 年全省水利工作内容。《山东水利年鉴 2022》由当代中国出版社出版。采用“类目”“分目”“条目”三级结构，共设置 23 个类目：重要讲话、水文、水资源、工程建设、规划计划与勘测设计、水旱灾害防御、河湖管理、农村水利、流域水利、调水运行管理、生态治理、水政法规、水利监察、工程管理、移民扶持、科技外事、水利教育、人事工作、财务管理、政务服务、党建与精神文明、地方水利、大事记等。为大 16 开本，2022 年 12 月由当代中国出版社出版。印数 1000 册。免费发放到全省水利系统。

（朱汉明）

其他志鉴任务　2022 年，高质量完成了《山东年鉴》《黄河年鉴》《中国水利年鉴》《治淮汇刊》《海河年鉴》等志鉴山东水利部分的供稿任务；完成《中国水利年鉴》“山东水利”专栏的组稿文字等工作；全年完成 200 万字次的校对任务。配合水利部有关部门调研《全国水利水电移民志》工作等。

（朱汉明）

《全民节水在行动——山东省节水典型案例集萃》出版　由山东省节约用水办公室组织编写，山东齐鲁音像出版有限公司 2022 年 4 月出版，带有光盘。该书在全省 16 市节约用水 200 余篇案例中，择优筛选涉及节水工作经验做法、节水技术推广应用、节水宣传教育等方面的文章 45 篇，汇编成册，覆盖农业、工业、城镇、节水型社会等节水工作领域。通过案例示范引领作用，营造节水氛围，带动各行业各领域不断提升水资源集约节约利用水平，加快构建节水型生产生活方式。

（郑龙跃）

离退休干部工作

2022 年，省水利厅离退休干部工作认真学习贯彻习近平新时代中国特色社会主义思想，落实厅党组决策部署，以迎接中共二十大胜利召开和学习宣传贯彻会议精神为主线，统筹抓好离退休干部党建引领、服务管理、文化养老和作用发挥等，各项工作取得新进展新成效。

【党建工作】 认真学习宣传中办印发的《关于加强新时代离退休干部党的建设工作的意见》和省委办公厅印发的《贯彻落实〈关于加强新时代离退休干部党的建设工作的意见〉若干措施》，参加省委老干部局举办的党建工作骨干培训，结合水利厅老干部工作实际，研究制定厅机关离退休干部党建引领、服务管理、文化养老、发挥作用等工作规程。以政治建设为统领，以迎接中共二十大胜利召开和学习宣传贯彻会议精神为主线，采取线上线下相结合、支部集中学习和送学上门相结合等方式，组织离退休干部党员深入学习党的理论创新成果，不断增强党性观念和规矩意识，确保老同志忠诚拥护“两个确立”，坚决做到“两个维护”。做好厅机关离退休干部党委日常工作，协调组织召开离退休干部党委民主生活会，组织离退休干部党支部书记述职；指导省流域中心、水利职业学院成立离退休干部党委。加强离退休干部党支部建设，按期完成7个支部班子换届选举工作，组织30名班子成员参加党务培训。探索举办干部荣誉退休仪式，指导规范开展主题党日、过政治生日等活动。加强活动阵地建设，为老干部活动中心及部分支部活动室配发桌椅板凳和橱柜。落实意识形态主体责任，离退休干部处工作人员按照工作分工和职责要求，分别到离退休干部9个党支部参加支部集体学习，面对面与老同志沟通交流，既了解了支部开展集体学习的有关情况，又掌握了老同志所思所想所盼的问题。

【服务管理】 依托离退休干部党支部建立服务管理区制度，确保每一名老同志都在组织的服务管理中。积极开展为离休干部“精准服务、精心送暖”活动，健全完善离休干部“一对一”结对联系帮扶机制，上门为15名离休干部进行生日祝寿。保障20名享受保健的老干部到青岛、泰安、临沂疗养。保障26名享受保健的老干部到齐鲁医院健康查体。为全厅28名离休干部和离休干部遗属申请特困救助。到医院或家中探视生病住院的老同志40多次，给予关怀和照顾。协助5名去世离退休干部的家属做好善后工作。结合颁发“光荣在党五十年”纪念章，慰问厅机关老干部、老党员。在元旦、春节期间对老干部老党员开展走访慰问，厅长刘中会和其他厅领导带队，分别上门看望25名厅级离退休干部，离退休干部处看望了15位厅级干部遗属及1名异地安置的离休干部。向离退休干部发出《慰问信》和《2021年全省水利工作情况通报》。

【文体活动】 围绕“喜迎二十大”主题，组织全省水利系统离退休干部参加水利部组织举办的征文、书法、绘画、摄影等活动。围绕“我看中国特色社会主义新时代”主题，组织老同志开展座谈讨论，听取他们对中共十八大以来山东水利事业取得的重大成就，并形成调研报告。组织离退休干部参加省委老干部局举办的“喜迎二十大”第三届合唱比赛，合唱团获得金奖，省水利厅获得组织奖。组织参加省委老干部局举办的“我们的新时代”主题摄影大赛。组织离退休干部参加“体彩杯”运动会和舞蹈比赛。组织举办第十七届“健康杯”门球比赛。组织老干部发挥作用，开展“我为重点水利工程献余热”活动，离退休干部参与水利规划、行政许可、招标评标等50余人次。离退休干部参与城市基层建设、助力乡村振兴活动300余次。组织厅机关离退休干部参加“节水宣传周”活动。

（刘文伟）

党建与精神文明建设

党建工作

【党的思想政治建设】

强化政治机关意识　坚持树牢政治机关意识，召开全省水利系统全面从严治党暨党风廉政建设会议，制定并严格落实各级党组织和领导干部党建责任清单，出台推动党史学习教育常态化长效化的若干措施，严格落实加强干部队伍政治能力建设若干措施，组织开展强化政治机关意识教育系列活动，深入学习宣传贯彻中共二十大精神，引导党员干部树牢“四个意识”，坚定“四个自信”，坚决做到“两个维护”,坚定拥护“两个确立”。

强化政治理论学习　深入学习习近平新时代中国特色社会主义思想，全面学习宣传贯彻中共二十大精神和省第十二次党代会精神，深化党史学习教育常态化长效化，研究制定学习安排，持续完善“第一议题”制度，引导各级党组织和党员干部职工第一时间学、全面系统学、对标对表学。坚持发挥厅党组领学促学作用，组织13次厅党组中心组学习，对厅直属单位中心组学习列席旁听全覆盖。深入开展党建工作调研，着力提升支部建设水平，调研报告《发挥垂直与属地双重管理优势加强山东水利驻济外党组织建设研究》获2022年度全省机关党建优秀研究成果一等奖，省水利厅在全省机关党建课题交流会议上介绍经验，工作成果入选中央和国家机关工委《旗帜》杂志社创新案例选编。

压实管党治党责任　制定年度责任清单，厅领导带头落实责任，定期报告履行管党治党责任情况，自觉参加双重组织生活，带头讲党课、谈心谈话等，为各级领导干部作出表率。党组书记党课入选省直优秀案例选编。加强基层落实责任情况督导，定期召开党建工作推进交流会，推动责任落实。

严格落实意识形态工作责任制　修订完善意识形态工作办法，成立工作领导小组。持续加强意识形态工作，建立完善责任落实工作机制，强化意识形态阵地管理，及时处置舆情风险，积极开展加强网络安全学习宣传活动，坚决守牢守好水利意识形态防线。

（邵合锋）

【党的组织建设】

开展模范机关建设　坚持深化模范机关建设，全面推进“六大行动”，开展“‘走在前列　全面开创’‘三个走在前’我在行动”主题活动，评选表彰16个表现突出集体，深化省市县“三级联动”，推动系统模范机关建设水平整体提升，在全省模范机关建设工作现场推进会议上作典型发言。

严肃党内政治生活　严格落实“三会一课”、谈心谈话、主题党日等组织生活制度。组织开展“我来讲党课”“我和我支部”活动，评选推荐优秀党课17部、2部优秀视频在省直机关展播。组织开展党的组织生活规范月、党内法规宣传月、庆“七一”系列活动、强化政治机关意识教育等主题活动，组织全省水利系统党务干部技能比武，打造“鲁水先锋”党建品牌，取得显著成效。编印党建工作实用手册，梳理工作规程15项，下发文书模板130个。

严格党员教育管理监督　制定党员教育培训计划，组织厅级、处级干部参加省委轮训 4 期，分层次举办党组织书记、党务干部、新发展党员和处级干部专题培训班。组织开展线上专题学习、知识竞赛等活动，为党员干部职工配发学习教育用书 2000 余册。规范提升发展党员工作，新发展党员 21 名。为老党员发放“光荣在党 50 年”纪念章 16 人次，走访慰问生活困难党员、老党员、因公牺牲党员亲属等 186 人。

强化党建联系工作制度 以“我群众办实事”为抓手，组织厅有关处室单位到联建村实地解决帮扶问题，聚力解决群众急难愁盼所需，筹措资金 200 万元，为联建村实施坑塘治理、饮水安全提升、农田灌溉，建设文化长廊和援助疫情防控物资；组织开展各种形式的“双报到”志愿服务活动，主动对接驻地社区，助力社区疫情防控，为社区捐赠 17.11 万元疫情防控物资，组织参与志愿服务 1980 人次、进社区开展活动 378 次、走访慰问困难群众 144 人次，为社区办实事和解决问题 98 件次。

（丁如科）

【支部标准化建设】

强化过程管理 根据省委组织部《关于在全省推行党支部评星定级管理的指导意见》和上级党组织有关工作要求，动态调整党支部标准化规范化建设及评星定级指标体系，组织支部书记、党务干部交流观摩，突出“以督代培”方式，围绕支部标准化建设、模范机关创建、党建与业务融合等内容对隶属支部答疑解惑，促进党建工作提升。落实基层党组织按期换届督促提醒机制，指导任期届满党组织按期换届。规范党务公开，通过水利政务网站、党务公开栏、召开会议、通报等形式，及时全面地向党员干部群众公开有关事项和接受监督。

加强指导交流 规范落实机关党务干部联系基层党组织制度，机关党委党务干部列席基层党组织组织生活、党员大会、主题党日等活动 100 余次。注重专兼职党务干部能力素质提升，组织全省水利系统党务干部技能比武，开展党务干部培训，持续打造建设高素质的党务干部队伍。注重提高“三会一课”质量，坚持每月月初推送重点学习内容，月末通报 e 支部使用情况。

提升标准化水平 根据省直机关工委和省水利厅党支部标准化规范化建设提升工程实施方案确定的目标任务，2022 年底所属党支部中过硬党支部和先进党支部达到 86%，其中过硬党支部达到 65.6%。2022 年度全厅参加考核支部 128 个，评定过硬党支部 84 个，先进党支部 27 个，标准党支部 17 个，所有党支部全部达到标准党支部以上水平，并超额完成年度目标任务，基层党支部争先进位、整体提高，党支部梯级提升工作成效显著。

（高雁）

【党风廉政建设】

推进作风建设 驰而不息纠“四风”树新风，制定整治形式主义、官僚主义问题为基层减负 21 条硬性措施，开展加强干部队伍作风建设专项行动，倡树“严真细实快”工作作风。坚持把党的纪律挺在前面，明确加强新时代廉洁文化建设 20 条措施，梳理排查廉政风险点，开展常态化警示教育，对系统典型案例通报曝光，切实发挥震慑作用。

强化政治监督 坚持“三不”一体推进，强化黄河流域生态保护和高质量发展重点领域和关键环节纪检监督，严肃查处腐败案件。强化各级纪委建设，出台领导干部插手干预重大事项记录、规范运用监督执纪“第一种形态”、容错纠错和澄清保护等系列制度，开展纪检干部培训，工作制度化标准化规范化程度不断提升。

筑牢廉洁防线 印发《2022 年山东省水利厅直属机关纪检工作要点》，对年度党风廉政建设工作进行部署安排。《关于进一步加强干部队伍作风建设的实施方案》《关于加强机关纪委建设的若干措施》《关于进一步加强厅属单位党风廉政建设的实施意见》等一系列文件得到有效执行。制定《关于加强新时代水利廉洁文化建设的若干措

施》，开展“学习贯彻党的二十大精神深入推进水利廉洁文化建设”主题征文活动。引导水利党员干部提高党性觉悟，筑牢拒腐防变思想防线，把遵守党的政治纪律和政治规矩转化为党员干部的日常习惯和自觉遵循。

（杨忠堂）

文明创建

【文明单位建设】 常态化开展先进典型选树和学习宣传活动，征集全省水利系统基层单位文明创建、水工程与水文化有机融合案例36个，1名青年职工被选树为“齐鲁最美青年”。大力弘扬社会主义核心价值观，积极开展“道德模范”“最美水利人”等先进典型评选和青年文明号、工人先锋号创评，其中1人获省直机关工委“诚实守信”道德模范称号，在全厅营造学有榜样、干有标杆的良好氛围。组织开展线上党建成果展，营造积极向上、担当作为的浓厚氛围。开展“我们的节日”系列活动，弘扬中华民族优秀传统文化。开展“关爱山川河流　守护国之重器”志愿服务活动，切实维护水利工程安全、供水安全、水质安全，守护好国之重器。在全国水利文明会上作典型发言。

【志愿服务】 深入推进“五为”志愿服务，向驻地捐赠疫情防控物资，组织1200余名党员志愿者加入疫情防控阻击战，以实际行动践行共产党员的初心使命，擦亮“鲁水先锋”党建品牌。

（周含）

群团活动

【工会工作】 召开省水利厅直属工会第三届会员代表大会第一次全体会议，选举产生新一届厅直属工会委员会、经费审查委员会、女职工委员会。柴均章当选新一届厅直属工会主席，马成、刘玉国当选副主席，陈健当选新一届厅直属工会经费审查委员会主任，朱玉芬当选新一届厅直属工会女职工委员会主任。聚焦黄河流域生态保护和高质量发展等中心工作，开展省级创优竞赛项目8个，全省水利工程运行管理创新竞赛、全省水利系统党务干部技能比武被省直机关工委确定为重点支持竞赛项目。组织开展年度省部级劳模春节慰问、疗休养等工作；组织开展冬送温暖、夏送清凉、金秋助学系列活动；组织申报评选年度全国、省五一劳动奖、先进工作者和工人先锋号等。开展加强疫情防控工作专项慰问，进一步落实节日、生日、生病住院、婚丧等慰问制度，严格按照规定把职工普遍福利落实到位。

（周含）

【妇女工作】 组织开展“巾帼心向党·喜迎二十大”庆三八国际妇女节纪念活动。组织开展女职工维权月、“书香三八”“喜迎二十大　家和万事兴”主题活动等。推报省水科院赵莹家族参加并获评省直机关最美家庭，选树10个家庭为省水利厅最美家庭。

（周含）

【共青团工作】 对厅机关青年理论学习小组进行优化调整，进一步规范青年理论学习小组设置。组织开展“水润书香读书月”“青春献礼二十大”等系列活动，打造健康文明、昂扬向上、全员参与的职工文化，省水利厅被省委宣传部表彰为“第七届全民阅读先进典型——书香机关”。组织联系片20余家部门单位的青年干部开展“青年学习会”联学交流和全省水利系统“我学我讲新思想”水利青年理论宣讲活动，创作征集一大批优秀宣讲教材课件，推荐的《绿水青山就是金山银山——用“两山”理论谈菏泽水生态建设》被水利部通报为“我学我讲新思想”水利青年理论宣讲优秀课程。开展水利青年干部

“知行合一”调研实践活动，共申报征集调研课题21个，省水利厅机关第四青年理论学习小组被省委省直机关工委通报表扬为省直机关青年理论学习标兵集体，南水北调山东干线公司胶东管理局于涛为省直机关青年理论学习标兵，《省水利厅导研践结合“三位一体”强化青年理论联学》为省直机关青年理论学习优秀案例，《关于我省“四水四定”原则落实情况的调研报告》《山东省综合行政执法体制改革调研报告》为省直机关青年理论学习优秀调研报告。南水北调山东干线公司胶东管理局于涛被省委宣传部、团省委联合选树为“2022年齐鲁最美青年”。省水利厅团委书记周含被省直机关工委选树为省直机关最美共青团干部，并被推选为省第十五次团代会代表。山东省水利勘测设计院有限公司团委整建制转出至省国资委团委。

（周含）

地方水利

济南市

【概况】2022年，济南市城乡水务工作坚持以习近平新时代中国特色社会主义思想为指导，全面落实黄河流域生态保护和高质量发展战略，按照“节水优先、空间均衡、系统治理、两手发力”新时期治水思路，坚持“供、排、蓄、引、治、保、工、管”系统治水，水务基础保障能力不断增强，水务管理更加规范高效，党风廉政建设持续发力，全市安全度汛，趵突泉19年持续喷涌，实现了10万名泉城市民直饮泉水的梦想，继续保持“全国文明单位”的荣誉称号。

【机构职能】

机构及人员编制情况 2022年，济南市城乡水务局内设办公室（挂信访处牌子）、组织人事处、政策法规处（挂执法监督处牌子）、战略规划处、财务审计处、水资源管理处（挂南水北调工程管理处牌子）、泉水保护处、市节约用水办公室、供水管理处、排水管理处、建设管理处（挂质量与安全监督处牌子）、农村水利处、水土保持处、防灾减灾工作处、河湖管理处（挂河长制工作处牌子）等15个处室和机关党委，核定行政编制78名、工勤编制1名。

市城乡水务局代管正局级事业单位1个（市水利工程服务中心），核定编制461名；所属副局级事业单位1个（市供排水监测中心）、正处级事业单位5个（市防汛抗旱保障中心、市水务工程质量与安全中心、市水政监察支队、市排水服务中心、市水务服务中心），核定编制309名。

【雨水情】

雨情 全市2022年平均降水量909.8毫米，较2021年同期降雨量1089.7毫米偏少16.5%，较多年年平均降水量670.0毫米偏多35.8%。2022年，全市共出现了21次较大（24小时全市平均降水超过10毫米）降水过程，其中，暴雨过程5次、大暴雨过程2次，24小时全市平均最大降水量105.4毫米，12小时最大88.0毫米；市区范围暴雨过程出现了5次、大暴雨过程3次，24小时市区平均最大降水量123.3毫米，12小时最大103.8毫米。

水情 2022年，济南市降水偏多，降水地表径流明显。小清河、大汶河、徒骇河先后发生多次洪水过程。7月6日，小清河黄台桥站实测最大流量238立方米/秒。7月6日，大汶河莱芜站实测最大流量129立方米/秒，最高洪水位179.51米。2022年10月1日，济南市大中型水库（18座）总蓄水量37293万立方米，较常年同期偏多15503万立方米，其中，卧虎山水库蓄水量5980万立方米，雪野水库蓄水量14658万立方米。

【水旱灾害防御】

责任落实 济南市委、市政府高度重视防汛工作，主要负责人多次赶赴防汛一线开展调研，多次作出重要批示指示。及时调整充实市防指成员和全市各级防汛行政责任人，落实防汛重点部位责任人2279名、水库安全度汛责任人1122名、山洪灾害易发区域预警信息发布责任人880名、计划转移

避险工作，对全市30510户、86949人制定“一对一、户对户”转移方案，随时做好人员转移避险准备。强化会商预警，汛期召开8次应对强降雨防汛会商会议，启动10次联合值班，发布汛情预警5次（橙色预警1次，黄色预警3次，蓝色预警1次）；启动防汛应急响应2次（Ⅲ级应急响应1次，Ⅳ级应急响应1次）

防御预案修订　组织编制《济南市移植郑州“7·20”暴雨超标准洪水防汛预案》；修订完善济南市小清河、徒骇河、德惠新河、大汶河、玉符河防御洪水预案和超标准洪水防御预案，修订完善19座大中型水库及防御洪水方案及汛期调度运用计划；指导相关区修编华山湖、小李家、白云湖、芽庄湖蓄滞洪区防御预案。

防汛督导检查　先后开展单位自查、行业检查和综合督导检查相结合的防汛各类检查，专项组织地下设施、防汛防台风抗灾备战重点事项检查。市防指派出6个检查组、市城乡水务局成立15个检查组，分片区对各区（县）各成员单位的防汛工作情况进行全面督导检查。6月底、7月初，市委督察室、市防办成立2个联合督导检查组，分赴15个区（县、功能区），对省“四进”工作队发现的问题及各区（县）各部门自查、行业检查所发现的问题进行跟踪检查。

山洪灾害防御　2022年度投资山洪灾害防治非工程措施项目316万元（其中，中央资金155万元，省资金120万元，市资金41万元），提标升级全市7个山洪区县、72座自动雨量站、27座雷达式自动水位站、27座翻斗式自动水位站、3座视频监测站；补充重建长清区武庄水库视频监测站；新增简易雨量报警器115套、简易水位站34组、手摇报警器72套、锣哨70套、手持扩音器70套。依托第三方信息发布平台，发布山洪灾害预警短信369734条，提前组织转移安置可能受灾害威胁群众6984人。

水旱灾害防御演练　5月18日，召开全市防汛工作视频会议暨移植郑州“7·20”暴雨防汛抢险桌面推演会议。5月24日，市防汛指挥部在大冶水库组织水库抢险救援演练。2022年度，市、区县开展防汛演练36次，参演人数3560人。

抗旱工作部署　全面分析研判春季旱情发展趋势，形成春季旱情趋势分析报告，下发通知强化全市抗旱工作调度；成立督导组多次深入沿黄区县和邢家渡等引黄灌区调研督导引黄春灌工作。2022年全市累计引黄水量为3.08亿立方米，其中，农业引黄水量为1.66亿立方米。累计灌溉面积335万亩次，为全市粮食丰收奠定坚实基础。

【规划计划】

规划编制　2022年，《济南现代水网建设规划（2021—2035）》，经市委市政府研究同意，由市政府印发。

投资计划　2022年，全市分解下达8个项目20.66亿元。其中，中央0.2亿元，省级2.99亿元，市级16.08亿元，区县级1.39亿元。截至年底，中央、省级投资计划全部完成。

重点工程前期工作　由省政府发布禁建令，启动征地移民工作。完成莱芜区马头山水库可行性研究报告初稿；完成太平水库可行性研究报告初稿；完成长清区武庄水库续建工程可行性研究报告初稿，通过省水利厅组织的技术审查；完成玉清湖水库除险加固工程可行性研究报告（代初步设计）和概算批复。商河县徒骇河故道拦蓄工程项目完成可行性研究报告、初步设计及概算批复。完成长清区北大沙河（侯集桥至石店桥段）、商河县土马河、辛庄河（莱芜高新区段）等3条200～3000平方千米中小河流治理项目立项和初步设计及概算批复。

【河流治理】　2022年，实施济阳区徒骇河、钢城区大汶河等3000平方千米以上的骨干河道治理工程；实施长清区北大沙河、南大沙河、莱芜区瀛汶河、平阴县汇河、商河县沙河故道、起步区齐济河、牧马河等

200～3000平方千米以上的中小河流治理工程，实施了钢城区颜庄河、闫王河、大汶河西部支流，平阴县浪溪河，起步区青宁沟等200平方千米以下的河道治理工程。

钢城区段大汶河水环境综合治理项目 项目总投资102796万元，主要建设内容为河道疏浚约37千米，新筑堤防0.62千米，新建防浪墙1.14千米，新建护坡护岸约18.41千米，改造生态护岸7.69千米。截至2022年底，累计完成投资8.52亿元。

长清区北大沙河（园博园至黄河口段）生态及河道综合治理工程 项目批复概算总投资51796.61万元，主要建设内容为综合治理河道10.95千米，新建堤防2.846千米，新建护岸11.61千米，河道防渗13.14万平方米，新建滚水坝（橡胶坝）3座，改建生产桥1座，新建沥青防汛道路2759米，及相应的景观绿化和市政配套等。截至2022年底，累计完成投资4.45亿元。

长清区南大沙河（小屯水库至沙河入黄口段）治理工程 项目批复概算总投资7986.21万元，主要建设内容为治理河长11.9千米，实施河道清淤疏浚、堤防加高培厚、堤防截渗处理、新建防洪墙、新修防汛道路、改造路庄排涝站、改建董庄漫水桥等。截至2022年底，累计完成投资5550万元。

济阳段徒骇河防洪治理工程 项目批复概算总投资13629.48万元，主要建设内容为改建付家桥、孟家桥、肖家桥、张庙桥4座桥梁；优化孙王闸处防汛通道300米，拆除新建孙王闸；优化提升徒骇河防汛道路与沿线地方道路的衔接工程11千米。2022年完成投资1.0亿元。

平阴县汇河治理工程 项目批复概算总投资11205.41万元，主要建设内容为治理河长14.65千米，实施河道整治、防汛道路、桥梁等工程。截至2022年底，累计完成投资7450万元。

平阴县浪溪河下游综合治理工程 项目批复概算总投资14089.71万元，主要建设内容为治理河长2.6千米，主要包括疏浚工程、堤防工程、护岸工程、防汛道路工程、大河口闸等建筑物工程以及生态绿化工程等。截至2022年底，累计完成投资8750万元。

商河县沙河故道综合治理工程 项目批复概算总投资11199.35万元，主要建设内容为改建生产桥6座，新建生产桥4座，维修桥梁1座，改建涵闸1座，新建拦河闸1座。截至2022年底，累计完成投资6590万元。

【水网建设】

卧虎山水库至锦绣川水库调水工程 主要建设内容为新建三座泵站，新建输水管线16.36千米。2022年全部完工，共完成投资4.46亿元。

四库连通调水工程 主要建设内容为引水工程、加压泵站工程和调水工程。截至2022年底，累计完成投资10.56亿元。

玉清湖水库至鹊华水厂输水工程 主要建设内容为新建1座取水泵站和19千米原水管线。截至2022年底，累计完成投资6.31亿元。

鹊山水库除险加固工程 主要建设内容为大坝加固、改建堤顶路、改建围坝观测设施、改扩建1号泵站厂房等。截至2022年底，累计完成投资1亿元。

莱芜区雪野水库至大冶水库连通工程 主要建设内容为新建加压泵站1座，引水管线5.819千米，输水管线7.456千米。截至2022年底，累计完成投资1.69亿元。

【水库闸站建设】

新建白云水库工程 工程规模为中型，占地面积273.15公顷，总库容1641万立方米，调蓄库容1530万立方米，工程主要由围坝、入库泵站、出库涵闸、泄水涵闸及新建管理设施组成。最高蓄水位28米，坝高29.5米，坝轴线总长4609米。2022年完成投资2270万元，工程完成下闸蓄水验收。

杨家横水库增容工程 主要建设内容为抬田及道路、交叉建筑物工程，大坝下游局部补坡，恢复建设相关排水设施，坝顶下游侧增设安全护栏，溢洪道闸门加高、上游翼墙及两岸连接段加高、拆除重建现状栏杆及溢洪道出水渠、跨渠渡槽，扩建现有管理区生产生活用房和现有管理设施维修改造。2022年完成投资6261万元，工程完工。

鹊山水库除险加固工程 主要建设内容为对现状围坝进行防渗处理；对现状截渗沟进行清淤，更换排水闸闸门及启闭设备，改建水库围网；改建堤顶路，新建坝顶照明路灯，扩建1#泵站主厂房等。2022年完成投资10000万元。

【农村水利】

灌区建设和管理 完成葛店灌区续建配套与节水改造工程2022年度建设任务，实施西总干渠清淤5.92千米，姜集干渠清淤7.3千米，曲堤干支渠清淤长度6.97千米；曲堤干渠衬砌2.65千米；新建、改建西总干渠建筑物10座；新建干渠管理道路8.18千米；新建干渠量测水设施2套，完成年度投资4085.2万元。2021—2022年度葛店灌区续建配套与节水改造项目建设任务全部完成。

农村供水工程年度建设任务 2022年，济南市农村供水保障工程建设任务共涉及市中区、历城区、长清区、章丘区、济阳区、莱芜区、钢城区、商河县、新旧动能转换起步区9个区（县），工程计划总投资57104.99万元。截至年底，已全部完成年度建设任务。

【水生态建设】

水土流失治理 2022年，济南市共治理水土流失面积130.73平方千米（含国土、林业、自然资源、农业等部门）。实施完成小流域水土保持综合治理项目11个，其中，国家重点项目4个，省级项目2个，市级项目3个，区级项目2个，治理水土流失面积124平方千米，总投资6663.61万元。通过水土保持治理，新增经济收入6500万元，减少土壤流失量28.66万吨，增产粮食160万千克。

农村生活污水治理 投资164700万元，完成847个村的农村生活污水治理任务，全部通过县级验收和市级复核。经过治理的村庄，生活污水乱排乱放、污水横流等现象基本消除，农村水生态环境持续改善，农民生活环境质量显著提高，生态文明理念深入人心。

【水资源管理与保护】 2022年，全市用水总量18.7843亿立方米，万元生产总值用水量15.62立方米，全市万元工业增加值用水量9.76立方米。

取用水管理 坚持刚性约束，严格实行区域用水总量、用水强度控制，分解“十四五”用水总量和强度控制指标至各区（县），并制定年度目标任务。强化承载能力管控，开展沿黄工业园区水资源论证区域评估工作，遏制高耗水项目盲目发展。按照省水利厅总体部署要求，开展完成管径20厘米以上的农业灌溉机电井取水许可证办理工作。截至2022年底，发放农业灌溉用水取水许可证2948个，取水口整改提升完成率100%。

水资源监控能力建设 深入推进水资源税改革试点，新建、改造升级监测站点1290处，配套建设济南市水资源综合管理信息系统平台。

水资源调度 完成年引黄河水5.47亿立方米、南水北调水5671万立方米，保障了生产生活及生态用水需求。印发了《济南市大汶河水量调度实施方案》《济南市小清河水量调度实施方案》《济南市大汶河生态水量调度预警管理方案》并报省水利厅备案。组织商河县编制年度地下水超采区综合整治方案，商河县全年治理封闭深层承压水井15眼，压采水量176.9万立方米，完成年度压采任务。完成省水利厅对济南市11个国家级重要饮用水水源地安全保障达标评估工作，各水源地评估结果全部为“优”。积极推进用水权市场化交易改革，将“水权”交

易事项纳入《济南市公共资源交易目录(2021年版)》，通过济南公共资源交易中心公示、挂牌、竞拍，完成7笔水权交易，提高了水资源利用的配置效率。

【河湖管理】 推动签发第8号市总河长令，召开全市河长制湖长制工作会议，对准确把握现代水网建设目标任务、强力保障项目推进实施、强化河湖长履职尽责、加快建设美丽幸福河湖、创新抓好数字河湖建设等工作进行安排部署，切实推动落实责任主体，全面提升济南市河湖管理规范化和专业化水平，进一步推动河湖长制有力有为提档升级。大力实施美丽河湖示范工程创建，成功创建天桥区工商河等5条（段）河道建设省级美丽幸福示范河湖。深入落实美丽幸福河湖三年达标计划，完成221条河段达标工作，为全面打造“水网相通、山水相融、城水相依、人水相亲”的幸福河湖奠定基础。

【工程建设管理】 组织开展“强督导、保安全、进一线、争一流”活动，印发《济南市水务工程安全文明施工标准图集》，对重点水务工程一月一通报、一季一督查，全面落实“一线工作法”，实现安全生产检查常态化，项目管理力度进一步加大，工程安全、质量、进度管理取得显著成效，2项工程获得“国家优质工程”称号，4项工程获得省“泰山杯”称号，2项工程获得“山东省优质结构工程”称号。

【信息化建设】 坚持统一标准、统一评价、统一行动“三统一”，抓实抓细工程状况、安全管理、运行管护、管理保障和信息化建设五大任务，全市水利工程平稳运行。加快推进数字水务建设，开展数字水务专题研讨，编制《济南市数字水务建设方案》，着力构建数字化、网络化、智能化融合发展的智慧水务体系。

【工程运行管理】 完成43座小型病险水库除险加固工程建设任务，在省内率先完成蓄水验收。完成208座小型水库保护范围及174座水闸、48座橡胶坝管理与保护范围的补充划界、界桩界牌埋设及发布政府公告。完成已报废的6座水库遗留尾工清欠等工作。全面启动22座大中型、352座小型水库安全管理（防汛）应急预案和水库调度方案编制，组织完成6座水闸（橡胶坝）控制运用计划编制。专项督导小水库除险加固，督导完成反馈问题180个。整改完成省级反馈问题298个。

【改革创新】 济南市2022年度农业水价综合改革任务面积9.68万亩，当年实际实施面积11.8万亩。完成了9个区（县）和2处市管灌区的农业水价综合改革市级验收工作，市级验收总得分为92.1分，总体验收结论为良好。实施市民泉水直饮工程，编制发布省级标准《济南市市民泉水直饮工程技术规范》《济南市泉水直饮管理服务规范》。

【水行政执法】 2022年，济南市加强水法规体系建设，先后出台《济南市黄河流域水资源集约节约利用规定》《济南市名泉保护条例》2件地方性法规，把水资源作为最大的刚性约束。大力实施水行政综合执法。全年联合巡查重点河道、渠道322千米，水库、湖泊面积92平方千米，现场制止摆摊设点等违法行为80起，擅自进入水源地等轻微违法行为168起。下达临界许可量预警通知、续期提醒通知71份，充分利用警示提醒、普法教育、指导服务等方式，在执法工作中做到宽严相济、法理相融。全年依法启动立案查处程序49起，当事人履行罚款63万元。自2021年开展城区自备井封停攻坚行动以来，已累计封停自备井200余眼，每年可减少地下水开采1200万立方米，有力确保济南市泉水持续喷涌19周年。

【城乡供水】 2022年，市属供水企业全年实现供水总量34878万立方米，售水总量27985.5万立方米，水质综合合格率100%，管网维修及时率100%，管网压力合格率99.76%。西关水厂全面建成，大桥水厂完成主体工程，临空水厂进入主体施工阶段；玉清湖水库至鹊华水厂原水管线工程累计完成16.3千米，完成取水泵站主体工程施工；完成老旧住宅小区供水改造工程13处；累计新改建供水管网121.5千米；印发《济南市市民泉水直饮规划（2021—2025)》，新开工建设泉水直饮项目30处。

（尹涛）

青岛市

【概况】 2022年，青岛市水务管理工作坚持以习近平新时代中国特色社会主义思想为指导，深入学习贯彻中共二十大精神，积极践行习近平总书记“十六字”治水思路，聚焦打造“六个城市”、落实“两稳一保”任务，抓项目、促改革、保安全、惠民生，做足水资源、水安全、水环境、水生态文章，为全市经济社会高质量发展夯实基础。青岛市水务管理局（机关）继续保持“全国文明单位”“全国水利系统文明单位”等荣誉称号。

【雨水情】

雨情信息　2022年，青岛市平均年降水量1000.3毫米，比常年偏多46.9%，比2021年偏多19.6%，在1952—2022年共71年降水系列中由大到小排第2位，降水偏多。年降水量最大区(市)为崂山区1392.7毫米，最小区（市）为莱西市949.2毫米。

水库水情　截至2023年1月1日8时，青岛市23座大中型水库（不含棘洪滩）蓄水57831万立方米，比汛末（2022年10月1日8时）少4810万立方米，比历年同期多28748万立方米，比2021年同期（2022年1月1日8时）多14823万立方米，在1960—2022年共63年的历史同期蓄水量系列中由大到小排第1位（第二位1986年1月1日54046万立方米），蓄水偏多。

河道水情　受降雨及水利工程调度影响，2022年青岛市主要河道均出现洪水，最大洪峰流量为9月16日22时12分大沽河大麻湾水文站1280立方米／秒，其次为10月4日14时24分大沽河南村水文站1220立方米／秒。

【旱情】 2022年上半年，青岛市部分地区出现旱情。截至6月上旬，青岛市小麦地平均土壤相对湿度为55.4%，全市作物受旱面积55.8万亩，即墨区南部、平度南部、莱西市北部、南部出现轻度干旱，莱西市中部出现中度干旱，西海岸新区西南部出现严重干旱，其他区市墒情适宜；春播地平均土壤相对湿度为59.9%，春播地受旱面积6.1万亩，崂山区、西海岸新区西南部、即墨区南部出现中度干旱，其他区（市）墒情适宜。城阳区夏庄街道山色峪社区8个村庄，崂山区王哥庄街道、北宅街道12个村庄不同程度出现因旱饮水困难问题，涉及村民8100人。至6月底，伴随强降雨全市旱情解除。

【水旱灾害防御】 2022年，青岛市经历了17次强降雨、2次台风袭击，全年降水量超过1000毫米，汛期降水量居1952年以来第2位，水库蓄水量居1960年以来第1位，全市绝大部分水库多次溢洪泄洪；大沽河发生3次较大洪水过程，南村水文站出现2004年以来最大洪水，汛期泄洪量达7.26亿立方米；受梅花台风影响，崂山水库入库流量达1000多立方米／秒，一夜进水2000多万立方米，泄洪流量高达480立方米／秒，给白沙河下游防汛安全带来了极大压力。

科学会商研判　汛期发布防汛预警和启动应急响应11次，下达洪水调度令128个，发布山洪灾害预警信息33万余条。组织6次物资调运响应，及时派出专家组到崂山水库、莱西市、胶州市和即墨区等地指导应急抢险。汛期拦蓄洪水3.3亿立方米，减淹城镇15个、耕地5.1万亩，避免人员转移6500余人。

开展防御演练 完成23座大中型水库汛期调度运用计划和汛限水位核定，修编青岛市城市防汛应急预案、水旱灾害防御应急预案（规程）和全市497座水库、流域面积50平方千米以上74条河流、711个山洪灾害易发区等防御预案。深入开展郑州“7•20”特大暴雨雨型和“利奇马”台风影响模拟推演，提高实战能力。

组织隐患排查 落实198名防御专家和6000余人的防御队伍，调整水库防汛“三个责任人”，加强防御能力培训。汛前成立9个检查组，全市排查防汛隐患476个。对全市104处山洪灾害隐患点进行重点防御，确保不发生人员伤亡事件。

做好城市防汛 编制城市专项防汛预案59个，开展演练196次，组织督导检查30余次。汛期共出动排涝抢险人员4.7万余人次，出动抢险设备车辆3100台（辆），开展应急排涝26次。

【规划计划】

水务规划体系 启动编制《青岛现代水网建设规划》，已形成评审稿并同步开展7个专题报告编制工作，明确“四水同治、五水统筹、水活经济”发展方向，构建现代水网“六大”支撑体系，形成“五干十脉、五纵五横”的大水网格局。配套开展《青岛市淮河流域防洪规划修编》《青岛市水利基础设施空间布局规划》和《青岛市中小河流治理总体方案》等专项规划、方案编制工作，完成《大沽河入海口综合治理规划初步方案》。

水利工程投资 2022年，全市完成水利建设投资54.21亿元，较2021年增长166.13%，24项省级重点水利工程年度投资完成总额占全省第一。1—12月，水利管理业固定资产投资增速64.8%，拉动全市基础设施投资0.94个百分点。

水务改革创新 不断完善水务改革创新制度，完成省、市重点改革事项11项、一般改革事项12项。提报典型案例和改革典型12项。提报改革创新建议35项，较好发挥了改革创新对水务发展的推动作用。

【河流治理】

2022年，青岛全市主要对小沽河等6条边界河道和2条其他河道进行治理，共实施治理河道8条（段）52.6千米。完成小沽河防洪排涝及水源利用工程土地组卷及省级审核、李村河北岸水质净化厂围填海图斑处置方案并报至自然资源部，高质量完成6条省级美丽幸福示范河湖创建。

【水库闸站建设】

山丘区大中型水库建设 2022年，青岛市实施宋化泉除险加固工程。工程于2022年8月批复初步设计，批复主要建设内容为防渗处理、坝体护坡、建筑物加固改造和新建东侧防护堤、水库围网防护、工程安全监测与信息化管理设施建设等，批复总投资54806.76万元。工程于2022年8月开工，计划2023年底前完工。

其他闸坝建设加固 2022年，青岛市实施3座河闸除险加固工程。桃源河拦河闸除险加固工程。工程于2022年5月批复初步设计，批复总投资1130.26万元。工程于2022年5月开工，2022年12月完工。皋虞河、社生河挡潮闸拆除重建工程。工程于2022年3月批复初步设计，批复总投资8962.91万元。工程于2022年3月开工，2022年12月完成主体工程。风河气盾闸（坝）除险加固工程。工程于2021年9月批复初步设计，批复总投资3439万元。工程于2022年3月开工，2022年11月完工。

【农村水利】

大中型灌区管理 组织开展大中型灌区调查评估，经灌区申请、市级审查、省级复核和专家评估论证，确定调整后青岛市大中型灌区名录内共13处灌区，其中，大型灌区1处，重点中型灌区4处，一般中型灌区

8处。

农业水价综合改革　市水务、发改、财政、农业农村四部门联合印发《青岛市“十四五”期间及2022年农业水价综合改革实施计划》，明确了年度改革任务和保障措施。截至12月上旬，完成全市年度新增38.55万亩改革实施面积，全市累计实施农业水价综合改革面积420.70万亩，全面完成省、市下达的改革任务。制定印发《青岛市农业水价综合改革验收工作方案》，成立市级农业水价综合改革验收工作组，完成2021年底前实施改革面积验收任务，通过省级复核。

基层水利服务体系　现有基层水利服务机构84个，均为非独立设置全额拨款事业单位，覆盖全部84个农田灌溉管理职能的乡镇、街道，批复人员编制数量277人，实有在岗人员352人；现有农民用水合作组织17个，其中，民政部门注册2个，市场监管部门注册2个，参与农户3.76万户，管理灌溉面积16.77万亩。

【水生态建设】　实施6处小流域综合治理，新增水土流失治理面积69.49平方千米，组织开展水保检查2000余次，全年减少土壤流失量约17万吨。实施生态河湖治理，河道生态补水1.9亿立方米。完成5491千米市政污水管网排查，排查率91.6%，超额完成75%的年度任务，高新区、城阳区、胶州市、即墨区、平度市排查率超过100%。全市现存49.8千米市政雨污合流管网改造完成，城市黑臭水体实现动态清零。麦岛污水处理厂等5个改扩建项目加快推进，即发污水处理厂完成提标改造。

【水资源管理与保护】

用水总量和用水强度双控　2022年，青岛市区域用水总量控制在11.99亿立方米以内，完成省下达青岛市的12.11亿立方米年度用水总量控制目标；全年非常规水源利用量约超1.5亿立方米，完成省下达青岛市的1亿立方米非常规水源利用目标。大沽河南村水文站断面生态水量完成省下达青岛市的目标任务。万元国内生产总值用水量和万元工业增加值用水量降幅较2020年下降率均为4%，超额完成省下达的目标值。

取用水管理　持续开展取用水管理专项整治整改提升工作，重点推进小型农业农村取水口整改工作，办理取水许可证1531个，取水许可证发放率100%，全面完成年度取用水管理专项整治整改提升工作。制定印发《青岛市大沽河水量调度实施方案》，定期监测统计坝前水位和蓄水量，提高汛期来水时统计频次，对大沽河水量实施调度，按月下达水量调度计划，逐步提高大沽河生态保障能力。

节约用水　会同发改、财政等六部门印发青岛市首个综合性节水激励政策文件《青岛市落实节水激励政策若干措施》。在部分重点用水企业（单位）试点设立水务经理。青岛市8所高校通过省级节水型高校评估，创建率达到60%。落实计划（定额）用水管理工作，公布2022年51家市级重点监控用水单位名录。组织各区（市）对纳入评价范围的规划和建设项目开展节水评价，建立节水评价台账，2022年完成规划项目节水评价1个，建设项目节水评价27个。

【河湖管理】　全面履行河湖监督管理职责，组织开展市级暗访检查、督促各区（市）和基层河湖长强化河湖巡查和自查自纠，全年共排查整治河湖“四乱”等问题3026处。做好9条重点河道、30个河道采砂管理重点河段和敏感水域的监督检查，严厉打击非法采砂行为，完成80处妨碍河道行洪突出问题的排查整治工作，确保河势稳定和行洪安全。推动河湖长制工作提标升级。根据市领导工作调整及部分河长制成员单位职能和人员变动情况，对市级河湖长体系进行调整，调整区（市）及以下级河湖长体系，共调整各级河湖长385名，更新河湖长公示牌1679块。完成省河长制办公室对青岛市河湖长制工作评价。督导推进市河长制办公室各成员单位承担任务落实。完成李村河、黄山水库、新河闸和即墨区县域平台等“一河一库一闸一县域”数字化河湖试点建设。组织各区（市）完成“碧水积分”公众护水平台建设，推动形成政府主导、公众监督、人人参与河湖管理保护的良好氛围。

【工程建设管理】 2022年，青岛市开展在建工程安全度汛专项检查，全市在建工程在2022年汛期多次强降雨和台风“梅花”期间全部“零险情”。加快推进小沽河防洪排涝及水源利用工程土地手续报批工作。完成项目土地组卷共29项工作，落实征地资金8亿元，签订完成征地补偿协议2628户。积极开展创先争优，完成党建进工地试点，得到省水利厅充分肯定，先后被《中国水利报》《当代青岛》等多家媒体报道。1项工程获得“华东优质工程奖”，3项工程获评“山东省建筑工程优质结构”。联合市总工会组织2021年度青岛市重点水务工程建设决胜攻坚劳动竞赛，193个工程、单位、个人获得市级荣誉，推荐55个工程、单位、个人参加省级评选并获得省级荣誉，竞赛总结案例荣获“山东省乡村振兴杯”创新创优竞赛优秀案例三等奖，为助力乡村振兴贡献水务力量。加强工程质量管理，开展“五个一”和“三查三促”等“质量月”活动，组织水务工程质量安全监督专业线上培训，共计培训350余人，切实提高基层质量安全监督水平。

【工程运行管理】

建立“专业管护”机制 2022年2月15日，青岛市政府办公厅印发《关于切实加强水库除险加固和运行管护工作的通知》，明确健全水库运行管护长效机制，全面落实水库管护主体、人员和经费。至2022年底，全市473座小型水库专业化管护、明确管护主体和责任、建立稳定管护经费渠道、巡查管护人员培训、管理房覆盖率达到5个100%。

夯实“标准管理”基础 制定《深入推进水利工程标准化管理工作实施方案》，确定589项工程名录，组织436座小型水库开展自评，开展8个标准化管理数字平台建设。

打造“样板水库”典型 在成功创建2个全国小型水库管理体制改革样板县和1座省小型样板水库的基础上，制定《小型水库管理体制改革样板县及样板水库创建工作实施方案》（青水建安〔2022〕124号），明确创建工作目标、程序、申报条件及要求。2022年，西海岸新区石灰窑水库等3座小型水库被确定为山东省乡村小型样板水库。

创建“兴水运管”品牌 2022年，全市共培育“创新工作室”7个，统计岗位创新项目立项136个，择优推荐至省水利厅23个。在全省总工会和省水利厅组织的技术创新竞赛活动中，青岛市水务工程创新项目获得二等奖3项，三等奖8项。即墨区水利局荣获全省水利工程运行管理创新竞赛“优秀组织奖”称号。

守住“工程安全”底线 制定《2022年水利工程运行管理重点任务清单》，明确水库、水闸安全鉴定和除险加固任务与时间节点。组织召开5座工程安全鉴定审查会，实现水库水闸超期、到期未鉴定“动态清零”。完成15座小型病险水库除险加固，完成总投资1.12亿元。组织修订2022年水闸控制运用计划及496座水库开展溢洪道过流能力复核。督导完成全市水利工程开展隐患排查治理和监督检查工作，专项抽查工程162座，提出整改建议244条。

【改革创新】 印发《2022年水务改革创新工作方案》，编制《2022年水务改革创新考核实施细则》，对考核内容和赋分标准进行细化。全年开展省委、市委改革办明确的改革工作要点、任务1项，重点改革事项11项，一般改革事项12项；提报市委改革办典型案例 3 项，提报省水利厅水利改革典型案例 9 项；提报改革创新建议 35 条，市委改革办采纳刊登 1 条，建议办理 2 项。全年实施改革创新省级试点 4 项，较好发挥改革创新对水务发展的推动作用。

【水行政执法】 2022 年，青岛市对 23 座大中型水库、14 条市级河道重点巡查 69 次，超巡查计划的 43%，参加小型水库工程现场核查 22 次。全年处理 12345 热线转办、市政府总值班室舆情督办、《山东网络问政》问题转办单等群众反映、举报件共 19 起，均实现闭环处置。支队全年共立案 11 起，其中，水土保持 3 起、工程建设 2 起、非法采砂 1 起，其他案件 5 起，罚款 215.25 万元。案件数量较上年持平，罚款金额较上年增长 213 万，执法水平大为提升，支队 1 人被市政府执法监督局等额推荐为首届山东省行政执法标兵。

【城乡供水】

提升城市供水服务质量和水平 2022 年，全市新建及改造老旧供水管网 247.84 千米，实施居民一户一表改造 1.45 万户，市区累计实现二次供水设施规范化管理 1037 处、检测水样 1700 余个、发布水质公报 52 期。督导各区（市）和青岛水务集团加快智慧供水建设，涉及用水报装等民生事项均实现网上办理。累计办理“青水管 +”业务 491 个，其中“一免”299 个，“一查”149 个，“一服务”43 个。着力落实“欠费不停供”等惠企政策，持续推进关爱独居老人试点工作，安装远传水表 1.7 万块。

推进农村供水保障 按照“城乡供水一体化”目标，组织相关区（市）实施农村供水提标升级项目 8 处，累计完成投资 8.9 亿元，升级改造水厂 11 座，改造主管网 252 千米，对 430 个村庄进行管网水表改造。

【水库移民扶持】

官路水库工程建设征地补偿和移民安置 2022 年 6 月 3 日，山东省人民政府印发《关于青岛市官路水库工程建设征地移民安置规划大纲的批复》。2022 年 6 月 12 日，山东省水利厅完成青岛市官路水库工程建设征地移民安置规划报告审核并出具意见。签订移民安置协议，印发实施办法。胶州市、高密市人民政府分别印发《胶州市官路水库工程征地补偿安置实施办法》《高密市官路水库工程征地补偿安置实施办法》，指导本行政区域内官路水库工程建设征地补偿安置工作。

水库移民后期扶持 移民人口动态管理和直补资金发放工作提质增效。截至 2021 年 12 月底，全市全年共核减移民人口指标 1453 人，核增 14 人。经年度核检后，全市纳入国家登记扶持范围的现状移民人口 102645 人。2022 年 3 月底前，依政策按程序，一次性发放全年移民直补资金 5427.696 万元。在全省率先完成移民人口年度核检与直补资金发放工作，移民满意度持续提升。投资 1.57 亿元，完成年度美丽移民村建设、产业扶持、基础设施提升改善、库区经济社会发展等 163 个移民项目建设任务，扶持项目受益移民村 283 个。

【重点工作】

官路水库工程 官路水库位于青岛胶州市西北的墨水河下游，北距平度市城区 30 千米，南距胶州市城区 15 千米，西距高密市城区 18 千米，在废弃的原官路水库基础上扩建而成。概算总投资 91.45 亿元，规划总库容 2.11 亿立方米，属大（二）型水库，永久占地 20286.98 亩。主要工程内容包括围坝、入库泵站、青岛出库泵站、高密平度出库泵站、泄洪放空洞、河道改道、引黄济青连接、管理设施及信息化工程等。2022 年 1 月启动相关前期工作，2022 年 8 月 12 日项目可行性研究报告获批，用时 10 个月完成 69 项全部前期工作。

城市排水 2022 年全市累计完成市政污水管网排查 5490.74 千米，排查率

91.56%，超额完成75%市政污水管网排查任务。全市现存49.82千米市政雨污合流管网全部实现清零，177个雨污合流建筑小区全部完成改造。全市城市黑臭水体消除比例始终维持在100%，持续排名全省第一。

（魏长健）

淄博市

【概况】 2022年，淄博市水利工作以“八水统筹，水润淄博”水资源保护利用行动为抓手，统筹推进“现代水网”规划建设，加快水利高质量发展。全市用水总量控制在10.53亿立方米以内；重要饮用水水源地水质达标率100%；全市城镇供水综合生产能力达到192万立方米/日，农村规模化供水率达到78%；水利工程安全度汛，荣获全省防汛抗洪表现突出集体称号；成功创建7条（段）省级美丽幸福示范河湖、167条（段）市级美丽幸福河湖，被省河长办表彰为河湖长制和河湖管理保护工作先进市，并给予1150万元的正向激励；淄博市水利局继续保持“全国文明单位”荣誉称号。

【雨水情】 2022年，全市累计降水1000.6毫米，较历年偏多53%，较上年度偏多2%，是1952年有水文资料记录以来历史第二大值。最大强度降雨出现在10月1—3日，全市平均降雨量达153.7毫米，局部地区达200毫米以上。7月13日和10月4日，小清河干流洪峰、流量双创历史新高，小清河岔河站实测流量分别达到623立方米/秒和665立方米/秒，洪峰均平安过境。

【水旱灾害防御】

风险隐患排查　建立防汛隐患排查旬调度机制，先后开展影响防洪安全拦河工程排查整治、水利行业隐患排查整治专项行动、山洪灾害防御村风险隐患排查等工作，共消除隐患1237处，评估拦河工程1303处。

防汛风险点管控　会同自然资源、交通等部门，对804个山洪灾害防御风险点、106个地质灾害隐患点，39处防汛重点路段逐一落实整改或应急管控措施。对157座小水库、329座塘坝组织开展安全评估。对595个山洪灾害防御村建立25个市级督导组和区县595名科级以上干部全程挂包机制。

工程调度运行　启动全市水旱灾害防御应急Ⅳ级响应5次，下达调度指令26次，发布汛情快报37期。5座大中型水库共拦蓄上游来水17547.52万立方米，提闸泄洪31276.92万立方米，减淹耕地6200亩，避免人员转移1.1万余人。

山洪灾害防治非工程措施建设　全市共落实县、镇、村三级山洪预警信息发布人员651名，设立山洪自动雨量水位站199处，简易雨量站112处，简易水位站260处，预警站340处，县级预警平台3处、视频监控266处、无线预警广播360站、简易雨量报警器198套，实现了山洪灾害防治区监测站网全覆盖。监测预警信息实现自动站点一站多发，自动雨量水位实时上传，实时自动预警，累计发布雨水情及预警信息10万余人次。

水旱灾害防御演练　5月25日，全市水旱灾害防御演练在博山区五老峪水库举行。演练以“受今年第9号台风‘梅花’影响，五老峪水库超警戒水位即将漫溢”为背景，重点从水旱灾害防御宣传及物资展示、桌面推演、洪水灾害避险、人员水上搜救、水库大坝抢险等环节开展。

【规划计划】 立足淄博水利发展实际，制定印发《淄博市水利发展“十四五”规划》《淄博市现代水网建设规划》《淄博市2022年现代水网重点水利工程建设实施方案》。开工建设防洪提升、供水保障、水生态修复与保护、数字水利等现代水网重点工程33项，总投资47.85亿元，年度计划投资21.32亿元，实际完成投资24亿元，投资计划完成率113%。

【河流治理】实施张店区涝淄河防洪能力提升工程、博山区淄河（石马水库至谢家店段）河道治理工程、周村区淦河防洪排涝治理工程、临淄区乌河综合治理项目、沂源县沂河治理工程、乌河高新区段流域治理项目、经开区东猪龙河上游东西支治理工程、淄博经济开发区漫泗河流域防洪提升工程等河道治理工程8个，完成治理骨干河道长度51.5千米，完成投资9.83亿元。

【水库除险加固】实施周村区丁家水库除险加固工程，主要建设内容包括坝顶加高，新建沥青混凝土路面及排水沟，上游坝坡护砌，下游坝坡整平压实，新建草皮护坡、排水沟，坝脚设排水体，溢洪道清淤，岸墙护砌整修，安装闸门2套，启闭机5台，完成投资551万元。实施桓台县病险水闸拆除改建项目，主要建设内容包括对县域骨干河道上安全鉴定存在安全隐患的7座四类闸进行拆除改建，修建交通桥、管理道路、安全监测设施等，完成投资2500万元。实施沂源县曹家庄（下）水库除险加固工程，主要建设内容包括维修更换护坡石、下游排水沟更换、下游坝坡新建粗料石台阶、左坝肩灌浆防渗等，完成投资90万元。实施太河水库西溢洪道出口段应急除险加固工程，4月1日施工单位进驻现场，6月19日完成主体工程建设，11月18日完成了项目合同完工验收工作，累计完成投资3517万元。

【农村水利】

城乡供水提质增效项目　实施新城净水厂至石桥配水厂输水管线复线、周村区城乡供水设施管网建设提升、高青县城乡供水改造提升、桓台县水质提升、沂源县经济开发区水厂二期、沂源县东里镇规模化供水工程和高新区农村供水提质增效项目，完成投资51592万元，农村规模化供水率提高到78%。

农业水价综合改革　完成淄博市农业水价综合改革共计11万亩，其中，淄川区1万亩，临淄区10万亩。完成区县农业水价综合改革奖补实施细则修订工作，推进7座大中型灌区成本监审工作。

【水生态建设】

水土保持综合治理　全市治理和改善水土流失面积77.625平方千米。其中，实施国家坡耕地水土保持流失治理工程1项（沂源县坡耕地治理工程），治理水土流失面积4.73平方千米，完成总投资2130万元；实施国家水土保持重点工程2项（博山区西厢生态清洁小流域工程、淄川区西峪生态清洁型小流域工程），治理水土流失面积34平方千米，完成总投资1709.67万元；实施省级重点水土保持综合治理工程2项（沂源县三岔小流域工程、淄川区文峰山小流域工程），治理水土流失治理面积20平方千米，完成总投资1008.2万元；其他部门及社会投资建设的具有水土流失治理性质的工程项目治理水土流失面积18.895平方千米。

水源地保护　全市重要饮用水水源地供水保证率达到95%，水质监测实现常规指标监测频次和项目100%达标。重要饮用水水源地安全保障达标建设实现全覆盖，水质均达到或优于三类水标准。开展重要河湖生态流量保障工作，明确孝妇河及马踏湖生态流量保障目标及方案，初步建立淄博市生态流量监管体系。

【水资源管理与保护】

水资源保护利用行动　持续推进实施引客水、蓄雨水、治污水、用中水、保供水、抓节水、防洪水、排涝水“八水统筹、水润淄博”水资源保护利用行动，实施水环境治理、水资源节约集约利用、水旱灾害防治、水生态保护修复重点项目115个，实际完成投资70.38亿元，投资计划完成率114%。为淄博市水环境质量指数稳居全省前列、国控断面优良水体比例100%做出重大贡献。

水资源管理 深化实施最严格水资源管理制度，严格落实用水总量和强度“双控”，全面提高水资源管理工作精细化、标准化、规范化水平。全市用水总量为105304万立方米，较2021年增加7558万立方米。全市取水许可证保有量3506个。全市万元GDP用水量23.53立方米，万元工业增加值用水量19.56立方米，分别较2020年下降11.11%和10.65%。持续推进地下水超采治理，完成深层承压水压减水量70.25万立方米，封填（存）水井12眼。2022年淄博市平原区浅层地下水水位回升1.22米，回升幅度位列全省第2名，其中，第四季度浅层地下水超采区水位同比回升3.92米，位列全国第1名。

节约用水管理 严格计划用水管理，年用水量1万立方米以上的工业和服务业用水户全部纳入年度用水计划管理，共计对1963家取用水户下达用水计划。扎实推动水平衡测试工作，全年共80家用水单位开展水平衡测试。大力推进节水技改，年内节水工程总投资5848.76万元，推广应用节水器具13726件（套），年节水量347.71万立方米，实现节水效益1331.2万元。节水载体建设成效显著，33家单位被评为省级节水载体，4家单位作为节水典型案例入选山东省节水典型案例集萃。市水利事业服务中心等5家单位被评为山东省落实国家节水行动先进单位。

【河湖管理】

河湖长制推行 印发淄博市第8号总河长令，制定出台《淄博市2022年度河湖长制工作要点》。全市各级河湖长和河管员完成巡河55万余次，全市总体有效巡河率保持在95%以上。开展妨碍河道行洪突出问题排查整治、影响防洪安全和水生态安全拦河工程排查整治等工作，核实整改问题1980个，实现河湖“四乱”问题动态清零。完成孝妇河、淄城水闸、萌山水库、桓台县数字河湖“四个一”试点建设，河湖管理智能化、智慧化水平进一步提升。落实河湖问题有奖举报制度，11个区县（功能区）公众护水平台全部上线，注册用户5.2万人，反馈问题48个，整改完成率100%。成功创建省级美丽幸福示范河湖7条（段）、市级美丽幸福河湖167条（段），其中马踏湖被评为全国首批美丽河湖优秀案例第一名。

孝妇河生态修复项目 孝妇河生态修复项目（孝妇河文化休闲生态观光带项目）超额完成年度建设任务，年内完成投资13.2亿元，累计完成投资28.9亿元。

中心城区生态调水 制定出台《淄博市中心城区生态水系生态调水规程（试行）》《中心城区生态调水工程日常维护管理办法》《淄博市中心城区2021—2022年度黄河河道外生态补水实施方案》，提升生态调水工作的制度化规范化水平。对具备调水条件的云影河、润淄河、玉龙河、东猪龙河实施常态化生态调水，全年累计完成中心城区生态调水2718.5万立方米。

孝妇河湿地公园品质提升 完善物业管理与绿化养护考核办法，制定园区绿化考核办法，实施书房建筑趣味阅读主题空间、笼式足球场改造、孝水印象木铺装等园区综合提升工程。开展丰富多彩的游园活动，举办“齐舞·悦动”2022淄博文化艺术季，放映公益电影20期，开设河畔课堂34期，承办健步走、“生态淄博 全员环保”、防汛抢险综合应急演练、淄博公安训练营体能训练等活动60余场。

【工程建设管理】 持续规范水利建设项目招标投标工作，推进电子招投标监管试点，年内全市应用省水利交易系统完成水利工程交易10个（共44个标段），交易金额94667万元。强化水利建设市场主体监督检查，发现并督促整改质量与安全问题382个，其中，质量问题251个，安全问题131个。加强在建重点水利工程保障农民工工资支付制度落实情况监督检查，发现并督促整改问题159个。推行水利工程绿色施工，制定《淄博市水利行业新一轮“四减四增”三年行动专项工作方案》，开展水利工程“建设工地提升行动”，发现并督促整改大气污染防治问题137个。

【工程运行管理】 全面推进全市水库、水闸、堤防、橡胶坝等水利工程标准化管理工作，萌山水库通过首批国家级水利工程标准化管理验收。新城水库创建为省级标准化管理水利工程，田庄水库、圣佛山水库创建为省级乡村小型样板水库。促进智慧水利建设，率先建成投用市县公用的水利工程运行管理数字平台，实现了水利管理的“可看、可算、可调、可查”，14条骨干河道、7座大中型水库、157座小型水库“线下人工管理+线上数字管控”全覆盖。

【改革创新】 淄博市针对年用水量3万立方米以上的工业、服务业、公共机构、公共供水企业等重点取用水户，建立水务经理管理制度，设立水务经理和专职水管员，并明确工作职责。印发《关于公布首批水务经理及专职水管员名单的通知》，公布首批487名水务经理及专职水管员，涵盖226家用水大户。建立健全水权制度，印发《淄博市水权交易实施办法》。年内淄博星辰供水有限公司、淄博市淄川区昆仑镇农业农村服务中心开展水权交易，交易水量20万立方米。

【水行政执法】 常态化开展水资源、水域、水工程、水旱灾害防御、城乡供水、水土保持生态环境、水文监测七大领域执法检查巡查工作，完成执法检查巡查170余次，出动执法人员350余人次。开展“双随机、一公开”工作，梳理行政审批事项200余件，完成事中事后监管43次，牵头发起13次部门联合“双随机、一公开”抽查。制定印发《水资源执法宽松软问题立行立改工作方案》《淄博市水资源执法检查工作方案》，对涉嫌超采地下水、少缴地下水水资源税的131家企业进行现场执法检查，发现存在问题企业68家，制定印发《淄博市水资源管理长效机制建设实施意见》。

【城乡供水】 2022年，全市城市供水总量3.33亿立方米，平均日供水量91万立方米。市水利局委托第三方检测机构对全市城镇生活供水企业、农村规模化供水单位出厂水和管网末梢水进行水质抽检，共抽检水样83个，水质合格率98%以上。开展供水用户满意度调查，2022年供水服务满意度综合评分94.4分，较2021年同期提高1.2分。加快推进农村供水规模化建设，城乡供水保障工程累计完成投资4.16亿元。新建改造供水管网273千米，一户一表改造4万户，截至2022年底，农村自来水普及率达到99%，规模化供水工程覆盖人口比例达到78%。

【重点工作】

省级节水标杆　省水利厅、省发改委等12部门联合公布2021年度山东省节水标杆单位名单，淄博市鲁丰织染有限公司、鲁泰纺织股份有限公司、山东理工大学、山东水利技师学院和淄博建陶产业创新示范园等5家企业（单位）被评为“首批省级节水标杆”。

南水北调调水量　2021—2022年，引调长江客水水量3130万立方米，年度调水计划完成率100%，是淄博市调引长江水量最多的一年。自2013年淄博市南水北调配套工程建成通水以来，9个调水年度合计调引南水北调水8085万立方米。

淄川区镶月湖国家级水土保持科技示范园　水利部公布2022年度全国新创建的8个国家级水土保持科技示范园，淄博市淄川区镶月湖森林公园位列其中，是淄博市继张店区玉黛湖、博山区天佛山国家级水土保持科技示范园区后创建的第三个国家级水土保持科技示范园。

（陈晨）

枣庄市

【概况】 2022年，枣庄市城乡水务工作以“现代水网建设”为统领，统筹“水工程建设、水资源配置、水环境治理、水生态修复、水安全保障、水文化铸魂”六项重点任务，守好“水安全风险防控底线、水资源承载能力上线、水生态环境保护红线”，建设“发展水务、民生水务、生态水务、平安水务、智慧水务”，走好水务现代化之路。大力推进重点水网项目建设，计划投资42.92亿元的42个重点项目实际完成投资49.59亿元，完成率达115.54%，位居全省第四。获得“国务院河长制湖长制督查激励”“省防汛抗洪表现突出集体”“市绩效考核先进集体”“市先进基层党组织”等荣誉。

（陈悦）

【雨水情】 2022年，全市平均降水量871.5毫米，较历年同期偏多8.0%。汛期（6月1日8时至10月1日8时）全市平均降水量763.8毫米，较历年同期偏多30.3%。2022年共出现6轮39天强降雨，集中在6、7月份，其中6月份出现两轮，全市平均降水量279.9毫米，较历年同期偏多176.1%，较上年同期偏多73.3%；7月份出现四轮，全市平均降水量423.1毫米，较历年同期偏多83.2%，较上年同期偏多22.7%。6座大中型水库共蓄水2.72亿立方米，达到历史同期最大值；韩庄运河台儿庄闸持续超警戒水位22天，共下泄水量38.6亿立方米；各主要河流出现了3场较大洪水过程。

（刘罡）

【水旱灾害防御】 旱情期间，共计放水2150余万立方米，有效缓解17万余亩农田旱情，保证夏粮丰收。推进防洪工程提标。完成沿运片洼地治理、台儿庄北洛截水沟河道综合治理、蟠龙河南支及宏图河河道治理、12座小型水库除险加固和山亭西集伏里山洪沟防洪治理等防洪重点工程，动态排查整治各类防汛隐患问题399个，成功应对6轮强降雨，主汛期6座大中型水库错峰调洪3.13亿立方米。完善信息监测预警。2022年投资385万元，对全市河道水位站网进行升级改造，实现65个镇街雨量站点、6座大中型水库和44条流域面积50平方千米以上的河道水位站全覆盖。投资800余万元对水旱灾害防御指挥调度系统进行提质升级。积极开展防汛演练。2022年累计组织开展防汛演练27次，参演人数1095人。5月中旬，模拟复盘郑州“7·20”极大暴雨，在岩马水库组织开展水旱灾害防御演练，为汛期做好水旱灾害防御工作奠定了坚实基础。

（赵良文）

【规划计划】 2022年，枣庄市编制完成《枣庄现代水网建设规划》，于6月22日枣庄市政府第6次常务会议审议通过，6月25日以枣政字〔2022〕17号文件印发实施。全年枣庄市42项重点水务工程年度计划投资42.92亿元，实际完成投资49.59亿元。其中，纳入省级清单的29项工程，年度计划投资26.19亿元，完成投资32.80亿元，超额完成年度投资计划。马河水库增容工程初步设计于2022年8月31日通过山东省水利厅及山东省发改委审核并批复，批复工程总投资22815万元。户主水库增容工程初步设计于2022年3月29日通过山东省水利厅及山东省发改委审核并批复，批复工程总投资7971.02万元。岩马水库引调水工程初步设计于2022年10月28日通过枣庄市行政审批服务局审核并批复，批复工程总投资93048.46万元。

（冯路）

【河流治理】 2022年，投资19535万元，实施流域面积200～3000平方千米中小河流系统治理，包括山亭西泇河、峄城大沙河（山亭段、市中段）、十字河中支（新声至岩头）

段、十字河南支（河口至两河岔）段，滕州北沙河等6条（段）44千米河道治理工程，加大生态流量保障，维护河流健康生命。蟠龙河综合整治。蟠龙河综合整治项目起步区水利工程已基本完工，累计治理河道12千米，依托山家林橡胶坝、匡山头闸、泰山橡胶坝蓄水，形成连续水面景观，同时完成匡山头闸工作桥、西曲柏交通桥等工程，累计完成投资8.4亿元，防洪能力、生态效益得到全面提升。

（卢俊福　孙建伟）

【水库管理】

庄里水库　2022年修订完善管理制度、标准化管理手册、操作规程，完成省级工程管理标准化、水利工程管理单位安全生产标准化一级单位创建。水利工程移民安置高质量发展实践经验被水利部评为典型案例。汛期，庄里水库累计泄洪放水1992小时，下泄水量1.5251亿立方米，拦蓄水量0.1734亿立方米，确保了下游河道防洪安全及13余万亩农田灌溉。

岩马水库　面对2022年持续旱情，岩马水库3次集中对城头镇及冯卯镇农田果树进行抗旱灌溉，放水890万立方米，灌溉农田约4.4万亩，有效缓解了农田旱情，增加了农民收入。全年岩马水库全年发电量约46.5万千瓦时，泄洪约6400万立方米，保障水库安全度汛。

（邵奇　王玉华）

【农村水利】　枣庄市农业水价综合改革总面积为207.80万亩，截至2022年10月15日，全市完成水价综合改革面积有208.82万亩，全面完成改革任务。2022年农田灌溉水有效利用系数测算分析结果为0.6567。制定《枣庄市农村供水保障工作监督检查方案》，累计深入1836个自然村、9000余户，发现并整改问题260件。争取市级资金25万元，对全市农村供水水质开展抽检，共计抽取水样213个。全市农村规模化供水率、水质达标率较2021年分别提升11个、39.2个百分点，均创历史最好水平，有效提升了农村居民用水满意度。积极推进农村供水提质、村内老旧管网改造等工程建设，接续改善农村人居生活环境，提升农村饮水安全保障水平。2022年投资9755万元，完成295个村约1.3万米的自来水管网升级改造，受益人口23.21万人。

（满建华）

【水生态建设】　2022年，枣庄市投资11848万元，成功建成13条省级美丽幸福示范河湖和92条（段）市级美丽幸福河湖，河湖面貌得到进一步改善。上线“我爱家乡水”公众护水平台，注册2.3万余人。常态化开展河湖“清四乱”行动，集中整治河湖“四乱”问题672个，清理阻水树木6万余棵，拆除违建40余处，清运垃圾3.9万立方米，双龙湖湿地观鸟园、马兰运河湿地公园两个历史遗留河湖“四乱”问题彻底销号，河湖生态环境持续向好。完成新增水土流失治理面积81.16平方千米。成功争取雪山、雷山、龙山等3个国家级小流域和李山头、洪山前等2个省级小流域，投资3717.38万元，治理水土流失面积72平方千米。完成蒋集河、十字河（新薛河）等6条河段水系绿化任务。庄里水库和十字河（滕州段）被评为省级水利绿化样板工程。全力开展水土保持违法违规生产建设项目专项整治行动，认定卫星遥感图斑154处，查处违法违规项目77个，征收水土保持补偿费6215.09万元。

（王希忠　王春明）

【水资源管理与保护】

严格“双控”管理　2022年，全市用水总量5.78亿立方米，占省下达用水总量控制目标（6.58亿立方米）的87.8%，其中非常规水利用量0.56亿立方米。万元GDP用水量、万元工业增加值用水量较2020年分别下降12%、14%，重要江河湖泊水功能区水质达标率100%，完成2022年度水资源

控制各项任务目标，连续四年在省对市资源管理考核中获得满分。

规范取用水管理　全力推进取用水管理专项整治和非法开采地下水专项清理整顿，对违法违规取用水行为及时查处、坚决纠正。22067个问题取水口全面整改清零，166个非法自备井相继封停。加强用水监控能力建设，建立重点监控单位名录，对取水口实行身份证式编号管理，587个取水口监控设施上线运行，重点取水口在线监控率达到100%。

强化节水载体建设　评选命名43家市级节水型载体，其中，14家被命名为省级节水型载体，市级公共机构节水型单位覆盖率达到68%，市、县级水利行业节水型单位建成率达到100%；建成市级节水教育基地2处，县级节水教育基地2处，节水主题公园2处。

优化水资源配置　实施引调水工程，积极盘活用好岩马水库、庄里水库水资源，成功争取南四湖上级湖用水指标3662万立方米/年，全市多年平均水资源可利用量增加至13.3亿立方米。

（王春明）

【河湖管护】

压实管护责任　组建副县级河湖管理保护中心，落实编制20名，充实和保障河湖管护工作力量。通过《枣庄日报》公布河湖长信息，各级河湖长全年累计巡河10万余次。创新实行“一河（湖）一考”“一区（市）一考”“一部门一考”，将“生态河湖”纳入对各区（市）高质量发展综合绩效考核体系。在枣庄电视台设立曝光台，倒逼基层履职尽责。建立挂牌督办、有奖举报、通报约谈、联合办公等制度，完善“河湖长+检察长”、县、镇、村三级河长巡河“提醒+通报”工作机制，全年累计专项督导14次、联合检查19次、通报24次。

强化空间管控　建立省重点问题驻点跟踪督导机制，成立“一线行”专班，抽调25人到6个区（市）实行分区（市）帮包和网格化督导，集中开展为期三个月的河湖“四乱”清理攻坚行动，全市累计抽调1256人、投入机械147台、集中执法126次，清理河湖“四乱”问题672个，整体实现动态清零。

坚持数字赋能　累计投资2758万元，建设完成了滕州市县域河湖管理平台等7个数字河湖试点建设任务，蟠龙河数字河湖建设被省水利厅评为示范工程。

（王希忠）

【工程建设管理】

强化高位推动　定期召开重点水务工程联席会议，通报解决制约工程建设的突出问题。建立全市水务工程建设推进机制，组建4个重点工程建设工作专班，制定分工负责、会商研判、调度通报、问题督办、工作考核等5项机制。

强化过程监管　精心选准施工队伍，全年在省、市平台共交易项目98个，完成交易额近25.4亿元。用心抓好工程质量，2022年已完成验收的工程，均一次性达到合格及以上标准，其中，7项工程被评选为市级优质工程、3项工程被评选为省级优质工程、1项工程被省住建厅评为优质结构工程。细心抓好安全生产，全市共出动排查抽查约130人次，共发现安全隐患178项，已全部闭环整改。安全生产经验做法被省水利厅印发向全省推广，并连续4年受到枣庄市政府表扬激励。

强化要素保障　截至年底，工程建设累计到位资金253692.51万元，到位率98.85%，为工程建设的顺利实施提供了有力支撑。发挥市重点水务项目联席会议作用，对工程征迁问题进行联合攻坚，解决各类征迁问题110余项，确保重点水利工程顺利落地。

（卢俊福）

【工程运行管理】

全力抓好运维管理　2022年，枣庄市投资2541万元，完成15座小型水库除险加固；投资 628 万元，完成胜利渠马庄枢纽西节制闸除险加固；投资 1000 万元，完成市管水利工程维修养护；投资 528 万元，完成 111 座小型水库维修养护；投资 108 万元，完成 5 座小型水库大坝安全监测设施建设；3 座大型水库大坝接入省级监测监督平台；完成山亭、市中、峄城 44 座小型水库承包经营合同规范清理。完成大中型水闸（橡胶坝）控制运用计划审批，完成台儿庄节制闸等 10 座水闸安全鉴定，保障水利工程安全平稳运行，守好守牢行业安全发展“一排底线”。

深入推进标准化管理　2022 年，枣庄市完成马河、户主、周村 3 座大中型、88 座小型水库标准化管理自评，完成庄里水库、山亭区城郭河堤防、9 座小型水库标准化管理评价。庄里水库、胜利渠贾口枢纽拦河闸被评为省级标准化管理工程。

管理体制改革和岗位创新　2022 年，继续深化小型水库管理体制改革，薛城区黑峪水库被评为“省级乡村小型样板水库”；完成小型水库专业化管护评价考核省级核查。积极推进岗位创新，获得省总工会等 6 部门联合颁发的全省农林水牧气象系统“乡村振兴杯”和“建设绿色安澜黄河”工作创新、技术创新竞赛 12 个奖项，其中，工作创新一等奖 1 项，二等奖 2 项，三等奖 8 项，技术创新三等奖 1 项。市岩马水库管理服务中心被省水利厅授予全省水利工程运行管理创建管理“优秀组织奖”称号。

（李艳）

【水行政执法】 制定了《2022 年枣庄城乡水务局水利法治工作要点》《2022 年水行政执法监督检查工作方案》《2022 年普法任务清单》《2022 年“双随机一公开”事项目录清单》，全面梳理年度执法任务，确保依法履职任务落实。加强执法队伍建设，及时开展执法人员信息清理更新，完成行政执法人员证件年度清理、核查和审验工作。结合“3•22”世界水日、中国水周、国家安全日、民法典宣传月、“12•4”宪法宣传日等主题活动，线上线下联动开展普法活动。组织开展“双随机、一公开”业务培训，积极对接联合检查牵头单位，完成执法人员匹配和各项抽检任务。

（魏宾）

【城乡供排水】

城乡供水　推动出台《枣庄市城市供水办法》。2022 年投资 4 亿元，完成峄城区城乡供水一体化工程，铺设供水管网 60 千米，新增城市供水能力 3.5 万吨 / 天，进一步提升城乡供水保障能力。积极推行农村供水“区（市）公司直管到户”或“1+N”县级统管模式，持续强化供水监督管理，县级统管服务人口比例达到 85% 以上。

城乡排水　大力推进“两清零、一提标”工作。2022 年提请枣庄市政府办公室印发了《枣庄市城市排水“两个清零、一个提标”工作方案》。投资 10.77 亿元，完成 107.9 千米城市雨污合流管网改造；投资 4500 万元新建改造 14 千米污水管网；投资 3000 万元完成滕州市第四污水处理厂、薛城区北控污水处理厂和新城污水处理厂 3 座城市污水处理厂提标改造，出水水质达到准Ⅳ类排放标准。投资 3.5 亿元建设了峄城区污水处理厂扩建工程、高新区污水处理厂扩建工程，新增污水处理能力 7 万吨 / 日。已开工建设台儿庄区污水厂扩建工程、薛城区北控污水处理厂扩建工程。

（李为玉）

【移民后期扶持工作】 2022 年共计为 35 个镇、106 个村实施移民项目 88 项，直接服务移民 2000 余人，惠及村民近 10 万人。移民后期扶持项目总投资 9102 万元，分两批实施，第一批工程总投资 4056 万元，包括 18 个村饮水安全提质工程、17 个村道路硬化工程、11 个村美丽家园项目、3 个产业试点项目、3 个村域环境及农田灌溉项目等，均已按期完成并交付投入使用。第二批工程总投资 5046 万元，包括 7 个三类移民村提升工程，12 个美丽移民村、4 个产业项目和 18 个村基础设施和经济发展项目，均已按期完成并投入使用。

（卢俊福）

【改革创新】 2022 年，枣庄市城乡水务局将改革创新工作纳入重点任务。“建立岗位创新机制 激发内生动能”“坚持节水优先 打造节水型社会新标杆”2 项典型经验做法被省水利厅正式发文推广。按照“抓建管，打基础；定水权，控总量；改水价，建机制”的总体工作思路，超额完成了农业水价综合改革任务。创新巡河模式，开展智慧化巡河，各级河湖长利用手机 App，对巡河过程中发现的问题及时交办，明确整改时限，实现“信息化巡河、网络化交办”新模式。“4 个加法”建设美丽河湖、“5 个 1”工作机制推动小型水库运行管理规范化、“343”长效机制保障农村供水安全、做活水资源集约节约利用“大文章”等经验做法先后被新华社、水利部、省水利厅和《大众日报》刊发推广。

（刘圣卿）

【现代水网建设】《枣庄市现代水网规划》在全省率先印发实施，规划了“一带两区、四纵七横、一湖八库”市级水网总体格局。十四五期间，拟实施水网项目 125 个，涵盖供水保障和水资源配置、河道治理和防洪提标、水生态保护和水环境治理等四大类，总投资约 236.1 亿元。建立重点水务工程建设联席会议制度、水务工程建设推进机制和重点项目帮包工作机制。西城区水系水环境治理、蟠龙河综合整治、“两库四河”、薛城区河湖库水系连通等一大批水系连通、引调水工程顺利推进，全市水系畅联初见成效。争取省级以上补助资金 10.22 亿元，连续 2 年达到 10 亿元以上，发行水务工程政府专项债券 28.56 亿元，占全市发行额的 28.84%，资金保障更加有力。

（张振龙 孙馥洋）

东营市

【概况】 2022 年是东营市各级换届后水务部门全面履职的第一年。一年来，全市水务系统认真学习贯彻中共二十大精神，深入践行“节水优先、空间均衡、系统治理、两手发力”治水思路，落实黄河重大国家战略，聚焦“持久水安全、优质水资源、健康水生态、宜居水环境”，在水旱灾害防御、工程建设、生态水利、水利管理、工程建设、改革创新等方面取得重要成绩，曹店、双河 2 个灌区被公布为“全国节水型灌区”，农业水价综合改革典型案例在全国推广，河口区被评为全国水土保持示范县（区），移民扶持基金绩效评价连续 3 年获得“优秀”，名列全省前茅。

【雨水情】 2022 年，东营市累计平均降水量高达 774.7 毫米，较常年（545 毫米）偏多 229.7 毫米。发生暴雨过程 7 次，平均降水量 579.8 毫米，其中，7 月 6 日河口区日最大降水量高达 160.7 毫米、7 月 30 日 14 时垦利区 1 小时最大雨强达 98.3 毫米，均突破单日和小时降雨历史极值。10 月 4 日 13 时 47 分，小清河石村水文站出现 642 立方米 / 秒洪峰，水位达 5.65 米，超警戒流量 192 立方米 / 秒，超警戒水位 0.42 米。

【水旱灾害防御】

注重“防” 召开防汛工作调度会、专题会 5 次，全面深入密集部署。加强防洪工程建设调度，汛前完工 16 项。强化“四预”措施，举办全市防汛减灾专题培训、全市防汛实战演练、河南郑州“7·20”特大暴雨模拟推演等培训，加强防汛物资、队伍、技术等多方面准备。

注重“改” 排查整改区域排水隐患 134 项，城市防汛突出 4 个“全面查”并整改隐患 106 项。针对强降雨期间排查发现

的部分部位排水不畅问题，迅速组织实施了55处易涝点整治。

注重“管”　压紧压实各级责任，全市31条骨干排水河道、68座闸坝、12条主干水系、23座水工建筑物和82座雨水泵站（井）全部落实防汛行政、技术、抢险“三个责任人”，严格落实防汛工作领导带班和汛期24小时值班制度，完善全市水旱灾害防御和城市防汛物资调配机制。科学调度，实现了小清河石村水文站历史最大洪峰安全过境。

注重“研”　针对7月6日、7月11日两场强降雨，全面系统复盘，加强研判，及时制定完善针对性方案。针对重大天气过程，召开会商会议7次，启动各类预警和应急响应8次。

注重“排”　针对中心城区短时间难以治理的易涝区域，制定专门方案，提前采取特殊应急准备措施，东营区、东营开发区提前预置强排泵车等应急设备和抢险人员，对出现的易涝区域积水，在第一时间迅速外排、快速消除，取得了良好的效果。

【重点工程建设】

项目规划引领　《东营市现代水网建设规划》出台实施，是全省第一个通过专家评审、第一个由市政府印发实施的市级专项规划。牵头推进编制《东营市建设黄河流域生态保护和高质量发展“四水四定”示范城市实施方案》，初步梳理形成水务领域估算总投资96.99亿元的5大类33个项目清单。

项目推进实施　以加快构建供水保障网、防洪排水网、水系生态网、智慧水务网为重点，实施了总投资58.2亿元的四大类43项现代水网重点建设项目，倒排工期，挂图作战，完成投资40.81亿元，完成年度计划的103.8%。其中，纳入省级现代水网建设项目26项，累计完成投资20.6亿元，完成年度计划的108.3%。广南水库与两管线连通工程等一大批重大项目完工投用，发挥功效，广利河城区段防洪标准达到百年一遇。

项目谋划储备　提报地方政府专项债项目和现代水网储备项目，建立了2022—2025年水务储备项目库并动态更新，推动广北水库、广北水厂、南水北调东营北分水口渠首泵站等重大项目立项。

【农村水利】　2022年，东营市完成省民生实事——农村供水保障工程，东营市农村自来水普及率、入户率、城乡供水一体化率均达到100%。胜利、东水源、路庄3个中型灌区续建配套与节水改造工程全面完成，王庄灌区“十四五”续建配套与现代化改造工程初步设计获批，宫家灌区列入2023—2025年水利部中型灌区续建配套与节水改造实施计划。农业水价综合改革纵深推进，垦利区代表东营市在全省农村水利工作现场会上作典型发言，典型案例在全国推广。

【水生态建设】

城市排水　印发《东营市城市排水“两个清零、一个提标”工作实施方案》，探索形成网格化、人性化、清单化、长效化“四化”并举东营模式，年度总体形象进度达到110%，工程进度全省领先。其中，城市黑臭水体实现动态清零、市政雨污合流管网改造完成58.07千米、建筑小区雨污合流管网改造完成824个（其中，东营开发区完成建筑小区雨污合流管网改造年度计划的318%）、城市生活污水处理厂完成提标改造6座。超额完成“两个清零、一个提标”的年度任务。

生活污水和黑臭水体治理　完成167个行政村农村生活污水治理任务，全市农村生活污水治理任务累计完成率达到52.29%，位居全省前列；农村黑臭水体治理完成80处，提前一年完成农村黑臭水体清零目标。

河湖水系湿地连通　持续推进中心城区河湖湿地连通及入海河流水质提升工程，年度13项工程全面完成。其中，东八路湿地改造提升工程代表山东省参与全国水利建设质量工作考核，获得A级（优秀）等次，获省水利厅通报表扬。

河湖湿地水质检测　新增重点监测断

面10个，中心城区河湖湿地水质监测断面总数达到23个，实现了重点断面监测全覆盖。出具水质监测专报42期、水质检测报告84期。

水土生态治理 超额完成年度水土流失综合治理省定目标任务，完成垦利区永丰河小流域项目、河口区义北片小流域项目两项省级水土保持生态清洁小流域示范工程，检查项目167个，征收水土保持补偿费3708万元，津潍高铁项目全线水土保持方案及时获得水利部批复，河口区获全国水保持示范县。

【水资源管理与保护】

水资源刚性约束 建立水资源消耗总量和强度双控指标体系，联合市发改委印发《东营市“十四五”用水总量和强度双控目标》，联合市生态环境局印发《各县区及功能区2022年度水资源管理控制目标》。万元GDP用水量、万元工业增加值用水量分别较2020年下降10.34%、4.6%，均完成省下达任务目标。推进黄河水资源超载治理，近两年基本实现实际引黄水量严控在年度计划内。

取用水管理 严格规划水资源论证审查，完成了东营港经济开发区等12个规划水资源论证（区域评估）审批。梳理分类全市核查登记的6393个取水口，按时完成317个问题取水口整改，实现598个取用水户用水量直报。压减地下水开采，持续推进水源置换和封井并网工作，已完成86家企业工业水源置换，关停地下取水井239眼。

节水型社会建设 相继出台《关于开展深度节水控水行动深入推进全市节水型社会建设的意见》《东营市节水控水管理办法》。加快节水载体创建，曹店、双河2个灌区被公布为“全国节水型灌区”；新增64家省级节水型企业（单位）、社区（居住小区），数量位居全省第二。创新节水宣传，举办东营市首批省级节水标杆授牌，在人民网、新华网、“学习强国”等主流媒体推送7集“黄河三角洲节水示范标杆连连看”系列展播，在“节水中国 你我同行”系列节水宣传活动中包揽全省前四名，单项活动荣获全国第五名。

高质量发展用水保障 积极争取“十四五”用水总量指标增加2000万立方米。科学统筹调度各类水资源，调引黄河水7.3亿立方米、长江水4415万立方米、生态水1.38亿立方米。全市春灌引水3.22亿立方米，灌溉农田220.94万亩，为农业丰产丰收打下坚实基础。

【河湖管理】 2022年，东营市将河湖长制工作常态化列入市委常委会、市政府常务会议题，召开年度总河长会议，发布第3号市总河长令，河长巡河实现了“三个转变”—市级河长责任田从“一条河”转变为“一个流域”、责任落实从“层层压实”转变为“层层细化”、巡河工作从“以点带面”转变为“面点结合”。整治河湖“四乱”问题943处，全市河湖问题实现动态清零。开展河湖“四乱”问题整改40天攻坚行动，132处河湖四乱“硬骨头”“老大难”全部整治到位。东营市委书记杨国强作出专门批示并给予充分肯定。在全省率先探索“河湖长+生态警长+检察长+法院院长”四长联动依法治理河湖新模式，水利部在全国推广东营经验，《人民日报》专栏推介。开展“碧水积分”公众护河行动，开发“碧水积分”公众护水平台App，打造手机网民护河队伍，推动“河长制”向“全民治”转变。新增7处省级美丽幸福示范河湖，累计建成28处省级美丽幸福示范河湖，58条（段）河湖全面完成美丽幸福河湖达标建设，东营市全域建成美丽幸福河湖。

【水行政执法】 2022年，《东营市节水控水管理办法》立法全面完成，将于2023年4月1日颁布实施。在全省率先推行“水行政执法过程中精准普法”，行政审批事项办结率、满意率均为100%。全年查办各类水事违法案件25起，共处罚金200余万元。东营市在全省水利法治建设工作会议、省委依法治省办专题法治调研会议作典型发言。

【工程建设管理】 印发《东营市水务建设市场信用分级分类监管工作方案》，完善以信用为核心的水务建设市场监管体系。全面落实水务建设领域农民工工资保证金制度和实名制管理，农民工工资支付保障工作年度考核保持全省第一。率先完成2022年度省级重点水利工程竣工验收任务，受到省重点水利工程建设联席会议办公室通报表扬。健全监管体系，首次开展市级稽察，在全省率先完成市级年度稽察任务。开展了水务行业安全生产“除隐患、保平安”综合整治行动、“防风险保稳定”专项行动暨安全生产集中攻坚行动等一系列行动，2家企业被授予“省水利安全生产标准化二级达标单位”，在全省第一届水利安全生产技术技能创新推广实施大赛中斩获多个奖项。东营市在2022年度全省水利建设质量工作评议中取得第一名佳绩；1个项目荣获华东地区（6省1市）优质工程奖，1个项目荣获全省建筑行业工程质量最高荣誉“泰山杯”，在全省重点水利工程“争进度、赛质量、比担当”决胜攻坚劳动竞赛中共获优质工程等奖项9类41个。

【工程运行管理】 持续推进水利工程标准化建设，全市共有45项水利工程通过标准化建设验收。全市小型水库安全鉴定及病险水库除险加固实现动态清零，按期完成43座水库、247座水闸、6处堤防工程管理与保护范围划界。在全省农林水气象系统竞赛活动中，3项工作创新和技术创新成果荣获三等奖。灌区标准化规范化管理走在全省前列，曹店灌区、麻湾灌区成功创建全省第二个、第三个省级标准化规范化灌区。强化全市供水运行管理，完成全市首次全国自然灾害综合风险普查市政供水设施调查，出台了“欠费不停供”政策，南郊水厂新技术成果应用被住建部列入全国十个代表性城市典型案例。水库移民扶持结出硕果，到位水库移民扶持资金逐年增加，是2020年的近6倍。按期完成两批34个移民项目，打造了移民产业项目的东营模式。移民扶持基金绩效评价连续3年获得“优秀”，名列全省前茅。

【改革创新】 作为全省30项共性改革任务之一，探索形成了农业水价综合改革新路径，完成市级验收，水利部推介东营典型经验。出台了《东营市水权交易管理实施办法（暂行）》，年度完成水权交易6笔3200万立方米，占全省水权交易完成量的22.38%，加快创建全省区域水权交易示范区。水利部、水利厅专门推介东营市“水源置换、价水分离”区域水权交易模式。进一步完善智慧水务体系，经验做法在全省推广。东营市自来水公司申报的智慧水务项目荣获中国数据生产力大赛铜奖，“智慧水务服务东营高质量治水”被评为新型智慧城市建设省级优秀案例，“防汛排涝智慧调度”子系统被评为大数据创新应用市级典型场景。

【城乡供水】 城乡居民饮水水质提升结出硕果。完成年度民生实事之首的城乡居民饮水水质提升工程，改造提升3处水厂和中心城41个老旧小区部分供水设施、20.96千米老旧供水管网，大幅改善了城乡居民的饮水条件。实施了农村供水保障工程，东营市农村自来水普及率、农村规模化供水率均达到100%，分别高出全省平均水平2.8个百分点和18个百分点，城乡供水一体化率达到100%，农村群众饮水条件跃居全省一流水平。联合印发《关于做好东营市“十四五”农村供水保障工作的实施意见》，建立起了农村供水保障信息共享和多部门联动机制，农村供水水质达标率居全省前列，典型经验在全省推广。

（唐伟）

烟台市

【概况】 2022年，烟台市水利系统以《烟台市现代水网建设规划》为引领，统筹推进水利工程建设、水资源集约节约、美丽河湖创建、水生态修复、水旱灾害防御等各项水利工作。印发《烟台市现代水网建设规划》，实施186个水网项目，完成投资45.8亿元。水资源集约节约水平得到显著提升，在全省率先完成水资源税远程在线监控安装，完成农村水价改革年度任务，实现行政区市县域节水型社会建设全覆盖，烟台职业学院节水型高校案例被水利部宣传推广。启动农村生态河道建设三年行动，建成1条淮河流域幸福河、7条省级美丽幸福河湖。完成3个省级水土保持生态清洁小流域建设，治理面积195平方千米，水土保持率升至70%。有效应对台风“梅花”和强降雨袭击，水库蓄水总量居历史同期第一，实现“保安全、多蓄水”目标。确立“奔流”党建和“清流”廉洁文化品牌，创建模范机关建设“三级联动”省级试点。

【雨水情】

台风　12号台风“梅花”从烟台市境内穿过，受其影响，9月14日至16日，全市平均降雨量209.8毫米，位列历史水文资料系列三日降雨量第6位。

降雨　2022年，烟台市平均降水量1064.4毫米，比上年同期多229.9毫米（偏多27.5%），比历年同期多461.6毫米（偏多76.6%），位列有水文资料记载以来同期降雨量第2位。2022年汛期（6—9月），烟台市平均降水量863.4毫米，比上年同期多320.6毫米（偏多59.1%），比历年同期多382.0毫米（偏多79.4%），位列有水文资料记载以来同期降雨量第2位。

【水旱灾害防御】 超前做好各项安全度汛准备，密切关注天气变化，强化水利工程巡查检查，及时排除洪水防御风险隐患；严格水利工程调度，科学合理蓄泄，在确保工程防汛安全的前提下，尽最大可能多蓄兴利水，汛末全市水库蓄水量10.19亿立方米，比上年同期偏多68.3%、比历年同期偏多48.7%。扎实做好水旱灾害防御专家、应急队伍和物资准备，有效应对多次强降雨和强台风“梅花”袭击，确保全市水旱灾害防御工作万无一失。

【规划计划】 实施水利基本建设项目、农村供水保障及移民项目、小型水库除险加固和维修养护及山洪沟治理项目、水生态保护与修复项目等4大类186个工程，计划完成年度投资43.7亿元，实际完成投资45.8亿元，占年度投资的105%，超额完成年度建设任务目标，完成投资总额居全省第4，投资计划完成率居全省第9。为实现与省级水网有机衔接，以市政府名义印发《烟台市现代水网建设规划》，加快构建形成“两干五库七脉支撑、三区五源五水统筹”的全市现代水网格局，规划供水保障、防洪减灾、水生态环境、智慧管理、水文化景观5大类、506项工程，总投资约1363亿元。重点推进老岚水库、南泗庄水库、农村供水保障、外夹河综合开发治理、中心城区水系连通、三大流域数字孪生、崖后水库、十字夼水库、山吴家水库、大沽河治理等十大重点水利工程，总投资488.5亿元。

【河流治理】 2022年实施莱州市王河、小沽河，栖霞市蚬河、清水河干流等20项25条河道治理工程，治理河道132千米。

栖霞市“三河”综合整治工程　总投资46985万元，主要建设内容包括治理白洋河、汶水河、翠屏河长度14.7千米，河道疏浚、堤防加固等。工程于2022年3月开工，12月完工。

福山区内夹河综合治理工程　总投资

25000万元，2022年已治理河长12千米，主要建设内容包括河道清淤、岸坡防护等。工程于2022年2月开工，计划2023年12月完工。

莱州市王河综合治理工程　总投资26725万元，2022年已治理河长10千米，主要建设内容包括筑堤、清淤、护坡、防汛路，维修拦河闸、改建穿堤涵闸等。工程于2022年5月开工，计划2024年12月完工。

招远市大沽河综合治理工程　总投资14900万元，2022年已治理河长4千米，主要建设内容包括治理河长31千米，其中修复加固河堤25千米、清淤疏浚31千米、险工段3.3千米，维修加固生产桥3座。工程于2022年10月开工，计划2024年12月完工。

【水库闸站建设】　加快推进老岚水库工程建设，继续实施龙口市王屋水库增容工程，完成2座拦河闸坝和77座小型病险水库除险加固工程建设；对96座水库进行安全鉴定。

老岚水库工程　老岚水库工程完成年度总体目标，枢纽工程重力坝加速推进，重力坝完成混凝土浇筑，累计浇筑12.6万立方米，提前半月完成全年目标任务，重力坝工程基本完工。枢纽工程黏土心墙坝填筑超前完成，完成黏土心墙坝填筑11.1万立方米，占填筑总量的25.2%，比计划目标提高近10个百分点。移民征迁安置加速实施，集中安置房10栋已完工，28栋主体封顶，后靠安置房相继开工建设；房屋搬迁安置协议和土地征收协议基本签订完毕，2.4万亩村庄外土地履行供地手续1.9万亩，占比79%；货币补偿房屋已全部腾空拆除。

龙口市王屋水库增容工程　王屋水库位于龙口市七甲镇王屋村东黄水河上，控制流域面积320平方千米，是一座集防洪、城市及工业供水、农业灌溉等功能于一体的大（2）型水库。水库现状总库容13513万立方米，兴利库容7666万立方米，主要建筑物为大坝、溢洪道、放水洞。水库加固后总库容13667万立方米。工程批复投资1.74亿元，工程主要建设内容：溢洪闸工作闸门加高0.5米；对73.5米至75米范围内耕地进行抬高，总面积112.90公顷，岸坡防护；新建、加高管理道路3千米；拆除重建生产桥1座，新建过路管涵4座；水库管理信息化工程。工程于2021年7月正式开工建设，计划2023年5月完成。

【农村水利】

农村供水　全力推进农村供水保障工程，完成投资9.68亿元，完成717个村庄管网新建改造、301个村庄自来水工程，农村自来水普及率达到97.26%，规模化供水覆盖农村人口比例达到71.89%。稳步提升县级供水公司一体化管理范围，纳入统一服务农村人口稳定在80%以上。

农业水价综合改革　2022年烟台市农业水价综合改革涉及6个区（市），改革面积16.78万亩已全部完成。截至2022年底，全市累计完成农业水价改革面积216.022万亩，在全市建立了用水管理、工程建设和管护、农业水价形成精准补贴和节水奖励等机制，建立了农业水价综合改革信息化平台，实现了改革面积上图、用水远程计量、远程控制、建立台账、缴纳水费等。

【水利移民】　2022年度完成移民直补资金发放5200.98万元，移民直补资金发放率100%。深入实施移民项目扶持，实施23个三类移民村扶持项目，建成9个美丽移民村，完成140个移民村基础设施及生产开发项目，完成项目投资8413万元，受益移民人口86655人，新增耕地灌溉面积2617亩，新建公路及机耕道364.47千米，增加移民人均可支配收入1952元，移民村集体经济持续发展。

【水生态建设】　完成水土流失治理面积195.4平方千米，包括梯田1218.52公顷、水土保持林1593.52公顷、经济林4684.41公顷、种草1008.97公顷、封禁治理6365.78公顷、其他措施4668.8公顷，减少土壤流失量39.9万吨，超额完成规划年度目标任务。通过连续不断开展水土保持综合治理，烟台市水土流失面积和强度持续下降，水土流失面积由2011年全国第一次水利普查时的5037平方千米下降到4169.25平方千米，下降17.23%，其中中度以上水土流失面积大幅度减少，占水土流失总面积的比重由54.3%下降到4.5%，水土保持率达到69.46%，全市水土流失状况得到明显改善，有力地促进了全市生态文明建设。

【水资源管理与保护】

水资源刚性约束　坚持“四水四定”原则，严格实施水资源消耗总量和强度双控制度。用水总量保持在10亿立方米左右，实现“增产增效不增水”，2022年全市万元GDP用水量11.37立方米，万元工业增加值用水量4.24立方米，用水效率在全省处于领先水平。

节约用水　落实规划和建设项目水资源论证和节水评价制度，实现年用水量1万立方米及以上工业和服务业计划用水全覆盖，持续开展取水口专项整治行动，排查整改取水项目问题2446个，加强水资源监控能力建设，在全省率先完成水资源税远程在线监控安装。扎实推进节水型社会建设，实现县域节水型社会建设行政区市全覆盖。山东工商学院、烟台幼儿师范高等专科学校、烟台科技学院、烟台黄金职业学院4所高校创建为省级节水型高校，全市已累计创建8所省级节水型高校，创建率达到50%，烟台职业学院被水利部公布为节水型高校典型案例在全国进行宣传推广，海阳市“节约用水宣讲进校园活动”被全国节约用水办公室评为2022年“节水中国 你我同行”联合行动“优秀活动”。

水资源保障能力　加强饮用水水源地保护，实施重要饮用水源地安全保障达标建设。按照“水量保证、水质合格、监控完备、制度健全”目标任务要求，对3个国家级饮用水源地、选取5个省级饮用水源地开展了重要饮用水源地安全保障达标建设，达到目标任务要求。委托市水文中心每月对全市25个重要饮用水水源地水质进行监测，并进行通报。持续开展生态流量研究工作。印发《五龙河生态流量（水量）保障方案》，明确五龙河生态流量保障目标。

【河湖管理】　强化河湖岸线管控，常态化开展河湖“清四乱”，清理整治河湖问题2000余处。把美丽幸福河湖建设作为新时代河湖治理保护的根本遵循和重要实践，积极融入城市发展和乡村振兴战略，开展农村河道情况调研，启动实施农村生态河道建设三年行动，强化推进示范河道建设，通过开展河道治理、河岸绿化、景观打造建设等，提升河流品质。黄渤海新区柳子河、莱山区朱柳河、昆嵛区汉河等7条河流成功创建省级美丽幸福示范河湖，福山区清洋河被水利部淮河水利委员会评定为“淮河流域幸福河”。实施数字河湖建设试点，推动河湖管护步入数字化新时代，在龙口市、莱州市等区市开展“数字河湖”建设试点，在融合原有河长制、水利工程信息化管理平台基础上，年内新增投资800万元，构建基础数据统一、监测数据汇集、二三维一体化、三级贯通的数据资源平台。

【工程建设管理】

质量安全监督　调整完善《烟台市水利工程建设质量与安全监督实施细则》《老岚水库工程质量与安全监督项目站人员及职责分工》等管理规定，进一步理清理顺监管责任及人员职责，保障水利工程质量与安全监督顺利运行。切实开展质量与安全监督检查，全面检查各参建单位质量管理责任体系的建立及运行情况、质量终身责任制的落实情况和工程实体质量；同时委托具备相应资质的第三方质量检测单位开展实体质量抽检。共开展19次质量监督检查，发现质量问题

108个，开展实体质量检测4次，发现质量问题11个。强化问题整改落实，高度重视水利部、省水利厅监督检查发现问题整改落实工作，及时组织落实问题整改工作，建立问题整改台账、明确整改责任人和整改期限，督促项目法人及时进行整改并复核整改报告，实行闭环管理，所有问题均整改到位。

建设市场监管　印发《关于开展烟台市水利工程建设招标投标领域突出问题专项整治工作的通知》，对全市2019年以来政府投资和使用国有资金的水利工程建设项目开展专项整治，共排查项目240个，各项目法人对项目招标备案、评标定标、保证金管理、合同签订、建设实施、监督管理等环节进行自查，均未发现串通投标、规避招标、虚假招标、转包、违法分包、监管不严等严重违法违规违纪行为，各项目均无各类举报投诉发生，水利建设市场运行良好。组织开展农民工工资支付保障领域突出问题专项整治行动、水利工程建设项目集中整治拖欠农民工工资问题专项行动，对水利工程建设项目拖欠农民工工资问题实施集中整治，推动保障工资支付各项制度落实落地，切实防范化解重大欠薪风险隐患，保障农民工合法权益。2022年春季、秋冬季两次对扬尘污染开展联合监督检查，实现在建水利工程工地两遍全覆盖监督检查，督促落实各类扬尘污染管控措施。

【工程运行管理】

除险加固和维修养护　强化水利工程安全运行管理，实施77座小型病险水库除险加固和1032座小型水库维修养护，完成投资数分别为12571.63万元和4419万元，有效消除工程安全隐患，确保水利工程运行安全、度汛安全。

标准化管理　持续推进水利工程标准化管理，完成1044座工程标准化管理任务；烟台市城市水源工程运行维护中心陌堂橡胶坝和招远市城子水库顺利通过考核，被评为省级标准化管理水利工程。深化小型水库管理体制改革，福山区黑石水库、龙口市常胜水库成功建成山东省小型样板水库。推动水利工程运行管理岗位创新，积极发动基层水利干部职工，主动发现、解决工程管理中的难题，提炼形成创新成果，10项创新成果获得全省农林水牧气象系统“乡村振兴杯”和“建设绿色安澜黄河”工作、技术创新奖。

【改革创新】 推进改革创新，持续提升工程建设质量，推动老岚水库工程施工BIM技术应用，推行工地标准化建设、推进智能建造、党建进工地等省级试点工作，工程建设质量大幅提升。烟台市在省水利工程质量考核工作中，位居全省第三；老岚水库工程连续两年代表山东省参加水利部大型水利工程质量实地考核，获得A级（优秀）评价。

【水行政执法】 梳理涉水法律法规，制定以“水土保持”“工程管理”为主要模块的13类清单目录，从上到下建立了现行法律、法规、规章、规范性文件的法律规范指引，为执法人员提供法律便利和保障。全面落实“谁执法谁普法”“谁主管谁普法”“谁服务谁普法”普法责任制，制定年度普法责任清单和普法计划，将水利普法与水行政执法、业务管理深度融合，搭建全方位、立体化的普法宣传阵地。深化行政执法体制改革，积极推进完善体制机制建设，建立完善综合执法协调机制。全市水事违法案件办案率居全省第一。

（王崧阳　孙晓熠）

潍坊市

【概况】 2022年，潍坊市水利工作深入学习贯彻中共二十大精神，积极践行“节水优先、空间均衡、系统治理、两手发力”新时代治水思路，加快提升水旱灾害防御能力、水资源优化配置能力、水资源集约节约利用能力、河湖生态保护治理能力，着力推动新阶段全市水利高质量发展。全年实施四大类54个重点水利项目，完成总投资47.3亿元，峡山水库战略水源地水质提升保护工程建成通水。平稳度过超长汛期，完成415个村庄的村级供水设施提升，年度成功创建19条省级美丽幸福示范河湖，在中央财政水利发展资金省级评价中获得优秀等次，位列全省第一。潍坊市水利局被水利部评为“全国水土保持工作先进集体”，被省委、省政府表彰为“全省防汛抗洪表现突出集体”，获评潍坊市“打造乡村振兴齐鲁样板先行区示范集体”荣誉称号。

【雨水情】 2022年，全市平均降水量为997.1毫米，为新中国成立以来降雨第二多年份，较2021年同期791.2毫米偏多26.02%，较常年同期636.1毫米偏多56.75%。截至2022年底，全市27座大中型水库总蓄水量12.02亿立方米，较2021同期蓄水多蓄0.2057亿立方米，较常年同期蓄水多蓄5.2119亿立方米。

【水旱灾害防御】

压实责任　汛前逐座水库落实防汛三个责任人1596人，组织培训上岗，汛期多轮次抽查督导责任人强化履职尽责；组织完成9条重要河道风险隐患排查，对原险工险段、穿堤建筑物、堤防道口等651处风险隐患点逐一落实责任人及度汛措施；建立山洪预警信息发布双备机制，落实预警信息第一发布和备用发布人员共2288人，督促基层政府落实山洪灾害预警及转移避险包保责任。

隐患排查整改　组织对近年降等报废的158座小型水库开展风险评估、处置，完成全市532座水库溢洪道泄流能力复核，确保水库泄洪安全。制定34项防汛重点工作任务清单，逐项分解落实责任。开展山洪灾害风险隐患排查整治，争取资金1000多万元，实施临朐县李张时河山洪沟治理。推进水旱灾害风险普查，组织完成了山东省水旱灾害风险普查省级项目潍河保护区风险图、弥河流域山丘区中小河流淹没图等编制成果的技术审查，配合水利部、省水利厅完成“一市一流域”潍河流域的风险普查试点。

“四预”能力提升　创新预警信息叫应机制，由潍坊市水利局65名机关干部点对点包靠全市503座小型水库、1143个受山洪灾害威胁的镇村，先后三次启动预警叫应，确保预警信息直达一线责任人，典型经验在全省推广。组织各县（市、区）开展工程调度、防汛抢险、山洪转移避险等各类演练1000多次。组织修编27座大中型水库、骨干河道防御洪水方案、山洪灾害防御预案，开展北部区域入海河流遇超标准洪水和海水顶托共同影响下的应对预案研究。

防汛调度　成功防范化解了8月9—11的强降雨过程（台风“利奇马”后最强场次降雨过程）；统筹水库防洪和兴利供水，在确保防洪安全的前提下，最大程度利用水库、拦河闸坝拦蓄尾水，有效防范应对台风“梅花”降雨过程。

【规划计划】

水利规划编制　2022年10月11日，潍坊市政府印发《潍坊市现代水网建设规划》（以下简称《规划》）。《规划》按照“一轴一带、四纵七湖、百河千库”的框架蓝图编制，统筹存量和增量，推进水网互联互通、联调联供、协同防控，实现雨洪水、客水资源的合理调度和优化配置，保障水资源供给，提升防灾减灾能力。规划到2025年，市县水网布局更优，水资源节约集约安全利用水平更高，水资源优化配置能力明显提升，重点防洪薄弱环节基本消除，水旱灾害防御能力显著增强，全域建成美丽幸福河湖，水利治理体系和治理能力现代化水平全面提升；到2035年，全市现代水网基本建成，水资源优化配置格局更加完善，防洪保安工程基本达标，水生态环境优美宜居，水网调度智能高效，水安全保障有序有力。

水利计划下达及完成情况　2022年，谋划实施了供水保障、防洪提升、水生态保护与修复、数字水利等四大类54个项目，年度计划投资47.3亿元，投资总数全省第二，争取中央投资4.06亿元，省级财政补助资金2.69亿元，有13个水利项目成功发行地方政府专项债券14.67亿元。截至年底，全市所有项目计划完成率100%，完成了国家、省制定的目标要求。

【河流治理】 实施安丘市渠河巩固提升，寒亭区夹沟河治理，高密市顺溪河、胶河综合治理，昌乐县桂河、圩河、高崖水库上游汶河支流治理等7条中小河流治理工程，共治理河长49.1千米，2022年完成投资1.8亿元。安丘市渠河巩固提升工程治理河道8.5千米，完成投资3016万元；寒亭区夹沟河治理工程治理河道7.7千米，完成投资1650万元；昌乐县桂河治理工程治理河道2.6千米，完成投资2700万元；昌乐县圩河治理工程治理河道2.3千米，完成投资2700万元；高崖水库上游汶河支流治理工程治理河道12千米，完成投资1200万元；高密市顺溪河防洪治理工程治理河道6千米，完成投资1500万元；高密市胶河综合治理工程治理河道10千米，完成投资5000万元。

【水库闸站建设】 2022年，实施诸城市潍河引调水项目道明橡胶坝除险加固、拙村拦河闸新建和高密市胶河堤东、姚哥庄、王党拦河闸改建等工程。工程总投资2.26亿元，于2022年10月开工，至2022年12月底累计完成1.4亿元。诸城市潍河引调水项目道明橡胶坝除险加固、拙村拦河闸新建项目完成投资1850万元;高密市胶河堤东、姚哥庄、王党拦河闸改建等工程完成投资7000万元；高密市胶河堤大栏、公婆庙拦河闸新建工程完成投资5000万元。

【农村水利】

农村饮水安全　推进农村供水巩固提升工程建设，全年完成投资2.65亿元。其中，投资7300万元，实施农村供水工程维修养护和村级工程提升改造项目，完成32处水厂设备更换、61处供水主管网改造、415个村供水设施提升，受益人口150万人。投资3837万元，实施诸城市城乡集中供水提升改造工程和西部园区城乡供水改造项目。投资5510万元，实施安丘市城乡供水一体化提升改造工程（金山水厂）和农村供水村级工程提升项目。投资1.1亿元，实施临朐县城乡供水一体化项目和水系连通引调水项目。委托第三方服务机构，每季度对全市农村供水进行抽检，2022年共采集水样638个次，及时通报水质抽检结果，督促落实整改，水质持续稳定达标。

灌区建设与管理　组织中型灌区续建配套与节水改造项目储备和立项工作，推荐嵩山水库灌区、丹河水库灌区、申明亭扬水站灌区进行项目储备立项。嵩山水库灌区入选2023—2025年中型灌区续建配套与节水改造项目。开展节水型灌区创建工作，丹河水库灌区和临朐县嵩山水库灌区被水利部评为国家级节水型灌区。

【水生态建设】 2022年，全市新增水土流失治理面积109.61平方千米。实施国家水土保持重点工程5处，治理水土流失面积56平方千米，完成投资2800万元。实施省级水土保持项目3处，治理水土流失面积28平方千米，完成投资1400万元。全市共监督检查生产建设项目1298次，验收核查项目352个，有效督促了生产建设项目水土保持“三同时”制度落实。加强遥感监管，认真开展图斑核查任务，坚持问题导向，共核查图斑114个，依法加强对生产建设活动的监管。全市大中型水库累计向下游河道生态补水1.66亿立方米，补充了潍河、弥河、虞河、北胶莱河等河道生态水量，重点河道水生态环境得到持续改善。

【水资源管理与保护】

取用水监管　全力开展取用水管理专项整治行动“回头看”工作，制定取水口分类整治清单，开展分类整治，全市共认定项目9582个，其中，保留类6269个，整改类2908个，退出类405个，全部按时间节点完成。全市28个水资源论证项目全部开展节水评价并通过审查，从源头上把好节约用水关口。全年新办取水许可2817件，延续、变更取水许可551件。2022年全市调引客水6893万立方米。

节约用水　制定印发《潍坊市“十四五”节约用水规划》，实施《潍坊市落实国家节水行动实施方案》，发挥节约用水联席会议制度作用，审议印发《潍坊市节约用水工作联席会议2022年工作要点》，建立定期调度与通报工作机制。2022年全市用水总量15.93亿立方米，万元地区生产总值用水量、万元工业增加值用水量较2020年分别降低7.8%、11.38%，农田灌溉水有效利用系数0.6645，城市公共管网漏损率达到4.68%，均优于方案确定的目标要求。推进县域节水型社会达标建设，奎文、潍城、坊子、寒亭4区通过水利部复核，全市12个县（市、区）均建设成为县域节水型社会达标县，实现县域节水型社会全覆盖。高标准打造寿光、安丘、昌乐、临朐4个省级节水教育基地，成功创建省级节水型高校4所。

地下水管理　2022年，完成了寿光市、寒亭区2021年度国家地下水超采综合治理项目市级评估工作，实施了青州市、潍城区国家地下水超采综合治理项目，全市超采区年度压采地下水659.74万立方米，2022年末全市平原区平均地下水位埋深10.36米，较年初上升1.51米；超采区平均地下水位埋深11.80米，较年初上升1.95米。

【河湖管理】

美丽幸福河湖建设　深入推进全域美丽幸福河湖创建“三年攻坚行动”走深走实，统筹推进“安全、生态、文化、智慧、法治”五位一体提档升级，弥河全线193千米整体创建为首批淮河流域幸福河湖，19条河段创建为省级美丽幸福示范河湖，年度创建数量和累计创建数量居全省第一，116个镇（街）创建为市级全域美丽幸福河湖镇。

河湖专项整治行动　综合采用卫星遥感、无人机巡查、智慧监控、群众举报、人工核查的“空天地人”立体监管模式，实现河湖问题动态清零。严格河湖空间管控，37个妨碍河道行洪突出问题完成整改。

河湖长效管理保护　“最美河湖卫士”有奖积分公众平台上线运行，查实群众举报70余件，兑现奖励30余万元；创新建立河湖专业化全域保洁机制，配备河湖专管员3300名，其中争取河湖公益岗2800余个，做法在全省推广。

河湖智慧监管　投资2600余万元建成河湖智能监管系统，提升防汛预报预警平台，开展了19个数字河湖建设项目，全市涉河湖视频监控达3500余路，利用先进技术对河湖问题进行智能分析、实时预警，实现全过程监管，智慧化管理水平明显提升。

【工程管理】

水库除险加固和安全鉴定　2022年1月，超前完成37座小型水库安全鉴定任务。5月底前，涉及5个县（市、区）41座小型水库除险加固工程全部完成主体建设任务及蓄水验收目标，完成投资4546万元。

水利工程标准化管理　深入实施5大类82项水利工程标准化管理，高崖水库通过“水利部标准化管理工程”评价验收，成为水利部《关于推进水利工程标准化管理的指导意见》及评价标准出台后，全国首批、全省首个通过标准化管理验收的水利工程。

塘坝风险排查整治　组织开展了全市塘坝安全风险排查整治专项行动，摸清全市重点塘坝底数806座，逐一现场核查确认重点塘坝、核实风险隐患，采取工程及非工程措施结合的手段提升塘坝抵御暴雨洪水风险的能力，确保全市塘坝成为群众满意的“放心塘”“安心塘”。

【改革创新】

农业水价综合改革　截至2022年底，潍坊市完成年度农业水价综合改革任务191.27万亩，本轮省分配737.7万亩改革面积任务全部完成。在项目区初步形成农业水价合理、工程设施完善、水资源管理严格、奖补机制健全、运行管理到位的农业水价综合改革工作体系。稳步推进改革验收工作，2022年度完成改革验收面积595.82万亩，占总改革面积的80.77%，完成年度改革验收任务，并通过省级验收。

小型水库管理体制改革　每座小型水库均落实了政府、主管部门、管理单位责任人，落实了管护经费2300余万元，落实管护人员590余人。在全市所有小型水库探索设立小型水库“巡库员”公益岗，在临朐县率先开展小型水库“巡库员”机制建设试点，形成了职责清晰、程序规范的巡库员“标准化”管理制度。

水权交易改革　潍坊市水利局、市发改委、市审批服务局和市税务局四部门联合制定出台《潍坊市水权交易管理实施办法》，以保障区域用水、服务企业发展为落脚点，依法依规开展水权市场化交易，并实现案例突破。指导诸城郭家村水务有限公司与诸城石门水务有限公司、潍坊欣龙生物材料有限公司与潍坊金椿食品有限公司、寿光世纪教育集团与寿光蔬菜产业控股集团有限公司在中国水权交易所开展完成3笔水权交易，公共供水企业类、工业企业类水权交易均实现突破。

水资源税改革　完成水资源税远程在线监控管理改革项目，安装在线计量设施3294处，并上线运行，实现非农业取用水户在线计量全覆盖，全市共核定非农业用水量6.27亿立方米，征收水资源税2.83亿元，均按《山东省人民政府关于印发山东省水资源税改革试点实施办法的通知》所确定水资源税（试点）税额标准足额征收。

【水行政执法】　以多种形式开展法治宣传教育27次，加强日常文书合同的合法性审查，保障依法依规科学决策。完善了水利与公安、检察、综合执法等部门联动机制，全年查处非法采砂行为44起，查处案件41起，移交案件1起。扫黑除恶斗争工作常态化开展。扛牢安全生产政治责任，深入开展水利行业安全生产专项整治三年行动、风险隐患排查整治、安全生产大检查、预防未成年人溺水等专项整治工作，排查整改问题隐患1109个，水利行业安全生产形势持续稳定。抓好质量监督，发现整改问题129个。

【城乡供水】　潍坊市2022年供水量159330万立方米。其中，地下水供水量62756万立方米、当地地表水供水量77637万立方米、客水供水量6893万立方米、其他水源12044万立方米；农业用水79131万立方米（其中地下水50875万立方米），工业用水27126万立方米（其中地下水4007万立方米），生活用水37162万立方米（其中地下水6774万立方米），人工生态环境补水15911万立方米（其中地下水1100万立方米）。

【重点工作】　峡山水库战略水源地水质提升保护工程完成主线建设任务。工程总投资27.43亿元（一期管道输配水工程投资23.59亿元，二期泵站、橡胶坝工程投资3.84亿元），一期工程列入2021年省重大项目库，二期工程列入2022年省补短板项目库。项目累计发行政府专项债券22.5亿元，完成调水线路135千米，中水管道合计长度为212千米，于2022年11月举行通水仪式，提前发挥工程效益。

（程学刚）

济宁市

【概况】　2022年，济宁市城乡水务工作坚持以习近平新时代中国特色社会主义思想为指导，深入学习贯彻中共二十大精神，按照“节水优先、空间均衡、系统治理、两手发力”治水方针要求，加快实现城乡水务治理体系和治理能力现代化，济宁水务强市建设成效显著。全年完成水务投资104.48亿元（比2021年增长25.1%，比2020年增长21.86%，比2019年增长248.85%），其中省重点水利工程投资完成率位列全省第一，现代水网和冬春重点水利工程超额完成。

【雨水情】 1月1日至10月7日，全市累计平均雨量729.5毫米，比上年同期偏少253.3毫米，偏少26%；比历年同期偏多97.3毫米，偏多15%。6月1日至10月7日，全市累计平均雨量691.2毫米，比上年同期偏少138.3毫米，偏少17%;比历年同期偏多184.5毫米，偏多36%。

【水旱灾害防御】 汛前，济宁市水旱灾害防御指挥部立足于全市水旱灾害防御工作大局，紧盯东部山丘区水库塘坝、骨干河道、滨湖易涝区、湖区及蓄滞洪区“四大重点区域”，共督导完成了市县两级293个方案预案修编；全市建立了水旱灾害防御队伍67支，其中，常备队伍21支，专业队伍46支；全市共落实62种40多万件水旱灾害防御物资储备；组织举办了“2022年济宁市城乡水务局暨曲阜市人民政府水旱灾害防御演练”；全市248个大中小型水库、526个塘坝、158个水闸全部落实了“三个责任人”2796人。2022年防汛形势复杂严峻，主汛期提前，强降雨集中，邹城市郭里站4小时强降雨达285毫米，为有历史记录以来极值，东鱼河发生711立方米/秒流量的洪峰，为有历史记录以来的第二大流量。面对异常严峻的汛情，济宁市水旱灾害防御指挥部快速响应，积极动员，提前组织会商研判，派出14个专家组赴一线督导指导，精准发布山洪灾害预警信息3万余条，妥善转移安置受山洪威胁群众1373人，有效避免了人员伤亡事件发生。

【规划计划】 印发《济宁市“十四五”城乡水务发展规划》《济宁市现代水网建设规划》，配合做好南水北调东线二期地方配套工程规划，以市政府名义印发了加快推进济宁市2022年冬季至2023年春季重点水利工程建设的指导意见。

2022年，济宁市市级现代水网建设规划项目94项，完成年度投资104.48亿元；其中，共75项工程列入2022年省现代水网规划项目清单，项目个数位列全省第一。对上争取成效显著，争取资金35.84亿元，其中中央财政资金5.35亿元、省级补助资金11.12亿元、政府专项债券13.2亿元、政策性银行贷款6.16亿元。先后两次在全省现代水网暨2022年重点水利项目建设推进视频会议上作典型发言。

【河流治理】 济宁市新万福河治理工程主要建设内容包括河道清淤疏挖、筑堤、堤顶防汛道路建设，新建、改建、维修建筑物，改建穿堤涵闸、加固排灌站等。工程总投资51812.51万元，2022年完成年度投资19266.46万元。邹城市白马河、大沙河综合治理工程主要建设内容包括河道清淤疏挖、筑堤、堤顶防汛道路建设，新建、改建、维修建筑物等。工程总投资27400万元，2022年完成年度投资15600万元。鱼台县惠河治理工程主要建设内容包括河道清淤疏挖、筑堤、堤顶防汛道路建设，改建加固排灌站。工程总投资19815.89万元，2022年完成年度投资16073万元。

【水库闸站建设】 2022年新建水闸2座，水闸除险加固7座，完成投资1.23亿元。金乡县羊山水库工程开工建设，主要建设内容包括新建主坝、副坝、溢流堰、管理设施、附属建筑物等。工程总投资56783.73万元，2022年完成年度投资22050万元。

【农村水利】

农村饮水安全 2022年初，持续推进完善城乡供水一体化建设，规划农村供水保障工程投资4.99亿元，提升改造3处农村水厂和710个村庄村内供水设施。截至2022年12月底，全市农村供水保障工程超额完成年度任务，共计完成投资5.64亿元，完成率113%，共完成3处水厂和734处村内供水设施提升改造，铺设村级以上主管道545千米。在资金方面，省级按照发债成功项目的20%进行补贴，获得补贴7211万元。同时争取省2022年农村供水工程维修养护资金1819万元，项目涉及全市14个县（市、区），计划维修养护工程363处，服务人口141万人。项目已全部完成，完成总投资1829万元，维修养护工程428处，受益人口141.06万人。

农业水价综合改革 2022年度改革任务投资1821万元，改革面积134万亩，已实现济宁市有效灌溉面积668万亩全覆盖。在改革区域内，完善农业用水计量设施，分解农业用水指标，落实田间工程管护责任，调整了农业水价，推动农业供给侧结构性改革，促进农业高质量、可持续发展。2022年济宁市农田灌溉水有效利用系数为0.6651。

农村生活污水治理 截至2022年年底，治理完成4177个村，全市治理率达到70%，“城乡一体化、建管一体化”经验做法连续三年在全省农村生活污水治理现场会上作典型发言。

【水生态建设】

水土流失综合治理 2022年度全市新增水土流失治理面积77.32平方千米，实施泗水县、邹城市国家水土保持重点工程，以及曲阜市、邹城市省级生态清洁小流域示范项目，已全部建设完成，共治理水土流失面积64平方千米，完成投资3300万元。发布《2021年济宁市水土保持公报》。11月3日，济宁市政府新闻办组织召开《2021年济宁市水土保持公报》解读新闻发布会，对其解读发布。

城镇生活污水处理 持续提升城市生活污水处理能力，开工建设济宁高新区接庄污水处理厂扩建、嘉祥县嘉北新区污水处理厂等2座城市污水处理厂，完成11个建制镇污水处理设施建设。全年累计消除生活污水直排口11个，消除空白区面积6.224平方千米，新建污水管网102.86千米，改造修复污水管网83.8千米。

黑臭水体整治 8条城市黑臭水体全部完成“初见成效”“长制久清”阶段评估，66处农村黑臭水体完成治理。

【水资源管理与保护】

用水总量、用水效率双控指标 2022年全市用水总量20.8192亿立方米；万元国内生产总值用水量40.49立方米，较2020年下降14.63%；万元工业增加值用水量15.72立方米，较2020年下降6.15%；农田灌溉水有效利用系数0.665；非常规水利用量1.9092亿立方米。

取用水管理专项整治及回头看 2022年3月，济宁市在全省率先完成了取用水管理专项整治整改提升阶段任务，累计完成1652个项目、3.21万个取水口整改并逐一销号落实。在全省率先完成水资源税远程在线监控管理工作，累计为2617家需纳税取水单位安装了远程在线监测计量设施3565台（套）。2022年7月印发《济宁市取用水管理专项整治行动“回头看”工作方案》，完成现阶段全市取用水管理专项整治行动“回头看”整改提升，新增取水项目66个；修改完善信息不准确项目112个，更新完成取水许可证1785个项目。

地下水超采治理和地下水保护 推进2022年度国家地下水超采综合治理项目金乡县、鱼台县建设，累计完成投资10000万元（金乡5000万元，鱼台5000万元）。超采区全年共封停自备水井106眼，压减地下水量1040万立方米，其中浅层地下水15万立方米、深层承压水1025万立方米。

自备井封停整改 2022年共封停自备井386眼，整改自备井427眼，圆满完成既定任务目标（需封停266眼，整改389眼）。

节水型社会建设 编制印发《济宁市节约用水“十四五”规划》。《济宁市节约用水条例》已通过省人大审议，由市人民代表大会常务委员会公布施行。兖州、曲阜、泗水、金乡、任城、邹城、嘉祥、微山、汶上9个县(市、区)成为全国县域节水型社会达标县，鱼台、梁山节水型社会达标建设通过省级评估验收。积极创建节水载体，嘉祥光大环保能源有限公司等5家企业（单位）被省住建厅评为2022年度省级节水型企业（单位）。泗水县7家水利节水型单位被评为市级水利节水型单位，济宁职业技术学院等25家单位（小区）被评为市级节水型单位（小区）。

【河湖管理】

涉河湖问题整治 开展拦河工程排查整治专项行动，排查桥梁、水闸、管线等1708处拦河工程，需拆除改造的47处于汛前完成比省定（12月底）提前3个月完成。南四湖历史遗留存量问题，联合流域机构制定《济宁市南四湖问题整治方案》，分类处置，兼顾发展与安全，不搞一刀切，顺利推进整改。在此基础上制定了《济宁市南四湖问题整治行动方案》，完成整治拆除21处码头、临水货场，320余间板房、看护房，120余处养殖棚等南四湖历史遗留问题。省卫星遥感疑似问题469项，经现场核查属实的79项问题全部整改完成。

美丽幸福河湖建设 完成303条段市级美丽幸福达标河湖及15条市级美丽幸福示范河湖建设，新增8条省级美丽幸福示范河湖。梁济运河（城区段）被水利部淮委授予淮河流域第一批幸福河湖。济宁市在全省河湖长制专题培训班上作典型发言，《中国水利报》推介刊登济宁市河湖长制做法，济宁市梁山县巡河员蔡继民荣登全国“十大最美河湖卫士”榜单。

【工程建设管理】

质量与安全监督 印发《关于全市水利工程建设质量与安全监督事权、职责划分有关事项的通知》，进一步明确济宁市质量与安全监督事权和职责。组织实施质量提升集中攻坚行动。制定印发了《济宁市水务工程建设质量提升集中攻坚行动实施方案》，在全市水务行业开展为期两年的质量提升集中攻坚行动。

水利工程建设市场秩序管理 开发济宁市水利工程建设项目电子交易系统，与省水利监督平台进行双向数据交换，实现业务流程化、环节自动化、监管智能化。制定下发了《关于规范水务工程招标投标工作的通知》《济宁市水务建设市场主体信用信息管理办法》，对诚信企业、中小企业减免保证金并适当增加报价得分，通过惠企政策帮助企业发展进步。2022年度共化解各类欠薪线索110余个，下达督办函11件，开展约谈3次，未出现欠薪案件。按照国务院考核细则和《济宁市保障农民工工资支付工作导则》要求，高标准打造了运河水厂、尼山水库引调水、湖东滞洪区安全楼3个样板工地，其中尼山水库引调水项目作为代表济宁市迎考工地之一，通过国务院考核。

大气污染防治 印发《全市水务工程错峰施工计划》《重点时段施工扬尘污染管控方案》等系列工作方案，对水务工程大气污染防治工作的防治责任落实、工作目标、防治措施进行明确规定，形成制度规范、责任明确、措施有效的防治工作格局。建立《全市水利工程扬尘源管控清单》《全市水务行业非道路移动机械管控清单》，落实责任包保人员。

【工程运行管理】 2022年，潍坊市完成了248座水库、147座水闸工程管理和保护范围划界；一个县域、一个县域小水库、一座中型水库、一座水闸“4个1”标准化管理数字平台全部完成；高标准完成256项水库、水闸工程标准化管理自评和评价工作。强化工程责任落实，248座水库、158座闸坝、258段堤防、526座塘坝全部落实安全责任人和防汛行政责任人，完成小型水库防汛“三个责任人”培训748人次。强化工程安全运行，完成了19座小水库加固提升工程和59座塘坝除险维修加固工程，组织对全市水库、水闸、橡胶坝设备启闭、充填及备用发电机组等设备进行实操培训演练。强化工程度汛安全，全市248座水库溢洪道通过水库溢洪道过水能力复核，全部满足过流要求。参照郑州“7·21”洪水标准，组织对水库、塘坝按照6小时降雨400毫米标准对其泄洪能力进行了再复核、再评估，并落实了安全度汛措施。强化工程安全监测能力提升，完成了6座大中型水库大坝安全监测设施改造提升。强化工程控制运用和调度，6座大中型水库、44座大中型闸坝全部完成了调度规程、控制运用计划、安全管理应急预案的编制修订和审批，240座小型水库全部落实了“三个重点环节”。强化工程基础信息系统管理，完成水利部水库运行管理信息系统、堤防水闸基础信息库相关水库、水闸和堤防工程基础信息的核查和完善。嘉祥县梁山节制闸被评为“山东省标准化管理水利工程”；桑北水库被评为“山东省乡村小型样板水库”。

【改革创新】 打造省级水权交易综合示范区样板，组织编制《济宁市水权水市场及水权交易综合示范区建设实施方案》，已组织评审。邹城市被评为“国家水土保持科技示范县”。泗水县水利事业发展中心（泗水县水土保持技术中心）荣获“全国水土保持工作先进集体”称号。金乡县羊山风景区入选水利部《红色基因水利风景区名录》；兖州区府河段、曲阜市尼山水库、邹城市大沙河段、汶上县泉河下游段被评为“山东省2022年度水系绿化样板工程”；嘉祥县梁山节制闸被评为“山东省标准化管理水利工程”。

【水行政执法】 修订并出台《济宁市水土保持管理办法》《济宁市用水总量控制管理办法》。扎实做好水行政执法工作，违法取水、扬尘污染、安全生产等各项执法工作取得积极成效。2022年3月份，济宁市水行政执法工作在全省水利监督会议上作典型发言。水利部网站以“山东省济宁市城乡水务局强力推进水利安全生产行政执法”为题，对济宁市水行政安全生产专项执法行动工作经验进行了宣传报道。水行政执法经验做法被《山东水利信息》刊发推广，《山东省济宁市城乡水务局对福建省东禹建设工程有限公司行政处罚案》被省水利厅作为典型案例推广。市水务综合执法支队关于“某建设公司施工现场存在较大安全隐患案”的案例，被济宁市委全面依法治市委员办公室、市司法局评选为典型案例。市水务综合执法支队被团中央评为“一星级全国青年文明号”。

【城乡供水】 2022年，全市城市公共供水水厂34座，城市公共供水综合生产能力达到95.5万立方米／日。全市城市公共供水管网长度达到3504.78千米，比上年增加0.86%；全市城市公共供水量21244.4万立方米，比上年增加1.1%；售水量17701.26万立方米，比上年增加1.6%；2022年全市城市公共供水漏损率达到7.99%。长江地表水厂一期工程完成通水运营，运河地表水厂一期工程完成调试运行工作，具备通水条件。

【库区移民】 扎实开展移民人口核查，确保直补资金精准发放。2022年组织各县（市、区）完成2021年度全市移民人口自然变化核查工作，核减人口2292人，核减后全市水库移民扶持人数为164791人，发放移民直补资金约8443.02万元。委托第三方机构提供技术保障，对全市大中型水库后期扶持资金项目认真开展绩效评价工作。积极推进2022年移民项目工作实施，2022年投资11388万元实施第一批移民项目65个，投资11299万元实施第二批移民项目87个，年底前全部开工建设。高效利用移民资金，投资5200万元打造“美丽移民村”26个。

规范项目实施管理工作，组织印发了《济宁市水库移民工作监督检查实施细则(试行)》。

(胡峰)

泰安市

【概况】 2022年，泰安市水利工作以推动水利高质量发展为主题，持续大干水利，全市水利改革发展事业取得新的显著成效。2月，被评为“全省防汛抗洪表现突出集体”；6月，被评为“泰安市创建全国文明城市先进集体”；7月，被评为省“落实国家节水行动工作表现突出集体”“鲁水先锋杯”山东省水利系统党务干部技能比武优秀组织奖；11月，荣获“全国节约型机关”称号。连续三年在全市安全生产考核中被评为“优秀”等次；继续保持省级文明单位、全国水利系统文明单位称号。在2022年度泰安市高质量发展综合绩效考核的42个A类市直部门中市水利局列第二名。

【雨水情】 2022年，全市平均降水量814毫米，较常年同期偏多16.9%，较上年同期偏少19.6%。大汶河出现4次不同涨水过程，大汶河汶口站最大洪峰流量1500立方米/秒，戴村坝最大洪峰流量1320立方米/秒。年末，全市水库蓄水4.64亿立方米，占兴利蓄水71%，其中大中型水库蓄水2.99亿立方米。

【水旱灾害防御】 立足“水情旱情监测预警、水工程调度、防御洪水应急抢险技术支撑”三项职能，围绕三大风险领域，全力做好会议部署、责任落实、预案修订、物资储备、督导检查等工作。召开5次专题会议对安全度汛工作部署安排，媒体公示617座水库安全度汛责任人，培训人员2300余人次。制定《泰安市水利局水旱灾害防御应急响应工作规程(试行)》，修订了水库、河道、山洪灾害预案方案，开展演练2795人次。开展汛前、汛期防汛检查，督促隐患整改到位。建立并调整专家库、专家组，开展3处水毁工程修复，实现汛前防洪隐患全部清零。及时会商、研判雨水工情，积极应对强降雨过程，启动水旱灾害防御Ⅳ级应急响应4次。防御泰山景区“7·12”特大暴雨洪水，最大限度保障了人民生命和财产安全。全年投入防汛抗旱资金637万元，重点实施水毁工程修复、山洪灾害防治等，完善防灾减灾工程体系。

【规划计划】

水利规划　编制完成《泰安市黄河流域生态保护和高质量发展水利专项规划》《泰安市水利局“十四五”推动黄河流域生态保护和高质量发展实施方案》，成立了“十四五”推动黄河流域生态保护和高质量发展领导小组和10个工作组，建立工作台账，定期督查调度、实地核查，持续跟踪问效。编制完成《泰安市现代水网建设规划(2021—2035年)》，统筹水资源配置、水灾害防治、水生态保护，兼顾引调水，形成“一轴众支、一湖多库、五纵十横”泰安现代水网总体布局。以流域为单元，统筹干支流、上下游、左右岸开展中小河流系统治理，完成中小河流调查评估，开展《泰安市中小河流治理总体方案》编制。

投资计划执行　2022年，全年下达水利基本建设计划投资19.27亿元，其中，中央政府投资5.51亿元，省投资1.84亿元，市县投资11.92亿元；中小河流治理项目4.33亿元，小型病险水库除险加固项目0.49亿元，小型水库维修养护项目0.25亿元，移民后期扶持项目4.43亿元，水土保持及生态修复项目0.19亿元，农村供水保障项目4.65亿元，其他水利项目4.94亿元。全年完成水利总投资22.31亿元，年度投资计划完成率115.74%，中央、省投资计划完成率100%。

重点工程前期工作　协调省发改委、省

水利厅、泰安市行政审批服务局和各有关县级水利主管单位，完成东平县水系连通及水美乡村建设试点县实施方案批复和5条中小河流治理项目初步设计（代可研）报告批复，开展宁阳直界水库、岱岳区龙门口水库等前期工作，保障项目顺利实施。

【河流治理】 列入2022年度施工计划10条中小河流治理项目完工2个，在建8个。初设批复总投资10.9亿元，年度计划完成投资4.32亿元，2022年12月完成5亿元，超额完成省水利厅确定节点目标。列入省水利厅2022年度绿化任务7条河道，累计栽植树木4200余株，撒播草种90余千克，绿化河道长度107.47千米，绿化率均达到95%以上，提前完成年度任务，新泰市羊流河等4处水利工程被评为全省水系绿化样板工程。完成汶口坝拦河闸除险加固工程验收。大汶河汶口坝拦河闸除险加固工程获得2021年度山东省优质结构工程奖。大汶河防洪治理工程肥城四标段、二期工程岱岳区二标段荣获市水利系统优质工程奖，宁阳县洸府河伏山段治理工程、岱岳区瀛汶河上游段治理工程荣获市文明工地奖，新泰市河道管理保护服务中心获优秀组织单位奖，河道管理部门、工程单位6人获个人优秀称号。

【水库闸站建设】

大汶河砖舍拦河闸　省水利厅、省发展和改革委员会以鲁水许可字〔2021〕170号文《关于肥城市大汶河砖舍拦河闸工程初步设计及概算的批复》对该工程初步设计进行了批复，批复概算总投资63825.00万元。主要建设内容：拆除现状砖舍坝、新建砖舍拦河闸、上游引河整治、新建连接堤和连接道路、改建引水闸、新建提水泵站、新建管理及观测设施等。工程于2022年1月17日开工建设，拟定总工期两年。工程完工后，可充分利用大汶河雨洪资源，缓解水资源供需矛盾，保证灌区灌溉水源，改善河流生态环境。

东平湖洪水外排河道应急疏通工程　汛前，完成东平湖八里湾泄洪闸南排连通工程，省水利厅专门发来表扬信，对在东平湖洪水外排河道应急疏通工程建设中做出积极贡献的泰安市水利局、东平县水利局予以表扬。

小水库除险加固　北吕、大石桥、孙西、小龙潭、王家河等6座小型病险水库除险加固列入省重点水利建设项目，获批复投资734.56万元，省以上资金342万元，其余资金由地方筹措。5月31日前完成了6座小（2）型病险水库除险加固主体工程建设任务;6月24日通过蓄水（投入使用）验收，全面完成了小型病险水库除险加固任务。小型病险水库除险加固“一线”盯靠法得到省水利厅充分肯定。

【农村水利】

灌区建设与管理　抓住国家加大对中型灌区续建配套与节水改造投资机遇，组织县（市、区）编制中型灌区续建配套节水改造工程项目建议书，宁阳县东引汶灌区、岱岳区胜利水库灌区被列入2023—2025年中型灌区续建配套与节水改造计划项目库，总投资28451.93万元。推进灌区“一张图”建设管理，做好大中型灌区名录动态管理。肥城安孙灌区被水利部评为节水型灌区。

农业水价综合改革　全面完成30.8万亩年度农业水价综合改革任务目标，市水利、发改、财政、农业农村部门联合组织开展了市级农业水价综合改革验收。新泰市“四精联动、靶向发力”改革经验，被水利部农村水利水电司列入农业水价综合改革典型案例在全国推广；新泰市“典型示范、积极探索、扎实推进农业水价综合改革”改革经验被省水利厅评为山东省水利改革创新典型案例。

移民后扶　实施大中型水库移民后扶项目155个、三峡移民后扶项目28个，高标准打造27个美丽移民村，移民工作经验全省推广，中央广播电视总台《朝闻天下》栏目对东平县移民项目成果宣传报道。

【水生态建设】

水土保持　构建起党委政府主导、各部门协同联动、全社会参与的立体工作格局，在全省水土保持规划实施情况考核评估中连续四次获得“优秀”等次。实施“山水林田路村”综合治理，2022年泰安市新增水土流失治理面积77.26平方千米，超额完成治理任务。“监管＋查处”督促企业落实水土流失防治责任，全面推进3个批次“天地一体化监管”，查处疑似违法违规生产建设项目图斑125个；“监管＋服务”提升水土保持验收报备效能，接收项目水土保持自主验收报备158项；“监管＋放管服”不断提升审批效能，实施水土保持区域评估，防治责任范围达15343.54公顷。

生态流量管控　实行大汶河生态流量和水量旬调度制度，依照省水利厅调度指令，根据水文监控数据的变化情况，累计下发6期大汶河生态流量调度指令，保障大汶河生态流量持续达标。2021—2022年，实现了大汶河戴村坝全年不断流，为2008年以来首次，1立方米/秒生态流量管控目标达标率98.35%，远高于80%的要求。泰安市水量调度工作经验做法，在全省调水工作会议上推广。

【水资源管理与保护】

水资源管理　出台《泰安市水资源保护管理条例》《关于全面加强水资源管理的实施意见》，依法管水治水的进程不断深化。联合印发《关于进一步加强取用水监督管理的通知》，规范取用水审批、监管。深入推进水资源税费改革试点，2022年泰安市安装水资源税远程在线监控系统1039处，水资源税征收增幅达到21%。统筹用好水资源税征收、用水统计调查、取水许可电子证照等电子系统，定期比对系统数据，建立预警提醒制度，及时发现违规取水问题。

节约用水　制定《泰安市节约用水工作联席会议2022年工作要点》《泰安市节约用水工作联席会议办公室工作细则》《泰安市节约用水工作联席会议工作规则》，加快推进国家、省节水激励政策落地实施。2022年完成节水评价台账25个。山东农业大学成功创建为2022年度山东省节水型高校。泰安市非常规水利用量1.4226亿立方米，完成省里下达的非常规水源最低利用量1.4亿立方米的指标。

保障水源地安全　在全省率先以政府名义公布市级重要饮用水水源地名录，有序推进县级水源地名录公布。对全市52个重要饮用水水源地取水口水质开展监测。根据2022年监测结果，全市2个国家级水源地均为Ⅱ类水标准。全面开展市级以上水源地达标建设，随机抽取7处市级以上水源地进行达标建设评估，经省水利厅评估均为优秀等次。

【河湖管理】　出台《泰安市河湖保护管理办法》《泰安市2022年度河湖长制工作要点》《泰安市第9号总河长令》《泰安市河长制湖长制工作督查激励实施办法》，组织召开全市河湖长制业务培训暨工作推进视频会议，高位推动河湖长制工作。加强河湖长体系动态管理，纵深推进“一河（湖）一策”方案及河湖岸线利用管理规划实施，“四不两直”开展水库河道公示牌设置和相关责任人履职情况检查督导，组织开展碍洪整治、采砂监管、拦河工程整治3大行动，各级河湖长累计巡查达20万余次，河湖长巡河基本实现应巡尽巡。组织开展4条河流创建省级美丽幸福示范河湖，通过省级审核验收。推进河湖“清四乱”常态化规范化，河湖“四乱”问题保持动态清零。发展河湖管护民间河长1158人，企业河长39人，河管员3235人，市县全面建立河湖违法有奖举报制度。全面推广“碧水积分”护水平台，建设县域平台9个，注册用户9.9万人。

【工程建设管理】　印发《关于进一步落实水利工程建设质量终身责任制的通知》《关于进一步加强水利工程建设现场人员管理的通

知》《关于加强全市水利工程建设质量管理工作的通知》《关于加强水利工程建设项目法人管理的通知》《关于加强水利工程建设实体质量监督检查工作的通知》等文件，加快建设监管标准体系。印发《泰安市水利工程建设项目电子招标投标监管试点实施方案》，进一步规范水利工程招标投标工作。开展省水利厅2022年度水利工程建设劳动竞赛“评先树优”工作，省水利厅表彰优质工程3个，文明工地1个，QC小组成果4个，先进集体6个，优秀组织单位3个，优秀一线职工12人，优秀组织个人6人，优秀项目法人个人3人，优秀项目经理3人，优秀总监理工程师2人。

【工程运行管理】 按时完成了5座水闸安全鉴定，如期全面完成了省水利厅运管处数字水利平台建设考核任务。按照督导县级“全面查”、业务科室“常年查”、包县（市、区）检查组“重点查”方式，开展水库运行监督检查。落实小型水库“巡库员”公益性岗位政策，结合公益岗困难人群就业安置与小型水库“巡库员”选人用人条件，选聘巡库员700名。参加全省水利工程运行管理岗位创新大赛，获全省农林水牧气象系统工作创新竞赛优秀成果二等奖和技术创新竞赛优秀成果二等奖、三等奖；2处水利站所被省农林水工会评为“职工信赖的职工小家”，1人被市总工会评为新时代岗位建功劳动竞赛标兵。

【改革创新】 成功创建新泰市“国家水土保持示范县”、泰山区安家庄“国家水土保持科技示范园”、黄河东平湖蓄滞洪区防洪工程“国家水土保持示范工程”，取得“双县双园一工程”的佳绩，实现了创建类型全覆盖，示范创建数量全省第一、全国前列；“分级分类监管”“区域项目放管服”“工程以奖代补”3项工作纳入省水土保持高质量发展三年强基行动试点，数量为全省最多。深化水权水市场改革，创新生态产品价值实现路径，完成45笔交易、交易水量2441.175万立方米，交易笔数、交易水量分别居全省第1位、第2位。完成泰安首个水利工程电子招投标监管试点实证项目。岱岳区被评为山东省深化小型水库管理体制改革样板县，5座水库创建为省乡村小型样板水库，岱岳区水利局在全省水利工程运行管理现场推进会上作了典型发言。

【水行政执法】 制定印发《泰安市强化水行政执法工作意见》《泰安市水行政执法监督检查办法》等文件，理顺执法职能，加强队伍建设，明确执法目标，全面加强和规范水行政执法监督检查工作。深入开展水资源、水土保持、河湖执法等专项执法活动，累计发起检查活动200余次，排查经营单位1000余家，依法对4家经营单位予以行政处罚。与检察院、公安局、住建局联合开展城区自备井整治行动，在全省水资源管理暨节约用水工作会议上作了典型发言。健全完善河砂禁采监管体系，巡查80余车次，巡查河道8000余千米，保持高压严管态势。

【城乡供水】 泰安市委常委会、市政府常务会专题研究农村饮水安全工作，市政府印发《泰安市农村供水管理体制改革实施意见》，市农村饮水安全工作领导小组印发《泰安市农村供水水质提升专项行动方案》，市政府召开专门会议安排部署、调度推动，市政协开展民主监督，市水利局强化督导协调、定期调度通报。全市投资4.65亿元，实施规模化供水管网延伸覆盖及414个村内供水设施更新改造等工程，农村供水管理体制改革扎实推进，农村供水保障水平稳步提升。

（赵春明）

威海市

【概况】 2022年，威海市水利水务系统坚持以习近平新时代中国特色社会主义思想为指导，积极践行“节水优先、空间均衡、系统治理、两手发力”的治水思路，扛牢管党治党政治责任，强化治水兴水使命担当，统筹推进“六水共治”“五化提升”，多项工作走在全省乃至全国前列。河湖长制工作获得国务院督查激励，威海市水务局牵头负责的4项工作全部获得省级督查激励，实现首届省级督查激励“满堂红”。重点工程建设、河湖治理、“两个清零、一个提标”、水资源管理、防洪蓄水等经验也多次在省级会议上被点名表扬或发文、通报推广，水利水务事业高质量发展迈出了坚实步伐。

【雨水情】 2022年，威海市累计降水量1092.1毫米，较2021年同期偏多1.3%，较多年同期偏多44.2%。汛期（延期至10月7日），全市累计降水972.6毫米（为1955年有水文记录以来之最），较2021年同期偏多50.6%，较多年同期偏多80.9%。2022年汛期共降雨41场、71天，达到暴雨级别的有9场。全市共有水库353座（大中型水库16座，小型水库337座），2022年汛期末，全市大中型水库总蓄水量4.2亿立方米，是历史最高值，比历年同期偏多近1倍，较汛初新增蓄水8000万立方米（不含汛期供水消耗5400万立方米），在无新增降水补充情况下，可保市区供水600余天。全市小型水库总蓄水量1.17亿立方米，塘坝总蓄水0.43亿立方米，基本处于满库状态，可有效保障农业灌溉等用水需要。

【水旱灾害防御】 强化“四预”措施，落实水库度汛“三个责任人”633名、市级河湖防汛抗旱责任人8名，开展防汛隐患排查，整治问题118处。修编完善16座大中型水库、31条流域面积50平方千米以上河道防御洪水方案和超标准洪水预案，小型水库大坝安全管理（防汛）应急预案，51个镇级、517个村级山洪灾害防御应急预案。组织开展水利防汛抢险应急演练、防汛物资调运、溢洪闸及放水洞启闭演练。高标准完成17座病险水库除险加固和10座小型水库安全鉴定，补齐了防洪薄弱短板。2022年汛期降水总量多、持续时间长。面对严峻汛情，全市水利系统下达调度指令100余次，消减洪峰5.5亿立方米，减淹城镇14个、耕地3.1万亩，避免了8万人口转移，实现了“人员不伤亡、水库不垮坝、重要堤防不决口、重大基础设施不受冲击”的工作目标。

【规划计划】 为全面贯彻落实中央、省、市关于现代水网建设的工作部署，威海市水务局按照“谋划大工程、有效工程、打长远工程”原则，在全省率先编制完成市级现代水网规划并经市政府批复实施，谋划建立“一轴两翼、九河多库、一带四区、六水五化”的市级水网总体布局，规划实施5大类230项工程，总投资436亿元，其中，“十四五”期间推进实施194项，计划投资206亿元。2022年实施了供水保障、防洪提升、水生态保护与修复、数字水利等4大类54项重点水利工程，累计完成投资23亿元，投资计划完成率115%，超额完成年度建设任务。

【河流治理】 完成黄垒河、乳山河等10项河流治理工程，治理河长63.7千米。高标准推进荣成市全国水系连通及水美乡村建设试点，2022年建设任务全面完成，主要包括沽河治理工程、小落河治理工程、水土保持生态小流域综合治理项目以及崖头河水系治理工程等，完成投资2.971亿元。在前期设计阶段，邀请水利部淮河水利委员会专家全程参与项目总体方案编制、初步设计阶段评审，高标准完成前期工作并通过省级批复；项目实施过程中，统筹兼顾河道治理、河道拦蓄、水系连通、生态修复、农村污水治理、城市环卫一体化等工程建设，水利部以简报形式向全国推广经验成果。

【水库闸站建设】 黄垒河、母猪河地下水库完工并正式下闸蓄水，新增蓄水能力6600万立方米。威海市河库水系连通工程基本完工，市域中线水资源调配体系初步形成，新增区域水资源调配能力5000万立方米。泊于水库完成竣工验收。

【农村水利】 高质量完成灌溉水有效利用系数测算。选取能够反映全市灌溉整体特点的11个样点灌区、35个典型地块，完成农田灌溉水有效利用系数测算，2022年农田灌溉水有效利用系数达到0.7006，居全国前列，测算工作和分析报告通过省级审核。

【水生态建设】 先后开展黑臭水体排查整治、入河排污口规范化综合整治等“十大专项行动”，通过采取无人机对全市504条河道、3000千米河湖岸线进行了全域系统监测、巡查、暗访工作，结合威海市河湖暗访监管平台，发现并整治问题300余处。打造水生态监测实验室，每月对13处重点河流水质监测断面、47条重点河道、141个点位开展水质监测，发现问题及时溯源处理，确保全域黑臭水体动态清零。组织实施环翠区教里河、乳山市赤家口锯齿山两个省级生态文明小流域建设示范项目，治理水土流失面积22平方千米。印发《威海市水土保持标准化建设实施方案（2022—2025年）》，从水土流失综合治理、水土保持工程建设、生产建设项目水土保持监管、智慧水保等九方面，对威海市水土保持工作提出了阶段性目标和方向。文登区成功争创省水土保持高质量发展三年强基行动试点。

【水资源管理与保护】

取用水管理　印发《威海市取用水管理专项整治行动“回头看”工作方案》，全面复核取水口登记水量，登记水量由71.4%提高到85.8%；针对整改类取水口确保整治一个、核查一个、登记一个，2733个整改类取水口整改完成率100%，提前完成省定目标任务。印发《威海市水资源税远程在线监控管理改革方案的通知》，组织对全市纳入平台管理的用水户全面摸底，结合威海市实际采取“新老划断、分步实施”的方式推动水资源税远程在线监控改革，纳入改革的计量设施完成率100%。完善用水统计调查名录库，建立公共供水、自备水、灌区等取用水户名录888个，涉及重点取用水户77个，典型取用水户55个，实名注册率100%，组织填报季度、年度水量数据并严格审核，切实提高用水统计的准确性和有效性。

节约用水　2022年度用水总量4.54亿立方米，其中，农业用水量2.09亿立方米，工业用水量0.86亿立方米，生活用水量1.20亿立方米，人工生态环境用水量0.39亿立方米。万元GDP用水量13.32立方米，万元工业增加值用水量7.52立方米。

节水型社会建设　2022年下达用水计划1205份，自备水源及管网内年用水量1万立方米以上的非居民用水户计划用水下达率100%。完成哈尔滨工业大学（威海）、山东药品食品职业学院2所省级节水高校，米山水库1个省级节水教育基地创建工作；创建省级节水型单位、小区10个。通过省级节水型城市复查，印发《威海市迎接国家节水型城市复查工作实施方案》，成立分管市长任组长的节水型城市复查领导小组，在省级现场复查中获98分，为全省最高。

【河湖管理】 威海市共有大小河道504条（河长2576名、湖长932名），全部纳入河湖长制管理，共落实市、县、镇、村四级河长2576名，湖长932名，河管员1147名。其中，市级河长5名，湖长7名。全市流域面积50平方千米以上的河道有31条，流域面积200平方千米以上的骨干河道有9条。根据河湖长制工作需要和换届变动情况，及时对2576名河长、932名湖长进行了调整，向各级河湖长推送了工作明白纸和履职手册，组织各级河湖长完成巡河巡湖任务14.2万次，协调解决各类问题305个。梳理政策性文件形成《威海市河湖长制规范性文件汇编》。编制完成《威海市河湖长制发展规划》，对至2025年、2030年的工作目标和重点任务进行了科学全面谋划。开展涉河建设项目排查整治，对行洪任务的河道开展排查摸底，共排查出涉及阻水建筑物、阻水片林等各类问题85个，已全部超前完成整治。以示范河湖创建引领，创建杜营河为水利部淮河流域幸福河，通过黄垒河、五渚河等7条省级美丽幸福示范河湖创建验收，完成165条省级美丽幸福河湖达标计划。

【工程建设管理】 以赛促建，打造精品工程，2个项目分别荣获“泰山杯”（崮山水库除险加固一等，黄垒河地下水库三等），1个项目荣获“华东地区优质工程奖”荣誉（泊于水库），荣获省级重点水利工程劳动竞赛先进集体9个、优秀个人30个、文明工地4个。印发《关于开展在建水利工程隐患排查整治工作的通知》，组织各区（市）水行政主管部门对在建水利工程进行全覆盖、拉网式、穿透式监督检查，累计发现并整改风险隐患56处，确保全市在建水利工程安全有序推进。联合市人社部门完成迎接国务院农民工工资支付考核水利行业资料审查，利用威海市农民工工资支付监管平台及时处理各类预警信息，确保水利行业无欠薪案件发生。

【工程运行管理】 2022年，威海市小型水库加固获得省级补助资金2636万元，抢在主汛前完成17座小型水库除险加固任务。郭格庄水库、纸坊水库被认定为山东省标准化管理水利工程。实现了市管水库省级示范工程“满堂红”。成功争创省级小型水库管理体制改革样板县1个，威海市实现建制县小型水库管理体制改革样板县“满堂红”。“创新思路 积极探索小型水库管理体制改革新模式”典型经验入选山东水利改革典型案例。

【改革创新】 提前完成农业水价改革任务，创新提出集中管理模式、新型经营主体管理模式、分散管理模式3种农业水价改革管理模式，将原定于2025年完成的目标任务，提前至2022年完成，累计完成改革面积146万亩。4个区（市）建立县级农业水价综合改革信息平台，具备集成远程监控、超定额累进加价管理、数据汇总分析等功能，实现灌溉全过程自动控制、用水自动监测。《创新思路 积极探索小型水库管理体制改革新模式》《精打细算 探索水资源精细化管理新路径》《坚持“三网合一”构建现代水网新格局》典型经验入选山东省水利改革创新典型案例。“不弃小微”河湖管护经验入选“全省河湖管理十大创新优秀案例”。《在用水指标持续收紧背景下的水资源管理路径研究》荣获威海市优秀调研成果一等奖。

【水行政执法】 强化日常巡查监管，对14条城郊河道2500多千米河岸线进行全面巡查，维护了河道秩序安全；督查26家市级立项生产建设项目的水土保持手续办理进度及方案实际落实情况。全年共实地巡查398次、出动人员1100人次，整理巡查记录398份。严格规范行政执法，印发《威海市水务局依申请政务服务事项工作制度》《威海市跨区域水事纠纷预防和调处办法》。全年下达各类法律文书73份，处理非法取水、采砂等案件6起，行政处罚10.5万元。对辖区内在线管理121家、管网覆盖范围外142家企业及报停报废118眼水井开展非法开采地下水专项整治行动，制定了地下水资源监管三张清单，实现了地下水资源动态监管。

【城乡供水】 编制《威海市“十四五”农村供水保障工作方案》和《威海市农村供水水质提升三年行动方案（2023—2025年）》，

其中，“十四五”工作方案经市政府第9次常务会议研究通过，确定投资10.89亿元开展各类工程建设。投资1247万元，完成744个村庄供水工程改造，超额完成工程建设任务。完成对“千吨万人”农村水厂和1807个村庄开展水质巡检，建立农村水利“红黑榜”，开展4期农村供水工作经验推广和问题通报；邀请省水利科学研究院专家实地授课、在线培训，完成全市2359名水管员的全覆盖培训。建立《威海市农村供水村庄服务名录》《全市农村供水保障建设管理情况汇编》《全市供水薄弱村庄饮水情况动态监测台账》，省、市、县三级统一农村供水管理范围，实时关注偏远山村及脱贫人口饮水情况，及时完成问题整改，实现农村供水问题动态清零。

【城市供排水】 启动实施“两个清零、一个提标”工程。全市累计完成市政雨污合流管网改造149.28千米，省定任务完成率231%；污水管网内窥式排查年度任务完成122.4%；城市黑臭水体实现动态清零；3座污水处理厂完成提标改造，提标总规模达到16万立方米/日，省定任务完成率200%；再生水利用率达到40%以上。中心城区在全省第一个通过雨污合流管网整县制清零省级抽检验收，为全省开展清零评估工作提供了样板。工作经验先后两次被省住建厅在全省推广，并在全省河湖长培训会上作为典型案例获得表扬。实施市级重点工程，崮山净水厂深度处理、文登城区污水管网改造、荣成市区污水处理厂提标改造及配套管网建设等10项工程全部完成年度任务，完成投资10.08亿元。实施城市居民总表供水改造工程，完成52个小区、37111户改造。对全市城市公共供水单位、二次供水单位开展现场检查6次，反馈各类问题50余项，全部完成整改；对全市4处污泥处置中心抽查2次，未发现污泥堆积隐患；现场督导检查23件环保督察交办件，并完成市级销号；持续抓好建制镇生活污水处理工作，组织排查镇驻地污水处理设施46座、污水管网906千米，改造污水管网27.3千米，累计核查发现污水处理能力重复计算、设施规模不准确等问题13处，均已整改到位。

（林煦波）

日照市

【概况】 2022年，日照市水利系统以习近平新时代中国特色社会主义思想和“节水优先、空间均衡、系统治理、两手发力”治水方针为引领，深入学习贯彻中共二十大精神，积极践行水利发展总基调，聚力推动水利事业高质量发展，各项工作呈现稳中有进、进中提质的良好态势。全年完成水利项目投资15.39亿元，实施了五大类57项重点水利工程，治理皋陆河、前沙沟河等10条河道105千米。水利改革成效不断显现，河湖长制工作、农业综合水价改革、水库移民、水土保持等一批经验做法被水利部、水利部淮河水利委员会、省水利厅发文推广；先后5次在全国、全省会议上作典型发言；莒县获评全国水土保持示范县、五莲县龙潭河荣获2021年度淮河流域幸福河湖、龙潭沟水库获“泰山杯”一等奖。

【雨水情】

雨情　本年度累计降水987.1毫米，比历年同期多171.4毫米，偏多21%，比上年同期偏少19.6毫米，偏少1.9%。全年最大月降水量为7月份，全市平均降水量308.5毫米；全年最大降水量点为东港区独垛雨量站1318.0毫米。

水情　截至2022年12月31日8时，全市13座大中型水库总蓄水量5.59亿立方米，比2022年同期减少2984万立方米，偏少5.1%，比历年同期偏多67.7%；全市13座大中型水库全年总来水量6.74亿立方米，其中，3座大型水库总来水量5.20亿立方米，占总来水量的77.2%，10座中型水库总来水量1.54亿立方米，占总来水量的22.8%；全市13座大中型水库全年总放水量7.04亿立方米。

【水旱灾害防御】

汛前检查 开展水利行业防汛检查，整改隐患62处。全市共有山洪灾害危险单元370个，其中，一级危险区118个，二级危险区252个。开展山洪灾害防御专项检查，核查171个山洪灾害重点防治村群测群防体系。对4436座小型塘坝开展安全度汛隐患专项排查。

预案修编 完成549座水库的调度运用计划和防御洪水方案、370个山洪灾害防御重点村庄的山洪灾害防御预案和镇级山洪灾害防御预案以及沭河莒县段、付疃河、潮白河、巨峰河、潍河、绣针河、浔河、川子河等8条市级河流的防御洪水方案。

防汛演练 6月21日，市水利局在五莲县户部岭水库举办2022年市级防汛综合演练，演练涵盖山洪灾害防御、群众转移避险等11个科目。8月4日，会同莒县水利局在莒县龙山镇西花崖头村开展夜间“双盲”式山洪灾害防汛演练；全市水利系统共完成演练508次，近8000人参演。

科学调度 2022年1—5月全市累计平均降水46.2毫米，为1951年以来同期降水量最少的一年。及时开展会商，科学应对旱情，全市水利工程共放水1.28亿立方米，灌溉农作物50.2万亩，为夏粮丰收提供了水源保障。“6·26”“7·26”强降雨期间，及时启动水旱灾害防御水灾防御应急响应，加强会商研判，发布重要提醒，指导水库科学调度。

【规划计划】 日照市政府办公室印发《日照市贯彻落实习近平总书记在深入推动黄河流域生态保护和高质量发展座谈会上重要讲话精神和视察山东重要指示要求有关重点任务实施方案》。完成《日照现代水网建设规划》编制，稳步推进中小河流治理总体方案编制、流域防洪规划修编。沂沭河雨洪资源东调工程纳入省级推进计划，标志日照融入省级供水骨干水网工作破题。完成陡山水库向日照水库调水工程可行性研究工作。借助国土空间总体规划（2021—2035）编制窗口期，完成河湖管理范围内耕地调出和“十四五”期间重点规划项目占地调整。加强投资计划管理，年度投资计划执行率100%。

【河流治理】 实施东港区皋陆河治理工程、丁家营子河治理工程、三庄河上游河道治理工程、涛雒中心河二期治理工程、岚山区浔河二期治理工程（浔河下游段）、土山河综合治理工程、黄花河治理工程、山海天萝花北河治理工程和高新区前沙沟河综合治理工程等14条河道治理工程，治理重点河道105千米，改善了河系生态，提升了防洪能力。完成潍河莒县段综合治理工程竣工验收工作。

【水库闸站建设】 完成日照水库增容工程、付疃拦河闸除险加固工程、东港区上蔡庄水库工程、下坳水库工程、岚山区巨峰水库增容工程、黄家峪水库工程、莒县杨店子拦河闸除险加固工程、韩家村拦河闸除险加固工程8个水库水闸项目竣工验收工作。

日照水库增容工程 水库位于日照市东港区城西16千米傅疃河中上游，控制流域面积548平方千米。工程概算投资17332万元。工程2015年12月20日开工，2016年11月19日完工。2022年12月30日，通过了竣工验收。

日照市付疃拦河闸除险加固工程 将原付疃拦河闸拆除，改建为橡胶坝，工程概算总投资5867万元。工程于2018年12月30日开工，2019年12月24日主体工程完工。2022年11月25日通过竣工验收。

日照市岚山区巨峰水库增容工程 主要任务是在保证水库防洪安全的前提下，通过溢洪道改建工程、抬田工程和险工段护砌工程等，提高雨洪资源利用率和水库供水保障能力。工程概算总投资 3806 万元。工程于 2020 年 2 月 24 日开工，2020 年 12 月 26 日全部完工。2022 年 12 月 13 日通过竣工验收。

莒县杨店子拦河闸除险加固工程　任务是拆除原杨店子拦河闸，重建拦河闸和溢流堰，工程概算投资 6613 万元。工程于 2017 年 5 月 4 日开工，2018 年 11 月 30 日完工。2022 年 12 月 15 日通过竣工验收。

【农村水利】

2022 年，日照市投资 22238 万元，实施了 200 个村的农村供水保障工程，改善 21.99 万名农村群众饮水条件；投资 716.82 万元，完成了 93 处农村供水工程维修养护项目。

农村规模化供水　按照“建大、并中、减小”的思路，统筹规划大水源、大水厂、大水网，全市现有 25 处规模化农村供水工程、5 处城市供水管网延伸工程，共覆盖 2715 个农村供水自然村。莒县青峰岭水厂建设完成并投入使用。截至年底，全市农村供水规模化覆盖率达到 87%。

水质监管　联合生态环境、卫健和乡村振兴部门下发《转发关于开展农村供水水质提升专项行动的指导意见的通知》，明确农村供水水质管理工作要求，组织各区县编制完成《日照市农村供水水质提升专项行动方案》，计划通过三年时间，将农村供水水质合格率稳定在 95% 左右。

供水工程管理　指导各区（县）结合实际，探索创新了农村供水管护模式，岚山区、莒县农村供水工作做法被水利部推广。全市新增农业水价综合改革面积 20.02 万亩。组织完成 2016—2022 年度农业水价综合改革县级自验、市级验收，通过省级验收评估，全市共完成改革面积 134.73 万亩。根据省水利厅统一安排，开展了大中型灌区面积复核及名录调整工作。全市原有大中型灌区 21 处。退出、降级后，全市现有中型灌区 5 处，分别为日照水库灌区、青峰岭灌区、仕峤灌区、小店灌区、老营灌区。

2022 年，日照市发改委对中型灌区供水价格重新定价（骨干工程水价），日照水库灌区、青峰岭灌区骨干工程农业供水价格 0.09 元 / 立方米，仕峤灌区骨干工程农业供水价格 0.08 元 / 立方米。

【水生态建设】

2022 年，日照市完成水土流失治理面积 78.98 平方千米，超额完成省水利厅下达日照市 75 平方千米的治理任务。共审批水土保持方案 187 个，自主验收报备 175 个，收缴水土保持补偿费 2957.21 万元（不含免征）。2021 年全市水土保持规划实施情况考评为优秀，莒县成功创建 2022 年度国家水土保持示范县。南湖河、绣针河、店子集河和长城岭水库被省水利厅认定为水系绿化样板。

【水资源管理与保护】

水资源监管　开展取用水专项整治“回头看”行动，印发《日照市取用水管理专项整治行动“回头看”工作方案》等文件，共纳入取水户 2110 户，取水口 3518 个。持续做好水资源税远程在线监控管理改革工作，全市第一批需建设在线监控户数 453 户，取水口 538 个，已在全省率先建设完成并上线。水资源税全年共入库 10457.82 万元，2021 年同期入库 9607.99 万元，同比增加 849.83 万元，增长 8.85%。

水资源论证管理　邀请省级专家参加市级审查，提升报告质量，2022 年淮委、省水利厅审查日照市水资源论证 15 个，通过评审。已全部完成取水许可电子证照转换工作，取水许可电子证照应用率 100%。

地下水管理　持续开展地下水专项整治行动，印发《日照市水利局关于开展地下水专项排查整改工作的通知》，涉及的 54 户非法取水户均已完成整改；印发《日照市 2022 年度地下水专项整治行动实施方案》，全面核查非法开采地下水情况。2022 年共排查取水户 1160 户，排查出非法取水户 114 户，均已完成整改。

非常规水源开发利用　指导日照市岚山区创建全国典型地区再生水利用配置试点；加大污水处理中水回用力度，用于工业、园林绿化、环卫保洁和河道生态补水。2022年全市非常规水用水量约5331万立方米，其中，山钢海水淡化用水量约294万立方米。

节水型社会建设　全市共创建各级节水型工业企业、服务业企业、小区等节水型单位120家，市级50%以上的公共机构建成节水型单位，日照市县域节水型社会建设达标率达到100%。

【河湖管理】

县乡河湖长工作评估　按照《日照市县乡河湖长工作评估办法》，全面完成了2021年县乡河湖长工作评估，根据考核得分，下达市级河湖管护补助资金750万元。12月份，委托第三方机构对全市55个乡镇河湖长2022年工作绩效进行评估，落实奖惩措施。

河湖“四乱”问题排查整改　加强河湖巡查监督，采取政府购买服务方式，聘请第三方机构每月开展一次“四乱”问题排查，共排查市、县、乡三级河道3360千米、村级河道2029条。上半年，利用无人机等技术手段，对279条镇级以上河流实施全覆盖排查；下半年，重点排查2000余条村庄河道，发现643处问题。做好上级明察暗访发现河湖问题整改，共整改问题176项。均在第一时间通知责任河湖长，落实整改销号制度，确保形成工作闭环。

河湖长巡河湖工作　印发《关于切实做好河长湖长巡河湖工作的通知》，开展市、县河湖长工作通报制度，每季度对市级、县级河湖长巡河湖情况进行通报。市县河湖长共巡河2212次，发现问题209个，全面完成整改。

美丽河湖建设　颁布日照市总河长第7号令，重点安排部署加快建设“造福人民的幸福河”工作。制定《日照市美丽示范河湖建设实施方案（试行）》，明确三年总任务目标及年度任务目标。按照“河畅、水清、岸绿、景美、文化”五大标准，系统实施河湖治理保护，推动“治、管、护”措施落实落地，12条省级美丽河湖创建全部通过省级验收。

【工程建设管理】　共建设57个重点水利项目，累计投资15.39亿元。完成治理重点河道105千米，完成4座小型水库除险加固主体工程建设任务，铺设村内供水主管网和入户管道约1600千米，规划治理水土流失面积48平方千米。扎实推进重点水利工程项目验收工作，全年共完成项目验收9个，其中列省级计划6个。

【工程运行管理】　全市536座水库，其中，大型水库3座、中型水库10座，小型水库523座。水闸、橡胶坝64座，其中，大中型30座，小型34座。注册登记140段堤防908.35千米（11段沿海防潮堤13.52千米）。

小型水库除险加固　在省水利厅要求节点前，完成五莲县皂官水库除险加固任务和蓄水验收工作。督导东港区完成5座小型水库的提升加固。提前完成1座小型水库大坝安全鉴定。组织好2022年度水利工程维修养护方案评审、批复等工作，做好2021年度维修养护项目的验收工作。

水利工程安全运行管理　对照2022年度标准化管理工程补充名录，加强督导调度抽查检查力度，督促各区县全面完成年初制订工作计划。做好省级标准化工程创建申报和省级、部级标准化工程三年建设计划上报工作。加快推进水利工程标准化数字管理系统“四个一”建设。全面完成水利工程管理与保护范围划定工作。

【改革创新】

农业水价综合改革　为实现水资源合理利用与农村用水利益最大化，五莲县通过创新机制继续实施农业水价综合改革4.855万亩，开创了全县农业水价改革的新局面。

小型水库管理体制改革　东港区63座

小型水库实现管护主体、管护经费、人员保障“三个100%落实”，构建形成规范化、专业化、常态化的水库管理运行体制，成功创建为国家生态文明建设示范区、全国深化小型水库管理体制改革样板县。

河湖管护机制创新 日照市以数字化提升河湖管理现代化水平，走好河湖管护群众路线，探索出“碧水积分”“全域绿水”等河湖管护优秀经验。莒县探索建立河湖管护“碧水积分”公众护水平台App，并在全省进行学习推广；五莲县紧抓“全域绿水”工程主抓手，创新政企共管、靶向治理、管考共保、红利共享“四大机制”，全面提升河湖管护水平。

岗位创新工作 全年共培育了50余项创新成果，有效解决工程管理一线难点问题。申报省岗位创新项目20余个参加全省农林水牧气象系统“乡村振兴杯”和“建设绿色安澜黄河”工作创新技术创新竞赛，取得丰硕成果，共有7个项目获奖。日照水库获全省水利工程运行管理创新竞赛“优秀组织奖”。

【水行政执法】 从严从紧遏制侵害河湖生命健康的高压态势，办理水事违法举报投诉案件10件。开展防汛保安专项执法行动、水行政执法监督检查活动和地下水专项整治行动。成立督导检查组，采取听汇报、看现场、查问题、找根源、提建议、定措施等方式开展督导检查，对发现的问题提出整改建议。对排查出的自备井建立台账，分类整改，实现地下水开采规范管理。5—8月，全市共排查1160户，其中非法取水户114户，均已整改完成。

【城乡供水】 2022年，全市用水总量为60393万立方米。其中，农田灌溉用水19345万立方米，林牧渔畜用水4018万立方米，工业用水15301万立方米，城镇公共用水3941万立方米，居民生活用水10160万立方米，生态用水7628万立方米。

（葛浩）

临沂市

【概况】 2022年，临沂市水利系统以习近平新时代中国特色社会主义思想和“节水优先、空间均衡、系统治理、两手发力”治水方针为引领，积极扩大投资，完成投资43.70亿元。完成市委、市政府79项重点任务。《临沂市现代水网建设规划》顺利实施。蒙河双堠水库、沂河黄山水利枢纽等工程纳入国家发改委、水利部联合印发的“十四五”水安全保障规划。现代水网规划与建设亮点纷呈。蒙河双堠水库开工建设。邳苍郯新片区涝洼地治理工程完成年度建设任务。纳入《2022年全省水利建设项目清单》的新建、续建项目全部完成，总投资20.78亿元。完成32项省重点水利工程竣工验收。水利部召开全国视频现场会，推广临沂市中小河流系统治理做法。水利工程防汛工作圆满完成。农村饮水安全提档升级。全年共治理水土流失面积272.42平方千米。库区移民后期扶持工作在全省2021年度水库移民扶持基金绩效评价中，被评为优等。临沂市水土保持技术服务中心被水利部授予“全国水土保持工作先进集体”称号。

【水利发展与规划】 2022年，《临沂市“十四五”水利发展规划》已批复。《临沂现代水网建设规划》获市政府批复实施，规划项目共计505项，总投资1251.31亿元，其中纳入省级水网规划中的项目188个，总投资724.83亿元（包括沂沭河雨洪资源利用东调工程 243 亿元）。推进防洪规划修编及中小河流治理方案编制工作，完成防洪需求及中小河流治理需求调研。兰山区、莒南县分别于2020年和2022年成功争创全国水系连通及水美乡村建设县，兰山区在水利部、财政部组织的终期评估中获“优秀”等次。配合水利集团，推进沂河黄山水利枢纽工程规划论证。开展沭河综合整治、分沂入沭综合整治方案研究。对山水林田湖草沙一体化保护和修复水利工程进行技术指导，按照综合治理、系统治理、源头治理的理念，把好技术关。成立黄河流域生态保护和高质量发展工作领导小组，推进黄河流域生态保护和高质量发展。完成临沂市第十七届自然科学优秀学术成果奖申报推荐工作。加快推进前期工作，2023 年全市计划实施重点水利项目 74 项，计划完成投资 90 亿元。

【水资源管理】 2022 年，联合市住房和城乡建设局印发《关于进一步做好计划用水管理工作的通知》，强化用水定额管理，严格用水计划执行。全市累计下达用水计划 4960 户，地表水 9.7 亿立方米，地下水 2.39 亿立方米。完成“十四五”临沂市用水总量指标和用水效率控制指标分解。严格新增取水许可审批。完成临沭县、罗庄区、莒南县等 11 县区农业灌溉机电井取用水专项整治水资源论证区域评估工作。全面完成取用水管理专项整治行动整改提升工作。完成全市重点取水户（664 户）填报用水统计调查表并进行年用水总量核算。继续用水统计调查对象名录库建设，新增名录库用水单 2600 余家，至年底，全市纳入用水统计调查直报管理系统的名录总数为 6230 个。

继续推动水资源税改革工作，初步建立起取用水户、水行政监管、税务、财政四方数据信息共享机制。年内全市核定用水量 4.9 亿立方米，征收水资源税 2.15 亿元。开展节水型机关、节水宣传教育基地等节水载体创建，推进节水型社会建设，兰山、河东、平邑、郯城 4 县（区）成功创建第五批国家级节水型社会建设达标县区，至此，全市 12 县区全部完成创建工作。开展岸堤水库、平邑县城区集中式饮用水水源地等 7 处水源地达标建设工作，并对全市 24 处市级以上重要饮用水水源地按月开展水质监测评价和信息通报工作。

制定《临沂市生态流量保障重点河湖名录暨工作方案》。开展母亲河复苏行动，推动断流河流、萎缩干涸湖泊的修复工作。

建设水资源监控系统，提升管理信息化水平，完成沂沭河沿岸 10 处大中型灌区水资源在线监控信息平台维修养护。对现有的地下水位、重点取用水户水量和灌区水资源在线监测系统进行维护提升。

推进水权水市场改革，加强水权交易监管，完成水权交易 45 例，成交水量 1684.44 万立方米，成交金额 185.10 万元。探索水务经理制度，设立首批重点用水户水务经理 57 名。

【水旱灾害防御工作】

防汛　健全完善责任体系，理顺水利工程防指指挥机制和工作机制。完成 901 座水库和 40 座拦河闸坝“三个责任人”名单更新，调整充实县乡村三级山洪预警责任人 2735 人。开展水旱灾害防御各类方案预案编制工作，形成市县两级行业和城市、水库、河道、闸坝多类工程水旱灾害综合立体防御预案体系。组织开展全市水旱灾害防御暨安全生产视频培训和全市水旱灾害防御演练，全市累计开展实战演练和桌面推演 221 次，参演人数 1.2 万余人（次），形成“综合 + 专项”相结合的演练模式。对 37 座大中型水库和主要河道防洪控制站点提前 48 小时进行纳雨承洪能力分析，累计进行水库承洪能力计算 1489 次，库河联合调度计算分析 58 次，开展防洪联合会商研判 11 次，启动洪水防御Ⅳ级响应 4 次，编印水利工程水情快报 22 期。汛期，累计下发洪水调度指令和通知 16 个，全市大中型水库累计拦蓄洪水 11.54 亿立方米，提前预泄库容 5.6 亿立方米。与市气象局联合发布山洪灾害气象预警 10 期，9 个山洪县发布山洪预警信息 2.8 万余条。修订完善县乡村三级山洪灾害防御预案 2268 个，组织山洪灾害转移避险演练 91 场次。年内水旱灾害防御物资仓库储备共 48 项，总价值 860.6 万元。

抗旱　组织气象、水文、农业农村等部

门开展抗旱会商4次，每日统计整理各县区土壤墒情、抗旱保苗、保夏播地表水源情况，及时调整抗旱措施。开展抗旱工作检查指导，实地督导县区地表水利工程蓄水、居民饮水保障和灌区灌溉工作，并就供水形势、供水量进行分析，科学制定保供顺序建议。加强县区内水源统一调配，开展抗旱工作检查指导，制定“多源互补、丰枯调剂”，形成“大补中、中补小、小提灌”的临沂水利抗旱水源利用模式。年内先后发布11条抗旱水源跨县区统一调度指令和2个通知，分流域分区域实施库河联调，沂河、沭河、祊河等全市20条骨干河道和重要拦河闸坝始终保持蓄水量在2.36亿～2.52亿立方米。开展抗旱工作检查指导，制定“多源互补、丰枯调剂”，形成“大补中、中补小、小提灌”的临沂水利抗旱水源利用模式。

【河湖长制工作】 2022年，修订完善《临沂市河湖管护办法（试行）》《临沂市河湖长履职实施细则（试行）》。各级河湖长巡河次数达50余万次。组织县区分类处置水利部、省河湖长制办公室卫星云图斑疑似河湖问题1200余处。全市争创7条省级美丽幸福示范河湖、19条市级美丽幸福示范河湖。完成428条河流年度美丽幸福河湖达标建设。开展妨碍河道行洪排查整治专项行动，分类处置碍洪突出问题171处。开展影响防洪安全和水生态安全拦河工程排查整治，共排查拦河工程2275处，涉河工程3788处。查处非法采砂案件233余起。推进数字河湖建设，完成“四个一”数字河湖年度任务。编制《临沂市2022年度数字河湖建设方案》并报省水利厅备案。

【农村水利】

农村饮水安全　完成2022年度农村供水维修养护工程，涉及9个县区，共投资3932万元，提升改造114处农村供水工程，服务人口354万元。印发《开展全市农村供水水质问题排查整改的通知》。利用市级“116”农村供水监督电话、行风热线、网络问政等渠道，解决全市农村居民用水问题33个。

农田水利　完成灌溉有效利用系数测算报告编制。完成会宝岭灌区、小埠东灌区、葛沟灌区2020年度项目和丹山灌区工程竣工验收。完成年内农业水价综合改革7.05万公顷以及农业水价综合改革验收29.8万公顷。推进中型灌区续建配套与节水改造项目储备和立项工作。开展“十三五”大中型灌区续建配套节水改造项目实施情况总结评估工作。

农村小水电　对全市12个县区、50座小水电站开展隐患排查整治。联合市发改、自然资源、生态环境、农业农村、行政审批服务、林业等部门印发《关于开展小水电清理整改工作的通知》，消除小水电对生态环境、防洪、灌溉、供水等不利影响，推动安全生产标准化，促进小水电绿色发展。

【水利工程建设】 2022年，完成续建、新建41项省重点水利工程建设任务，投资20.06亿元。包含河东区汤河治理工程等14项续建项目以及临沂市中心城区水系连通工程等27项新建项目。至年底，续建项目14项，实际完成投资8.54亿元。新建项目27项，实际完成投资11.52亿元。完成列入2022年度32项重点水利工程竣工验收工作。牵头并组织各县区水行政主管部门对27项新开工省重点水利工程以及各县区基本建设水利项目招标投标进行事前、事中、事后监督管理，落实招标备案、入场交易、平台管理。处理1起招投标过程中多家企业同机器码案件，涉及7个县区10余个项目。全年处理清欠案件13起，为139名农民工解决263万余元工资。邳苍郯新片区治理工程已完成治理河道17条，治理长度269.83千米。工程已完成总投资20.25亿元。

蒙河双堠水库大坝主体工程区导流明渠开始施工。完成角沂橡胶坝坝袋更换工程和李公河防倒漾闸提升改造，工程总投资

2020 万元。清理永安橡胶坝、葛庄橡胶坝坝前淤积砂土 4000 立方米。

【水利工程运行管理】 2022 年，制定《2022 年水利工程运行管理重点任务清单》以及《2022 年水库水闸安全鉴定及病险水闸（小型病险水库）除险加固工作方案》《2022 年水利工程标准化的数字化管理工作方案》《2022 年水利工程管理与保护范围划定工作方案》《2022 年水利工程运行管理岗位创新工作方案》4 个工作方案。完成小型水库除险加固 14 座，完成投资 3646.7 万元，并全部通过竣工验收。全面开展汛后水利工程安全检查与维修养护工作，完成投资 3898 万元。全市 880 座注册登记的水库、162 段堤防、626 座水闸已全部完成划界任务。完成 4 座水利工程标准化创建及 845 座标准化水利工程的自评，完成县级水利工程标准化数字管理平台、县域小型水库标准化数字管理平台、河道（水闸、堤防）标准化数字管理平台、中型水库标准化数字管理平台的“四个一”管理平台建设任务。设立小型水库“巡库员”公益性岗位，打造莒南县小型水库“巡库员”全省试点。6 座小型水库成功创建为乡村小型样板水库。

【库区移民及后期扶持】 2022 年，组织县区完成 2021 年度全市移民人口自然变化核查工作，核减人口 3467 人，其中，死亡 2142 人，户口迁出 1061 人，其他 264 人。至 2021 年底，核减后全市库区移民扶持人数为 256619 人。发放后期扶持直补资金 1.53 亿元。完成移民项目实施项目 537 个，总投资 30822 万元。投资 6085 万元，实施完成“美丽移民村”项目 31 个。投资 2400 万元，实施完成产业试点项目 8 个。在全省 2021 年度水库移民扶持基金绩效评价中，被评为优等。

【水土保持】 2022 年，印发《临沂市水利局关于加强全市水土流失防治任务落实工作的通知》。全年治理水土流失面积 272.42 平方千米，其中，完成国家水土保持重点工程治理小流域 11 个，涉及沂水、沂南、平邑、费县、蒙阴、兰陵、莒南 7 个水土流失重点县，共治理水土流失面积 175 平方千米，总投资 8750 万元（中央投资 2835 万元）。完成省级水土保持生态清洁小流域示范工程治理小流域 4 个，涉及沂水、费县、沂南、兰陵 4 县，共治理水土流失面积 36 平方千米，总投资 1840 万元。完成 15 条河道水系绿化治理任务，兰山区涑河断、沂水县姚店子河断被省水利厅认定为年度水系绿化样板工程。开展国家水土保持示范创建工作，费县成功创建国家水土保持示范县、兰陵县压油沟小流域国家水土保持生态清洁小流域示范工程。在全省水土保持高质量发展三年强基行动中，沂水、费县被省水利厅确定为“工程建设管理标准”“监督管理网格化”试点。8 月 2 日，2022 年度全省水土保持工作会议在费县召开，宣传推广了本市水土保持工作的先进经验和典型做法。2021 年度全省水土保持规划实施情况评估中，临沂市被评为优秀。

【水生态保护与发展】 2022 年，开展各级水利风景区申报工作，郯城沭河水利风景区被认定第二十批国家风景区，推荐卧虎山水利风景区申报第十八批省级水利风景区。开展第四批市级水利风景区申报工作，评定 2 处为市级水利风景区。开展第五批水利风情小镇、园、村的申报工作，评定 28 处水利风情小镇、园、村。沂南红色影视基地省级水利风景区入选“水利部传承红色基因水利风景区名录”。组织县区开展水利遗产遗迹挖掘保护，经申报评定，确定 15 处第五批市级水利遗迹遗存保护单位。出版发行《临沂市水利风情图览》一书。

（朱瑞锋）

德州市

【概况】 2022年，德州市围绕创建“三通六带”特色现代水网样板，实施46项重点水利工程，全年完成投资41.48亿元，是2021年的2.7倍。投资3.02亿元，改造1180个村的老旧供水管网总长1.24万千米，占村庄总数的七分之一，解决了水价偏高、管护不及时、管网老化失修等问题。农业水价综合改革“四项机制”入选水利部改革典型案例。《山东改革专报》专题刊发德州做法。科学调度水利工程，成功应对6轮大范围强降雨过程。引调黄河水8.02亿立方米、长江水3580万立方米，各级河道拦蓄雨洪资源3.9亿立方米，较常年增长44%。建成省级美丽幸福示范河湖13条（段），数量位居全省第二。齐河县入选全国水系连通及水美乡村建设县。临邑县成为全省水土保持高质量发展强基行动综合治理试点县。德州市水利局先后6次在全省水利工作有关会议上作交流发言。2022年11月，在第十七届中国（国际）水务高峰论坛上作为唯一地市交流了城乡供水现代化经验。

【雨水情】 2022年，全市平均降雨量779.6毫米，较历年同期偏多37.9%。汛期，共发生6次强降雨和1次台风“梅花”袭击，全市平均降雨量706.3毫米，较历年同期偏多64.8%，呈现“降雨量大、过程分散”和“前多后少、南多北少”特点，未形成洪涝灾害。2022年2月，省委、省政府授予德州市水利局“2021年全省防汛抗洪表现突出单位”称号。

【水旱灾害防御】 坚持预防为主的总方针，落实5条干流（黄河、徒骇河、德惠新河、马颊河、漳卫南运河）河道368座沿河涵闸、76个险工险段及18座水库安全度汛责任人1386人。对照河南郑州“7·20”特大暴雨灾害，修订完善河道防洪预案和水灾防御应急响应工作规程。市级成立具有高级技术职称的水旱灾害防御专家组9个、54人，组建防汛专业抢险队1支、60人，开展3次实战演练、6轮隐患排查。投资100万元，购置铅丝、钢管、泛光灯等物资，与16家物资储备企业签订协议代储沙子9万吨、石子11万吨。对漳卫河及三干流桥涵闸、险工、未硬化道路，恩县洼滞洪区等重点部位逐一制定防御措施。

针对台风“梅花”带来的强降雨，与省水利厅及市应急、气象等部门联合会商，推动防御关口前移。实时视频监控徒骇河、马颊河、德惠新河15个关键拦河闸，30个重要水文监测站点每2小时测报一次水情。先后3次启动洪水防御Ⅳ级应急响应，延长水旱灾害防御值班至10月7日。按照“上拦、下排、两岸分滞”的原则，对徒骇河、马颊河、德惠新河19座拦河闸及368座沿河涵闸实施闸坝联合调度，并相机通过马减竖河、北四分干、跃丰河、东西宗闸等实施跨流域调水，控制河道水位在警戒水位以下平稳运行。汛期累计派出市级专家96组次、576人次。充分发挥水系连通工程调水和蓄水效益，提高骨干拦河闸控制水位，最大限度拦蓄雨洪资源3.9亿立方米（含漳卫河），较历年2.7亿立方米增加1.2亿立方米。

【规划计划】 2022年《德州市“十四五”水利发展规划》和《德州现代水网建设规划》分别以市政府德政字〔2022〕27号文、德政字〔2022〕47号文批复、印发。通过对全市境内24条流域面积200～3000平方千米中小河流信息进行梳理，形成德州市治理名录，编制完成河流现状调查评估报告和10条河流的治理方案。梳理确定2023年中小河流治理项目9个，2024—2025年中小河流治理项目5个。全年累计完成投资40.7亿元，是2021年的2.7倍。争取省以上补助资金8.56亿元，再创新高。列入省重点水利工程实施方案项目超计划完成投资目标，全省第三位，先后4次在全省交流德州做法。11月份组织全市56项水利重点谋划项目全部纳入发改重大项目库，总投资495亿元，申请债券资金194亿元。齐河县以全省第二名成绩成功入围全国水系连通及水美乡村建设县，为全省“唯二”。

【河流治理】 2022年，投资2.6亿元，清淤疏浚马颊河安庄闸至马才老河闸河道16千米、土方200万立方米，完成马颊河东西宗闸及徒骇河15座沿河涵闸除险加固主体工程，新建乐陵、庆云、禹城堤顶道路33千米。2月23日，城区水系连通工程在陵城区马颊河段安庄闸改建工程现场举行集中开工仪式。工程年度投资12.6亿元，是市水利局有史以来投资最大的水利建设项目，包括城区供水管道长29.3千米，总投资8.5亿元，新建4条供水管道。横河、减马横河清淤10千米。共涉及3个区46个村2250亩土地，群众900余户。累计征迁树木23.26万棵、耕地1385亩、房屋棚舍48处、苗圃228亩。

【水库闸站建设】 安庄闸除险加固工程是德州市城区水系连通项目的先行保障和重要节点工程。工程总投资1798万元，完成土方工程1.3万立方米、混凝土工程1462立方米、钢筋制安173吨、水泥搅拌桩1376米。工程投入使用后，进一步完善了马颊河防洪工程体系，保障了沿线人民群众生命财产安全。对照大中型水闸标准化创建标准，投资100万元，实施三干流及主要调水河道120项闸涵岁修项目。投资32.8万元，维修更换七里庄等5座水闸高压线缆和动力电缆。投资18.7万元，按频次对市管大中型水闸位移、压力、裂缝等进行安全监测。

【农村水利】 投资12428.88万元的潘庄灌区“十四五”续建配套与现代化改造工程于2021年11月6日开工，2022年9月21日完工，10月14日完成合同工程完工验收。

总投资640.7万元的潘庄灌区2019年度续建配套与节水改造工程结余资金项目于2022年2月10日开工，8月30日完工，9月21日完成合同工程完工验收。投资3343万元的陵城区韩家灌区和投资5450万元的齐河县韩刘灌区续建配套与节水改造工程，全部完成投资。潘庄灌区和李家岸灌区“十四五”续建配套与现代化改造全国农业重大节水供水工程完成立项，并在全省率先完成两个灌区续建配套与现代化改造工程初步设计的批复（全省53个灌区有11个灌区列入），项目总投资144040万元（全省总投资48亿元），其中潘庄79267万元，李家岸64773万元。齐河豆腐窝灌区、武城头屯灌区申报国家2023—2025中型灌区续建配套与节水改造项目，获得批复（全省共有14个中型灌区列入），总投资2.01亿元（全省投资14.8亿元），其中豆腐窝为1.28亿元、头屯为0.73亿元。

【水生态建设】 争取省级乡村振兴专项资金项目600万元，实施丁东水库新鬲津河和临邑县马颊河南部片区2个省级水土保持生态清洁小流域示范工程，工程已于2022年11月底完工。加大水土流失治理投入，新增水土流失治理面积约25平方千米，超额完成年度治理任务目标。结合“美丽河湖、水系绿化”建设，组织县（市、区）制订年度水系绿化计划，涉及河道21条，其中，大型河道2条（马颊河、徒骇河），小、中型河道19条。共栽植乔木11.88万株，栽植面积1514.5亩，栽植灌木8.39万株，栽植面积61.6亩，撒播种草3151.9亩，有效改善了河道水系生态环境。按照省级要求对全市18个饮用水源地开展安全保障达标建设评估，其中4个国家级饮用水源地全部以优秀通过省级评估。完成第二轮中央环保督察、第二轮省级环保督察及省级环保专项督察整改工作。

【水资源管理与保护】 投资130万元用于《水资源综合规划》《水资源中长期供需规划》《水资源保护规划》的编制工作。已编制完成，上报市政府审核批复。投资2155万元，对13个县（市、区）年取水3万立方米以上取用水户的852处水量远程监控设备进行安装或升级改造，实现全市非农业取用水单位全覆盖。2022年9月21日，省水利厅通报2021年度各地市用水统计调查制度实施工作进展情况，德州市工业用水直报率100%，非农业用水统计直报工作全省第一。实施水资源税远程在线监控管理改革，实现一个平台“取水户、财政、水利、税务”四方共享功能，使水资源税征收更加公开公正、透明便捷。超额完成水资源税远程在线监控管理改革工作，完成率104.5%。加快实施地下水压采工作，全年关停深井127眼，压采水量885万立方米，全市深层超采区地下水位比上年同期上升1.88米。

【河湖管理】 创建省级美丽幸福示范河湖13条（段），整改“四乱”问题1672个，解决历史遗留r防碍泄洪的重大问题61个。完成405条(段)美丽幸福河湖达标任务。“河湖长在线培训考核”系统、“河长驿站”保障一线工作需求、齐河县“一把扫帚扫到底”、庆云县“巡河卡”制度创新经验做法被省水利厅推广。开展了全市域“数字河湖”建设试点。

【工程建设管理】列入2022年度全省重点水利验收清单的13个项目全部完成竣工验收，其中恩县洼滞洪区建设工程是国务院确定的150项重点水利工程中第一项通过竣工验收的工程，13项重点水利工程已全部录入监管平台管理，考核无扣分情况。印发《德州市水利局关于进一步规范招标工作的通知》等，落实招标人主体责任、消除各类不合理限制，确保招投标制度能够发挥竞争择优的功能。狠抓大气污染治理，将21个工程标段，75台机械纳入大气污染防治清单，督促施工现场全部安装在线监控和在线空气检测系统。开展水利领域根治欠薪专项行动3轮督导检查，发现问题56项，按要求全部完成整改。全年开展安全内部检查149次，消除风险隐患118个。投资20万元，聘请第三方安全服务机构，完成在建工程、水库、水闸、堤防工程等项目隐患排查887次，问题整改率100%。投资30万元开发德州市水利监督管理平台系统，提升安全生产监管效能。开展安全标准化建设，全市12家水利施工单位全部达到安全生产标准化水平，其中，一级3家，二级8家，三级1家。对全市灌区、河道、水闸等工程全覆盖开展预案修编，市级累计修编各类应急预案78个。

【工程运行管理】 完成南水北调东线一期北延应急调水工作，此次调水历时68天，过六五河节制闸向大运河累计补水1.6亿立方米，为华北地下水超采综合治理增加了新的水源保障。共运行36天，完成大屯水库蓄水任务，累计蓄水3485万立方米。推进实施南水北调东线二期位德线干线及灌排影响工程、胶东输水干线规划等前期工作。按照省水利厅《2022年水利工程管理与保护范围划定工作方案》要求，完成了1座水库、308座水闸和10段堤防的划界工作任务，埋设1200个界桩、319个公告牌，并在政府网站进行了公告。丁东水库运行维护中心被省水利厅认定为第一批山东省标准化管理水利工程。

【改革创新】 按照改革要求和省水利厅部署安排，逐年推进农业水价综合改革，已完成改革面积719万亩，初步形成了水价形成机制、节水奖励和精准补贴、用水管理和工程运行管护等4项机制，至11月，组织完成了对各县（市、区）农业水价综合改革工作验收，并进行了查漏补缺，对资料进一步完善。同时，为保证机制的长效运行，市及各县市区筹集资金400多万元进行奖补。

【水行政执法】 2022年，完成《德州市引黄干渠保护条例》的立法程序，经市政府常务会议通过，报市人大常委会第一次审议通过。提升用法效能，将原有权责清单中的17项行政许可调整、压减到13项。全面梳理行政权责，将11类行政权力全部纳入统一的行政权力事项动态管理系统。全市日常巡查河道长度累计2.5万千米，巡查水域面积累计600平方千米，巡查监管对象2900个，出动执法人员4700余人次，出动执法车辆3100车次。执法巡查中发现和制止水事违法行为74起（包括违规取水、涉河违法等），全市查处水事违法案件32件（市级4件、县级28件），均为一般程序案件，收缴罚款金额83.6万元（市级23万元、县级60.6万元）。

【城乡供水】 2022年，全市共引调黄河水8.43亿立方米，其中，常规指标引水8.17亿立方米，河道外生态补水2584.8万立方米。完成三次引黄入冀，共计向河北调水1.16亿立方米。全年向水库普遍供水2～4次，合计蓄水约2.1亿立方米。抓住国家发行专项债券的机遇，继续推进老旧管网更新改造。全年全市总投资3.02亿元，改造1180个村庄的老旧管网12200千米，配套计量设施20.2万套。至年底已全面完成建设任务。

【重点工作】

潘庄供水线路京杭大运河2022年全线贯通补水 4月14日启动潘庄引黄线路向京杭大运河补水工作，截至4月28日，流量达100立方米/秒，累计补水8740万立方米。4月28日四女寺枢纽开闸引水，标志着断流一个世纪以来的京杭大运河首次实现全线通水。5月23日下午，伴随德州市辛店闸的关闭，潘庄线路向大运河补水工作完成。本次补水工作共计历时38天，补水平均流量21.3立方米/秒，累计过水约7000万立方米，实现京杭大运河全线通水，为华北地区河湖生态环境复苏和地下水超采综合治理提供助力。

“德水新韵”现代水网建设规划 主要建设任务和特色是“三通六带”。“三通”既是通过河河畅通、河库专通、库库连通，主要解决经济发展的水安全问题，这是德州的创新实践，也是传统水网的提升；“六带”是水资源保障带、防洪除涝带、生态宜居带、水陆畅行带、文化产业带、数字赋能带，主要解决水利发展的融合问题，也是现代水网的趋势方向。

在第十七届中国（国际）水务高峰论坛上作典型发言 德州市城乡供水一体化发展成效显著。累计建成平原水库18座，总蓄水能力3.1万立方米，基本实现“一县两库”；建成万吨以上规模化水厂23座，日供水能力达到80万立方米；累计铺设供水管网8.5万千米，城乡居民饮水实现同源、同网、同质，是全国第一个整建制城乡供水一体化地级市；开展农村供水管理改革，全市约8000个村庄实行机制、队伍、管网改造、水价“四统一”管理服务，打造全省整建制农村供水管理服务到户样板。在2022年7月14—15日召开的全省农村水利工作现场会上，德州市作典型发言。2022年11月2—3日，第十七届中国（国际）水务高峰论坛在江西南昌绿地国际博览中心召开。德州市在水务高峰论坛上作典型发言，为全国唯一发言的地级市。

水闸标准化管理 在2021年完成15座大中型水闸实现标准化管理基础上，2022年，德州市水利局继续完成18座小型水闸标准化建设。至此，全市市管33座水闸标准化管理覆盖率100%，全省唯一。

（孙占泉）

聊城市

【概况】 2022年，聊城市各级水利部门深入贯彻落实习近平总书记新时期治水思路，聚力“六个新聊城”建设，坚决扛牢全面从严治党主体责任，持续大干大兴水利，规章制度更加完善、项目建设提速发力、智慧水利全面升级、干部队伍更具朝气、干事氛围愈加浓厚，全市各项水利工作取得显著成效。2022年聊城市水利局荣获全国“节水中国 你我同行”联合行动优秀活动奖，被评为2021年全省防汛抗洪表现突出先进集体、2021年度全省防汛抗洪工作表现突出单位、河湖长制和河湖管理保护工作先进市、重点水利工程劳动竞赛优秀组织单位。

【雨水情】 2022年，全市平均年降水量777.9毫米，比上年1035.3毫米偏少24.9%，比多年平均560.35 毫米偏多38.82%，属丰水年份；汛期全市平均降水量707.4毫米，较常年同期偏多63.9%。7月11—12日，聊城市发生强降水过程，全市平均降水量69.6毫米（折合水量5.98亿立方米），最大点降水量出现在高唐县杨屯站152.0毫米。8月8—10日，聊城市出现强降水过程，全市平均降水量77.0毫米（折合水量6.62亿立方米），最大降水量出现在高唐县杨屯站，190.5毫米。9月30日至10月4日，聊城市出现入汛以来最强降雨过程，大到暴雨，局部大暴雨，全市平均降水量171.2毫米，折合水量14.71亿立方米，最大降水量出现在东昌府区侯营站265.5毫米。

【水旱灾害防御】

防汛组织 聊城市委、市政府高度重视防汛备汛工作，4月21日，组织召开全防汛抗旱暨总河长视频会议，较往年提前1个多月召开，在全省16市中属于最早。5月23日，再次主持召开全市防汛抗旱工作视频会，就防汛工作进行再部署、再压实。强降雨期间，聊城市委、市政府主要及分管负责同志相继15次到市防指进行视频调度、坐镇指挥，累计作出重要指示批示190余次。

防御检查 先后组织开展8轮次防汛隐患排查，落实排查人员2000余人次，发现问题隐患750余处，动态整改清零。聚焦水利行业风险隐患排查，建立问题台账，相继印发第一、二季度“一县一单”，督导整改落实。

培训演练 累计培训市、县、乡三级防汛责任人2500余人次，开展各项防汛演练30余场，参演人数3600余人。按照“一村一练”“一村不漏”的原则，全市119个易受洪涝灾害村庄全部完成防汛转移避险演练。

预警响应 入汛以来，聊城市相继7次遭遇强降雨过程，防汛形势严峻复杂。市防指相继4次发布防汛预警，2次启动防汛Ⅳ级应急响应，1次启动Ⅲ级应急响应，组织气象、水文、城管等成员单位开展会商研判12次，依托三大通信运营商发布防汛提醒信息4900万条。

【规划计划】

现代水网建设规划 组织编制《聊城市现代水网建设规划》。12月14日，聊城市政府正式印发《聊城市现代水网建设规划》。

水资源综合利用中长期规划 2022年12月，编制完成《聊城市水资源综合利用中长期规划》初稿，以加快形成以水资源节约集约利用为前提，水系连通、雨洪利用为重点，综合治理、生态保护为支撑，着力提高水资源保障的全面性、协调性和可持续性，统筹配置利用好雨洪水资源、中水、外调水与地下水，逐步压缩超采区地下水开采量，保障地下水采补平衡，为推动聊城市生态保护和高质量发展提供支撑。

项目谋划储备 自2022年4月份以来，围绕水资源管理、防洪减灾、供水保障、水生态建设、数字水利、水文化等方面，聘请国内省内专家团队，谋划了121个项目，估算投资940亿元。其中，2022年至2023年两年立项实施的重点水利项目97个，截至年底，97个项目中已有93个项目完成可研编制，77个项目完成立项，为争取政策资金支持和落地实施奠定良好基础。

项目资金争取　2022年聊城市共实施含省以上投资水利项目14个大类，共计32个项目，年度投资任务约13.58亿元。

【调水工程】

生态流量管控　2021—2022年度共实施黄河河道外生态补水1.43亿立方米。2022年9月，历史首次利用卫河雨洪水向马颊河实施生态补水工作，实现调水量超过1000万立方米。

南水北调工程　2021—2022年度南水北调用水计划为4250万立方米（水利部批复引水量），年度实际引水量为4911.77万立方米（不包括引蓄东平湖分泄洪水），超额完成引水计划，完成比例为115.6%。2022—2023年度南水北调用水计划10500万立方米，首次突破1亿立方米，为历年最高。聊城市南水北调配套工程已经平稳运行6个调水年度，共引水2.84亿立方米。

【水闸建设】

新建水闸工程　2022年在徒骇河新建潘屯橡胶坝和朱庄节制闸工程，工程总投资5915万元，工程项目法人为聊城市河道工程管理服务中心，项目于2021年11月开工建设，2022年底完工。

大中型病险水闸加固　2022年度实施徒骇河陶桥节制闸、杨庄节制闸、滑营节制闸和马颊河薛王刘节制闸、马村节制闸、甘寨节制闸等6座病险水闸除险加固工程，对病险水闸进行拆除重建，工程总投资1.21亿元，工程于11月开工建设，2022年底完工。

【农村饮水安全】

全年全市共计完成工程建设投资6.7亿元，完成1619个村村内管网改造。2022年完成丰水期、枯水期2次共计200处农村供水水样监测，督促县市区做好问题整改，持续提升农村供水水质。2022年新建临清市张官屯水库净水厂、茌平区东邢水库净水厂2处规模化水厂，完成2市区农村供水工程水源置换，全面提升水质、水量保障水平。全市城乡供水一体化率达到100%，提前完成“十四五”省制定的任务目标。通过开展信息化智能化改造，实现有效监管和快捷化服务，促进运行维护和水费收缴双提升，千人以上农村供水工程水费收缴率达到97%。

【水生态建设】

水土流失综合防治　2022年，共新增水土流失防治面积81.16平方千米，其中，预防保护面积60.54平方千米，水土流失治理面积20.62平方千米，较好地完成年度防治任务。水土流失治理共实施水保林748.64公顷，经济林239.37公顷，种草41.50公顷，其他治理措施1032.76公顷，各项水土保持措施的实施年均减少土壤流失量2.94万吨，增产粮食283.1万吨，增加收入861.78万元。

水生态管理建设　2022年，聊城市共开展水土保持监督检查782次，接受设施验收报备319件，方案落实水土流失防治责任面积39.88平方千米。累计完成254个图斑的现场核查任务，下达生产建设项目违法违规行为水土保持整改意见通知书203份，遥感监管违法违规销号率、查处率均为100%。创新监管方式，通过审管交互平台建立有效审管联动机制，全年全市共审批水土保持方案386件，征收水土保持补偿费2739.8804万元。

水利风景区建设　聊城位山灌区水利风景区纳入2022年国家水利风景区高质量发展典型案例，入选《红色基因水利风景区名录》。

【水资源管理与保护】

水资源　2022年，全市水资源总量为21亿立方米。当地降水形成的出境水量为7.2亿立方米。年末与年初相比，全市浅层地下水位总体上有所回升，平均回升幅度为0.41米，地下水蓄水量增加1.43亿立方米。

年末全市浅层地下水位漏斗区面积为2846平方千米，比年初减少114平方千米。全年全市总供水量为178545.98万立方米。其中，当地地表水供水量占9.9%、跨流域调水量（引黄、引江）占42.2%，地下水供水量占43.1%，其他水源供水量占4.8%。2022年全市总用水量为178545.98万立方米。

水资源管理 聊城市实施最严格的水资源管理制度，《聊城市黄河水资源节约集约利用办法》立法工作走在全省前列；“节水在身边”职工节水志愿活动入选2022年“节水中国 你我同行”联合行动优秀活动；全市水资源税入库23776万元，同比增长7.54%。

水资源监控能力 全市安装计量设施取水口1450个，完成上线1450个，取水口上线率达到100%，并列全省第一，省里予以通报表扬。

地下水超采治理 2022年，聊城市共封填机井163眼，压减地下水量1599万立方米。聊城市地下水超采综合治理项目涉及临清市、东阿县和茌平区，总投资1.5亿元。项目已完成全部投资，形成地下水压减效益647万立方米。

【河湖管理】 2022年，聊城市通过“人工暗访+卫星遥感”动态监控等方式，对全市重点河湖开展3轮暗访检查和卫星遥感排查，发现并整治河湖违法问题2000多项，实现河湖“四乱”问题“动态清零”。组织各县（市、区）积极创建美丽幸福示范河湖，开展河道清淤疏浚和岸坡生态整治，河道恢复生态基底，堤岸绿化景观得到提升，切实增强居民和游客的获得感、幸福感。2022年12月28日，省河长办下发了《山东省河长制办公室关于公布2022年省级美丽幸福示范名单的通知》，确定聊城市13条河湖为省级美丽幸福示范河湖。

【重点水利工程建设】 2022年，聊城市纳入省项目清单的重点水利项目共计25个，包含供水保障、防洪提升、水生态保护与修复、其他等4大类项目。项目批复概算（估算）总投资36.66亿元，年度计划投资13.42亿元，实际完成16.36亿元，投资完成率121.8%，超额完成年度建设任务，稳居全省第二，获省水利厅督查激励，有力提升了全市防洪减灾和水安全保障能力。其中，徒骇河、马颊河8座闸（坝）工程于2022年5月完成主体工程，汛前具备投入使用和运行条件，比省水利厅时间节点提前一个月完成阶段建设任务。

【工程建设管理】

建设管理 按照水利部、省水利厅“党建进工地”试点工作要求，结合本地工程建设实际，选定聊城市徒骇河陶桥节制闸除险加固工程作为“党建进工地，支部建在项目上”标杆创建活动试点工地，通过深入开展创建活动，将党建引领力转化为攻坚克难的推动力，切实提升项目建设和管理水平，促进工程建设顺利进行。2022年陶桥节制闸提前节点目标完成全部建设任务，为河道行洪除涝提供了有力支撑，工程建设质量达到优良等级。

农民工工资支付保障 2022年，累计对9家落实农民工实名制管理制度不力的施工企业给予信用扣分处罚，印发《聊城市水利行业农民工工资支付工作情况告知》6期，受理欠薪线索25条，接待来访农民工30余人次，实现农民工欠薪案件“动态清零”。11月，省就业和农民工工作领导小组办公室印发《根治欠薪工作快报》，将聊城市水利行业根治农民工欠薪先进经验在全省推广介绍。

组织开展劳动竞赛 5月，聊城市水利局、聊城市总工会联合印发《关于开展“争创一流走前列，建功立业在聊城”全市2022年重点水利工程建设“争进度、赛质量、比担当”决胜攻坚劳动竞赛的通知》，在全省率先组织开展2022年度市级决胜攻坚劳动竞赛，通过劳动竞赛的正向激励作用，大力推进水利工程建设质量水平。2022年度，表彰2个优质工程、6个文明工地、14个优秀集体、67个优秀个人及12个优秀组织个人。

试点建设　2022年9月，省水利厅明确聊城市承担全省水利远程异地评标试点工作。2022年度，聊城市水利局联合市公共资源交易中心组织2个水利项目开展远程异地评标工作，取得了良好的效果。

【灌区建设与管理】

大型灌区续建配套与现代化改造　2022年，投资2.75亿元实施位山灌区续建配套与现代化改造（一期）项目。工程已于2022年9月完工，较计划工期提前3个月。工程投入使用后，将改善灌溉面积51.07万亩、年增节水能力336.6万立方米、年增产粮食3332万公斤。

中型灌区节水配套改造　积极申报国家2023—2025年中型灌区续建配套与节水改造项目。经省水利厅审查、公示，聊城市4处灌区获评推荐类、5处灌区获评储备类，列入推荐类灌区数量和改造面积位于全省前列，完成项目申报工作。

农田灌溉水有效利用系数　经测算，聊城市2022年农田灌溉水有效利用系数为0.6372。

农业水价综合改革　2022年，组织各县（市区）和市管大型灌区继续巩固提升机制建设，按照“县级自验、市级验收、省级复核”三个阶段完成验收工作，验收结论均为良好。在省级复核中，聊城市综合得分98.18分，位列全省第二。

【依法治水管水】

立法项目　印发《聊城市位山灌区管理办法》，系山东首部灌区立法性文件；起草《聊城市黄河水资源节约集约利用办法》，2022年12月8日聊城市第十八届人民代表大会常务委员会第八次会议通过，2023年1月10日山东省第十三届人民代表大会常务委员会第四十次会议批准；《聊城市河道管理办法》起草工作正有序推进。

水利执法　组织开展全市地下水超采治理专项执法行动，创新建立“分县帮包+部门联动+互检互查+网格管理+执法下放”地下水超采治理机制，实现全市地下水水位有效回升，地下水生态极大改善，有力维护全市地下水取用管理秩序。该案例入选山东省水利改革创新典型案例。

市民热线　2022年度，聊城市水利局共接收市民热线办理案件1530件。其中，退回637件，具体处理893件，按时办结率100%，综合满意率96%。

（丁昆）

滨州市

【概况】2022年，滨州市城乡水务工作深入贯彻落实习近平总书记“十六字”治水思路，主动融入黄河流域生态保护和高质量发展重大国家战略，围绕市委“1+11868”工作体系，坚持“源水、用水、留水、节水、管水”五水并举，扎实推进城乡水务7个一体化建设，全年完成投资51.31亿元，全市水务事业取得良好开局。相继出台《滨州市水资源综合规划》等规划，实现326条、1872千米乡村级河湖整治全覆盖，清理河湖问题970处，完成1130个村村内供水管网改造，乡村河湖面貌显著改善。

【雨水情】2022年，全市平均降水量839毫米，比上年偏多1.0%，比历年偏多53.0%。降水总量偏多，降水量在区域上分布不均。西北部阳信县、西南部邹平市平均降水量在900毫米以上，西北部无棣县平均降水量在700毫米以下，其他各县（区）平均降水量在700～900毫米之间。各县（市、区）降水量较常年同期均偏多，邹平市、阳信县、博兴县偏多60.0%以上，其他各县（区）偏多10.0%～67.0%。

【水旱灾害防御】 2022年，滨州市漳卫新河、德惠新河、徒骇河均未出现明显洪水过程。受降雨及上游来水影响，滨州市小清河博兴水文站发生较大洪水。小清河博兴水文站10月4日10时洪峰流量647立方米/秒，水位超警1.42米，为有水文历史资料以来第一大洪峰。小清河博兴水文站7月13日10洪峰流量605立方米/秒，水位超警0.48米（警戒水位6.28米，警戒流量380立方米/秒）。

市级成立2个工作组定期到县（市、区）开展抽查，累计检查骨干河道7条、大中型拦河闸10座、山区水库20座、防汛仓库9处，完成隐患整改27处。完成整改2022年省第一轮水旱灾害防御汛前检查发现问题5类33项和省第二轮水旱灾害防御汛前检查发现问题2类6项；在完成汛前专项排查的基础上，汛期持续开展隐患动态排查，实行一旬一调度，同时积极推进省连续两轮暗访问题整改。落实水旱灾害防御专业队伍14支402人，落实水旱灾害防御物资储备仓库（储备点）14处，投资50万元购置堤防渗漏检测仪、组装式围井、吸水膨胀袋等新型防御物资，组织参加省市实地防汛演练及桌面推演2场。

【规划计划】 2022年，滨州市全部完成规划内容的49项重点水利工程建设任务，累计完成投资36.15亿元。完成马颊河黄瓜岭橡胶坝除险加固工程、无棣县城东水库、徒骇河（惠民县下游段）综合治理工程、惠民县沙河石庙段治理工程、沾化区胡营河拦蓄工程、沾化区西水东调工程、沾化区马新河综合治理工程可行性研究报告、初步设计报告及概算专家技术评审工作。完成小开河引黄灌区续建配套与现代化改造工程、韩墩灌区续建配套与现代化改造工程、簸箕李引黄灌区续建配套与现代化改造工程、初步设计及概算专家技术评审等工作。完成无棣县城东水库、徒骇河（惠民县下游段）综合治理工程、惠民县沙河石庙段治理工程、沾化区胡营河拦蓄工程、沾化区西水东调工程、沾化区马新河综合治理工程可行性研究报告的批复。协调完成秦口河阳信、沾化、无棣段治理工程重大设计变更工作。

2022年，完成投资计划转发下达3次，中央投资计划1次、省投资计划2次，涉及项目8项次。累计转发下达中央预算内投资计划1273万元，转发下达省财政专项资金7989万元。

【农村水利】

引黄灌区农业节水工程 簸箕李灌区2020年度续建配套节水改造工程（增加部分），完成总干渠950米渠底衬砌，完成工程投资400万元。市引黄中心三大灌区“十三五”续建配套与节水改造工程通过市城乡水务局和市发改委组织的市级验收。2022年共实施道旭灌区、张桥灌区、大道王灌区和大崔灌区4处中型灌区续建配套节水改造项目，完成投资1.54亿元，完成渠首工程改造1处，渠道工程改造153.87千米，渠系建筑物改造134座，工程管护设施1处，计量设施5处。改善灌溉面积29.6万亩，新增粮食生产能力2544.4万公斤，新增节水能力782.7万立方米。

灌区续建配套与现代化改造 重点对淤积严重的小开河灌区进行两次清淤，渠道清淤施工长度累计41.87千米，完成土方65.8万立方米（含沉沙池清淤36.99万立方米），簸箕李渠道清淤开卡工程施工总长度34.97千米，完成土方21.21万立方米，提高了输水效率，保障了灌区工农业生产生活用水需求，圆满完成年度改造工程。小开河灌区2021年度续建配套与现代化改造工程，完成输沙渠道改造10.722千米，维修加固分水闸34座，改建生产桥5座，新建清淤专道支渠生产桥3座；改造输沙渠右岸管理道路8.472千米，新建输沙渠左岸清淤专道8.482千米；光缆地埋8.496千米，完成工程投资约6700万元。韩墩灌区2021年度续建配套与现代化改造工程，完成总干渠

马坊闸改建，潮河干渠15.6千米护底衬砌及清淤工作，完成工程投资约4100万元。

农业水价　滨州市2021年完成了473万亩改革任务，2022年全面推进验收工作。市政府召开两次专题会议，成立了分管市长任组长的市级验收工作领导小组。9月份举办了全市农业水价综合改革培训班，邀请省级专家授课。按照省级验收标准，制定了《滨州市农业水价综合改革验收工作方案》，明确了验收内容、标准及时间安排。10月底，各县（市、区）完成县级自验。11月1日起，开展市级验收，11月8日在全省率先完成市级验收，评定成绩为98.64分，为“良好”等次。11月30日，向省水利厅等四部门提交了复核申请。

【水资源管理与保护】

用水效率控制　2022年全市用水总量为14.64亿立方米，万元GDP用水量为49.21立方米，万元工业增加值用水量为29.38立方米，农田灌溉水利用系数为0.6437，全市万元GDP用水量比2020年下降24%，万元工业增加值用水量比2020年下降10%，节水成效明显，探索出了以水资源高效利用支撑高质量发展的“滨州路径”。

计划用水　印发《关于进一步严格计划用水管理工作的通知》《关于进一步加强节约用水宣传工作的通知》《关于开展2022年水资源管理和节约用水工作监督检查的通知》等系列强化水资源管理文件。持续进行计划用水日常监督检查和集中现场监督检查，累计监督检查用水户450余户次。实现年用水量超1万立方米的工业和服务业用水单位计划用水管理全覆盖。

节约用水　按照省人大常委会开展沿黄九市“黄河水资源保护与集约节约利用”协同立法工作安排，市城乡水务局组织《滨州市城市节约用水条例》的调研和起草工作。全市7个县（市、区）已全部被水利部公布为“节水型社会建设达标县（区）”，4个引黄灌区被水利部公布为“节水型灌区”，2所高校建成“山东省节水型高校”；各级节水型工业企业190个、节水型服务业单位167个、节水型居民小区170个。75个年用水量50万立方米以上用水单位全部纳入国家、省、市重点监控用水单位名录管理并建立水务经理制度。2022年全市共征收水资源税2.14亿元。

【河湖管理】　制定印发《滨州市河湖长制年度工作综合评价管理办法》，印发基层河长履职通报11期。全市3545名河长巡河18.8万次5.6万千米。由政府出资1600余万元创新设置1511位专职河管员，实现河湖管护全覆盖，形成了“河长+河管员”一体化管护新模式。打造“五老河长”志愿服务品牌，开展河湖长制进校园、进社区、进机关、进企业、进乡村“五进”系列宣传活动338次。深入落实有奖举报，建设“碧水积分”平台，凝聚全民护河合力。坚持重拳治违，完成漳卫新河27处碍洪问题整治，清理各类养殖池652.4万平方米、树障7.5万平方米、房屋建筑9760平方米，省委书记李干杰给予肯定性批示、省河长办通报表扬。扎实开展碍洪问题整治、拦河工程整治等专项行动，整治河湖“四乱”问题177处，拆除改造拦河工程25处。高标准建成10条149千米美丽幸福示范河湖，完成148条美丽幸福河湖达标建设，《黄河小街湾的生态变迁之路》入选水利部推行河湖长制典型案例。完成2条河流、3座中型水库、3座水闸和1个县域数字河湖建设。开展“共建幸福河湖、助力乡村振兴”农村河湖专项整治行动，实现326条、1872千米乡村级河湖整治全覆盖，清理河湖问题970处，乡村河湖面貌显著改善。

【工程建设管理】　印发《关于公布2021年度县级政府质量工作（水利指标）评议结果暨2022年度质量工作（水利指标）评议办法的通知》，严格质量评议标准，加大正向激励力度，强化工程质量过程监管，采取独立检查和“市局牵总+第三方提供技术服务+县区互检互查”方式，部署开展水利建设质量安全综合检查、水利工程建设标后履约和质量安全排查整治等专项检查行动，累计开展质量安全监督检查活动33项次，发现问题限期整改，对42家参建单位进行了不良行为信用扣分惩戒，进一步引导和规范水利建设市场主体行为。印发《关于加强2022年水利工程建设项目验收管理工作的通知》，全市14项工程均已按期完成各阶段验收任务，竣工验收完成率100%。层层组织发动“争赛比”劳动竞赛活动，在全省劳动竞赛评选中共荣获10类57个奖项，11个项目获评省级优质工程和文明工地，获奖总数位列全省前列，2022年沾化区坝上闸、邹平市三里河闸竞赛优质工程分别争获省建筑工程质量“泰山杯”一等奖、“华东地区优质工程奖”和建设工程优质结构奖，为示范带动创品牌注入源源不断的“组织动力”。

【工程运行管理】 2022年，配合水利部、省水利厅暗访7次，发现问题全部整改到位，整改率达100%。开展水利工程安全运行突出问题监督检查13次，水闸74座、水库16座、堤防10段，发现问题水库18项、水闸26项共计44项，已全部完成整改；组织开展省级复查整改问题36项，全部整改完成。落实水闸安全鉴定制度，组织完成5座水闸安全鉴定，全面消除水闸安全鉴定存量。落实水库大坝安全管理三级责任人和小水库防汛“三个责任人”273人，完成新修订9座水闸控制运用计划审批，组织完成10座病险应急处置方案。完成沾化区县级水利工程、邹平市1个县域小型水库工程、秦口河（阳信段）河道工程、滨城区秦台水库、博兴县打渔张渠首水库、无棣县三角洼水库3座中型水库等6个标准化管理数字平台建设，24座水闸、2座水库共计26项水利工程标准化全部达标评价合格，创建为标准化管理工程。其中，秦台水库、坝上闸、下洼闸3项工程被评为全省水利工程标准化管理工程，全面提高水利工程运行管理水平。推进水利工程管理与保护范围划定，完成水库50座，水闸201座划界工作。

【改革创新】 2022年，滨州市完成农业水价综合改革任务，积极推进工程和信息化建设，不断完善农田灌溉网络，全市农田灌溉水有效利用系数达到0.6437。制定《农业水价综合改革验收办法》，健全完善奖励补贴、水权交易、分类水价等制度，在全省率先完成473万亩改革任务并完成市级验收。结合全市水务工作实际，谋划确定了涉水事务管理一体化、水资源配置一体化、城乡供水一体化、水灾害防治一体化、水环境提升一体化、现代水网布局一体化、融资建设运营一体化等“七个一体化”总体框架，为城乡水务事业发展奠定基础。

【水行政执法】

水务法治建设　严格落实行政执法“三项制度”，修改完善《滨州市水行政处罚裁量基准》，加大涉水重点领域执法力度，全市累计查处涉水违法案件47个；配合市人大制定《滨州市城市节约用水条例》，完成《滨州市水利发展“十四五”规划》《滨州市水资源综合规划》的编制；编制2项涉水免提交证明事项清单，开展违背市场准入负面清单问题自查自纠；利用“世界水日”“城市节水宣传周”等契机，开展节水启动仪式、专题普法、普法直通车等普法宣传活动，发放宣传材料5000余份，向公众普及水务法律知识，营造良好法治氛围。

水务监管　制定随机抽查事项清单和计划，组织开展3项部门联合抽查活动，完成对15家企业的抽查；统筹制定年度监督检查计划，将11类、17项检查事项纳入计划中，明确检查任务、时间节点，推动水务监督检查常态化、规范化；配合省水利厅完成重点水利工程建设质量与安全巡查，及时上报6期整改报告；配合省水利厅稽察组完成3项水利工程稽察及2项水利工程稽察复查，完成对秦口河沾化区段综合治理工程的市级稽察工作。

【城乡供水】 全市12家城市供水企业日供水能力101万立方米/日，供水总量1.5亿立方米，供水企业出厂水、管网末梢水水质综合合格率100%。新建供水管网20.25千米，改造供水管网27.54千米，供水管网总长度2153千米。2022年，簸箕李、小开河、韩墩三大灌区合计共引水5.84亿立方米（含生态水2380万立方米）。重点对淤积严重的小开河灌区进行两次清淤，渠道清淤施工长度累计41.87千米，完成土方65.8万立方米（含沉沙池清淤36.99万立方米），簸箕李渠道清淤开卡工程施工总长度34.97千米，完成土方21.21万立方米，提高了输水效率，保障了灌区工农业生产生活用水需求。年度改造工程圆满完成，小开河灌区2021年度续建配套与现代化改造工程，完成输沙渠道改造10.722千米，维修加固分水闸34座，改建生产桥5座，新建清淤专道支渠生产桥3座；改造输沙渠右岸管理道路8.472千米，新建输沙渠左岸清淤专道8.482千米；光缆地埋8.496千米，完成工程投资约6700万元。韩墩灌区2021年度续建配套与现代化改造工程，完成总干渠马坊闸改建，潮河干渠15.6千米护底衬砌及清淤工作，完成工程投资约4100万元。簸箕李灌区2020年度续建配套节水改造工程（增加部分），完成总干渠950米渠底衬砌，完成工程投资400万元。市引黄中心三大灌区"十三五"续建配套与节水改造工程顺利通过市城乡水务局和市发改委组织的市级验收。

【水土保持】 2022年度，完成治理水土流失面积29平方千米，提前超额完成省级下达任务；完成小清河、德惠新河等12条河道（河段）水系绿化工作，省管大型河道河段水系绿化达标率达到100%；争取省级财政资金700万元，建设完成沾化区付家河和惠民县刘黄沟两个省级水土保持生态清洁小流域示范工程；对93个生产建设项目开展水土保持监管，接受验收报备56个；征收水土保持补偿费1060万元；"邹平鹤伴水土保持科技示范园"成功创建"第六批全国水土保持科普教育基地"；沾化区和阳信县分别被列为全省水土保持高质量发展三年强基行动监管试点；成功创建滨城区秦皇河段、阳信县白杨河绿丰生态林段及博兴县十三条渠、二干渠等4处省级水系绿化样板。

（王兆坤）

菏泽市

【概况】 2022年，菏泽市水务系统深入学习贯彻习近平总书记关于水利和防汛救灾重要指示精神，深入做好全市水务工作。菏泽市申报省重点水利工程48项，争取中央、省补助资金和专项债12.75亿元，27项水利基本建设工程全部落地实施，累计完成投资38.5亿元。严格落实防汛工作责任制，科学制定应急预案，开展11次应急演练。深入实施"两个清零、一个提标"，全市新建、改造、修复污水管网154千米，改造污水管网混错接点1071处，清淤污水管网260千米，完成市政合流管网改造243千米、源头合流单位改造4817个。完成推广高效节水灌溉建设任务23.5万亩，推进深层地下水压采，全市封停深层承压水井269眼，压减水量1931.61万立方米。组织1985户企业缴纳水资源税，入库水资源税额27948万元。实施3处水厂建设，662个村的村内供水工程改造，累计引黄水量7.85亿立方米，实施两个中型灌区续建配套和节水改造工程项目。全市各级河湖长共完成巡河50万次，建成美丽幸福河湖243条，其中省级美丽示范河湖5条。全市新增水土流失治理面积36.059平方千米。

【水旱灾害防御】 2022年，菏泽市水旱灾害防御工作坚持人民至上、生命至上，确保人民群众生命财产安全。严格落实防汛工作责任制，科学制定应急预案，全年开展11次应急演练，全市建立防汛抢险队伍2200人，落实24小时领导带班和应急值守，确保发生险情后可以第一时间进行有效处置。下好安全度汛“先手棋”，做好迎战强降雨准备，加强水闸、泵站、蝶阀等防汛排水设施调度管理，及早打开河道闸坝蝶阀，落实移动排水设备144台（大流量排水设备16台），新建雨水管网139.3千米，清淤雨水管网370余千米，清淤河道9条，疏通河道阻水点24处，消除易积水点92处（市城区52处）。完成城区14处雨污水泵站双电源改造，开展道路雨水口清掏治理，提高排水保障。通过充分发挥流域防洪排涝工程体系“组合拳”作用，全市未出现一起因防汛造成的人员死亡事件，确保了城市安全度汛，实现了大汛大洪无大灾的目标。菏泽市排水服务中心被评选为“2022年山东省城镇排水工作先进集体”。

【城市治水管水】 2022年，菏泽市先后召开4次调度、推进会议，书记、市长、分管市长11次赴现场督导检查，确保相关工程顺利实施。全市新建、改造、修复污水管网154千米，改造污水管网混错接点1071处，消除直排口60个，消除空白区面积26平方千米，排查污水管网1006.1千米，清淤污水管网260千米。完成市政合流管网改造243.26千米、源头合流单位改造4817个。承诺动态清零的单县、巨野县、定陶区、成武县、郓城县等5个县（区）全部完成工程建设任务并通过省住建厅的抽查验收，东明县自加压力，提前一年基本完成雨污分流改造。单县第一污水处理厂、郓城县污水处理厂、成武县第一污水处理厂、曹县第一污水处理厂、曹县第二污水处理厂完成了准四类提标改造。新建鄄城第三污水处理厂、七里河污水处理厂、高新区污水处理厂、青年湖污水处理厂，新增污水处理能力8.5万立方米/日。完成了华润环保水务污泥焚烧项目改造和成武县污泥处置项目，增加污泥处理能力160立方米/日，全市污泥实现了无害化、资源化处置，未发生污泥处置次生污染事件。开展县级及以上建成区黑臭水体清零行动，起草印发了《菏泽市深入打好城市黑臭水体治理攻坚战实施方案》，各县（区）均建立了较完善的长效制度，其中牡丹区、鲁西新区、定陶区、成武县、单县、巨野县、郓城县等县（区）已编制完成长制久清报告，实现了黑臭水体动态清零。第二轮中央环保督察曝光的城区11条黑臭水体返黑返臭问题全部完成整改，“三湖八河”水质和周边居住环境改观显著，局部段实现了“水清岸绿、鱼翔浅底”的美好景象。2022年9月，山东省生态环境厅把菏泽市水环境治理作为“以督促改见成效”示范案例，以“菏泽：打出治水组合拳，花乡水邑展新颜”为题，在“山东环境”微信公众号进行宣传报道。

【水利设施建设】 2022年，高标准编制《菏泽市现代水网建设规划》《菏泽市中小河流治理方案》并印发实施。申报省重点水利工程48项，争取中央、省补助资金和专项债12.753亿元，累计完成投资38.5亿元。策划包装采煤塌陷地水资源综合开发利用项目，工程总投资140亿元，已纳入省重大项目清单，争取列入国家重大项目。27项水利基本建设工程全部落地实施，10项工程全面完成建设任务，共疏挖河道116.91千米，复堤102.54千米，新建、改建、加固桥涵闸等建筑物工程82座，新建防汛路35.2千米。大力推进平原水库建设，高新区魏楼水库、曹县太行水库、单县大沙河水库、郓城杨庄集水库完成建设任务。积极开展争进度“赛质量、比担当”劳动竞赛活动，有9个单位、29位同志、4项工程、6个工地被省水利厅、省总工会评为模范集体、模范个人、优质工程、文明工地。

【水资源管理】 2022年，牵头出台《菏泽市黄河水资源节约集约利用促进条例》，提升菏泽市黄河水资源高效利用水平。实施节水行动，建立市级节约用水联席会议制度，全市有8个县（区）建成节水型社会建设达标县（区）并经水利部公布，1个县通过省级评价，县域节水型社会达标建设基本实现全覆盖。建成省级节水型单位5个、市级节水型单位72个、节水型高校1所，完成推广高效节水灌溉建设任务23.5万亩。建立节水评价登记台账和规划（建设）项目节水评价审查统计制度，累计完成节水评价97个。市区重点开发利用再生水，全市新增审批非常规水源利用项目44个，新增再生水取水许可量3480万立方米。年用水量1万立方米及以上的工业和服务业用水单位实现计划用水管理全覆盖。组织开展取用水管理专项整治行动“回头看”，对取水口登记、取水口违规取水情况进行仔细核查，新增取水户近200个，取水项目信息更新3000个。认真落实《菏泽市地下水超采区综合治理实施方案》，推进深层地下水压采，全市封停深层承压水井269眼，压减水量1931.61万立方米。抓好水资源税征收，加强部门协作和工作联动，开展联合执法行动，不断提升全市水资源税征管水平，全市共组织1985户企业缴纳水资源税，入库水资源税额27948万元。菏泽市水务局被评为节水宣传活动优秀组织单位，市水务事业发展中心被评选为2022年“山东省城镇节水工作先进集体”、3人被评选为“山东省城镇节水工作先进个人”。

【农村供水】 2022年，组织各县（区）编制《农村供水保障“十四五”规划》《农村供水应急预案》并印发实施。通过商业贷款、社会融资、争取专项债等资金筹措方式，实施了包括伯乐湖水厂、杨庄集水厂、鄄城第二水厂、662个村的村内供水工程改造，村内外管网维修、铺设等农村供水工程建设投资5.42亿元，占总投资的99.35%。积极争取上级农村饮水工程维修养护资金3830万元，占全省的45.95%，完成工程维修养护136处，服务人口336万人，有效提高了全市供水保障能力。在全市组织开展农村供水水质提升三年专项行动，全省第一个出台工作方案，召开动员会议对三年专项行动进行全面安排部署，各县（区）均签订承诺书，市纪委监委将水质提升工作纳入专项监督，确保农村供水水质达标率达到85%以上，2025年达到全省中等以上水平。

【引黄灌区】 2022年，积极协调黄河河务部门，召开全市引黄调水工作专题会议，督促沿黄县（区）最大限度地多引、多蓄、多用黄河水，全年累计引黄水量7.85亿立方米，为全市工农业生产、城乡居民生活、城市生态用水提供了可靠的黄河水源保障，为农业增产农民增收奠定了良好的水利基础。实施高村和旧城两个中型灌区续建配套和节水改造工程项目，完成投资14540万元，整治渠道123.89千米，新建、改建各类建筑物105座，配套管理道路16.44千米、量测水设施82台（套）。有序推进农业水价综合改革验收及2020—2021年农业水价综合改革资金支付自查整改工作，定陶区做法被水利部作为农业水价综合改革的典型案例在全国推广。

【河湖长制】 2022年，河湖长履职能力进一步提高，全市各级河湖长共完成巡河50万次，及时协调解决河湖管理范围内的突出问题，对加强河湖管护发挥了重要作用。规范化常态化开展河湖“清四乱”活动，清理整治河湖乱占、乱采、乱堆、乱建问题181处，河湖生态环境持续改善。排查整治63处妨碍河道行洪突出问题，排查74处影响防洪安全和水生态安全拦河工程、152个水库水闸堤防安全运行隐患，均按要求进行了整改，2座水库、3座水闸完成安全鉴定。积极开展“数字河湖‘4个1’”试点建设，完成了巨野县域数字平台以及洙河、雷泽湖水库、张衙门闸、浮岗水库等河湖数字化管理平台建设任务，水利工程数字化管理水平全面提升。推进美丽河湖建设，全市建成美丽幸福河湖 243 条，其中，省级美丽示范河湖 5 条。积极开展“碧水积分”公众护水平台建设，投资 17.4 万元开发建设运行“碧水积分”公众护水平台 App，支持 10 县（区）共同使用上线运行，实行巡河积分制，推动形成全民护水的崭新格局，共同守护美丽河湖。省河长办对菏泽市河湖长制工作进行表扬。

【水土保持】 2022 年，菏泽市加强水土保持监管，健全水务、行政审批、税务等部门间协作共享机制，完成 4 批次违法违规图斑的认定查处与整改销号，340 个生产建设项目补报水土保持方案并取得批复，对 281 个项目开展现场检查，完成水土保持验收报备 176 个，征缴水土保持补偿费 3280.39 万元，落实人为水土流失防治责任范围 3495.72 公顷，相关资料全部上传至全国水土保持信息管理系统，录入率 100%。积极申报并实施定陶区北王庄、巨野县柳林河省级水土保持生态清洁小流域示范项目，实施水系及村庄绿化 11.04 公顷，种草 6.31 公顷，铺设休闲步道及生产道路 5024 米，完成水土流失治理面积 12.99 平方千米，投资 600 万元。全市新增水土流失治理面积 36.059 平方千米，远超 10 平方千米的年度治理任务。在省对市水土保持规划实施情况评估中，菏泽市连续 3 年被评为优秀等次，菏泽市水土保持监管“四动工作法”被省水利厅作为先进经验在全省推广，单县东沟河段被省水利厅评定为 2022 年度全省水系绿化样板工程，伺赞被水利部评选为“全国水土保持工作先进个人”。

【水务服务】 2022 年，菏泽市加强供水设施建设和运行管理，新建改建供水主管网 128 千米，改造老旧管网 36.86 千米，公共供水管网漏损率控制在 6.1% 以下。市第二水厂通水运营，受益人口 12 万人。用水报装营商环境不断优化，建立 3 家水电气暖联合营业厅，实现供水报装系统与工改系统数据互联互通，用水业务全面上线“爱山东”App，政务服务能力显著提升。加强污水处理费征收，全市共征收污水处理费 13486.2 万元，其中，市本级 4000 万元、追缴 1000 万元，郓城县 2363 万元、单县 1498.5 万元、巨野县 1402 万元。积极推进法治政府、法治社会建设，严格规范公正文明执法，制定并落实对市场主体违法行为依法“不予行政处罚、减轻行政处罚、从轻行政处罚、从重行政处罚”的事项清单，梳理、细化行政权力和责任，将执法工作量化到岗、责任到人，公开承办机构、服务电话和监督电话，接受社会监督，自觉做到依法履职。持续加大水行政执法力度，查处违法取水件案 46 件、违法排水 6 件，行政处罚 10 件，罚款 28.3 万元。坚持安全第一，开展全市水利工程风险隐患排查，严格落实安全生产规章制度，组织培训教育 36 场次，检查项目、单位 598 个，排查并整改隐患问题 461 个，确保了水利工程运行安全，在建工程未发生一起生产安全事故。

【党的建设】 2022 年，菏泽市坚持以党的政治建设为统领，各级党组织认真履行全面从严治党主体责任，广大党员干部自觉将党史学习教育成果转化为治水攻坚的强大力量。坚持“第一议题”制度，及时跟进学习习近平总书记重要讲话精神，局机关支部连续两年被市委评为“菏泽市先进基层党组织”。配合省委巡视组、市委巡察组完成了为期两个月的黄河流域生态保护和高质量发展巡视巡察工作，按时上报了整改材料，制定整改方案逐一进行问题整改。广泛开展“我来讲党课”活动，各级党组织书记和普通党员讲专题党课 28 场（次），组建理论学习宣讲团到基层单位宣讲 10 场（次），选派人员参加市直、全市百姓宣讲，均荣获一等奖。微党课《让黄河成为造福人民的幸福河》被评为 2022 年度全省“优秀党课”，《绿水青山就是金山银山——用“两山”理论谈菏泽水生态建设》荣获水利部“优秀课程”，制作的党员教育片分别荣获2022年度市直机关优秀党员教育电视片一等奖2部、二等奖1部、三等奖1部，市水务局被评为2022年度机关党建理论研究先进单位。老干部工作取得新亮点，机关老干部支部被市委组织部评选为“本色家园、牡丹银晖”示范党支部。严格落实中央八项规定及其实施细则精神，驰而不息纠治“四风”，开展常态化警示教育，全市水务系统党纪政纪处分23人。加强高素质专业化水务人才队伍建设，加大干部培养选拔使用力度，2021年以来，市水务局提拔县级干部3人、县级干部晋升职级3人、提拔科级干部32人、晋升职级9人，平级理顺科级干部80人，招录公务员2人、引进高层次人才18人，全局干部队伍结构持续优化。

（刘福旺）

大事记

1月

11—14日　省水利厅在济南举办处级干部党的十九届六中全会精神专题学习班。厅党组副书记、副厅长、直属机关党委书记马承新出席开班仪式并就办好专题学习班提出具体要求。厅二级巡视员徐希进主持结班式并对专题学习情况进行总结。

13日上午　全省水利工作会议在济南召开。会议认真贯彻落实省委经济工作会议、省委农村工作会议、全国水利工作会议精神，总结2021年水利工作，分析面临的形势任务，部署2022年重点工作。省水利厅党组书记、厅长刘中会出席会议并讲话，厅党组副书记、副厅长（正厅级）马承新主持会议。会议以视频形式召开。厅领导，二级巡视员，总规划师、总工程师、总经济师，厅直属单位党政主要负责人，厅机关副处级以上干部在主会场参加会议。各市水利（水务）局负责人在分会场参加会议。青岛、烟台、潍坊、济宁、威海5市在会上作交流发言。

14日　省水利厅一级巡视员王祖利带队检查山东南水北调工程冬季安全生产工作。检查组一行查看了济南管理局济东渠道管理处标准化渠道段、赵王河闸及东湖水库管理处泵站、入出库闸、围坝，对建筑物、金结机电、电力线路、水泵、启闭机等设施设备运行情况进行全面检查。

18日　省水利厅召开党史学习教育总结会议，深入贯彻落实习近平总书记重要指示要求和中央党史学习教育总结会议精神，按照全省党史学习教育总结会议安排部署，全面总结省水利厅党史学习教育成效和经验，对巩固拓展党史学习教育成果进行安排部署。省水利厅党组书记、厅长刘中会主持会议并讲话，省委党史学习教育第八巡回指导组负责人到会指导。

19日上午　省水利厅党组召开党史学习教育专题民主生活会。厅党组书记、厅长刘中会主持会议并讲话，领导班子成员参加。省委党史学习教育第八巡回指导组副组长徐尉、成员刘廷刚列席指导。

20日下午　省水利厅党组书记、厅长刘中会到省流域中心调研小清河防洪自动化调度指挥系统建设。调研组一行听取了项目建设情况汇报、应用服务及系统集成和洪水预报调度一体化系统成果汇报，观看了小清河防洪综合治理工程自动化调度指挥系统主要功能演示和省调度中心建设情况。

20日下午　省水利厅党组书记、厅长刘中会参加指导省流域中心党委党史学习教育专题民主生活会。刘中会对这次专题民主生活会给予充分肯定。

27日　水利部以视频形式召开全国水旱灾害防御工作先进表彰会，李国英部长出席会议并讲话。山东省水利厅设分会场，厅长刘中会以及全省受表彰先进集体代表在分会场收听收看表彰会。

2月

14—15日　省水利厅党组成员、副厅长刘文林到淄博市、潍坊市水文中心及省水量计量中心调研指导工作。

17 日　省委安保维稳第十五督导组组长、省水利厅副厅级干部赵振林带队到省调水中心滨州分中心检查督导工作。督导组一行先后来到打渔张泵站、渠首沉沙池和北堤涵闸管理所，实地察看了安保维稳、安全生产、疫情防控等各项措施落实情况；听取了滨州分中心安保维稳工作有关情况汇报；详细了解渠首群众失地少地补助、渠首灌溉补助拨付情况。

21 日　省水利厅副厅长刘文林带队到济南市调研水资源管理及节水工作。调研组一行先后察看了南康水厂供水保障、玉符河卧虎山水库调水工程等水系连通、卧虎山水库水源保护、中国石油济南分公司再生水利用和齐鲁制药有限公司节约用水有关情况，听取各单位有关工作情况汇报，并就水资源管理和节水工作进行座谈交流。刘文林对济南市水资源管理及节水工作给予充分肯定。

22—23 日　省水利厅一级巡视员王祖利带队督导检查胶东调水工程安全生产工作。督导组一行实地察看了青岛段小刘庄节制闸、亭口泵站、白沙河倒虹、大沽河枢纽、东小埠节制闸、棘洪滩泵站、水库引水闸等工程。

24 日　省水利厅一级巡视员张建德一行到济南市济阳区和新旧动能转换起步区，调研行政许可和水土保持工作，并看望慰问“四进”攻坚工作组成员和省水利厅派驻起步区挂职干部。

28 日　省水利厅党组巡察省流域中心党委反馈会议在中心六楼会议室召开。省水利厅党组副书记、副厅长（正厅级）马承新出席会议并讲话。省水利厅机关党委专职副书记柴均章等巡察组成员参加会议。省流域中心党委书记、主任杜贞栋主持会议并作表态发言。

同日　省水利厅巡察组巡察情况反馈会在省水科院举行。

3 月

3 日上午　水利部召开 2022 年水利系统节约用水工作会议，水利部副部长魏山忠出席会议。山东省水利厅刘文林副厅长以“完善政策法规、强化监督管理，努力在实施深度节水控水行动中走在前”为题作了典型发言，介绍了山东省在推进黄河流域深度节水控水、出台《山东省节约用水条例》、制定节水激励政策、培育遴选节水标杆、规范计划用水管理等方面的经验做法。

4 日下午　马承新副厅长主持召开第 8 周全省水利工程建设推进视频会。会议通报了水利投资计划执行、清单项目前期工作、工程建设进展情况，宣读了《山东省水利厅关于加强和完善水利工程建设推进机制的通知》（鲁水办字〔2022〕2 号），项目点多、面广、量大、任务重的滨州、烟台、济南市先后作了交流发言。

4 日　省水利厅一级巡视员王祖利带队到省防汛抗旱物资储备中心莱芜储备库开展安全生产“五体系”建设调研，对防储中心安全生产工作给予充分肯定，并就安全生产“五体系”建设和提升提出了具体明确的要求。

8 日上午　省水利厅召开 2022 年省人大建议、政协提案任务交办会，厅党组成员、副厅长崔培学出席会议并讲话。

9 日下午　省水利厅党组成员、副厅长刘文林到省水文中心水情部调研指导工作。刘文林对省水文中心深入研究分析《河南郑州 7·20 特大暴雨灾害调查报告》，查短板、寻弱项，对标对表谋划全年防汛测报工作给予充分肯定，对强化水文信息化建设，提升水文服务智慧化水平提出了建设性意见。

11 日上午　全省水利工程建设工作会议在济南召开。会议认真贯彻落实省委、省政府决策部署和全省水利工作会议精神，总结2021年水利工程建设工作，分析面临的形势任务，部署2022年重点工作。省水利厅一级巡视员王祖利出席会议并讲话，省水利厅总工程师凌九平主持会议并作工作报告。会议以视频形式召开，驻厅纪检监察组、厅机关有关处室、厅直属单位有关负责同志在主会场参加会议，各市、县（市、区）水利（水务）局分管负责同志在分会场参加会议。会上，淄博、枣庄、威海、日照、德州5市和省流域中心作交流发言。

22日下午　省水利厅机关党委党支部召开2021年度组织生活会。省水利厅党组副书记、副厅长、厅直机关党委书记马承新等到会督导。马承新指出，这次组织生活会准备充分、检视认真、批评中肯、举措务实，达到了红脸出汗、加压鼓劲、团结提高的预期效果。

同日　省水利厅在济南举行“节水山东 你我同行”主题宣传活动启动仪式，省水利厅党组书记、厅长刘中会出席仪式并讲话，厅党组成员、副厅长刘文林主持开场式，并一起启动主题宣传活动。根据疫情防控要求，启动仪式采取闪电新闻网络直播的形式，市、县两级水利（水务）局有关人员和社会公众通过移动客户端或电脑同步观看。

28日下午　省水利厅组织向驻地济南公交集团干线公司四队捐赠口罩、免洗手消毒液、手套、喷壶等疫情防控物资。厅党组副书记、副厅长、直属机关党委书记马承新等参加活动。

31日上午　副厅长马承新主持召开第14周全省水利工程建设推进视频会。会议通报了水利投资计划执行、清单项目前期工作、债券资金落实、工程建设进展情况，对水利施工现场疫情防控工作和统筹组织实施水利工程建设监督检查及现场核实工作做出安排，青岛、潍坊、烟台就项目前期工作推进、投资计划执行、落实债券资金的做法作交流发言。

4月

2日上午　省水利厅党组成员、副厅长崔培学带队到省调水中心督导检查疫情防控工作。省调水中心党委书记、主任刘长军等负责同志陪同督导检查。

12日　省水利厅一级巡视员王祖利带队调研山东省水利勘测设计院有限公司安全生产“五体系”建设工作。

15日　淮委通过视频开展汛前检查。淮委主任刘冬顺、副主任许静及淮委相关处室负责同志视频检查了山东省岸堤水库、泗河大闸、黑虎山水库等工程汛前准备情况。省水利厅汇报了全省汛前准备工作开展情况。

20日　海河防总办公室通过视频开展防汛检查。海河防总秘书长兼办公室主任、海委副主任韩瑞光及海委相关处室负责同志视频检查了山东省恩县洼蓄滞洪区、西郑庄分洪闸、牛角峪退水闸、李家桥闸等工程防汛准备和漳卫新河口清淤清障情况。

28日上午　省水利厅党组成员、副厅长刘鲁生带队到省调水中心调研数字孪生胶东调水工作。刘鲁生强调，开展数字孪生胶东调水建设是推动调水事业高质量发展的重要支撑，省调水中心要坚持“四性”原则，加快项目推进，以数字孪生胶东调水建设带动整体工作上水平、上台阶。

29日上午　水利部召开全国水利精神文明建设工作会议。会议以视频形式召开。省水利厅党组书记、厅长刘中会以“实施‘四大工程’ 擦亮文明品牌 凝聚水利高质量发展磅礴力量”为题介绍山东水利精神文明建设经验做法。

5 月

7 日下午　省水利厅党组书记、厅长刘中会主持召开厅党组理论学习中心组学习会，围绕习近平生态文明思想开展学习研讨。会议强调，全厅各级党组织要系统学习、深刻领会习近平生态文明思想和习近平总书记重要讲话精神，统筹水资源、水环境、水生态治理，推进山水林田湖草沙一体化保护和修复，保持定力、持续用力、久久为功，让人民群众实实在在感受到水生态水环境质量改善，为实现中国生态环境质量改善由量变到质变做出水利贡献。

12 日下午　省政府新闻办在济南召开发布会，介绍《山东省胶东调水条例》修正颁布相关情况，增加潍坊市为受水区。

16 日　亚行检查团召开山东省利用亚行贷款地下水漏斗区域综合治理示范项目年度检查视频会议，听取项目进展情况汇报，讨论贷款未使用资金使用计划，并就贷款关账后相关后续各项工作计划安排进行协商，达成一致意见。省水利厅副厅级干部赵振林出席会议并致辞。

17 日上午　省水利厅二级巡视员贾乃波一行到南水北调东线山东干线有限责任公司调研指导科技工作。贾乃波一行先后察看了干线公司水质监测预警中心实验室、党员活动室、职工书屋以及运行调度中心，观看了山东南水北调工程宣传片，并就科技创新工作进行座谈交流。

同日　省水利厅一级巡视员张建德带队赴淄博市沂源县调研水土保持和行政许可工作。张建德一行听取市县两级相关工作情况汇报，详细了解市县在水土保持、行政许可、水生态建设等方面取得的成效，就相关问题与市县进行交流。现场查看了 2020 年度国家水土保持重点工程龙王官庄小流域治理工程。

18 日上午　省水利厅党组书记、厅长刘中会到省水文中心检查指导汛前准备工作，看望慰问水文干部职工。刘中会实地查看了办公场所，参观了水文展厅，观看山东省水情信息服务系统、大中型水库与骨干河道洪水预报系统演示，听取全省水文工作情况介绍及 2022 年度水文测报汛前准备工作汇报。刘中会对山东水文工作给予高度认可和充分肯定。

24—26 日　省水利厅二级巡视员隋家明带队到菏泽市、济宁市、泰安市调研 2021—2022 年度引黄计划执行、大中型灌区取水问题整改及农村水利工作。

26 日　省水利厅二级巡视员贾乃波一行调研组实地察看了打渔张引黄闸、打渔张泵站、沉沙池出口闸、渠首管理所、北堤涵闸等工程，看望慰问了基层管理所值班人员，详细了解了本年度调水运行情况、胶东调水自动化调度系统建设利用情况，并就引黄计划执行进行了座谈交流。

27 日　省水利厅一级巡视员张建德带领调研组到泰安肥城调研指导水土保持示范县建设，实地查看潮泉镇翦云山小流域、泰山桃花源小流域、老城月庄河生态修复保护项目工程现场，详细了解工程资金投入、施工建设、管理维护、效益收益情况，并听取市县两级相关工作情况汇报，就相关问题与市县交流意见。

31 日　省水利厅文明办组织开展“我们的节日·端午”活动。省水利厅党组副书记、副厅长、直属机关党委书记马承新与干部职工一起包粽子，话家常，畅谈快乐工作，健康生活。

同日　“六一”国际儿童节来临之际，5 月 31 日，省水利厅二级巡视员隋家明一行赴东平县老湖镇参加第一书记帮扶村“温暖童心 情系未来”慰问活动，听取老湖镇第一书记党小组工作汇报，并到各帮扶村实地调研。

6月

2日下午 副厅长马承新主持召开2022年第22周全省水利工程建设推进会议，学习传达贯彻全国稳住经济大盘电视电话会议、全省稳定经济运行工作视频会议精神，通报全省水利工程建设进展情况，按照“时间过半、任务过半”新要求对全省水利工程建设再动员、再部署，安排谋划储备2022年下半年和2023年水利建设项目。

8日 省水利厅党组成员、副厅长刘鲁生到南水北调东线山东干线有限责任公司调研指导工程数字化建设和运行管理标准化工作。刘鲁生一行实地查看南水北调山东段省调度中心运行情况，详细了解工程数字化建设、运行管理标准化情况，并听取干线公司负责人工作汇报。

8—9日 省水利厅一级巡视员张建德带队赴东营市河口区调研指导水土保持和水行政许可工作。张建德一行实地查看了河口区鸣翠湖湿地、刁口河黄河故道、孤岛万亩槐林、黄河三角洲农业高新技术产业示范区，并听取市县两级相关工作情况汇报，详细了解市县在国家水土保持示范创建、涉水事项行政许可、地热能开发利用等方面的情况，就相关问题与市县交流意见。

8—9日 省水利厅党组成员、副厅长崔培学到胶东调水工程沿线调研。崔培学一行先后到胶东调水工程宋庄分水闸、输水明渠、高密管理所、亭口泵站、棘洪滩水库、棘洪滩泵站等地。

13日 省水利厅党组书记、厅长刘中会到青岛市调研指导基层水文工作。刘中会一行深入青岛平度市南村水文站，仔细查看了水文监测设施设备维护使用情况，观看了南村智慧水文及数字孪生水文站系统演示，听取了青岛市水文工作汇报，并围绕数字孪生水文站建设、科技人才培养及水文服务支撑等工作座谈交流。

15日晚 “青春心向党 建功新时代”省直机关团员青年喜迎党的二十大文艺会演在山东剧院隆重举行。本次活动由省委省直机关工委、省文化和旅游厅、省市场监管局、山东广播电视台联合主办。省水利厅党组副书记、副厅长马承新作为参演单位领导应邀观演。

17日下午 “安全生产月”活动期间，省水利厅副厅级干部赵振林带领安全专家，到综合事业服务中心检查安全生产工作。

20日 省教育厅、省水利厅共同开展“同心防溺水 共筑安全网”主题宣传教育行动。省教育厅总督学仲红波、省水利厅二级巡视员徐希进、济南大学副校长王志出席并参加相关活动。

24日 省水利厅召开2022年度水旱灾害防御演练视频线上观摩会议。高希星二级巡视员在省调度指挥中心参加会议，省防汛抗旱物资储备中心主任郑金刚主持会议。各市、县设分会场，各市县水利（水务）局、各级水旱灾害防御队伍在所在地分会场线上观摩。

29日 副省长、省公安厅厅长范华平到省水利厅调度检查防汛备汛工作。

29—30日 省水利厅一级巡视员张建德带队到济宁市开展防汛保安、地下水超采治理专项执法行动督导并就事中事后监管工作进行调研。

30日至7月1日 省水利厅一级巡视员王祖利带队对小清河防洪综合治理工程安全度汛工作进行督导检查。

7月

1日上午 省水利厅组织召开2022年全省水利系统网络安全攻防演练总结会，通报分析全省水利网络安全态势，全面梳理总结演练成果，部署下步水利网络安全工作。

省水利厅党组成员、副厅长崔培学出席会议并讲话。

5日下午　省水利厅举办题为“数字孪生流域建设关键技术研究与应用”的“水利大讲堂”。干部职工近40人聆听了讲座。

6日下午　省委书记李干杰冒雨到寿光市丹河西坝康河泵站，认真察看水利设施建设运行情况，听取大棚易涝区排涝及防洪治理工作汇报。他强调，水利工程是民生工程、发展工程、安全工程，要舍得投入、舍得下功夫，不断提升防洪减灾能力。要密切关注台风动向，及时发布预警，切实做好防御工作。在寿光市应急物资库，李干杰走进仓库察看防汛排涝车、单兵背囊、防汛沙袋等应急物资，详细了解防汛物资储备等情况。

6—7日　省委书记李干杰先后到潍坊市、淄博市、济南市，实地检查指导防汛备汛工作。他强调，要深入贯彻落实习近平总书记关于防汛救灾工作的重要指示精神，始终坚持人民至上、生命至上，提高思想认识，做好充分准备，盯紧盯牢防汛重点，全力以赴、严防死守，确保安全度汛，确保人民群众生命财产安全。

7日上午　省委书记李干杰到淄博市周村区孝妇河袁家桥段，登上大堤察看河流水位、河道治理等情况，听取孝妇河防汛备汛工作汇报。在济南市章丘区芽庄湖，仔细询问蓄洪容量有多大、障碍物是否全部清理，了解小清河蓄滞洪区治理情况，叮嘱随行人员要切实做好河湖大堤防护，避免发生次生问题，保障好周边村民安全。

7—8日　“鲁水先锋杯”全省水利系统党务干部技能比武在济南举行决赛。山东水利职业学院曹凤云和山东水利技师学院荣帅荣获技能比武一等奖。省水利厅党组副书记、副厅长、直属机关党委书记马承新出席活动并为获奖选手颁奖。

8日上午　省水利厅召开2022年全省水利工程建设调度视频会议，厅党组书记、厅长刘中会出席会议并讲话。会议通报了全省水利建设投资执行、建设资金落实、基本建设项目建设进展、农村水利工程建设情况。潍坊、济宁、德州市水利局作典型发言。

12日下午　副省长、省公安厅厅长范华平到省水利厅调度指挥防汛度汛工作。

13—15日　省水利厅一级巡视员王祖利带队对济宁市、德州市在建工程安全生产及度汛工作进行督导调研。

14—15日　省水利厅一级巡视员张建德带队到滨州市开展防汛保安、地下水超采治理专项执法行动和水土保持事中事后监管工作调研。省水利厅二级巡视员、省派“加强农村基层党组织建设”驻滨州市总联络员负责人宋书强一同参加调研。

14—15日　省水利厅副厅长刘鲁生带队对淄博市水利安全生产工作和山东水利技师学院进行督导调研。

20日上午　省水利厅副厅级干部赵振林带领省水利综合事业服务中心党总支赴省水文中心开展“党建对标、业务融合”学习观摩活动。省水利综合事业服务中心党员干部代表等16人参加。

21—22日　中国水利水电出版传媒集团有限公司副总经理王丽一行6人到省水利厅就水文化建设、融合出版及水文化宣传等工作进行调研，省水利厅副厅级干部赵振林参加调研座谈。

22日上午　马承新副厅长主持召开第28周全省水利工程建设调度会商会议。会议通报了水利建设项目投资执行、水利建设资金落实、工程建设进展、质量与安全巡查监督等情况。临沂、滨州、菏泽市督导员就督导情况作了汇报。

22日　省水利厅一级巡视员王祖利主持召开座谈会，听取省流域中心上半年以来党建、党风廉政建设、意识形态、业务与深化改革等工作开展情况。王祖利充分肯定了省流域中心上半年工作取得的成绩，并对做好下半年工作提出要求。

27日下午　省水利厅党组书记、厅长刘中会以“深入学习贯彻省第十二次党代会精神以优异成绩迎接党的二十大胜利召开”

为题，为党员干部讲党课。

28 日 《山东省人大常委会关于加强山东现代水网建设的决定》经山东省第十三届人大常委会第三十六次会议审议通过并公布施行。在当天下午举行的新闻发布会上，省人大法工委副主任石晓介绍了该《决定》的起草背景、起草过程和主要内容；省水利厅一级巡视员张建德介绍了《决定》的贯彻落实措施。

8 月

1 日下午 省农林水工会、省水利厅机关工会联合到省水工程调度指挥中心值班室开展“关爱职工 夏送清凉”活动，看望慰问坚守在防汛值班一线的工作人员。

2 日 2022 年度全省水土保持工作会议在临沂市费县召开，贯彻落实全国水土保持工作会议和全省水利工作会议精神，总结 2021 年以来水土保持工作，分析当前形势任务，研究部署下一步重点工作。省水利厅一级巡视员张建德出席会议并讲话。

4 日 省水利厅、济宁市城乡水务局、泗水县水务局联合开展模范机关建设省市县“三级联动”工作座谈会暨青年理论联学活动。

同日 省水利厅在济宁市微山县举行“关爱山川河流·守护国之重器”志愿服务活动启动仪式。

8 日下午 马承新副厅长主持调度会商第 30 周全省水利工程建设情况，通报了水利建设项目投资执行、水利建设资金落实、工程建设进展、质量与安全巡查监督等情况。

9—10 日 由水利部建设管理司原司长、水利工程学会会长孙继昌为组长的专家组一行 4 人，赴东平对山东省入围国家水利遗产初审名单的戴村坝进行现场核查，省水利厅二级巡视员徐希进，泰安市副市长马保文，省水利综合事业服务中心、泰安市水利局、东平县政府及有关部门负责同志参加活动。

19 日下午 马承新副厅长主持调度会商第 34 周全省水利工程建设情况，有关处室通报了水利建设项目投资执行、水利建设资金落实、工程建设进展、质量与安全巡查监督等情况。

26 日 省水利厅党组成员、副厅长崔培学一行到省流域中心调研指导财务管理工作。省流域中心党委书记、主任杜贞栋和部分党委班子成员、有关部室负责人参加调研活动。

9 月

2 日下午 副厅长马承新主持调度会商第 36 周全省水利工程建设情况。会议通报了全省水利建设项目投资执行和项目前期工作、水利建设项目资金、工程建设进展、农村水利工程建设等情况。

2 日下午 省水利厅“一排底线”专项检查一组组长徐希进二级巡视员一行 5 人到省水科院检查督导疫情防控、意识形态、国家安全、信访维稳、机要保密等“一排底线”工作。院党委书记王明森参加检查活动。

6 日 省水利厅党组副书记、副厅长（正厅级）马承新到胶东调水工程潍坊段调研指导工作。马承新一行先后来到胶东调水工程输水明渠、塌河倒虹、宋庄泵站等地，仔细查看了管护道路、安全防护设施、视频监控、自动化调度系统、水泵电机、闸阀启闭等工程设施，认真听取了调水运行保障、工程改造提升、标准化体系建设、美丽幸福河湖创建、基层党建、疫情防控等情况介绍，并就有关工作提出指导意见。

15 日 省水利厅党组成员、副厅长刘文林一行四人赴淄博市高青县和滨州市邹平市开展第二轮中央生态环境保护督察整改情况现场督导核查。

16 日下午　马承新副厅长主持调度会商第 38 周全省水利工程建设情况，厅总工程师、有关处室负责人参加会商。

21 日上午　省水利厅党组成员、副厅长崔培学一行到省调水中心调研指导财务管理工作。崔培学一行听取了省调水中心近期几项重点工作开展情况的汇报，并就水费收缴、政府专项债券偿还、省基建基金利息核算、数字孪生胶东调水工程实施等方面进行座谈交流，提出明确指导意见。

28 日　省水利厅在淄博市召开全省水利工程运行管理现场推进会，省水利厅党组成员、副厅长刘鲁生出席会议并讲话。主要任务总结 2022 年度水利工程运行管理工作重点任务推进情况，介绍和推广部分市县水利工程运行管理的先进经验，分析当前水利工程运行管理发展的形势和任务，安排部署下一阶段工作任务。

10 月

10—13 日　省水利厅党务干部政治能力提升专题培训班在济南市委党校莱芜校区举办。厅党组副书记、副厅长、直属机关党委书记马承新出席开班式并讲话，省水利厅机关和厅属单位党务干部参加。培训围绕学习习近平新时代中国特色社会主义思想、“四史”、党内法规、基层党建、马克思主义基本原理等重要内容，采取专题讲座、现场教学、分组座谈等形式进行。

14 日　省水利厅党组副书记、副厅长马承新带队督导检查南水北调山东干线公司安全生产工作。督导组实地查看了南水北调山东干线公司水质实验室，对实验室消防设施、实验设备安全管理等方面进行了全面检查。

17 日下午　马承新副厅长主持调度会商第 42 周全省水利工程建设情况，厅总工程师，有关处室、直属单位负责同志参加会商，各市水利（水务）局有关同志在分会场参加会商。

18—20 日　省水利厅二级巡视员贾乃波到胶东调水工程沿线就安全生产、水费收取等工作开展专题调研。

28 日下午　马承新副厅长主持调度会商全省流域防洪规划修编及中小河流治理总体方案编制工作，梳理存在的问题和不足，安排部署下步工作任务。

11 月

3 日上午　副厅长马承新主持调度会商第 44 周全省水利项目建设进展情况。厅总工程师，有关处室、直属单位负责同志参加会商。

7—12 日　省水利厅举办基层党组织书记培训班。省水利厅党组副书记、副厅长马承新出席开班式并讲话，对办好培训班提出具体要求。厅机关和直属单位党组织书记，厅机关专职党务干部参加培训。

14 日下午　省水利厅组织党员干部到山东省档案馆参观黄河记忆专题档案文献展，党组副书记、副厅长马承新、二级巡视员徐希等参加活动。

18 日下午　省水利厅一级巡视员王祖利以“学习贯彻党的二十大精神　推动新阶段水利高质量发展”为题，结合全省水利工程建设工作实际，为厅机关建设处、监督处、建安中心党支部全体党员上专题党课。

21 日下午　马承新副厅长主持调度会商第 46 周全省水利建设项目进展情况。会商通报了全省水利建设项目投资执行情况、水利建设项目资金情况、水利基本建设工程和农村水利工程进展情况。

22 日　省水利厅一级巡视员王祖利到基层党支部联系点省流域中心建设部党支部进行调研指导，省流域中心党委书记、主任杜贞栋等陪同调研。

12 月

6 日 省水利厅二级巡视员贾乃波召集有关单位（视频）会商、部署安排做好小清河试通航蓄水调试保障工作，明确试通航每个节点任务和责任分工，压实沿河相关市县水利部门、省流域管理、水文监测、水旱防御及厅相关业务部门等责任，确保小清河试通航蓄水调试各项保障工作落实落细落到位，全力为小清河全线复航保驾护航。

7 日下午 马承新副厅长主持调度会商第 48 周全省水利建设项目进展情况。厅总工程师，有关处室负责同志参加会商。

7 日 省水利厅党组召开专题民主生活会，坚持以习近平新时代中国特色社会主义思想为指导，以抓好省委巡视反馈意见整改为主题，以推动黄河流域生态保护和高质量发展为聚焦点，联系贯彻落实习近平总书记对山东重要指示要求和治水重要论述，联系贯彻落实党中央治水重大决策部署和省委、省政府工作安排，联系“走在前、开新局”的战略指引要求，联系全省水利工作实际，深刻检视问题不足，认真进行党性分析，开展批评与自我批评。省水利厅党组书记黄红光主持会议。省纪委监委第三监督检查室副主任、一级调研员侯学新到会指导。

8 日下午 省水利厅党组召开会议，传达学习习近平总书记在江泽民同志追悼大会上的悼词和在中共中央政治局会议上的重要讲话，研究审议有关工作事项。省水利厅党组书记黄红光主持会议并讲话。会议强调，习近平总书记在中共中央政治局会议上的重要讲话，为 2023 年经济工作把向定调，为做好水利工作指明了方向，提供了遵循。要不断提高政治站位，立足全省经济社会发展大局，定位、谋划、推进水利工作，紧扣完成 600 亿元水利建设投资这个硬目标，全面梳理 2023 年重大项目清单，加快推进前期工作，积极释放水利建设稳投资、稳就业、促增长效能，为明年经济继续回升向好做出水利贡献。

13 日 省水利厅党组书记黄红光带队到东平县调研省派第一书记和工作队工作，看望慰问省水利厅驻村第一书记。黄红光一行实地查看了东平县老湖镇杨村村容村貌，听取了水美乡村和美丽移民村项目建设情况汇报，详细了解第一书记在抓基层党组织建设、发展产业项目、办好民生实事、丰富文化生活等方面的措施及成效，对取得的成绩给予充分肯定，并表示，省水利厅将一如既往支持省派第一书记和工作队工作，做好第一书记的坚强后盾。

同日 省稳住经济基本盘督导服务泰安组组长、省政协副主席唐洲雁一行到泰安市开展督导服务工作。副组长、省水利厅党组书记黄红光，副组长、省派泰安市“四进”工作总队总队长张琳参加督导；泰安市委副书记、市长张涛，市委常委、副市长常绪扩参加有关活动。

15 日 “黄河生态文明国际论坛”在北京和济南采取线上线下相结合方式举行。省水利厅党组书记黄红光以视频方式出席论坛，并在习近平生态文明思想和建设人与自然和谐共生的现代化理论研讨会上发表题为《深入学习贯彻习近平生态文明思想在治水兴水中牢牢坚持人水和谐价值导向》的主旨演讲。黄河生态文明国际论坛由中国社会科学院国家高端智库、中共济南市委、济南市人民政府共同主办，来自中外政界、学界、经济界和国际组织的代表 200 余人参加会议。

13—18 日 水利部珠江委副主任、一级巡视员胥加仕带队对山东省水利建设质量工作进行现场考核。考核组听取了省水利厅水利建设质量工作情况汇报，对照考核指标，逐一检查质量目标、规章制度、质量监管以及质量信息化等方面的情况，抽取东营市东八路湿地改造、烟台老岚水库等 2 个在建工程开展现场核查。

22日　海河流域2022年度省级河湖长联席会议以视频形式召开。副省长、省公安厅厅长、省级河湖长范华平，省水利厅党组书记、厅长黄红光，省河长办常务副主任、省政府办公厅一级巡视员张积军在山东分会场参加会议。

同日　省水利厅党组理论学习中心组进行2022年第13次集中学习研讨，认真学习中共二十大报告，围绕“坚定不移全面从严治党，深入推进新时代党的建设新的伟大工程”，开展专题研讨交流。省水利厅党组书记、厅长黄红光主持会议并讲话。厅党组理论学习中心组成员参加学习研讨。会议强调，全厅各级党组织要按照新时代党的建设总要求，以党的政治建设为统领，推进全面从严治党，扎实营造风清气正的政治生态，不断筑牢清廉思想防线，全力以赴助推水利高质量发展。一要强化政治建设，筑牢政治忠诚，坚决维护党的领导核心；二要严肃政治生活，强化规矩意识，持续优化党内政治生态；三要保持高压态势，压实主体责任，推动廉政建设走向纵深。

27日下午　省水利厅组织开展2022年第四季度青年理论研学交流活动。省水利厅党组副书记、副厅长、直属机关党委书记马承新出席会议并为青年同志宣讲中共二十大精神，省科技厅机关团委负责人受邀列席会议。厅直机关党委及厅直系统青年理论学习小组负责人、青年干部职工代表等参加活动。研学交流通过“山东通”视频会议系统线上方式进行。

（编辑部）